国家民委后期资助项目（2019-GMH-017）基金资助
内蒙古社会科学基金重点项目（20A09）基金资助
内蒙古哲学社会科学规划重点项目（2018NDA002）基金资助

Nong Mu Jiaocuoqu
Jingzhun Fupin Pinggu Tixi Yanjiu
——Yi Neimenggu Wei Li

农牧交错区
精准扶贫评估体系研究
——以内蒙古为例

王建国 彭佳 刘艳秋 华连连 著

中国财经出版传媒集团
经济科学出版社
Economic Science Press

图书在版编目（CIP）数据

农牧交错区精准扶贫评估体系研究：以内蒙古为例/王建国等著. -- 北京：经济科学出版社，2021.8
ISBN 978 - 7 - 5218 - 2775 - 0

Ⅰ.①农… Ⅱ.①王… Ⅲ.①农牧交错带-扶贫-研究-内蒙古 Ⅳ.①F127.26

中国版本图书馆 CIP 数据核字（2021）第 163268 号

责任编辑：刘　莎
责任校对：徐　昕
责任印制：王世伟

农牧交错区精准扶贫评估体系研究
——以内蒙古为例

王建国　彭　佳　刘艳秋　华连连　著

经济科学出版社出版、发行　新华书店经销
社址：北京市海淀区阜成路甲 28 号　邮编：100142
总编部电话：010 - 88191217　发行部电话：010 - 88191522
网址：www.esp.com.cn
电子邮箱：esp@esp.com.cn
天猫网店：经济科学出版社旗舰店
网址：http://jjkxcbs.tmall.com
北京季蜂印刷有限公司印装
787×1092　16 开　20.5 印张　430000 字
2021 年 8 月第 1 版　2021 年 8 月第 1 次印刷
ISBN 978 - 7 - 5218 - 2775 - 0　定价：79.00 元
（图书出现印装问题，本社负责调换。电话：010 - 88191510）
（版权所有　侵权必究　打击盗版　举报热线：010 - 88191661
QQ：2242791300　营销中心电话：010 - 88191537
电子邮箱：dbts@esp.com.cn）

前　言

扶贫开发是我国政府和社会帮助贫困地区和贫困户开发经济、发展生产、摆脱贫困的一项长期性社会工作。党的十八大以来，在以习近平同志为核心的党中央领导下，全国范围内打响了脱贫攻坚战，也取得了举世瞩目的成就，贫困人口大幅减少，贫困地区、贫困户的生产生活条件得到进一步改善。贫困地区的通路、通电、通水得到明显改善，教育、医疗卫生、社会保障的标准得到进一步提高。精准扶贫是全面建成小康社会的决定性战役，是实施乡村振兴战略的重要基础。下一步我们将在精准扶贫的基础上，协同推进脱贫攻坚与乡村振兴，形成脱贫攻坚与乡村振兴战略相互支撑、相互配合、有机衔接的良性互动格局，确保如期实现全面建成小康社会和实现全面现代化的战略蓝图。

农牧交错区是指农业区和牧业区两种生态区相互交错、过渡的地区，兼具农区和牧区的生产特点。我国北方农牧交错带是将中国东北、华北农区与天然草地牧区分隔的一条重要生态过渡带，由于生态脆弱、交通不便、生产力水平低下和工业基础薄弱等原因，中国北方农牧交错带一直是中国贫困人口比较集中的地区之一。农牧交错区精准扶贫和现代化建设有其特殊的区位特征和历史成因，对其展开研究，促进农牧交错区经济发展，帮助当地居民脱贫脱困，对于推动我国国民经济持续增长、民族团结以及构建北方生态屏障都有着重大意义。内蒙古自治区是我国农牧交错带的主要分布区，跨越经度约19°，纬度约14°，从大兴安岭东麓经科尔沁沙地、浑善达克沙地、乌兰察布草原、阴山南北麓到鄂尔多斯草原，跨越9个盟（市），62个旗县（市），面积61.6万平方公里，是北方农牧交错带的主体，占全国农牧交错区总面积的52.8%。因此，内蒙古自治区的扶贫工作对于农牧交错区扶贫经验总结有着重要的代表意义。

近年来，内蒙古扶贫工作取得了显著的成效和决定性进展。到2020年

3月，内蒙古自治区31个国家级贫困旗县全部脱贫"摘帽"，国家标准贫困线下农村牧区贫困人口由2013年底的157万人减少到2019年底的1.6万人，累计减贫155.4万人，贫困发生率下降至不足1%。但是脱贫攻坚战的胜利并不意味着内蒙古自治区扶贫工作的结束，可持续的长期减贫事业同步开启，如何巩固脱贫成果，保证农牧民贫困人口稳定脱贫，成为一个亟待研究的课题。

本书依托于课题组的一系列成果"内蒙古生态扶贫研究""内蒙古金融扶贫研究""内蒙古旅游扶贫研究""内蒙古建立扶贫长效机制研究""内蒙古地区精准扶贫减贫效果后评价研究"等，全书凝结了课题组多年来对内蒙古扶贫减困，建立扶贫长效机制，实现乡村振兴的深入研究和思考。

全书从精准扶贫的相关理论出发，以内蒙古自治区的扶贫工作为研究重点，通过对典型旗县的深度调研，针对农区、牧区和农牧交错区不同的区域特点，总结其扶贫工作的共性和差异性，构建了精准扶贫减贫效果的后评价体系，为构建脱贫攻坚的长效治理机制提供方法和量化支持，在此基础上，运用系统的分析方法将内蒙古自治区脱贫攻坚长效机制分为宏观、中观、微观三个子系统，结合前期调研的总结农区、牧区和农牧交错地区的贫困特点、贫困原因以及后评价的结果，利用区域发展理论、可持续发展理论，福利经济制度等理论知识，有针对性地构建符合三类区域特征的脱贫攻坚的长效治理机制。

目 录

第一章 精准扶贫相关理论 ………………………………………… 1
  第一节 贫困与反贫困的相关理论 ……………………………… 1
  第二节 精准扶贫的战略思想 …………………………………… 12
  第三节 精准扶贫的度量方法 …………………………………… 69

第二章 内蒙古自治区精准扶贫的特征和成效 ……………………… 78
  第一节 农牧交错区贫困的特征 ………………………………… 78
  第二节 内蒙古自治区贫困的特点 ……………………………… 82
  第三节 内蒙古自治区脱贫减贫工作取得的成效 ……………… 91
  第四节 内蒙古自治区精准扶贫工作的系统设计 ……………… 104

第三章 内蒙古自治区扶贫工作中的精准识别 …………………… 109
  第一节 我国贫困人口识别的演变过程 ………………………… 109
  第二节 贫困识别的相关研究综述 ……………………………… 112
  第三节 我国贫困识别的现状及解决对策研究 ………………… 123
  第四节 内蒙古自治区贫困识别指标体系构建 ………………… 133
  第五节 内蒙古自治区扶贫精准识别 …………………………… 139
  第六节 内蒙古自治区扶贫精准识别典型案例 ………………… 149

第四章 内蒙古自治区扶贫工作中的精准帮扶 …………………… 155
  第一节 精准帮扶政策及维度 …………………………………… 155
  第二节 精准帮扶文献综述及方法支持 ………………………… 165
  第三节 内蒙古自治区精准帮扶的现状及存在问题 …………… 184
  第四节 精准帮扶PDCA方法论的具体实践 …………………… 188
  第五节 内蒙古自治区精准扶贫的探索与特色——以金融扶贫为例 ……… 201

第五章　内蒙古自治区精准扶贫后的评估 ·········· 205
第一节　扶贫项目评价文献综述 ·········· 205
第二节　指标体系建立原则及依据 ·········· 208
第三节　农区减贫效果后评价指标体系构建 ·········· 211
第四节　牧区减贫效果后评价指标体系构建 ·········· 218
第五节　半农半牧区减贫效果后评价指标体系构建 ·········· 221
第六节　典型旗县精准减贫后评估 ·········· 225

第六章　构建内蒙古自治区扶贫长效机制 ·········· 240
第一节　内蒙古自治区建立扶贫长效机制的概念模型 ·········· 240
第二节　内蒙古自治区建立扶贫长效机制的路径研究 ·········· 247
第三节　乡村振兴助力扶贫攻坚巩固脱贫成果 ·········· 280

附录 ·········· 299
参考文献 ·········· 303

CHAPTER 1
第一章　精准扶贫相关理论

第一节　贫困与反贫困的相关理论

一、贫困的概念及分类

（一）贫困的概念界定

贫困是国际社会普遍存在的现象，它是一个动态的、历史的和地域的概念，随着时间和空间以及人们思想观念的变化而变化。然而，不同的社会制度、不同的思想体系以及不同的学科对其定义不同。从英国学者布什、朗特里开始，在迄今 100 多年的研究中，众多学者对贫困进行了不同的定义，主要可分为四类：致贫因素说、生存状态说、能力说以及发展说。

致贫因素说主要是从导致贫困的影响因素方面来理解和认识贫困。英国学者彼得·汤森（Peter Townsend，1979）认为所有居民中那些缺乏获得各种食物、参加社会活动和最起码的生活和社交条件的资源的个人、家庭和群体，就是所谓贫困。世界银行在《1980 年世界发展报告》中指出，"当某些人、某些家庭或某些群体没有足够的资源去获取那个社会公认的，一般才能享受到的饮食、生活条件、舒适和参加某些活动的机会，就是贫困。"奥本海默（Oppenheim，1993）也认为贫困是指物质上的、社会上的和情感上的匮乏，意味着在食物、保暖和衣着方面的开支要少于平均水平。

生存说是从物质生活水平和经济、社会、文化水平等方面进行描述和概括贫困人口或地区的生存状况。《英国大百科全书》定义贫困是"一个人缺乏一定量的或社会可接受的物质财富或货币的状态"，这是从经济学的视角谈收入匮乏对贫困的影响。美国学者戴维·波普诺（David Popenoe，1999）强调"基本需要""贫困指在物质资源方面处于匮乏或遭受剥夺的一种状况，其典型特征是不能满足基本生活需要。对于那些体验过贫困的人来说，它纯粹是个人感受——一种腹中空空的感觉，一种从自己的孩子眼中看到饥饿的感觉。"马丁·瑞沃林（Martin Ravallion，2005）在《贫困的比较》中指出，"贫困一般是指物质生活困难，即一个人或一个家庭的生活水平达不到一种社会可接受的最低标准。他们缺乏某些必要的生活资料和服务，生活处于困难境地。"比约恩·希勒罗德和丹尼尔·拉森（Bjorn Hallerod and Daniel Larsson，2008）则认为贫困是由于获取经济资源的不足，处于一种无法接受的低水平的商品和服务的消费。

能力说主要从贫困人口或群体自身生存和发展能力方面进行认识和理解，突出强调了贫困个人和群体的弱势本质。《1979年联合国人类发展报告》明确指出，"贫困不仅是低收入，也指医疗与教育的缺乏、知识产权与通信的被剥夺、不能履行人权和政治权力、缺乏尊严自信和自尊"。《2001~2002年世界银行发展报告向贫困开战》中指出，"贫困是指福利的被剥夺状态"。阿马蒂亚·森（Amartya Sen）是这一学说的主要代表人物，他主张"贫困不仅仅是收入低下，而是基本可行能力的剥夺"。一个人或人群拥有基本可行能力就拥有了发展和致富的机会，可能就不会贫困，没有这种可行能力或这种能力被剥夺就会失去发展和致富的机会，就会贫困。

发展说对贫困的认识、理解和把握是从经济发展的角度展开的。世界银行《1999~2000年世界发展报告》指出贫困是福祉被剥夺的现象。同时，"穷人被生活所压垮，不是由于某一个方面被剥夺而引起的，而是多个方面被剥夺而造成的。"贫困是在经济发展、财富累积过程中出现的，它是富裕的反面，相对于富裕而存在，是欠发展的结果，经济发展和财富分配不公，会加剧贫困程度。贫困程度和贫困人群会随着经济发展有所变化，贫困线和贫困的度量标准会水涨船高，但并不会自动减轻贫困人群和贫困程度，因为经济增长的成果总是迅速向富人集中，致使穷人的消费支出成本增加，穷人贫困程度可能加重。现有研究通过一些指标来反映贫困人口的情况，如初次分配中贫困人口的就业率或收入水平、二次分配中贫困人口受教育、医疗卫生、社会保障水平等。基于这些指标，政府可以在经济发展初次分配和二次分配中照顾穷人，使成果分配向贫困群体倾斜。

我们在前人研究的基础上提出贫困是指个人或家庭的基本生活需求，如衣、食、住得不到满足，或者只能在很低水平上满足；同时教育、医疗、通信、家庭设备及生活服务等方面均达不到最低生活保障标准。

（二）贫困的分类

1. 按贫困相对性划分——绝对贫困和相对贫困

从贫困的相对性上来划分，贫困可以分为绝对贫困和相对贫困。绝对贫困又称生存贫困，是指在一定的社会生产方式和生活方式下，个人和家庭依靠其劳动所得和其他合法收入不能维持其基本的生存需要，这样的个人或家庭就成为贫困人口或贫困户。绝对贫困与社会发展水平和收入水平无关，而只受地区气候、环境、家庭收入等因素的影响，所形成的维持基本生存的物质需要量不相匹配，因而具有客观的标准。它最早由英国的朗特里（S. Rowntree，1901）在《贫困：城镇生活研究》（Poverty：A Study of Town Life）中提出，强调的是"勉强维持生存的标准，而不是生活的标准"。

此后，国内外学者纷纷进行了探讨。鲁德斯（Roders，1989）在《政策研究百科全书》中指出，"绝对贫困标准想要明确的是维持生存所必需的、基本的物质条件。"阿尔柯克（Alcock，1993）认为，"绝对贫困是一个客观的定义，它建立在维持生存这个概念的基础上，维持生存就是延续生命的最低需求，因此低于维持生存的水平，就会遭受绝对贫困，因为他没有足以延续生命的必需品。"国家统计局给出的定义是"绝对贫困者是指在一定社会生活和生产方式下，个人和家庭依靠劳动所得和其他合法收入不能维持其最基本的生存需要，生活不得温饱，劳动力的再生产难以维持。"

与绝对贫困对应的是相对贫困，相对贫困更多地倾向于社会收入分配问题，是指在特定的社会生产方式和生活方式下，依靠个人或家庭的劳动力所得或其他合法收入虽能维持其食物保障，但无法满足在当地条件下被认为是最基本的其他生活需求的状态。它通常是把人口的一定比例确定生活在相对的贫困之中，缺乏稳定的、具体的衡量标准。相对贫困主要具有相对性、动态性、不平等性、主观性四个特征。鲁德斯（Roders，1989）认为相对贫困想要明确的是相对中等社会生活而言的贫困。雷诺兹（Reynolds，1993）认为相对贫困就是年收入相对全国家庭的平均数。国内学者信卫平（2002）则明确指出，"相对贫困是温饱基本解决，简单再生产能够维持，但低于社会公认的基本生活水平，缺乏扩大再生产的能力或能力很弱。"目前，发展中国家存在的贫困主要是指绝对贫困，如我国近些年关于贫困的界定、反贫困的对策、贫困的测量、统计，均采用绝对贫困的概念和标准。

2. 按贫困范围划分——狭义贫困和广义贫困

狭义贫困仅仅指经济上的贫困，反映维持生活与生产的最低标准。这种贫困的概念只包括物质生活的贫困，而不包括精神生活的贫困。处于这种贫困状态中的人所追求的是物质生活上的满足，希望得到的是与社会其他成员相等的收入、食品、燃料、衣着、住房及生存环境。他们注重这些东西在量上的满足，因此狭义贫困具有直观性，它可以直接通过一系列经济指标来衡量，而不涉及其他非经济因素。此外，狭义贫困反映了个体需求量随经济发展的变化，同时也包含了不同个体需求之间的差异比较，是绝对贫困与相对贫困的复合概念。

广义贫困除了包括经济意义上的狭义贫困之外，还包括社会方面、环境方面、精神文化方面的贫困。它既是物质贫困和精神贫困的综合表现，又是一个动态的概念和相对的概念。经济学家马尔科姆·吉利斯在其《发展经济学》中对广义贫困的解释为"贫困不完全是对绝对意义上的生活水平而言，它的真正基础在心理上。穷人指的是那些自认为是社会中的一部分，但又感到被剥夺了与社会中另一部分人同享欢乐权利的人（付民主，1996）。"贫困者享受不到作为一个正常的"社会人"所应享受的物质和精神文化生活。广义贫困是针对社会平均生活状况而言的，因此其测定标准是随着社会的发展变化和文化形态的不同而变化的。一般而言，精神贫困是出现在物质贫困之后的，只有人们的基本生活得到保障，才有时间和精力去追求更高层次的精神文化，而且精神贫困并不像物质贫困那样明显，消除精神贫困的难度会更大一些。

总体而言，狭义贫困比较容易设定指标体系进行有效度量，而广义贫困与狭义贫困相比，具有双重性、动态性、继发性、隐蔽性等特点，在其实际的度量过程中难度较大，需要结合区域贫困特点，设定有针对性的度量指标体系，这也是目前关于贫困测度指标体系各有特色的主要原因。

3. 按贫困规模划分——个体贫困和群体贫困

个体贫困是指单个人或单个家庭的贫困，个人由于自身的生产能力、生活能力或者对生产资源的占有不足，而导致的生活水平低于一般普通大众的贫困现象，如教育水平低下、基本的社会关系匮乏、身体素质较差等。吴国宝（1996）指出，"个体贫困是能力约束型贫困的表现，但是个体贫困从根本上来说还是隐藏在群体之中的，主要分布于贫困阶级和阶层。"

群体贫困是指由于经济发展和生产力水平低下而造成的某一阶级、阶层的整体生活水平较差的状况，这种贫困一般包含着一定的历史因素影响，是长时期的积累而形成的。

在过去的扶贫实践中，群体贫困是关注的重点，而往往忽视个体贫困，由此而产生的后果是，政府虽注入大量扶贫资金，推动大规模扶贫工作的开展，但效果却不甚理想。由此，我们认为，随着扶贫工作的推进以及经济社会环境的变化，扶贫重点应该逐渐转移到巩固和提高贫困个体的生存保障和发展能力上，尤其应该更加关注妇女、老人和儿童等弱势群体的发展和提升上。

4. 按时间跨度划分——持续性贫困和暂时性贫困

罗杰斯（Rodgers，1993）的研究构建了一种方法，可以加总家庭在一定时间段内的总贫困，并将其分解为持续性贫困和暂时性贫困成分。

持续性贫困，或称其为"慢性贫困"或"长期贫困"，是贫困动态学研究的一个主要内容。持续性贫困是指人们受到所处的无法改变的地理环境或者个体丧失劳动能力等因素的影响，经历了5年或5年以上的、确切的能力剥夺。持续性贫困主要有以下特点：家庭生活艰苦，抗风险能力较差，贫困代际传递明显、返贫率极高。

首先，持续性贫困强调的是贫困持续的时间为5年或5年以上。其原因在于：第一，一些实证研究表明，如果一个人的一生中有5年时间或超过5年的时间处于贫困状态，那么，在其剩下的生命时间里继续处于贫困状态的可能性将会极大增加。第二，在利用时间序列数据进行的研究中，5年往往是研究人员作为一个阶段进行数据收集的基础。

其次，持续性贫困的显著性特征是极端贫困。持续性贫困人口的人均年纯收入普遍低于食物贫困线，是名副其实的"赤贫"人口。同时，除收入水平低外，他们的物质资本、人力资本和社会资本也非常匮乏，自我发展能力通常较为低下，是社会的弱势群体。

最后，一直以来，学者们认为人口多是家庭持续性贫困发生的重要原因之一。但是，建档立卡数据表明，因人口多而发生持续性贫困的特征在逐渐弱化，而另一个重要的原因是人口特征正在强化，即鳏寡孤独的人群和家庭更易发生持续性贫困。从健康情况看，家庭成员健康状况不佳，是持续性贫困群体的一个重要表征。此外，受教育水平低，特别是户主的受教育程度低，也是持续性贫困群体的一个特征。

在我国扶贫工作开展之初，持续性贫困是主要治理对象。而随着我国经济社会的发展和扶贫工作的深入开展，暂时性贫困成为相对主要的贫困治理对象。这不是单一的政府财政扶贫所能够彻底解决的问题，而是与社会教育、医疗、文化引导等多因素相关。

5. 按区域特征划分——区域性贫困和非区域性贫困

依据发生的空间不同，贫困可划分为区域性贫困和非区域性贫困。区域性贫困是由于在相同的制度背景下，不同区域之间由于自然条件和社会发展水平的差异，致使某些区域生活资源的供给相对贫乏，贫困人口相对集中，从而陷入贫困，具有集中连片、大面积等特点。存在这种贫困问题的地区，大都地处偏远、自然资源极其缺乏，生态环境极度恶劣，远离全国或区域性的经济活动中心，基础设施落后，交通不便，信息闭塞，生产和交易的成本高昂。由于各地区的自然环境是经过几千年的历史演变逐渐形成的，不易改变，因此治理区域性贫困是一个长期的过程。

康晓光等（1995）专家认为，区域性反贫困需要借助一系列的社会经济手段，使该区域从贫困陷阱中跳出来，进入持续发展的轨道，这主要采取的是扩大收入战略和异地开发战略。区域性贫困具有显著性、群体性、易识别性等特点，而非区域性贫困是相对于区域性贫困而言的，分散地发生在某些成员之中，具有隐蔽性、个体性和不易识别判断的特点。我国贫困人口，主要集中在深山区、沙（石）漠区、高寒山区、革命老区、生态脆弱区、少数民族聚居区和边疆地区等集中连片区。对于区域性贫困，必须结合当地贫困发生机制，相应采用具有明显区域特点的减贫模式来进行扶贫减贫。

二、贫困成因理论

（一）自然环境决定论

自然环境决定论是指自然环境变化过程决定了经济社会的发展历程。自然地理环境是指存在于人类社会周围的各种自然元素，如地质学、地貌学、气候学、水文学、土壤学、矿物学和生物学，包括生产材料和劳动对象。

成升魁、丁贤忠（1996）认为几乎绝大多数贫困地区都位于山区或丘陵区，地处偏远，生态脆弱，而且其单项资源匮乏，自然条件或资源组合有严重缺陷，难以改变。陈南岳（2002）指出生态环境脆弱是造成贫困地区生存条件差、土地生产力低、疾病率高的重要因素。张廷武（2003）认为生态性贫困、灾害性贫困、结构性贫困、智力性贫困、区域性贫困等是农村致贫原因。帕特森（K. Patterson，2012）更为明确和系统地提出地理环境决定论，认为地理环境和自然条件在社会发展中起着决定性的作用，它是决定社会发展的根本因素，人口分布、种族利弊、文化高度、国家综合实力等方面的经济和社会发展等都遵循地理环境和自然条件的优势。这些观点都是自然环境决定论的重要代表。具体包括以下几种：

1. 贫困恶性循环理论

"贫困恶性循环"（vicious circle of poverty）理论由美国哥伦比亚大学教授纳克斯（Nurkse）于1953年在《不发达国家的资本形成问题》中提出，他认为发展中国家长期贫困落后不是因为这些国家国内资源不足，而是由于存在相互作用的恶性循环，这种恶性循环表现在供给和需求两个方面。因此，发展中国家长期在持续的贫困封闭圈中徘徊，无法实现经济发展。只有规模地增加储蓄，扩大投资，促进资本形成，才能打破循环，摆脱贫困。

同时，纳克斯认为，人均收入低导致的资本形成不足是造成贫困恶性循环的根本原因。而在中国农村的发展进程中，资本的不足在贫困化中发挥了作用，但是增加资本的投入也并不能带来应得的经济利润。因此，在发展中国家贫困现象的形成过程中不仅有物质资本因素发挥作用，还有重要的人力资本因素的不足。

贫困恶性循环理论为研究我国精准扶贫政策提供了思路，国内学者洪银兴（2009）基于此理论研究了中国农村地区的"贫困恶性循环"问题，明确提出贫困的起点是收入不足，发展生产脱贫的核心就在于增加低收入人口的收入，通过提供项目、资金扶持以及就业岗位等为低收入人口拓宽增收渠道。张自强（2017）基于此理论，结合实证分析得出农民致贫的因素主要包括要素短缺、行为能力不足以及制度不均衡三个方面，各个因素间相互作用、关联发生，最终使农民陷入贫困恶性循环中。郭黎霞（2017）认为，要阻断贫困恶性循环现象，可以通过居住环境改善和健康教育宣传并重改变贫困群体的健康状况来实现贫困户增收。

从我国经济发展的经验可以看出，先进的技术知识是促进劳动生产率提高的重要推动力，经济发展程度之所以在不同的地区之间存在较大的差异，归根结底还是人力资源的缺乏程度不同。人力资本的缺乏在我国经济落后的农村地区表现得尤为突出。

2. 低水平均衡陷阱理论

低水平均衡陷阱（low-level equilibrium trap）理论由纳尔逊（Nelson）在1956年发表的《发展中国家的一种低水平均衡陷阱理论》一文中提出，他认为发展中国家的经济表现为人均收入处于维持生命或接近于维持生命的低水平均衡状态,即所谓的"低水平均衡陷阱"。导致经济发展掉入低水平均衡陷阱的社会,技术条件一般有以下几方面:其一是人口增长的速度拉低了人均收入高度;其二是人均收入中用于人均投入的量很低;其三是未被开垦的耕地资源稀缺;其四是低效率的生产方法。发展中国家的人口过快增长是阻碍人均收入提高的"陷阱",必须进行大规模的资本形成,使投资和产出的增长超过人口增长,才能跳出"陷阱",实现人均收入的大幅提高和经济增长。

基于低水平均衡陷阱理论,刘洪军(2001)指出发展中国家要跳出贫困陷阱,关键在于通过制度创新摆脱低效机制,还指出有利他主义的政治企业家是推动制度创新的重要力量。杨建国(2006)指出"低水平均衡陷阱"是西部"三农"问题的总特征,西部"三农"问题本质上是制度尤其是社会权利制度及其结构安排的问题。邓新华(2007)采用真实数据,运用 Panel Data 模型对我国城镇贫困陷阱问题进行分析,验证不稳定低水平均衡点的存在,证明了贫困陷阱,最后提出在政策上应加强社会保障体系的制度整合,使最低生活保障获得"合力效应",避免城镇居民落入贫困陷阱。邹薇(2012)发现教育差距推动了收入差距,农村居民低水平的受教育程度和职业培训是其贫困的重要原因,低收入农户正面临着贫困陷阱。

3. 循环积累因果关系理论

缪尔达尔(Myrdal)在 1957 年出版的《富国和穷国》以及 1968 年出版的《亚洲的戏剧:对一些国家的贫困问题的研究》等书中提出"循环积累因果关系"理论,该理论认为由于经济发展的各种因素是相互联系、相互影响、互为因果的,因而不存在所谓的"静止的均衡状态",经济发展呈现出一种"循环积累"的动态发展过程,并且这种循环积累具有因果关系,即一个因素发生变化会引起另一个因素发生相应变化,而这种变化又会引起原因素发生变化,这是一个循坏的过程。贫困并不仅仅是一个经济问题,它更涉及了政治、文化、社会等多个方面,它们既是产生贫困问题的原因,也会影响贫困的程度,所以发展中国家要解决贫困问题必须进行彻底的改革,改革的问题涉及平等问题、农业政策、人口政策、教育改革和"软政权"等,应该是一种"综合反贫困模式"。

基于此理论,李国平(2004)指出政府应当采用不平衡发展战略来优先发展增长势头较强的地区,以此来带动其他地区的发展,并且采用特殊措施来缩小两者之间的差距。姚慧琴(2004)指出西部经济增长的内在基础和源泉是企业,西部人开发的目标主要在于迅速改善西部企业发展的基本条件和环境。施薇薇(2007)提出"大平衡,小不平衡"的区域政策,欠发达地区的发展应当主要由内力来推动,自主开发与引导相结合。

4. 临界最小努力理论

美国经济学家莱宾斯坦(Leeibenstein)在 1957 年出版的《经济落后与经济发

展》一书中研究了发展中国家持续性贫困的原因，提出了"临界最小努力理论"。该理论认为发展中国家要打破低收入与贫困之间的恶性循环，必须首先保证足够高的投资率，以使国民收入的增长超过人口的增长，从而使人均收入水平得到明显提高，这个投资率水平即"临界最小努力"，没有这个最小努力就难以使发展中国家的国民经济摆脱贫困落后的困境。当然，要实现这种"临界的最小努力"必须具备一定的条件，如激发群众的经济增长动机。

因而莱宾斯坦和缪尔达尔一样，在研究发展中国家的持续性贫困问题上已经突破了发展经济学的学科界限，也主张采用"综合反贫困模式"来摆脱发展中国家持续性贫困问题。应该通过改变传统观念，鼓励人们敢冒风险、勇于追求利润，创造适宜的投资盈利环境，培育经济增长气氛，培养有创新能力的企业家群体，大力开发和运用新技术等一些非经济因素的作用，来摆脱贫困的束缚。

基于临界最小努力理论，杨昕（2015）指出重大工程对县域经济具有正相关性，利用好重大工程建设这一外力，县域经济可以实现经济结构的优化、产业的升级，以提升县域经济发展。王稚文（2012）对"临界最小努力"理论模型进行了较为深入的探究，认为激发经济增长的动机，改变要达到"临界最小努力"，可以从改变人们的传统观念、鼓励风险投资、创造好的投资环境以及大力开发和应用新技术等方面进行。李仲生（2008）以"临界最小努力"模型为基础，阐述了20世纪以来有关经济发展与人口增长的理论学说，并对其学术价值进行了简评。

（二）多维贫困理论

多维贫困理论由著名的诺贝尔经济学奖获得者阿玛蒂亚·森（Amartya Sen）提出，他认为仅以收入为衡量指标并不能反映贫困的状态，贫困是由多方面因素共同造成的，贫困应该是指从创造收入和能力的角度衡量，而不仅仅指物质方面的匮乏。

多维贫困测度是多维贫困理论的核心所在，国内外学者对多维贫困的研究已经经历了相当长的时间。1987年，哈格纳尔斯（A. Hagenaars）运用社会福利函数构造了第一个多维贫困指数——"H - M"指数来测度贫困，包括了收入和闲暇两个维度。1993年，在一项比较研究中，阿拉德（E. Allardt）识别了人类生存的三个基本条件：一是拥有（having）。它是指人类生存的必备物质条件，包括经济资源、住房条件、就业、工作环境、健康和教育；二是爱（loving），包括与人交往和参与社会活动，主要指与家人、社区和朋友的联系；三是存在（being），具体指标包括可以自主做决定、参加政治活动、参加休闲活动、有一份有价值的工作。联合国开发计划署在2010年的《人类发展报告》中公布了由阿尔基尔等人进行计算的多维贫困指数，该多维贫困指数采用了健康、教育、生活水平三个维度，维度指标共有10个，每一个指标在其维度内都有相同的权重如图1-1所示。

MPI——三个维度10个指标

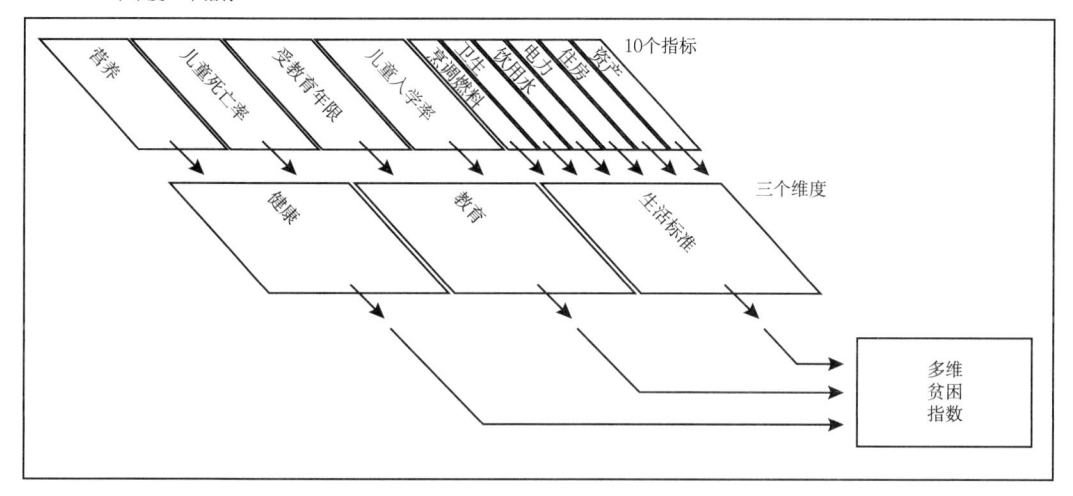

图 1-1　多维贫困指数（MPI）三个维度 10 个指标

注：块状图的大小代表各指标的相对权重。
资料来源：Alkire & Santos（2010）.

国内对于多维贫困的研究相较于国外而言较晚，吴国宝（1997）从农户家庭成员的受教育程度、家庭财产等方面研究穷人的特征。陈立中（2008）采用沃茨（Watts）多维度贫困指数，从收入、知识和健康三个维度对中国转型时期多维贫困进行测算，并认为1990~2003年，中国收入贫困下降最多，而健康贫困下降最少。张昭（2016）提出了收入导向性多维贫困的概念，利用2014年中国家庭追踪调查（CFPS）农村样本数据，以收入维度为基础，以健康、教育、生活状况、卫生状况和食物支出五个非收入维度为辅助，考察了中国农村的收入导向型多维贫困。

从空间演变来看，内蒙古自治区各县域多维贫困的差异性正逐渐扩大，一些旗县长时间处于深度贫困之中，可以透过多维贫困和贫困脆弱性视角，运用多维贫困指数对内蒙古自治区的深度贫困问题进行研究，找出针对性较强的精准扶贫对策，为解决内蒙古自治区的深度贫困问题提供方案。

（三）反贫困理论研究

1. "抑制人口增长"的反贫困理论

"抑制人口增长"反贫困理论由英国经济学家马尔萨斯提出。1789年，马尔萨斯出版了《人口原理》，1803年，马尔萨斯又出版了《人口原理》的修订版。该理论认为，贫困不是人口增长的原因，而是它的结果。从长期来看，他认为由于土地边际报酬递减规律的作用，人口增长是按照1、2、4……几何级数增长的，而食物增长是按照1、2、3、4……算术级数增长的。当人口增长超过食品供给的增长，就会造成粮食的缺乏、贫困和饥饿。当然，随着经济社会的发展，人们的收入和得到的食品都有可能增加，但是这些都会被增长更快的人口所抵消，使工资一直被保持在较低的水平上。

人口的不断增长这一自然法则是导致贫困的原因，因此，他主张通过战争、灾难减少人口的"积极抑制"和制止穷人结婚生育的"道德抑制"，只有这样才能使人口和生活资料达到一定程度的平衡，社会才能避免贫困问题的产生。

2. 马克思、恩格斯的贫困与反贫困基本理论

马克思、恩格斯早期的贫困思想源于《1844年经济学哲学手稿》，在《资本论》一书中走向成熟。马克思与恩格斯从资本主义制度的角度揭示了无产阶级贫困的意义，认为贫困已经脱离了宿命论或是人道学派所认为的现象级问题，而是推动历史运动的革命的科学。

贫困的真正原因存在于生产力与生产关系之间，而反贫困的本质就是消灭资本主义的私有制。其后众多学者对马克思、恩格斯的贫困与反贫困的理论进行研究。张景书（2008）和王大超（2002）分别基于马克思、恩格斯贫困与反贫困理论和"雇佣劳动"和"剩余价值"，揭示了无产阶级的致贫原因。在分析贫困原因方面，郭东敏（2010）认为应从制度、资本的有机构成和人口过剩三方面去分析。曾敏（2011）则认为应从技术基础、表现形式和制度角度去分析，研究马克思、恩格斯对贫困问题的相关论述，对于我们认识和理解当今的贫困问题具有重要的现实意义。

习近平反贫困思想继承了马克思和恩格斯的贫困与反贫困理论，对中国精准扶贫作出系统理论体系阐述，成为马克思主义反贫困理论中国化的最新成果。习近平对我国当前反贫困工作的战略定位：将马克思与恩格斯的贫困与反贫困理论运用于我国实际扶贫情况时，习近平对马克思、恩格斯的贫困与反贫困理论进行了深入阐述，对我国的贫困以及反贫困的实际情况作出概念性定义。习近平强调，"消除贫困、改善民生、逐步共同富裕是社会主义的本质要求，是我们党的重要使命"①。

3. "收入再分配"反贫困理论

收入再分配反贫困理论以福利经济学为直接理论基础，核心在于通过国民收入的再分配，使社会财富在富人和穷人之间、在职者与失业者之间、健康者与病残者之间、富裕地区和贫困地区之间合理地适当转移。与初次分配有所不同，初次分配强调的是效率，而再分配是为了在注重效率的同时，维系收入的公平性，强调注重公平。社会保障在反贫困中发挥了巨大的作用，不仅保障了穷人的基本生活，有利于消除绝对意义上的贫困，而且维护了社会的公平，促进了社会的文明进步。国民收入再分配是在政府的主导下，在收入主体之间通过现金或实物的转移等方式对初次分配带来的收入差距进行调节和纠正，它也是政府对要素收入进行再次调节的过程。收入再分配的方式有很多，主要包括通过所得税、财产税、缴纳社会保险费、转移支付等，以此

---

① 习近平：脱贫攻坚战冲锋号已经吹响 全党全国咬定目标苦干实干. http：//www. xinhuanet. com/politics/2015 - 11/28/c_1117292150. htm, 2015 - 11 - 28.

实现高收入者多纳税,并向低收群体转移支付的收入再分配结构。

4. "涓滴效应"反贫困理论

"涓滴效应"假设发达地区的经济增长会有利于不发达地区的发展延伸至贫困领域,即"在经济发展过程中并不给予贫困阶层、弱势群体或贫困地区特别的优待,而是由优先发展起来的群体或地区通过消费、就业等方面惠及贫困阶层或地区,带动其发展和富裕"。具体而言,这一理论主要包含三层意思:第一,要改变落后现状,经济增长是一个国家发展进程中最重要的因素,特别是对落后的发展中国家而言。第二,增长与公平的"不相容性",要想把经济增长放在优先地位,就得先接受收入分配两极分化的社会不公现实,否则就会影响积累和经济增长潜力。第三,贫困会在经济的增长中自行减缓和消除,只要经济增长了,有了足够的经济繁荣,不需要进行社会政策干预,经济发展的好处就会通过市场机制"滴漏"到贫困阶层身上,进而解决贫困问题。

5. "赋权"反贫困理论

赋权理论研究始于20世纪60年代,自80年代以后迅速进入了兴盛发展时期。在反贫困研究中,赋权真正成为一种反贫困理论,最主要的还是与阿马蒂亚·森关于"贫困的实质源于权利的贫困"这一研究发现有关。阿马蒂亚·森在其1981年出版的《贫困与饥荒》一书中指出,"一个人支配粮食的能力或他支配任何一种他希望获得或拥有东西的能力,都取决于他在社会中的所有权和使用权的权利关系。"赋权反贫困理论的核心在于超越经济层面而从权利层面上向穷人"赋权",其最显著的特征是通过对获得资源和参与决策发展活动的权力再分配,为贫困群体提供最基本的参与和决策权力,从而真正受益。赋权不仅是一个理念,也是一个战略。世界银行在《2000~2001世界发展报告》提出了一项通过创造机会、促进赋权、增加安全保障三个途径实现消除贫困战略的总体战略框架,把赋权视为三大扶贫战略之一。

6. "人力资本"反贫困理论

"人力资本理论"最早是20世纪60年代由美国经济学家西奥多·舒尔茨提出的,他在《人力资本投资——一个经济的观点》的演说中,突破了传统理论中资本只是物质资本的束缚,首次提出"人力资本投资"概念,并将人力资本投资过程看成是资本积累的过程。在运用人力资本投资理论解释发展中国家的贫困原因时,提出了"人力资本匮乏论"。舒尔茨认为发展中国家经济落后、持续贫困不是由物质资本短缺造成的,而是由人力资本的匮乏以及自身对人力资本过分轻视造成的。因此要提高人口质量,提高知识水平,即提高穷人的人力资本,可通过医疗保健、教育培训、参与农技项目、迁移就业等途径实现人力资本的提高。其中教育是一种重要的生产性投资而不是一种消费活动,传统农业状况下的农民仅仅依靠政府资助或政策扶持获得物质生产资料的成本过高,这是发展中国家农业经济的主要弊端,而要克服这种弊端,必须依靠教育投资。

7. 阿玛蒂亚·森的能力贫困理论

用能力定义贫困概念最早出自世界银行，其在《1990年世界发展报告》中将贫困定义为"缺少达到最低生活水准的能力"，之后阿马蒂亚·森在《作为自由的发展》中更为系统地论述了这一观点，他认为应该改变传统地使用个人收入或资源的占有量来作为衡量贫富的参照，而应该引入能力的参数来测度人们的生活质量，因为贫困的真正含义不是收入低下，能力不足才是导致贫困的根源。以国民生产总值的增长来衡量发展的传统观念是狭隘的，特别是以收入水平作为贫困判定主要指标是狭隘的，应该把个人看作是构建自我发展的能动主体，个人可以有效地决定自己的命运，特别是在发展弱势群体时，应该从微观视角着手，以"自由"的视角来看待个人的发展。

第二节 精准扶贫的战略思想

一、精准扶贫思想的内涵与外延

（一）精准扶贫的提出与内涵

"精准扶贫"思想最早是在2013年11月，习近平总书记到湖南湘西考察时首次提出的，"扶贫要实事求是，因地制宜。要精准扶贫，切忌喊口号，也不要定好高骛远的目标。"2014年1月，中共中央办公厅详细规制了精准扶贫工作模式的顶层设计，推动了"精准扶贫"思想落地。2014年3月，习近平参加两会代表团审议时强调，要实施精准扶贫，瞄准扶贫对象，进行重点施策，进一步阐释了精准扶贫理念。2015年6月，习近平在贵州就加大推进扶贫开发工作，又全面阐述"精准扶贫"概念，提出"六个精准"，即"扶贫对象精准、项目安排精准、资金使用精准、措施到户精准、因村派人精准、脱贫成效精准"。同年10月，习近平在2015年减贫与发展高层论坛上强调，中国扶贫攻坚工作实施精准扶贫方略，增加扶贫投入，出台优惠政策措施，坚持中国制度优势，实践中注重坚持六个精准和"五个一批"工程，广泛动员全社会力量参与扶贫。2017年10月18日，习近平同志在党的十九大报告中指出，要动员全党全国全社会力量，坚持精准扶贫、精准脱贫，坚持中央统筹、省负总责、市县抓落实的工作机制，强化党政"一把手"负总责的责任制，坚持大扶贫格局，注重扶贫同扶志、扶智相结合，深入实施东西部扶贫协作，重点攻克深度贫困地区脱贫任务，确保到2020年我国现行标准下农村贫困人口实现脱贫，贫困县全部摘帽，解决区域性整体贫困，做到扶真贫、真扶贫。

精准扶贫最基本的内涵，就是要把扶贫做到精确到户到人。精准扶贫并不仅仅只是一种战略、一种政策、一种机制，更应当是包括理论、战略、政策、机制和行为的完整系统。所谓精准扶贫，就是指我们要依据科学有效的标准和程序，针对不同环境的贫困地区、不同情况的贫困农户，对贫困村和贫困户进行精确的识别，秉承实事求是的态度和因地制宜的原则，开展精准的帮扶，再通过精准管理和精准考核，实现扶贫资源的最优化配置，从而逐步建立起一种科学高效的贫困治理方式，使贫困人口脱贫致富。它是针对以往粗放扶贫的方式提出的，旨在通过实施精准的扶贫，来提高扶贫成效，实现精准的脱贫。习近平精准扶贫的战略思想是指导我国现阶段扶贫开发、脱贫攻坚的基本遵循和行动指南。

精准扶贫有以下特点：

1. 精准扶贫的关键是精准

精准扶贫的关键在于扶贫工作中时刻秉持精准的理念，强调切实有效地将有限的扶贫资源用在解决实际贫困问题上，避免因扶贫目标定位不清晰，扶贫资金使用不到位等原因造成的扶贫资源难以物尽其用，从而使真正贫困的人口接受到真正有效的帮扶，而不是将扶贫资源浪费在那些并不关键，并不紧迫的次要问题上。这种在扶贫过程中要时时刻刻保持精准性的理念贯穿在精准扶贫思想的始终。正如习近平总书记强调的，"扶贫开发贵在精准、重在精准、成败之举在于精准"[①]。

2015年召开的中央扶贫开发会议上，习近平总书记更加详细地阐述了精准扶贫思想，关于"扶持谁""谁来扶""怎么扶""如何退"的四个核心问题，进一步将精准具体化和明确化。我国国土辽阔，贫困人口情况复杂，面临的问题多样，在扶贫道路上也就必然要采取不同的办法。然而低质、低效等问题长久以来一直存在于我国的扶贫工作当中，国家和地方政府每年投入巨额资金支持扶贫，但资金使用效率并无从考察，离真正的全民脱贫，全民小康生活，仍有距离。

精准扶贫就是要在粗放扶贫方式上的改造和创新，明确重点，精准聚焦，将扶贫资源有效利用，用到最需要的贫困人口和贫困户上，是精准到户到人的新型扶贫模式。这一现实需求和应用特点就决定了精准扶贫的关键必然是精准。扶贫始末必须要精准，专项扶贫更要瞄准贫困户，切实落到实处。

2. 精准扶贫的精髓是科学全面

精准扶贫思想的科学性体现在其产生、发展和作用于实践的各个过程。首先，该思想的产生是科学的，不是纸上谈兵、脱离实际的空想，更不是不经时间沉淀积累的随笔。它是习近平几十年基层扶贫工作的经验总结，是经过时间和实践而发展起来的。其次，该思想在施策过程中，也充分考虑了科学性，不是延续过往经验的一成不

---

① 习近平：谋划好"十三五"时期扶贫开发工作 确保农村贫困人口到2020年如期脱贫. http://www.xinhuanet.com/politics/2015-06/19/c_1115674737.htm, 2015-06-19.

变，它从早期的研究调查，到制订方案，完善机制，以及后来的具体实行，都将科学性这条线贯穿到其思想的始末。基于中国贫困的现实特点和扶贫规律，习近平总书记也对精准扶贫的内容、措施等都进行了全面设计，形成了相互贯通、高度契合、协同支撑的扶贫开发科学体系，其科学性和全面性具体体现在如下几个方面：

(1) 扶贫的内容具有科学性和全面性。

习近平精准扶贫思想，强调不仅要进行物质脱贫，也要进行精神脱贫。脱贫标准不能单一地以物质脱贫为衡量，而是要二者相互统一，将扶贫与扶志、扶智结合起来，从根本上提高贫困地区和贫困群众的自我发展能力和脱贫致富能力，实现长久脱贫、永不返贫。这就要求我们采取教育扶贫、文化扶贫、智力扶贫等多种形式的扶贫手段综合施策，使物质扶贫与精神扶贫双管齐下，促使激发贫困群众的内生动力，让贫困人口能够拥有永不枯竭的致富源泉，实现可持续发展，永不返贫。

(2) 扶贫措施具有科学性和全面性。

因为致贫缘由及贫困水平千差万别，扶贫措施必然不能单一保守，必须结合当地的区域特点和贫困户实际致贫原因，量力而行，灵活应对，全面帮扶。为此，习近平总书记深刻指出，"我们坚持分类施策，因人因地施策，因贫困原因施策，因贫困类型施策，通过扶持生产和就业发展一批，通过易地搬迁安置一批，通过生态保护脱贫一批，通过教育扶贫脱贫一批，通过低保政策兜底一批。[①]"

(3) 扶贫主体具有科学性和全面性。

扶贫开发中仅仅依靠政府的力量是不够的，努力构建扶贫的大格局，才是脱贫的最佳选择。我们要在党的领导下充分调动各方力量，完善政府、市场、社会协同模式，共同助力扶贫攻坚，形成扶贫合力。习近平总书记提出，"要通过多种形式，积极引导社会力量广泛参与深度贫困地区脱贫攻坚，帮助深度贫困群众解决生产生活困难。要在全社会广泛开展向贫困地区、贫困群众献爱心活动，广泛宣传为脱贫攻坚做出突出贡献的典型事例，为社会力量参与脱贫攻坚营造良好氛围。[②]"

3. 精准扶贫的重点是成效

精准扶贫作为我国新时期的重要战略思想之一，从产生到应用，其根本目标就是为了实现我国贫困人口和贫困地区真正地脱贫致富，所以，贫困人口是否能够真正脱贫，就成了检验扶贫及精准扶贫成效的一项重要指标，决定了精准扶贫最重要的落脚点就是成效，即扶贫、脱贫工作都要讲成效。"十三五"时期是我国确定的全面建成小康社会的时间节点，全面建成小康社会最艰巨最繁重的任务在农村，特别是在贫困地区。各级党委和政府要把握时间节点，努力补齐短板，科学谋划好"十三五"时

---

① 习近平主席在2015减贫与发展高层论坛上的主旨演讲. http://www.xinhuanet.com/politics/2015-10/16/c_1116851045.htm，2015-10-16.

② 习近平在深度贫困地区脱贫攻坚座谈会上的讲话. http://www.xinhuanet.com/politics/2017-08-31/c_1121580205.htm，2017-08-31.

期扶贫开发工作,确保贫困人口到2020年如期脱贫。到2050年,中国基本消除贫困,全面达到世界中等发达国家的可持续发展水平,进入到世界总体可持续发展能力前十名的国家行列。到新中国成立一百年时,基本实现现代化,把我国建设成社会主义现代化国家[①]。

贫困不仅是我国经济社会发展面临的突出问题,也是世界性的共同难题。脱贫攻坚工作是长期性的持久战,精准扶贫就是为了精准脱贫,就是为了针对那些不同情况的贫困地区和贫困人口,采取相应的解决办法和措施,能一击即中,各个击破,提高脱贫成效。而想要提高脱贫攻坚的效果,关键是要找到正确的方式和方法,完善好体制机制,做好精准施策和精准推进,最后在精准落地中取得实效。习近平就此曾多次强调,脱贫攻坚工作要脚踏实地,防止形式主义。在为贫困群众解决实际问题时,杜绝花拳绣腿和繁文缛节,不能只做表面文章,要实实在在地有成效。

从当前扶贫工作成效上看,有些地方还存在着识别不够精准、帮扶不够到位、工作滞后、监管不力等问题,一定程度上的形式主义和官僚主义仍然存在。对于工作作风要切实改进,对于目标标准要认真坚守,狠抓扶贫政策的精准落地,提高脱贫攻坚实效。而切实有效的精准考核,在脱贫攻坚中就是对脱贫成效的有力监督和保障,据此对扶贫效果进行科学全面地评估有重要现实意义,这不仅是对2013年以来精准扶贫工作的总结,也能够依据评估结果提出未来的整改方向。是我国精准扶贫工作的重要组成部分。

4. 精准扶贫的难点在农村

做到真正地解决贫困人口,实现共同富裕,让贫困人口和贫困地区同全国一道进入全面小康社会,是我们党的庄严承诺。如期全面建成小康社会、实现第一个百年奋斗目标,是实现中华民族伟大复兴中国梦的关键一步。全面小康,覆盖的人口和地域必须全面。

从现在情况看,城市这一头尽管也存在一些难点,但总体上不成问题。最艰巨最繁重的任务在农村,特别是在贫困地区,这是全面建成小康社会最大的短板。党的十八届五中全会从实现全面建成小康社会奋斗目标出发,明确到2020年我国现行标准下农村贫困人口实现脱贫,贫困县全部摘帽,解决区域性整体贫困。习近平同志反复强调,"小康不小康、关键看老乡。农村贫困人口全部脱贫是底线任务,是一个标志性指标。没有农村的小康,特别是没有贫困地区的小康,就没有全面建成小康社会。全面建成小康社会,一个也不能少;共同富裕路上,一个也不能掉队,这是精准扶贫的目标,也是庄严承诺。[②]"

[①] 习近平:决胜全面建成小康社会 夺取新时代中国特色社会主义伟大胜利——在中国共产党第十九次全国代表大会上的报告. http://www.gov.cn/zhuanti/2017-10/27/content_5234876.htm, 2017-10-27.

[②] 闻言:坚决打赢脱贫攻坚战,谱写人类反贫困历史新篇章. http://cpc.people.com.cn/n1/2018/0821/c419242-30240146.html, 2018-08-21.

(二) 精准扶贫战略的理论基础

习近平精准扶贫思想的提出和在中国的实践，吸引了来自世界范围内的目光，它不仅为中国的反贫困事业提供了理论指引，也为其他国家，特别是发展中国家脱贫致富提供了有益借鉴。精准扶贫思想的提出是在继承马克思主义反贫困理论的基础上，进一步继承了中国共产党历届领导人在扶贫道路上的探索成果，形成了中国化的马克思主义扶贫思想。精准扶贫的理论基础有以下几种：

1. 马克思主义的反贫困理论

中国共产党作为马克思主义政党，始终把马克思主义作为党指导中国实践的理论依据。习近平精准扶贫思想吸取了马克思主义经典论述的理论内容，马克思的反贫困理论、马克思主义的共同富裕理论以及马克思主义群众路线理论是习近平精准扶贫思想的直接来源。

（1）马克思谈贫困思想。

马克思将无产阶级解放作为其毕生志向，同时认为无产阶级的贫困从根本上是一种"制度性贫困"，因此他从制度方面探讨贫困问题，对以往旧观念进行了扬弃，提出了自己新的观念。马克思就贫困提出以下两个重要内容：

第一，从历史唯物主义的观点进行研究发现，深刻地揭示了资本主义制度是无产阶级贫困问题的主要原因。在资本主义社会中，资产阶级可以自由地拥有无产阶级创造的剩余价值，无产阶级的工作和生产资料，在私人劳动中，平等和自由根本不是真实存在的，这证明了所谓的资本主义制度的本质就是对无产阶级的无情剥削与压迫。无法根治贫穷问题的根源以及资本主义对这种资本过程的不断积累，将导致无产阶级不断贫困化。只有不断提高工人的劳动生产率，以此来满足资本主义国家对剩余价值的不断追求，进而实现资本的持续积累。

第二，马克思通过总结社会历史发展不同阶段的贫困表现，总结了资本主义社会贫困的特征。从主观方面来看，当今社会工人阶级的贫困才是资本主义社会贫困的主要体现。从形式上看，贫困表现在绝对贫困和相对贫困中。从内容来看，资本主义社会的贫困主要体现在缺乏生存手段和缺乏社会保护。简言之，在资产阶级看来，无产阶级作为一个只能出卖自己劳动力，而没有财产的人，只能被资产阶级剥削，或者被贬低甚至死于饥饿。

（2）马克思的反贫困理论。

马克思的反贫困理论首先就把矛头指向资本主义制度，但贫困问题不仅仅是制度问题，更是一个经济发展和社会发展以及社会调节的综合问题，因此，马克思又预见性地指出，可以通过调整生产关系来解决当时的贫困。马克思反贫困思想主要有以下三个观点：

第一，对剥削制度论进行摧毁是当前进行反贫困的重要举措。导致无产阶级持续贫困的根本原因是资本主义制度，即具有剥削性质的资本主义生产方式。因此，只有将剥削制度进行强力的打击与摧毁，才能实现无产阶级克服贫困的重要目标。

第二，解放发展生产力是反贫困的途径。只有不断地对生产力进行提升，才能推动社会进一步发展，因此，生产力是推动社会发展的主导力量。社会主义制度将代替资本主义制度，从而克服资本主义制度对社会主义制度的限制问题，改变生产力的发展现状。生产关系将能够适应和促进生产力的发展。生产力的蓬勃发展，有利于贫困问题从根源上得到相应的缓解，从而使穷人与富人之间的差距得到有效改良。对生产力进行解放与发展是社会主义发展中国家消除贫困的重要途径，也是摧毁剥削阶级，抵制两极分化、实现共同繁荣的重要举措。

第三，消除贫穷和实现全人类的共同繁荣是最终目标。马克思主义认为消除贫困的主要目标是推翻资本主义的剥削和压迫制度，以此来为工人阶级争取到应有的自由与发展。要把资本家对无产阶级的无情剥削和压迫以及工人的贫困进行彻底消除，首先必须建立科学社会主义理论，这将为世界的经济发展与全体人民的共同富裕提供更加人性化的依据以及更加系统的保障。

2. 毛泽东的人民共同富裕思想

以毛泽东同志为主要代表的中国共产党人对贫困问题的探讨主要集中在两个方面：第一，对中国特色社会主义发展道路中制度原因导致的贫困问题进行分析，树立起社会主义可以消除贫困的信念，也可理解为只有实施社会主义制度才能从根本上消除贫困。第二，对贫困产生的原因以及如何去解决这些问题进行分析，从根源上，对无产阶级的利益进行保障。对工农联盟的新形势进行拓展与保护，积极地领导农民紧跟步伐，共同走社会主义的发展道路，帮助更多的基层农民群众实现共同致富。

"共同富裕"这一专业术语第一次被明确提出并大力宣扬，同时将工农联盟的拓展与保护和发展社会主义道路紧密联系在一起。只有不断发展相对落后的经济以及文化，才能使国家逐步走上富强的高度文明的道路。然而，社会主义对于众多国家而言是一种新兴的社会制度，需要不断探索。几十年来，长期实施的阶级斗争并没有彻底消灭贫困。所以在建立新型的社会主义制度，实施改革开放的大前提下，逐步去实现全民富裕的愿望，努力改变贫困的现实状况。

3. 邓小平的共同富裕思想

20世纪80年代，邓小平同志对于当时的社会现状进行了分析与概括，认为当时的工人阶级处于贫困状态，大部分农村地区也十分困苦，这没有从根本上体现出社会主义制度的优越性。实践证明，建立社会主义制度只能消灭剥削的基础，消除导致无产阶级贫困的制度根源，但这并不意味着这种制度可以消除贫穷本身。改变社会制度和改变生产关系是消除贫困的必要条件，但不是与贫困作斗争。从生产力发展和社会主义政策两个层面分析社会主义贫困。分析社会主义贫困的真实原因，对社会生产力发展水平进行客观分析，以及将贫困视为必须存在于一定生产力发展水平的社会现象，并从中得出科学结论，为消除贫困提供依据。

在对以往的历史经验和教训的基础上进行总结，邓小平（1993）认为，1949年以后中国普遍存在贫困现象的原因在于，按照工作分配的原则尚未得到应用。他明确指出，"我们致力于社会主义道路，主要目标是实现共同繁荣，然而，平均发展是不可能的。过去'大锅'的平等待遇，实际上是落后和混乱的贫困，我们知道这种损失的严重性。"两极分化会导致人民大众的贫穷，搞平均主义也会导致普遍贫穷。社会主义发展的首要目的是帮助全国人民实现共同富裕的伟大目标，而不是任由其发展为两极分化的局势。社会主义的本质就是对生产力的解放与发展，消灭剥削、压迫以及两极分化，以实现共同富裕的深远目标。这概括提出了社会主义顶层的"共同财富"，并将其定义为社会主义的最终目标和归宿。共同繁荣是消除贫困和消除贫困的目标的基本内容。生产力的解放和发展可以为消除贫困提供相应的物质基础。在消灭剥削的基础上，合理的分工和共同繁荣的目标为消除社会主义贫困提供了相应的制度依据和政治保障。

4. 江泽民的开发式扶贫思想

中国坚定不移支持发展中国家消除贫困。中国是世界上最大的发展中国家，一直是世界减贫事业的积极倡导者和有力推动者。2001年，时任国家主席江泽民指出，"在20多年里，全国农村2.2亿贫困人口解决了温饱问题，贫困人口占农村总人口的比重从1978年的30.7%降为2000年的3%左右。国家'八七'扶贫攻坚计划已基本完成，党中央、国务院确定的在上个世纪末基本解决农村贫困人口温饱问题的战略目标已基本实现。"[1] 这件伟大的壮举不仅对中华民族具有深远的影响，更对全球人口发展起着至关重要的作用。可见，中央政府不仅将消除贫困作为中国发展道路上的推动因素，更将其视为全球经济发展的首要责任，以此来推动人类的不断进步与发展。

江泽民强调，"做好扶贫开发工作，坚持开发式扶贫方针，注重将贫困人口的温饱问题与贫困地区全面开发相结合。"[2] 这系统回答了"为何扶""扶谁""谁扶""怎么扶"等一系列扶贫开发的基本问题，促进了中国扶贫思想的发展，尤其是开发式扶贫以及瞄准对象由贫困地区向贫困人口的转变，进一步丰富了中国特色的减贫实践和理论。

5. 胡锦涛的扶贫开发理论

以胡锦涛同志为主要代表的中国共产党人贯彻落实科学发展观，积极实施了一系列扶贫措施以及相应的扶贫制度，以保证所有公民能共同享受发展带来的众多优

---

[1][2] 江泽民：在中央扶贫开发工作会议上的讲话. http://www.gov.cn/gongbao/content/2001/content_61073.htm，2001-05-25.

惠与便利。改革开放以来，中国的经济和社会得到全面发展，人口生活水平有了很大提高，而贫困人口主要集中在农村。根据我国的当前国情进行合理分析，通过政府领导、社会人民共同参与、人民群众自主致富以及开发扶贫的方式，减少农村贫困人口的数量，解决了农村贫困人口温饱问题的。这对中国的发展具有深远的意义。

胡锦涛认为，"扶贫开发工作从以解决温饱为主要任务的阶段转入巩固温饱成果、提高发展能力、加快脱贫致富、保护生态环境，缩小发展差距的新阶段。"[①] 根据我国经济社会发展和贫困问题新特征，调整扶贫重点扶持对象和范围。将国家扶贫标准提高92%，使更多的贫困群众得到扶持。将集中连片特殊困难地区作为扶贫攻坚主战场，补齐全面建成小康社会的短板。同时，也丰富了扶贫工作的基本方针。坚持开发式扶贫方针，实行扶贫开发和农村最低生活保障制度有效衔接。把扶贫开发作为脱贫致富的主要途径，鼓励和帮助有劳动能力的扶贫对象通过自身努力摆脱贫困，把社会保障作为解决温饱问题的基本手段，逐步完善社会保障体系，完善大扶贫工作格局。按照统筹城乡区域发展的大思路，从专项扶贫为主转向专项扶贫、行业扶贫、社会扶贫"三位一体"，从政府为主转向政府、市场、社会协同推进。

（三）精准扶贫战略的主要内容

习近平精准扶贫思想提出，"为脱贫攻坚战在理论方面提供了支撑和指导。通过对贫困户和贫困村精准识别、精准帮扶、精准管理和精准考核，引导各类扶贫资源优化配置，实现扶贫到村到户，逐步构建精准扶贫工作长效机制，为科学扶贫奠定坚实基础。"[②] 明确提出"精准识别、精准帮扶、精准管理和精准考核"的基本要求。

精准识别是指通过申请评议、公示公告、抽检核查、信息录入等步骤，将贫困户和贫困村有效识别出来，并建档立卡。

精准帮扶是指对识别出来的贫困户和贫困村，深入分析致贫原因，落实帮扶责任人，逐村逐户制定帮扶计划，集中力量予以扶持。

精准管理是指对扶贫对象进行全方位、全过程的监测，建立全国扶贫信息网络系统，实时反映帮扶情况，实现扶贫对象的有进有出，动态管理，为扶贫开发工作提供决策支持。

精准考核是指对贫困户和贫困村识别、帮扶、管理的成效，以及对贫困县开展扶贫工作情况的量化考核，奖优罚劣，保证各项扶贫政策落到实处，是落实扶贫的有效

---

① 胡锦涛、温家宝在扶贫工作会议上发表重要讲话. http://www.ce.cn/xwzx/gnsz/szyw/201111/29/t20111129_22877616.shtml，2011-11-29.

② 建立精准扶贫工作机制实施方案. http://www.cpad.gov.cn/art/2014/5/26/art_50_23765.html，2014-05-26.

途径。

精准扶贫思想是一个有机整体，注重从整体上解决"扶持谁""谁来扶""怎么扶""如何退"四个问题，其精准扶贫思想核心内容可以概括为以下几个方面：

1. "六个精准"思想

习近平总书记2015年6月在贵州考察时，提出了扶贫开发工作"六个精准"的基本要求，"六个精准"的提出，为精准扶贫指明了努力的方向。"六个精准"即扶持对象精准、项目安排精准、资金使用精准、措施到户精准、因村派人精准、脱贫成效精准，是我国开展精准扶贫工作的根本要求和关键，突出了目标性与靶向性，为精准扶贫的顺利开展指明了方向。

（1）扶贫对象精准。

要使贫困人口得到真正救助，扶贫工作得到有效提高，关键是把扶贫对象搞清楚，找到真正贫困的，真正需要帮助脱贫的人口和家庭。同时，掌握贫困户的特征及致贫原因，做到不仅明确谁是需要被帮扶的对象，也明确他需要什么样的帮扶，此二者是推进精准扶贫、精准脱贫工作的前提和基础。扶贫对象的精准化不仅可以使有限的扶贫资源得到合理化分配，发挥最大作用，同时也可以提高扶贫效率，使脱贫攻坚更加具有时效性，为脱贫工作的任务按期或提前完成提供保障。

习近平曾提出，干部要看真贫、扶真贫、真扶贫，使贫困地区群众不断得到实惠[1]。决不能落下一个贫困地区、一个贫困群众。要解决好"扶持谁"的问题，把真正的贫困户找出来，确保把真正的贫困人口弄清楚，把贫困人口、贫困程度、致贫原因等搞清楚，以便做到因户施策、因人施策[2]。

（2）项目安排精准。

识别出了扶贫对象并找到每个贫困对象的真正致贫原因，在此基础上就可以依据贫困对象的实际情况采取相应的措施，有针对性地安排扶贫项目，精准施策，实现高效帮扶。应当先找到贫困的症结，才能针对导致贫困的不同原因，采取量身定制的可操作性强的帮扶措施，达到精准施策、分类施策的目的，对症下药。因此，要避免以往扶贫中出现的项目安排不合理和不精准的问题。"项目下乡"是推动农村经济发展、帮助贫困人口脱贫的有效动力，但是，项目安排是否与贫困人口的脱贫需求、当地的经济社会发展需求相适应，则没有得到足够的重视，导致许多项目安排失效。所以要以贫困对象的实际问题和需求为导向，根据不同的差异化需求，精准的安排扶贫项目，同时注重监测，实现项目的精准落地，保证扶贫项目取得成效。可以通过采取诸如产业扶持、住房条件改善、教育技能培训、社会保障等方法，结合实际安排实现

---

[1] 习近平：心里更惦念贫困地区的人民群众. http：//www.xinhuanet.com//politics/2014-03/07/c_119658991.htm，2014-03-07.

[2] 习近平：脱贫攻坚战冲锋号已经吹响 全党全国咬定目标苦干实干. http：//www.xinhuanet.com/politics/2015-11/28/c_1117292150.htm，2015-11-28.

项目精准。项目安排精准可以使扶贫成效得到显著提高，是精准扶贫落地实施的重要一步。

（3）资金使用精准。

资金的投入使用是扶贫的重要手段之一，其精准使用对扶贫项目的落实起到重要的支撑作用，是脱贫攻坚项目开展的一项重要保障。要想把扶贫的资金用在刀刃上，就需要整合扶贫资金、合理分配资金、有效监管资金，才能全方位最大限度地发挥扶贫资金在保基本、兜底线与促公平中的重要作用。最重要的就是要改革扶贫资金管理体制，赋予基层政府一定的资金管理权限，满足千差万别的扶贫户需求。

工作中要重点关注解决扶贫资金使用不精准、使用效率低、资金管理不到位的问题，规范现有项目的资金使用，严格把关未来的资金使用。原有粗放的扶贫方式，造成了大量扶贫资源的浪费，扶贫资金虚报、挪用、浪费、滞留、贪污等现象滋生，严重影响了扶贫效果。因此要求在实现扶贫资金的精准化的同时，着重规避以前出现的各种问题，把扶贫资金的安排与脱贫的成效直接挂钩，大大提高资金的整合力度，使资金的使用效益得以最大限度发挥。同时加强对资金的监督和管理，使资金使用的每一个环节都更加精准，确保每一角一分都用到脱贫攻坚上，真正助力攻坚脱贫。

（4）措施到户的精准。

想要保证精准扶贫的效果，仅仅依靠确定扶持项目和提供扶持资金是远远不够的，还需要后续有效的措施来协助完成。措施到户要精准，要求扶贫项目的制定一定要科学合理，同时要确保其能够落实到户，二者相互配合，从而解决我国以往扶贫措施不到户、单一化等不精准的问题。在实际工作中要坚持调查研究，实事求是，从小处着手，抓住当前困难群众最迫切需要解决的热点和难点问题，根据每家每户的实际具体情况，针对不同的贫困原因分类施策，逐户制定帮扶计划，逐步帮助贫困人口摆脱贫困。同时，完善扶贫监督机制，保障扶贫措施精准到户，真正将脱贫致富的路子带到需要脱贫的对象面前。

（5）因村派人精准。

精准扶贫是一项庞杂且系统的工程，其顺利的实施和取得成效需要强有力的组织保障。实际操作中大量扶持项目的开展和实施都需由村一级来具体施行，因此，村级组织的能力高低与否就成了精准扶贫效果高低与否的关键性影响因素之一。但是，随着经济的发展，农村具有劳动能力和知识学历的人都去了大城市就业和深造，导致留在贫困村的干部和工作人员都普遍年龄偏大、文化程度偏低、能力较弱。村级治理能力因此也就长期处于不断弱化的趋势，这也是导致贫困和脱贫致富较困难的一个原因。

精准的因村派人就是很好地解决当前农村这种情况的一个行之有效的办法，能够较好地解决以往扶贫过程中面对的农村基层党组织涣散、战斗力不强的问题，可以通过增强村级干部的扶贫能力来实现脱贫效果的提升。因此在选拔驻村帮扶人员时首先要选择思想积极、作风正派、能力超强的优秀干部，给亟须发展的贫困村带去先进的管理方法和先进的生产发展理念。同时，要选派专业素质强，有专长的干部和农技人员对建档立卡农户开展一对一帮扶，实现人才精准扶贫。这种选拔优秀党员干部到贫困村开展驻村协助管理工作的办法，对于贫困地区的组织管理和思路开发有重要作用。

（6）脱贫成效精准。

施行精准扶贫就是为了使我国贫困人口到 2020 年能够脱贫致富，并且要确保扶贫成果具有可持续性，贫困人口不返贫。可以说，前面的五个精准步骤若是理解为精准扶贫的方法和保障，那么最后一项脱贫成效的精准，就是精准脱贫的体现，是前五个精准的目的和检验。

在精准扶贫和精准脱贫二者的辩证的关系中，精准脱贫的实效是检验精准扶贫理论和实践的标尺。要脱贫成效精准就必须解决扶贫成效不明确、脱贫退出机制不健全的问题。2015 年 11 月，习近平在中央扶贫开发工作会议上提道，"精准扶贫重在提高成效。关键是要找到正确的路子、建立良好的体制，在政策的精准实施中制定切实可行的措施、在精准推进中做出切实努力、在精准落地上取得实效。"其中，建立健全贫困退出机制，无论是贫困户脱贫还是贫困县摘帽，都要和脱贫攻坚总要求、总任务对照，和全面建成小康社会进程对照，每年退出贫困的数量和具体情况要精准到县、到村、到户、到人，真正地做到脱贫，就退出扶贫机制，实现脱贫成效精准。

2. "五个一批"思想

"五个一批"即发展生产脱贫一批、易地搬迁脱贫一批、生态补偿脱贫一批、发展教育脱贫一批、社会保障兜底一批，这一思想意在解决"怎么扶"的问题。由习近平总书记 2015 年在减贫与发展高层论坛上首次提出，为打通脱贫"最后一公里"开出破题药方。随后，"五个一批"的脱贫措施被写入《中共中央　国务院关于打赢脱贫攻坚战的决定》，经中共中央政治局会议审议通过。

（1）发展生产脱贫一批。

发展生产脱贫一批，指大力发展贫困山区的优势产业，利用当地资源优势，发展特色农业、旅游业、产品加工业、各类乡镇企业等，改善农村土地使用生产方式，积极参加合作社等创新农业组织发展模式，并积极加快贫困地区城镇化进程，帮助贫困户增收以及解决劳动力回流就业。

（2）易地搬迁脱贫一批。

易地搬迁脱贫一批，指通过改善居住条件，建立移民新区，来保障贫困户的住所安全问题，并积极改善新迁入地的基础设施建设，对建档立卡的搬迁人口给予资金补助，贫困人口按 2 万元补助，非贫困人口按 1.2 万元补助。

（3）生态补偿脱贫一批。

生态补偿脱贫一批，指通过引导林区周围产业转型，利用当地优势的地理条件，发展绿色产业、特色林果加工业、特色农场，增加贫困户护林、造林收入，有效提高农户经济收入，确保当地贫困户按时脱贫。最终实现贫困户增收和生态环境改善的双重效益。

（4）发展教育脱贫一批。

发展教育脱贫一批，指大力深入推进九年义务教育，并普及十五年教育，提高广大中小学生的综合素质与文化素养，现阶段主要措施包括"雨露计划"与"一户一人计划"，并通过成年人的就业再培训，努力提高其职业技能，发展职业教育，能够有效地提高再就业的能力与脱贫工作的持续进行。

（5）社会保障兜底一批。

社会保障兜底一批，指不断提高农村的低保、医疗、卫生水平以及农村中留守儿童、老人、妇女、残疾人等弱势群体的社会保障工作，使公共服务享受均等化，积极加大对贫困户"大病医疗保险"的资金投入，遏制因病返贫、致贫。不断提高农村的社会医疗设备等相关基础设施建设。

3. 建立贫困退出机制思想

为了贯彻落实《中共中央 国务院关于打赢脱贫攻坚战的决定》和中央扶贫开发工作会议精神，切实提高扶贫工作的针对性、有效性而制定的法规，2016年4月，《关于建立贫困退出机制的意见》由中共中央办公厅国务院办公厅印发，自2016年4月起实施。建立贫困退出机制思想，突出的是精准扶贫的长远性和可持续性特征。要确保贫困人口合理有效退出，则需要按照精准扶贫、精准脱贫的要求，建立贫困户脱贫认定机制，制定严格规范透明的贫困县退出标准程序核查办法。这一思想意在切实解决"如何退"的问题，贫困退出同样要求"精准"，防止数字脱贫、虚假脱贫，保证脱贫的质量。习近平强调贫困退出要"要实行严格评估，按照摘帽标准验收。要实行逐户销号，做到脱贫到人，脱没脱贫要同群众一起算账，要群众认账。[①]"

（四）精准扶贫战略实施的意义

习近平精准扶贫思想，是在扶贫开发实践基础上不断进行科学经验总结而逐步形成理论体系，丰富和发展了我国乃至世界贫困治理理论，为我国脱贫攻坚及今后的贫困治理提供了理论指导和发展方向，因而具有重要的战略意义。

首先，以习近平精准扶贫思想为脱贫攻坚的指导思想，对于推进"四个全面"战略布局具有重要战略意义，尤其是有利于推进全面建成小康社会和全面从严治党。实现农村贫困人口脱贫是全面建成小康社会最艰巨的任务，习近平精准扶贫思想强化了扶贫开发的战略地位，通过实施精准扶贫基本方略，补齐"全面小康"的短板，尤其是民

---

① 习近平：脱贫攻坚战冲锋号已经吹响 全党全国咬定目标苦干实干. http://www.xinhuanet.com/politics/2015-11/28/c_1117292150.htm，2015-11-28.

生领域的短板，不断满足贫困人口从温饱到教育、医疗等各个方面的需求。

习近平总书记在党的十九大报告中提到"让贫困人口和贫困地区同全国一道进入全面小康社会是我们党的庄严承诺。"党的宗旨是全心全意为人民服务，最基本的就是要兑现对人民群众许下的承诺。因而，习近平强调"越是进行脱贫攻坚战，越是要加强和改善党的领导""扶贫工作必须务实，扶贫过程必须扎实，扶贫结果必须真实，让脱贫成效真正获得群众认可、经得起实践和历史检验。"广大党员在精准扶贫的过程必须将各项工作落到实处，扎实地推进各项工作，不能搞形式主义、虚假脱贫。因而，在精准扶贫实践中，对广大党员干部提出了更为严格的要求，对于提高党的执政能力和领导水平具有重要的意义。

其次，以习近平精准扶贫思想为贫困治理的指导思想，对于提升政府治理能力、构建全民共建共享的治理格局具有重要的战略意义。农村贫困地区的贫困治理也是国家治理的重要议题，在精准扶贫中引入"治理"理念，通过贫困治理参与主体多元化、治理手段多样化以及治理目标多维化，从而逐步构建全民共建共享的治理格局。贫困治理重在治本，因此，在习近平精准扶贫思想中始终强调激发贫困地区内生动力的要求，注重引导贫困群众不断参与到贫困村的治理当中来，发挥其主体作用，扶贫与"扶智""扶志"相结合，增强贫困地区的"造血"功能。同时，广泛动员全社会力量参与扶贫事业，包括企事业单位、社会组织等都可为贫困治理贡献一份力量。

习近平精准扶贫思想中包含了内源扶贫、生态扶贫、教育扶贫、社会保障扶贫等各方面的内容，意在针对不同的情况采取不同的治理手段，这不仅要求在治理的过程中，提高贫困地区群众的物质生活水平，还要实现教育、社会保障等其他方面的目标，以此让贫困地区的群众共享改革发展的成果，有更多的获得感，这对于全民共享、共建治理格局的构建具有重要意义。

最后，习近平精准扶贫思想的丰富和完善，能够为全球贫困治理提供中国方案。在精准扶贫实践中，以习近平精准扶贫思想为扶贫开发的基本原则，脱贫攻坚取得了决定性的进展，彰显出精准扶贫方略的科学性和有效性。

消除贫困依然是当今世界面临的最大全球性挑战，减贫进程离不开科学思想和方法指导。习近平精准扶贫思想则可为国际社会提供有力经验，在"一带一路"的背景下，让中国的精准扶贫经验"走出去"，能够为全球贫困治理贡献中国力量和中国方案。中国精准扶贫的基本经验是重视因地制宜，强调找到"贫根"，对症下药，靶向治疗，这也是习近平精准扶贫思想的重要内容，其他国家在贫困治理的过程中不能生搬硬套中国扶贫经验，而是在借鉴中国经验的基础上探索本土化的扶贫开发模式。

二、精准扶贫的政策梳理

自2013年"精准扶贫"战略思想提出以来，国家相关部门以及内蒙古自治区相关部门制定一系列方针政策来推进精准扶贫工作的开展,以下对2014~2020年精准扶贫相关政策文件进行梳理。

(一)国家层面的相关政策梳理

1. 党中央和国务院的相关政策(见表1-1)

表1-1　　　　党中央和国务院精准扶贫主要相关政策梳理

时间	印发单位	政策文件名称	主要内容
2014年1月25日	中共中央办公厅　国务院办公厅	《关于创新机制扎实推进农村扶贫开发工作的意见》	文件对于改进贫困县考核机制、建立精准扶贫工作机制、健全干部驻村帮扶机制、改革财政专项扶贫资金管理机制、完善金融服务机制、创新社会参与机制等做了详细的阐述
2015年6月29日	国务院扶贫办、教育部、人力资源和社会保障部	《关于加强雨露计划支持农村贫困家庭新成长劳动力接受职业教育的意见》	对雨露计划扶持贫困家庭子女职业教育的项目提出了详细的指导意见,对其工作原则、扶持对象、扶持政策、职责分工等作出详细说明
2015年7月28日	国务院办公厅	《关于全面实施城乡居民大病保险的意见》	为了缓解因病致贫、因病返贫问题,对大病患者发生的高额医疗费用给予进一步保障的一项新的制度性安排,文件对其完善大病保险筹资机制、提高大病保险保障水平、加强医疗保障各项制度的衔接等作出详细说明
2015年8月4日	国务院办公厅	《关于进一步促进旅游投资和消费的若干意见》	文件对实施旅游投资促进计划,新辟旅游消费市场、积极发展"互联网+旅游"模式以及乡村旅游扶贫模式等提出指导性意见
2015年11月10日	国务院办公厅	《关于促进农村电子商务加快发展的指导意见》	文件对加快发展电商扶贫机制、电商发展重点任务以及政策实施措施作出详细说明
2016年10月17日	国务院扶贫办	脱贫攻坚责任制实施办法	文件对脱贫攻坚按照中央统筹、省负总责、市县抓落实的工作机制,构建责任清晰、各负其责、合力攻坚的责任体系作出详细说明
2017年11月27日	中共中央办公厅　国务院办公厅	《关于支持深度贫困地区脱贫攻坚的实施意见》	文件对深度贫困地区脱贫攻坚工作作出全面部署
2017年12月24日	中共中央办公厅　国务院办公厅	《关于加强贫困村驻村工作队选派管理工作的指导意见》	对加强贫困村驻村工作队选派管理工作作出详细说明

续表

时间	印发单位	政策文件名称	主要内容
2018年1月10日	国务院扶贫办	《关于完善扶贫龙头企业认定和管理制度的通知》	文件对扶贫龙头企业的认定要求，认定程序、支持政策、动态管理作出详细说明
2018年3月22日	中共中央办公厅 国务院办公厅	《关于加大脱贫攻坚力度支持革命老区开发建设的指导意见》	对加快老区开发建设步伐，让老区人民过上更加幸福美好的生活，提出详细意见
2018年8月2日	国务院扶贫办	《关于扩大构树扶贫试点工作的指导意见》	对进一步指导和规范各地构树扶贫产业发展，提出详细指导意见
2018年8月20日	中共中央办公厅 国务院办公厅	《中共中央、国务院关于打赢脱贫攻坚战三年行动的指导意见》	在脱贫攻坚任务上对未来三年作出整体规划
2019年1月15日	国务院办公厅	《关于深入开展消费扶贫助力打赢脱贫攻坚战的指导意见》	贯彻落实《中共中央 国务院关于打赢脱贫攻坚战三年行动的指导意见》，深入开展消费扶贫，助力打赢脱贫攻坚战，提出具体意见
2019年5月27日	国务院扶贫办	《关于进一步做好县级脱贫攻坚项目库建设的通知》	对于一些地方存在项目缺乏科学论证、不精准，缺少群众参与和带贫减贫机制，编报程序不规范，绩效管理落实不到位等问题。为进一步做好县级脱贫攻坚项目库建设，作出具体通知
2020年1月30日	国务院扶贫办	《关于做好新型冠状病毒感染肺炎疫情防控和脱贫攻坚有关工作的通知》	文件就扶贫系统做好疫情防控和近期脱贫攻坚重点工作，作出具体通知
2020年2月5日	中共中央 国务院	《中共中央 国务院关于抓好"三农"领域重点工作确保如期实现全面小康的意见》	就集中力量完成打赢脱贫攻坚战和补上全面小康"三农"领域突出短板两大重点任务，持续抓好农业稳产保供和农民增收，推进农业高质量发展，保持农村社会和谐稳定，提升农民群众获得感、幸福感、安全感，确保脱贫攻坚战圆满收官，确保农村同步全面建成小康社会，提出意见
2020年4月8日	国务院办公厅	《国务院办公厅关于开展国家脱贫攻坚普查的通知》	根据《中共中央 国务院关于打赢脱贫攻坚战三年行动的指导意见》部署，经国务院同意，定于2020~2021年初开展国家脱贫攻坚普查，就有关事项，作出具体通知

7年多来,党中央和国务院先后出台多项政策助力脱贫攻坚战,习近平总书记指出,"脱贫致富不仅仅是贫困地区的事,也是全社会的事。[①]"经过7年多努力,精准扶贫精准脱贫深入人心,脱贫攻坚已经成为全党全社会的思想共识和行动自觉。

通过对党中央和国务院主要政策的梳理发现,初期出台文件侧重于扶贫职业教育、贫困人员医保额度以及产业扶贫等基础层面,着力解决好"两不愁三保障"突出问题。随着精准扶贫工作的深入开展,部分贫困人口的基本生活逐渐得到了保障,党中央和国务院根据实际情况调整宏观指导政策,将扶贫工作重心偏移到政策落地层面,即以精准帮扶为主,建立驻村工作队、助力革命老区脱贫以及构树扶贫等方面上。这些政策以村县等区域为单位规划扶贫工作,进一步保障扶贫工作顺利进行。2018年国务院在扶贫工作已有成果的基础上出台未来三年的行动指导意见,打响精准扶贫攻坚战,然后根据"三年行动"的总体规划作出消费扶贫和县级脱贫两方面的具体指导意见。党中央和国务院政策层层深入,随着脱贫攻坚战役的步伐不断调整宏观指导方案,旨在切实推动2020年全面脱贫顺利实现。

2. 国家有关部委的相关政策(见表1-2)

表1-2　　　　国家有关部委精准扶贫主要相关政策梳理

时间	印发单位	政策文件名称	主要内容
2017年8月10日	国务院人力资源和社会保障部、财政部、国务院扶贫办	《关于切实做好社会保险扶贫工作的意见》	文件对明确社会保险扶贫的目标任务、完善井落实社会保险扶贫政策、强化社会保险扶贫的保障措施作出详细说明
2017年8月28日	住房城乡建设部、财政部、国务院扶贫办	《关于加强和完善建档立卡贫困户等重点对象农村危房改造若干问题的通知》	文件对危房改造对象认定标准和程序、贫困户"住房安全有保障"的认定标准和程序、减轻深度贫困户负担、加强管理工作、提高农户满意度等作出详细说明
2018年1月16日	中国人民银行、银监会、证监会、保监会	《关于金融支持深度贫困地区脱贫攻坚的意见》	文件要求金融部门坚持新增金融资金优先满足深度贫困地区、新增金融服务优先布设深度贫困地区
2018年2月27日	教育部、国务院扶贫办	《深度贫困地区教育脱贫攻坚实施方案(2018—2020年)》	进一步聚焦深度贫困地区教育扶贫,用三年时间集中攻坚,确保深度贫困地区如期完成"发展教育脱贫一批"任务,制定的详细实施方案

---

① 习近平:脱贫攻坚战冲锋号已经吹响　全党全国咬定目标苦干实干. http://www.xinhuanet.com/politics/2015-11/28/c_1117292150.htm, 2015-11-28.

续表

时间	印发单位	政策文件名称	主要内容
2018年11月19日	国务院扶贫办、中央组织部、中央宣传部等	《关于开展扶贫扶志行动的意见》	为深入贯彻《三年行动的指导意见》，进一步加强扶贫扶志工作，激发贫困群众内生动力提供具体意见
2019年3月13日	最高人民检察院、国务院扶贫开发领导小组办公室	《就检察机关国家司法救助工作支持脱贫攻坚，制定本意见》	为充分履行检察职能，加大司法过程中对贫困当事人的救助工作力度，助力打赢脱贫攻坚战就检察机关国家司法救助工作支持脱贫攻坚，制定意见
2019年4月28日	中央网信办、国家发展改革委、国务院扶贫办等	《2019年网络扶贫工作要点印发实施》	扎实推动网络扶贫行动向纵深发展，不断激发贫困地区和贫困群众自我发展的内生动力，为打赢脱贫攻坚战做出新的更大贡献
2019年5月14日	民政部、财政部、国家卫生健康委员会、国务院扶贫办、中国残疾人联合会	《关于在脱贫攻坚中做好贫困重度残疾人照护服务工作的通知》	为在脱贫攻坚中切实做好贫困重度残疾人的照护服务工作作出具体通知
2019年7月18日	中国银保监会、财政部、中国人民银行、国务院扶贫办	《关于进一步规范和完善扶贫小额信贷管理的通知》	为进一步规范扶贫小额信贷管理，切实解决有关政策措施不具体、风险补偿机制不完善、集中还款压力较大等问题，促进扶贫小额信贷健康发展，助力打赢精准脱贫攻坚战提出具体意见
2020年3月23日	国务院扶贫办、财政部	《关于做好2020年财政专项扶贫资金、贫困县涉农资金整合试点及资产收益扶贫等工作的通知》	文件就做好2020年财政专项扶贫资金管理、贫困县涉农资金整合试点及资产收益扶贫等工作，作出具体通知
2020年4月11日	国务院扶贫办、商务部	《关于切实做好扶贫农畜牧产品滞销应对工作的通知》	为解决受新冠肺炎疫情等因素影响，部分扶贫农畜牧产品出现滞销问题，现就有关事项，作出具体通知
2020年5月28日	住房和城乡建设部、国务院扶贫办	《关于开展建档立卡贫困户住房安全有保障核验工作的通知》	为深入贯彻落实习近平总书记关于决战决胜脱贫攻坚系列重要讲话和重要指示精神，贯彻落实党中央、国务院决策部署，确保高质量实现贫困户住房安全有保障目标任务，决定开展建档立卡贫困户住房安全有保障核验工作，作出通知

续表

时间	印发单位	政策文件名称	主要内容
2020年6月3日	国务院扶贫办、中国残联、民政部、财政部、人力资源和社会保障部	《关于扎实做好疫情防控常态化背景下残疾人基本民生保障工作的指导意见》	为贯彻习近平总书记统筹推进新冠肺炎疫情防控和经济社会发展重要讲话精神,落实党中央、国务院关于疫情防控常态化下的一系列决策部署,扎实做好残疾人基本民生保障工作,提出具体指导意见
2020年7月6日	国务院扶贫办、中国银保监会、财政部、中国人民银行	《中国银保监会 财政部 中国人民银行 国务院扶贫办关于进一步完善扶贫小额信贷有关政策的通知》	为认真贯彻落实习近平总书记对扶贫小额信贷的重要指示精神和党中央、国务院决策部署,充分发挥扶贫小额信贷作用,助力高质量打赢脱贫攻坚战,就有关事项,作出具体通知
2020年8月7日	人力资源和社会保障部、教育部、国务院扶贫办	《关于进一步加强贫困家庭高校毕业生就业帮扶工作的通知》	为进一步加强对贫困家庭高校毕业生的就业帮扶工作,现就有关事项通知如下
2020年9月1日	国务院扶贫办、财政部	《关于用好财政扶贫资金项目支持克服洪涝地质灾害影响的通知》	为深入贯彻落实习近平总书记系列重要指示精神,按照党中央、国务院决策部署,统筹灾后恢复重建和脱贫攻坚工作,有效克服洪涝地质灾害等对脱贫攻坚的影响,认真做好受灾困难群众帮扶救助,防止因灾致贫返贫,确保如期全面脱贫,就有关事项作出通知

国家有关部委从2017年开始出台扶贫相关政策,紧跟党中央和国务院的步伐细化中央政策,并提供更细致的保障助力脱贫攻坚。初期着眼于社会保障、住房保障和教育扶贫等方面重点解决"两不愁三保障",各部委在其管辖范围内给予贫困人口一定的政策支持。例如,人力资源和社会保障部等部委共同出台的社会保险扶贫相关意见,完善贫困人口社会保障;住房城乡建设部等部委出台农村危房改造相关政策解决基本住房问题。

随着时间推进,国家各部委的精准扶贫政策更注重实效、更有针对性和创新性。在贫困人口基本生活得到保障后,为深入贯彻《三年行动的指导意见》,激发贫困群众内生动力,不同部门相继在司法救助、网络扶贫、小额信贷等领域出台扶贫文件,不断创新扶贫新模式,保障贫困人口在解决基本生活问题后,有能力、有环境依靠自己的力量致富和在2020年彻底摆脱贫困。

3. 国家层面精准扶贫政策的大数据分析

从2014~2020年,我们国家整体层面相继出台了共300多份精准扶贫政策,为了更加全面梳理这些政策,采用了文本挖掘的方法对我们国家整体层面精准扶贫政策文本进行深入分析，探究我们国家层面精准扶贫政策的演变和发展趋势。

精准扶贫政策文本选自中国政府网站、国务院扶贫办（国务院扶贫开发领导小组办公室）和北大法宝数据库，以"精准扶贫""精准脱贫""脱贫攻坚""建档立卡"等作为关键词检索，发文单位为中央、国务院及各部委。政策类型主要选取公告、通知、办法、意见、决定、方案等政策意图的文件，而批复、函、工作报告、通报和解读等非正式决策文件不计入其中。对于只有部分内容涉及精准扶贫政策，则选取涉及精准扶贫的内容作为政策文本。进行去重处理后，最终选取313份政策文本，其中2014~2020年分别有15份、22份、67份、56份、54份、37份、62份，组成本研究文本挖掘的国家层面文本池。

依据代表性政策或事件为关键节点划分，将2014~2020年的精准扶贫政策划分为三个阶段：第一阶段为2014~2015年，第二阶段为2016~2017年，第三阶段为2018~2020年。阶段划分依据为：（1）2013年11月3日，习近平总书记在湖南省湘西州花垣县排碧乡十八洞村调研扶贫攻坚，首次提出精准扶贫重要思想，"精准扶贫"政策开始萌芽。（2）2014年1月，中共中央办公厅、国务院办公厅印发了《关于创新机制扎实推进农村扶贫开发工作的意见》，首次将精准扶贫思想写入政策中，推动了"精准扶贫"思想的落地。（3）2015年11月29日中共中央 国务院颁布《关于打赢脱贫攻坚战的决定》，正式宣布全国上下大力实施"精准扶贫"战略，2016年可谓自上而下推进"精准扶贫"的开元之年。从党的十九大召开后的三年（2018~2020年）是中国消除农村绝对贫困的决胜时期和打赢脱贫攻坚战的关键时期，可谓啃硬骨头的关键阶段。2020年是全面建成小康社会的收官之年、脱贫攻坚决胜之年，为2021年乡村振兴的开局之年奠定基础。

词汇出现频率的高低与词义在文本中的重要性成正比，为了对词频进行统计，将2014~2020年的313份精准扶贫政策导入文本数据库，建立"精准扶贫"语料库。使用Python和jieba第三方库进行分词和频数统计。在分词过程中，为保证分词的精确度，依据精准扶贫政策的内容，将"精准扶贫""精准施策""脱贫攻坚""易地搬迁""建档立卡""全面脱贫"等123个词语加入自定义词库，并使用jieba库下的精准模式，分别对7年的政策文本进行分词处理；为减少无关词语的影响，使用中文停用词库去除无意义的词语，同时过滤一些无实际意义且与本研究无关的词，如"提高""加大""完善"，以及政策主题关键词"精准扶贫""扶贫"等。对分词后的词语进行频数统计，最终将部分高频词汇统计结果整理成表格，见表1-3。

关键词共现网络图谱体现词与词间的关联，节点的大小反映关键词出现数量的多少，节点所处的位置则反映了关键词的重要程度，进而反映关键词所代表的政策含义的侧重点。通过使用Python及TF-ID技术手段，分别对三个阶段政策文本关键词进行抽取，构建关键词共现矩阵，并导入gephi绘图软件，得到三个阶段的关键词共现网络图谱，如图1-2所示。

表1-3　国家层面部分高频词汇及词频

序号	2014年 词汇/词频	2015年 词汇/词频	2016年 词汇/词频	2017年 词汇/词频	2018年 词汇/词频	2019年 词汇/词频	2020年 词汇/词频
1	改革 302	残疾人 276	残疾人 563	就业 383	脱贫攻坚 535	脱贫攻坚 256	脱贫攻坚 467
2	农村 200	农村 230	农村 482	脱贫攻坚 296	资金 500	贫困地区 233	资金 245
3	扶贫开发 195	扶贫 198	就业 419	资金 261	贫困地区 410	农村 199	疫情 227
4	贫困地区 174	贫困地区 178	资金 384	残疾人 248	贫困人口 238	资金 167	就业 197
5	财政部 172	扶贫开发 106	脱贫攻坚 277	创业 225	农村 199	残疾人 156	信息 174
6	农业 163	社会 105	培训 263	贫困地区 203	深度贫困地区 192	救助 141	防控 161
7	社会 154	企业 54	信息 261	培训 197	培训 158	保障 134	住房 158
8	服务 152	农业 52	扶贫开发 260	社会 194	攻坚战 149	农业 131	贫困地区 155
9	资金 151	组织 91	社会 245	教育 175	宣传 145	贷款 124	人力资源 142
10	旅游 151	贫困 83	教育 233	科技 173	教育 144	社会救助 114	残疾人 121
11	创新 113	脱贫 81	建档立卡 232	深度贫困地区 161	社会 138	教育 104	宣传 103
12	农业部 100	资金 76	保障 217	农村 154	生态 127	就业 95	培训 102
13	信息化 94	就业 73	农业 207	高校 149	财政 120	农产品 95	深度贫困地区 92
14	经济 82	普惠金融 66	老区 185	毕业生 141	保障 119	金融 92	农产品 92
15	农民 82	保障 65	旅游 165	产业 125	就业 116	最低生活保障 89	产业 86
16	金融 76	金融 62	产业 164	参与 123	科技 107	攻坚战 83	决胜 76
17	帮扶 74	妇女 61	参与 147	保障 113	参与 107	深度贫困地区 80	医保 76
18	试点 73	贫困人口 59	特困 145	基层 104	旅游 103	培训 77	家政 75
19	财政 72	移民 58	移民 144	创新 101	三区三州 101	产业 69	三区三州 74
20	市场 71	精准扶贫 57	创业 142	建档立卡 99	定点 88	住房 67	决战 73

续表

序号	2014年 词汇/词频	2015年 词汇/词频	2016年 词汇/词频	2017年 词汇/词频	2018年 词汇/词频	2019年 词汇/词频	2020年 词汇/词频
21	农产品 68	产业 56	乡村 140	专项 90	帮扶 86	免征 64	毕业生 73
22	金融机构 66	资源 55	救助 140	试点 88	建档立卡 85	补助 64	救助 73
23	贷款 64	民族 52	学生 138	信息 79	贫困村 85	人力资源 62	建档立卡 70
24	就业 60	农民 51	贫困村 127	财政 78	信息 83	宣传 60	教育 68
25	信息 59	脱贫攻坚 50	创新 119	特色 75	补助 83	农村危房改造 58	攻坚战 67
26	参与 59	能源 49	补助 118	学校 75	农业 82	职业 56	免征 66
27	城乡 58	电网 48	攻坚战 113	学生 71	人力资源 75	特色 56	打赢 63
28	商务部 58	创新 47	低保 113	金融 65	产业 74	风险 56	返贫 63
29	牵头 57	金融服务 47	供养 112	攻坚战 62	特色 71	康复 56	生态 61
30	资源 56	创业 46	旅游扶贫 111	人力资源 61	旅游扶贫 71	创业 52	搬迁 61

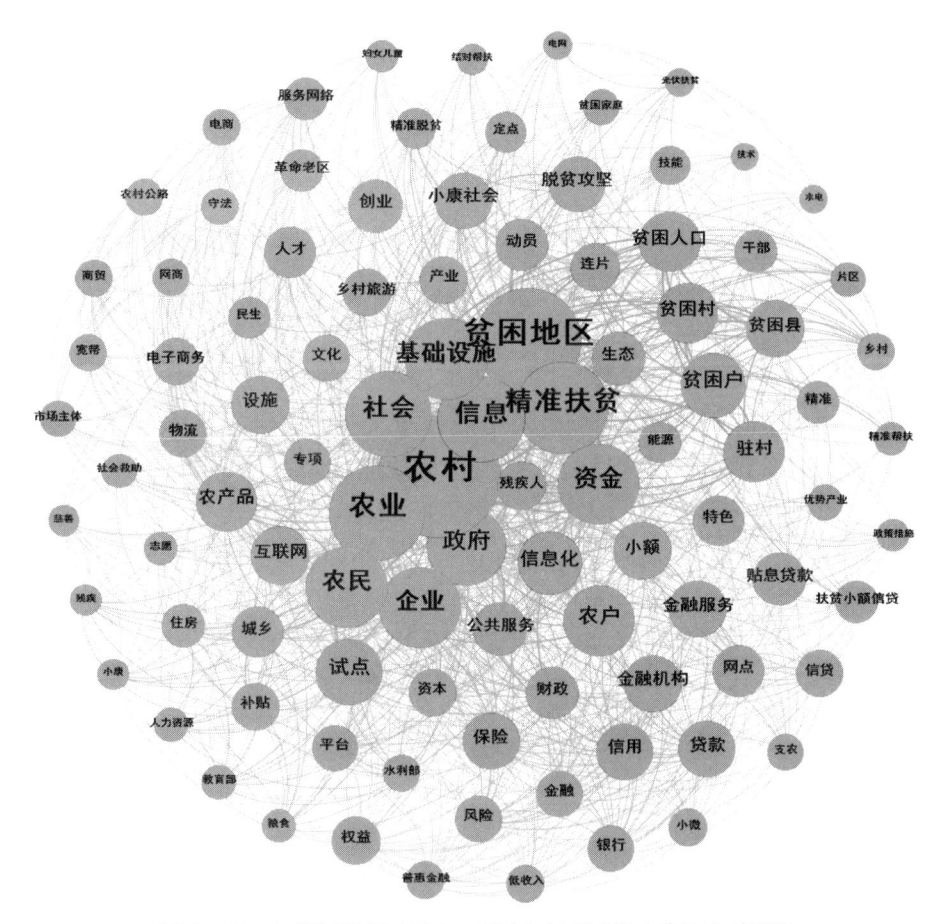

图 1-2　国家层面 2014~2015 年关键词共现网络图

由表 1-3 和图 1-2 可见，2014~2015 年的高频词包括"农村""农业""农民"，其中关键词"农村""贫困地区"位于图 1-2 的中心位置且节点较大，说明该词在网络中比较重要并且出现频次较多，体现了 2014 年实施精准扶贫政策以来，政府的扶贫工作重心主要放在农村，这是由我国贫困人口主要聚集于农村的现实情境决定。同时，"信息""信息化""基础设施""社会"等节点凸显，从政策文本挖掘来看，2014 年 1 月，中共中央、国务院办公厅印发的《关于创新机制扎实推进农村扶贫开发工作的意见》，首次指出建立精准扶贫工作机制，并强调建设全国扶贫信息网络系统和创新社会参与机制，注重扶贫开发信息化建设，以信息化推动扶贫开发工作科学化、规范化、精细化，支持贫困地区基础设施建设和主导产业发展，为社会各方面力量在扶贫开发中有效协调协作及监管贡献力量。除此之外，《建立精准扶贫工作机制实施方案》《中共中央关于制定国民经济和社会发展第十三个五年规划的建议》《关于进一步动员社会各方面力量参与扶贫开发的意见》同时跟进强调信息化、基础设施建设和动员社会各方面力量参与扶贫开发等。另外，可见借助信息化社会建设，推进贫困地区基础设施建设和动员社会力量参与扶贫是该阶段政策的重点。图 1-2

的边缘出现了"资金""金融服务""信贷""扶贫小额信贷"等关键词，间接映射出我国精准扶贫的资金来源呈现出多样性，面向贫困群众的普惠金融开始受到关注。为贯彻落实党中央、国务院关于扶贫开发的总体部署，先后出台的《关于全面做好扶贫开发金融服务工作的指导意见》《关于创新发展扶贫小额信贷的指导意见》《国务院关于印发推进普惠金融发展规划（2016~2020年）的通知》指出要大力发展普惠金融，创新金融产品和服务，为贫困地区经济社会持续健康发展和贫困人口脱贫致富提供资金来源。

2016~2017年进入"精准扶贫"深水区。2015年底，中共中央 国务院提出《关于打赢脱贫攻坚战的决定》，指出要增强打赢脱贫攻坚战的使命感和紧迫感，确保到2020年农村贫困人口实现脱贫，完成全面建成小康社会最艰巨的任务，其政策的指导意义在第二阶段显现。由图1-3可见，"脱贫攻坚"关键词凸显，体现了该阶段精准扶贫政策主要围绕全力打赢脱贫攻坚战，把脱贫攻坚作为发展头等大事和第

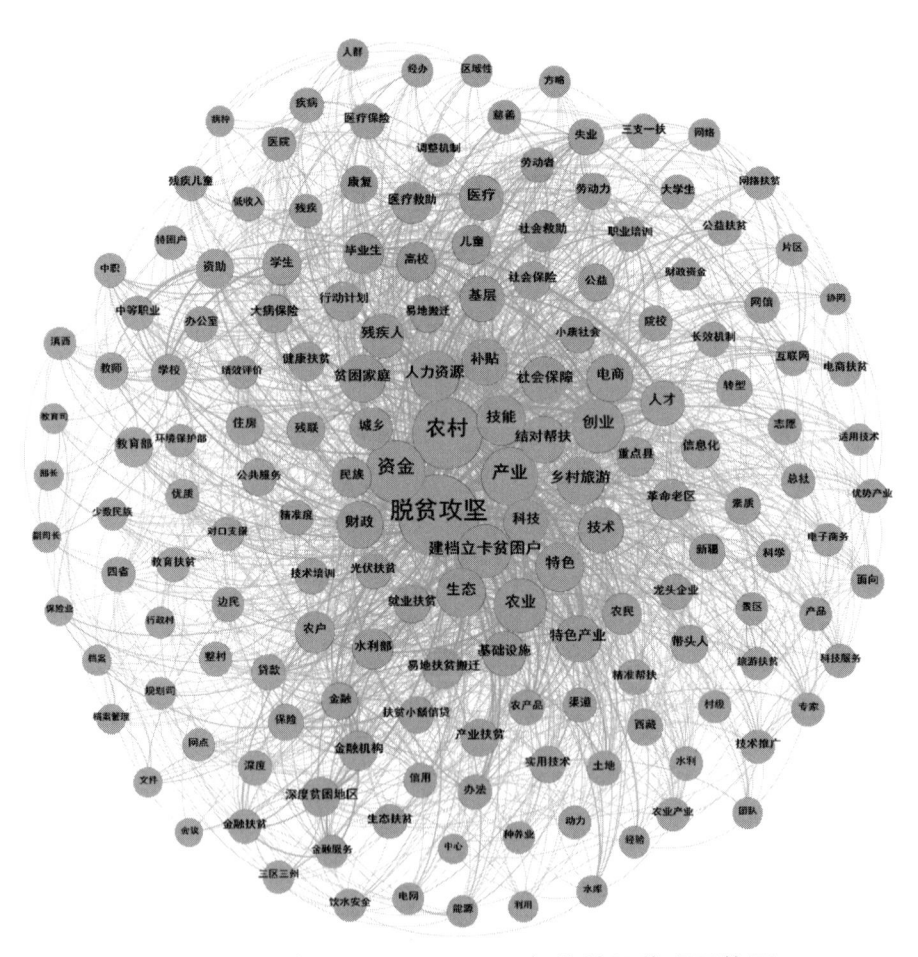

图1-3 国家层面2016~2017年关键词共现网络图

一民生工程，以确保如期实现脱贫目标。据统计，截至2015年底，我国共有5 630万农村建档立卡贫困人口，这些贫困人口贫困程度更深、减贫成本更高、脱贫难度更大，有效识别贫困户成为工作关键，"建档立卡贫困户"成为主要工作之一，得以在全国范围广泛推广。2016年11月23日，国务院发布了《关于"十三五"脱贫攻坚规划的通知》，从产业扶贫、易地搬迁扶贫、教育扶贫、就业、医疗和社会兜底等角度对扶贫开发工作给予指导，倡导拓宽创新精准扶贫路径，向多样化方向拓展。由图1-3可知，关键词"产业""乡村旅游""光伏扶贫""电商""科技"显现，企业扶贫、产业扶贫成为扶贫主力，协同旅游扶贫、电商扶贫、科技扶贫共同完善丰富了产业扶贫体系。除此之外，"易地扶贫搬迁""就业扶贫""金融扶贫""教育扶贫""大病保险""健康扶贫"等多种扶贫模式涌现，与第一阶段单一关注经济领域扶贫关键词相比，该阶段开始关注精准扶贫模式创新、关注教育和健康对扶贫发挥的重要作用，为逐渐形成全面精准扶贫政策体系架构奠定基础。

2018～2020年是打赢脱贫攻坚战的关键时期，可谓啃硬骨头的阶段，是中国消除农村绝对贫困和全面建设小康社会的过渡期。由图1-4可知，"深度贫困地区""三区三州"是该阶段攻坚克难的重点，《深度贫困地区教育脱贫攻坚实施方案2018～2020年》《关于开展深度贫困地区技能扶贫行动的通知》等一系列政策出台，共同指向解决深度贫困问题。该阶段"消费扶贫""定点支援"等关键词被提及的频次上升，电商平台开设扶贫馆、各级机关和国有企事业单位等带头践行消费扶贫、东西部结对子工程的渠道打开，这是关于形成稳定脱贫长效机制的有意尝试。该阶段是决胜脱贫攻坚决战和实现全面小康的关键阶段，既有党和政府政策扶持，又有扶贫干部全力帮扶，但也出现个别贫困户严重的"福利依赖、政策依赖"思想，在实际工作中不乏案例。因此"扶志"与"扶智"被提上日程，由关注脱贫速度向保证脱贫质量转变，立足于激发贫困群众自我发展的内在动力，以彻底拔除穷根、消除贫困为工作重点。2018年8月，中共中央 国务院《关于打赢脱贫攻坚战三年行动的指导意见》和2018年10月，国务院扶贫办发布《关于开展扶贫扶志行动的意见》都明确了这一发展思路。2020年新冠肺炎疫情以来，农村抗疫成为保护精准扶贫成果的重点，返贫地区对于抵抗突发风险的能力不足，国家政策及时预警，有利于提高全局意识，这也充分体现了宏观政策的防范作用。

从图1-4总体来看，我国国家层面三个不同阶段的精准扶贫政策演进变化呈现为：①扶贫模式由关注经济基础建设向全产业扶贫拓展再向自生性扶贫转换；②随着扶贫信息化的完善，精准帮扶的对象逐渐转为建档立卡贫困户；③扶贫主体更加多元化，逐渐形成政府、市场、社会协同推进的大扶贫格局；④扶贫攻坚阶段，精准扶贫及时收缩战略区域转向三区三州、深度贫困地区，为全国全面迈向小康社会做好准备。全国上下一心优化配置扶贫资源，基本形成了具有中国特色的精准扶贫体系。

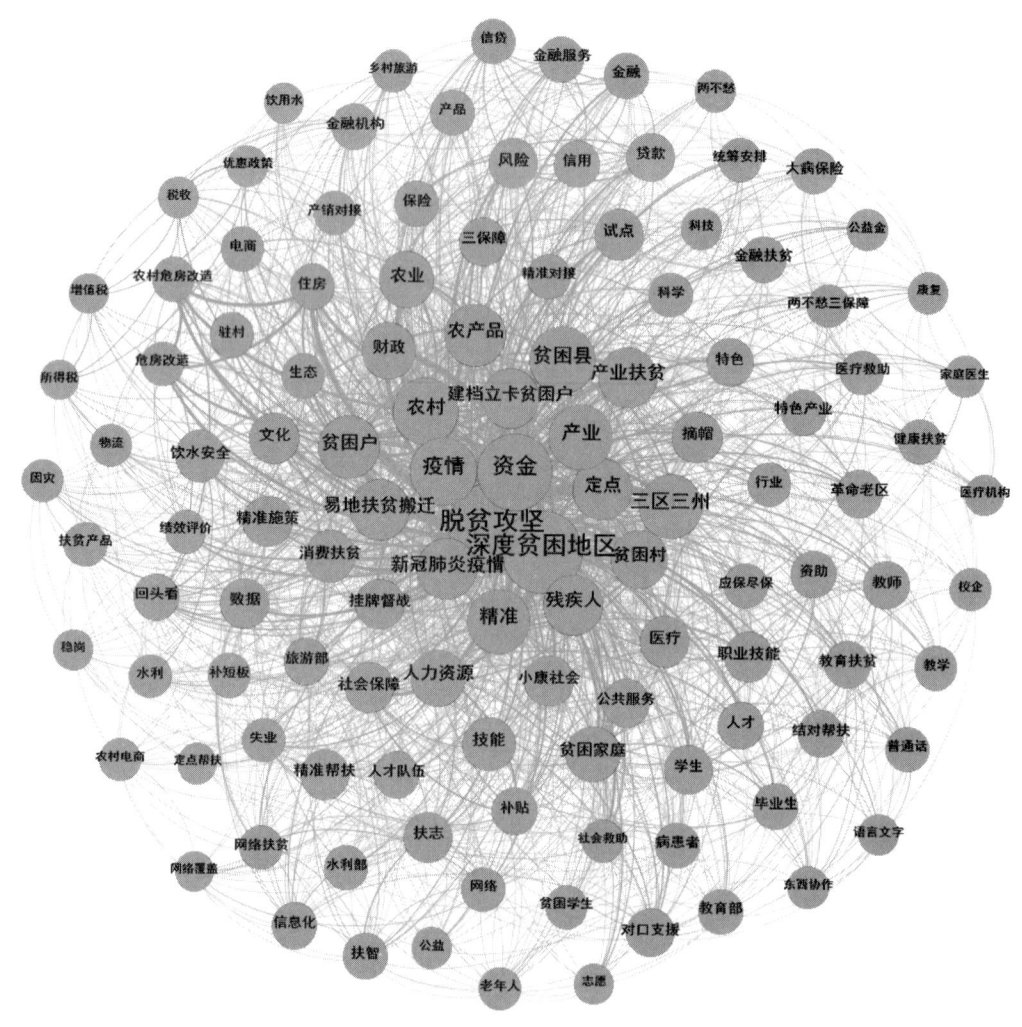

图 1-4　国家层面 2018~2020 年关键词共现网络图

(二) 内蒙古自治区的相关政策梳理

1. 内蒙古的相关政策见表 1-4

表 1-4　内蒙古自治区国家有关部委精准扶贫主要相关政策梳理

时间	印发单位	政策文件名称	主要内容
2015 年 3 月 20 日	内蒙古自治区扶贫开发办公室	《内蒙古自治区扶贫攻坚工程"三到村三到户"项目库建设指导意见》	对旗县建立"三到村三到户"财政扶贫专项资金项目库的额度、原则、程序、要求等作出相关规定
2015 年 12 月 23 日	内蒙古自治区扶贫开发办公室	贯彻落实《中共中央 国务院关于打赢脱贫攻坚战》的意见	根据《中共中央国务院关于打赢脱贫攻坚战》的文件意见,结合自治区实际情况,提出打赢脱贫攻坚战的详细方案说明

续表

时间	印发单位	政策文件名称	主要内容
2016年8月20日	自治区人民政府办公厅	《关于贫困旗县统筹整合使用财政涉农涉牧资金试点工作的实施意见》	文件根据国务院办公厅的《意见》，结合我区实际，对贫困旗县统筹整合使用财政涉农涉牧资金试点工作提出详细意见
2016年11月30日	自治区人民政府办公厅	《国务院办公厅转发民政部等部门关于做好农村最低生活保障制度与扶贫开发政策有效衔接指导意见的通知》	文件根据国务院办公厅印发的《通知》，对自治区进一步夯实主体责任、进一步明确重点工作、进一步强化监督检查作出详细说明
2017年4月10日	内蒙古自治区人民政府办公厅	《内蒙古自治区"十三五"脱贫攻坚规划》	文件对紧密结合"十项重点工程"建设，采取超常规举措，加大扶贫攻坚力度，促进一、二、三产业融合发展，坚决打赢脱贫攻坚战，实现脱贫致富和共享小康的宏伟目标作出详细规划
2017年4月17日	自治区人民政府	关于进一步加大脱贫攻坚力度十项措施的通知	针对当前我区特困地区重点群体脱贫攻坚中存在的突出困难和问题，聚焦贫困人口产业发展、义务教育、基本医疗和住房安全等问题，制定进一步加大脱贫攻坚力度的十项措施的详细方案
2017年9月8日	自治区财政厅、自治区教育厅、自治区民政厅、自治区扶贫办	《关于实施家庭经济困难学生普通高校新生入学资助政策意见的通知》	为使家庭经济困难学生普通高校新生入学资助政策落到实处见到实效，对资助对象、资助标准、工作要求作出详细说明
2018年2月8日	自治区人民政府办公厅	《关于支持易地扶贫搬迁项目有关政策的通知》	对易地扶贫搬迁项目有关政策作出详细说明
2018年4月17日	自治区扶贫办	《关于完善旗县脱贫攻坚项目库建设的实施意见》	对完善我区脱贫攻坚项目库建设提出详细实施意见
2018年5月4日	自治区住房和城乡建设厅、自治区扶贫开发办公室	《关于进一步加强农村牧区建档立卡贫困户等重点对象危房改造工作的通知》	对做好农村牧区建档立卡贫困户等重点对象危房改造是实现脱贫攻坚"两不愁、三保障"总体目标中住房安全有保障的重点工作提出详细说明
2018年5月19日	自治区人民政府办公厅	《关于进一步完善精准扶贫信贷政策八项措施的通知》	为解决好贫困户、扶贫龙头企业、农牧民专业合作组织贷款难、贷款贵的问题，制定详细措施

续表

时间	印发单位	政策文件名称	主要内容
2018年6月3日	自治区扶贫办	《关于完善自治区扶贫龙头企业认定和管理制度的实施意见》	对自治区扶贫龙头企业的认定条件、认定程序、动态管理作出相关实施意见
2018年8月16日	自治区党委办公厅、自治区人民政府办公厅	《盟市党委、政府（行政公署）扶贫开发工作成效考核办法》	对各个盟市扶贫开发工作的考核办法的详细说明
2018年10月9日	自治区人民政府	《关于探索建立涉农涉牧资金统筹整合长效机制的实施意见》	文件根据《国务院关于探索建立涉农资金统筹整合长效机制的意见》结合自治区实际，对进一步做好我区涉农涉牧资金统筹整合工作，探索建立长效机制，提出详细实施意见
2018年10月29日	自治区扶贫开发办公室	《关于切实加强扶贫小额信贷风险防控工作的通知》	文件加强扶贫小额信贷风险防控有关事宜提出详细措施说明
2018年11月7日	自治区扶贫开发办公室	《关于进一步加强扶贫项目管理的指导意见》	对为进一步加强和规范扶贫项目管理，提高项目管理规范化、制度化、科学化水平，实现扶贫项目资金的绩效目标提出详细的指导意见
2018年12月17日	内蒙古自治区人民政府扶贫工作办公室	《关于开展扶贫龙头企业动态管理的通知》	对自治区扶贫龙头企业开展动态监测管理工作提出具体意见
2019年2月2日	内蒙古自治区人民政府扶贫工作办公室	《关于进一步加强扶贫小额信贷工作的通知》	为了进一步加强扶贫小额信贷发放和管理，确保相关统计数据客观、真实、准确，提出进一步加强扶贫小额信贷有关工作通知
2019年3月4号	内蒙古自治区人民政府扶贫工作办公室	《产业扶贫项目未覆盖有劳动能力贫困人口清零行动工作方案》	为全面贯彻落实国家和自治区关于打赢精准脱贫攻坚战三年行动的决策部署，按照自治区实施"十大清零行动"工作要求，提出产业扶贫项目未覆盖有劳动能力建档立卡贫困人口清零行动工作方案
2019年3月1日	内蒙古自治区扶贫开发领导小组	《内蒙古自治区2019年脱贫攻坚"清零达标"专项行动实施方案》	"清零达标"专项行动作为2019年脱贫攻坚的重要抓手，结合中央脱贫攻坚专项巡视整改工作要求和全区实际情况，制定具体的工作实施方案

续表

时间	印发单位	政策文件名称	主要内容
2019年5月9日	内蒙古自治区扶贫开发办公室	《关于建立扶贫信息员工作制度的通知》	为做好全区扶贫信息化建设工作，运用并维护好全国扶贫开发信息系统和全区精准扶贫大数据平台，建设一支适应新时期脱贫攻坚工作的专职扶贫信息员队伍，提出具体意见
2020年3月3日	内蒙古自治区教育厅	《内蒙古自治区教育脱贫攻坚挂牌督战工作实施方案》	为贯彻落实中央及自治区党委、政府关于脱贫攻坚各项决策精神，结合我区教育脱贫攻坚挂牌督战工作的统一安排和部署，确保按时高质量打赢教育脱贫攻坚战，制定了内蒙古自治区教育脱贫攻坚挂牌督战工作实施方案
2020年4月20日	内蒙古自治区扶贫开发办公室	《关于支持贫困户发展庭院经济的指导意见》	为深入推进产业精准扶贫，拓宽贫困农牧民增收渠道，降低疫情对贫困户收入的影响，促进贫困嘎查村经济发展，现就支持贫困户（包括享受政策脱贫户）发展庭院经济，实施小种植、小养殖、小手工、小买卖、小电商、小作坊等"短平快"增收小产业（以下简称"六小"产业），提出如下指导意见
2020年5月28日	内蒙古自治区扶贫开发办公室	《关于开展易地扶贫搬迁就业帮扶专项行动的通知》	为贯彻落实习近平总书记关于易地扶贫搬迁就业帮扶工作的重要指示精神，自治区人力资源和社会保障厅、发展改革委、工业和信息化厅、扶贫办定于5月下旬至6月底开展易地扶贫搬迁就业帮扶专项行动，就有关事项，作出通知
2020年6月16日	内蒙古自治区扶贫开发办公室	《内蒙古自治区数字平台经济促就业助脱贫行动方案》	为进一步贯彻落实党中央关于决战决胜脱贫攻坚和强化稳就业的决策部署，拓宽政企合作领域，充分发挥政府和市场两方面作用，帮助建档立卡贫困劳动力和贫困地区农牧民工实现就业创业，提出相关方案
2020年7月14日	内蒙古自治区人力资源和社会保障厅	《内蒙古自治区人力资源和社会保障厅关于进一步做好2020年京蒙劳务协作扶贫专项行动工作的通知》	为全面落实党中央关于东西部扶贫协作决策部署，扎实推进京蒙劳务协作扶贫专项行动目标、任务、政策的完成和落实，就进一步做好2020年京蒙劳务协作扶贫专项行动工作，作出具体通知
2020年11月16日	内蒙古自治区扶贫开发办公室	《内蒙古自治区消费扶贫行动实施方案》	为深入贯彻落实习近平总书记关于开展消费扶贫行动的重要指示精神，加大消费扶贫组织力度，统筹全社会各方面资源购买和帮助销售扶贫产品，在全社会掀起消费扶贫行动热潮，推动消费扶贫工作再上新台阶，制定了实施方案

内蒙古自治区政府密切关注党中央、国务院以及国家各部委的扶贫动态，深入贯彻国家各级组织出台的扶贫政策后，因地制宜，制定符合自治区实际情况的具体性工作方案。自治区出台的政策不仅仅是将国家政策进行细化，还有为全区脱贫攻坚顺利完成而量身定制的具体行动方案。例如，自治区为保证脱贫工作高效进行，出台了对各个盟市扶贫开发工作的考核办法的详细说明，通过时刻监督工作人员的工作质量来保障脱贫工作的有效进行。在国家大力解决"两不愁三保障"阶段，自治区相应出台"三到村三到户"政策落实基础工作，关注多维贫困，聚焦贫困人口产业发展、义务教育、基本医疗和住房安全等问题。扶贫工作进入中期后，自治区政府先后出台小额信贷扶贫相关的措施说明以及规范化管理意见，工作重点从基本生活问题逐渐向自主脱贫转变。

2. 内蒙古自治区层面精准扶贫政策的大数据分析

我们进一步使用文本挖掘的方法对内蒙古精准扶贫政策文本进行了更为全面梳理，获得内蒙古自治区精准扶贫政策的演变和发展趋势。

内蒙古自治区精准扶贫政策文本选自内蒙古自治区政府网站、内蒙古自治区扶贫办以及北大法宝数据库，以"精准扶贫""精准脱贫""脱贫攻坚""建档立卡"等作为关键词检索，发文单位为内蒙古自治区人民政府及其他机构（省教育厅、省农业厅等）。其他筛选原则与前文国家层面文本筛选保持一致。最终选取116份政策文本，其中2014~2020年分别有6份、14份、20份、18份、19份、16份、28份，组成本研究文本挖掘的内蒙古自治区文本池。

对该区精准扶贫政策采取和国家层面政策同样的处理方式，包括分词及词频统计、共此网络分析，由此获得内蒙古自治区2014~2020年精准扶贫政策部分高频词汇和词频，见表1-5，以及三个阶段的关键词共现网络图，如图1-5所示。

2014~2015年内蒙古精准扶贫工作起步，方式方法单一。图1-5展示内蒙古2014~2015年的精准扶贫政策内容的高频词，"农村""资金""政府""项目"，体现了精准扶贫初期，内蒙古自治区首先将扶贫工作重点关注点放在农村和资金管理上面。扶贫资金作为精准扶贫工作开展的重要保障，其使用效率的高低关乎着整个扶贫工作的进展。包括2014年6月《内蒙古自治区人民政府办公厅关于印发自治区扶贫资金审计监督办法的通知》、2015年5月《内蒙古自治区财政扶贫资金专项整治行动工作方案》、2015年7月《内蒙古自治区农牧业厅办公室关于开展农垦扶贫资金项目专项检查工作的通知》都从加强扶贫资金管理，提高扶贫资金使用效益的角度给予了指导。关于扶贫方式比较凸显的是教育扶贫。"院校""中等职业""职业""大专"等关键词显现，可见通过职业教育扶贫，拉动贫困家庭成员就业，进而推进扶贫工作的进行是该阶段扶贫工作开展的主抓手。其中，2015年6月《内蒙古自治区扶贫开

表1-5　内蒙古自治区部分高频词汇及词频

序号	2014年 词汇/词频	2015年 词汇/词频	2016年 词汇/词频	2017年 词汇/词频	2018年 词汇/词频	2019年 词汇/词频	2020年 词汇/词频
1	资金 67	资金 143	农村 258	救治 142	健康 345	资金 198	就业 144
2	审计 63	培训 117	牧区 257	卫生 126	健康扶贫 126	脱贫攻坚 163	资金 130
3	扶贫开发 40	扶贫开发 115	医院 226	防治 120	卫生 104	资产 163	监测 108
4	帮扶 39	扶贫办 102	产业 202	农村 111	教育 97	扶贫开发 107	岗位 97
5	到户 33	贷款 81	资金 200	包虫病 106	患者 89	评估 94	劳动力 90
6	改革 23	干部 68	社会 165	牧区 96	签约 75	专项 87	脱贫攻坚 86
7	农村 20	农村 67	就业 139	寄生虫病 90	宣传 72	保障 83	消费扶贫 82
8	干部 19	专项 62	保障 129	计生委 88	光伏扶贫 67	统筹 80	培训 73
9	政府 17	教育 54	建档立卡 124	资金 88	考核 66	退出 74	产业 69
10	农村 16	政府 53	农牧业 124	扶贫开发 78	医院 65	扶贫办 70	协作 63
11	社会 16	社区 53	生产 122	保障 77	信息 55	返贫 59	疫情 62
12	攻坚 15	牧区 48	救助 111	脱贫攻坚 77	农村 54	返贫 56	社会 57
13	牧区 15	退出 40	技术 110	健康扶贫 77	资金 53	建档立卡 55	返贫 55
14	工作队 15	补助 40	蒙医 102	扶贫开发 72	医疗机构 50	农村 47	企业 52
15	三到 14	检查 36	企业 96	大病 67	督导 50	财政 47	公益 51
16	财政 13	雨露 36	农牧民 94	医疗 67	保障 49	产业 46	庭院经济 47
17	专项 12	宣传 32	培训 92	健康 65	电站 49	两不愁三保障 45	专项 46
18	考核 12	建档立卡 31	低保 92	国家 64	救治 47	干部 45	平台 46
19	创新 12	财政 29	卫生 90	诊疗 64	家庭医生 46	涉农 45	扶贫产品 43
20	扶贫办 11	职业 29	产业扶贫 84	社会 62	医疗 41	清零 40	致贫 43

续表

序号	2014年 词汇/词频	2015年 词汇/词频	2016年 词汇/词频	2017年 词汇/词频	2018年 词汇/词频	2019年 词汇/词频	2020年 词汇/词频
21	脱贫致富 10	国家 28	特困 84	专项 57	国家 40	牧区 40	牵头 42
22	监督 9	中国人民银行 28	光伏扶贫 76	患者 53	进一步 39	事业单位 40	教育 41
23	选派 8	风险 26	中医医院 72	扶贫办 43	扶贫办 38	培训 39	劳务 41
24	任职 8	考核 25	养殖 71	定点医院 41	医保 37	考核 38	农畜产品 40
25	国家 8	到户 25	创业 70	医院 38	考评 37	旅游 37	生产 40
26	人民政府 7	合作 25	政府 70	救助 37	收益分配 35	协作 36	易地扶贫搬迁 39
27	基层组织 7	创新 24	医疗 68	农牧业 36	诊疗 34	宣传 36	务工 39
28	村干部 7	企业 24	优势 67	贷款 35	疾病 34	产业扶贫 35	扶贫办 38
29	社会保障 7	金融机构 23	脱贫攻坚 66	培训 33	收益 33	教育 35	保障 37
30	农牧业 7	贴息 23	社会救助 66	财政厅 33	传染病 31	社会 35	建档立卡 37

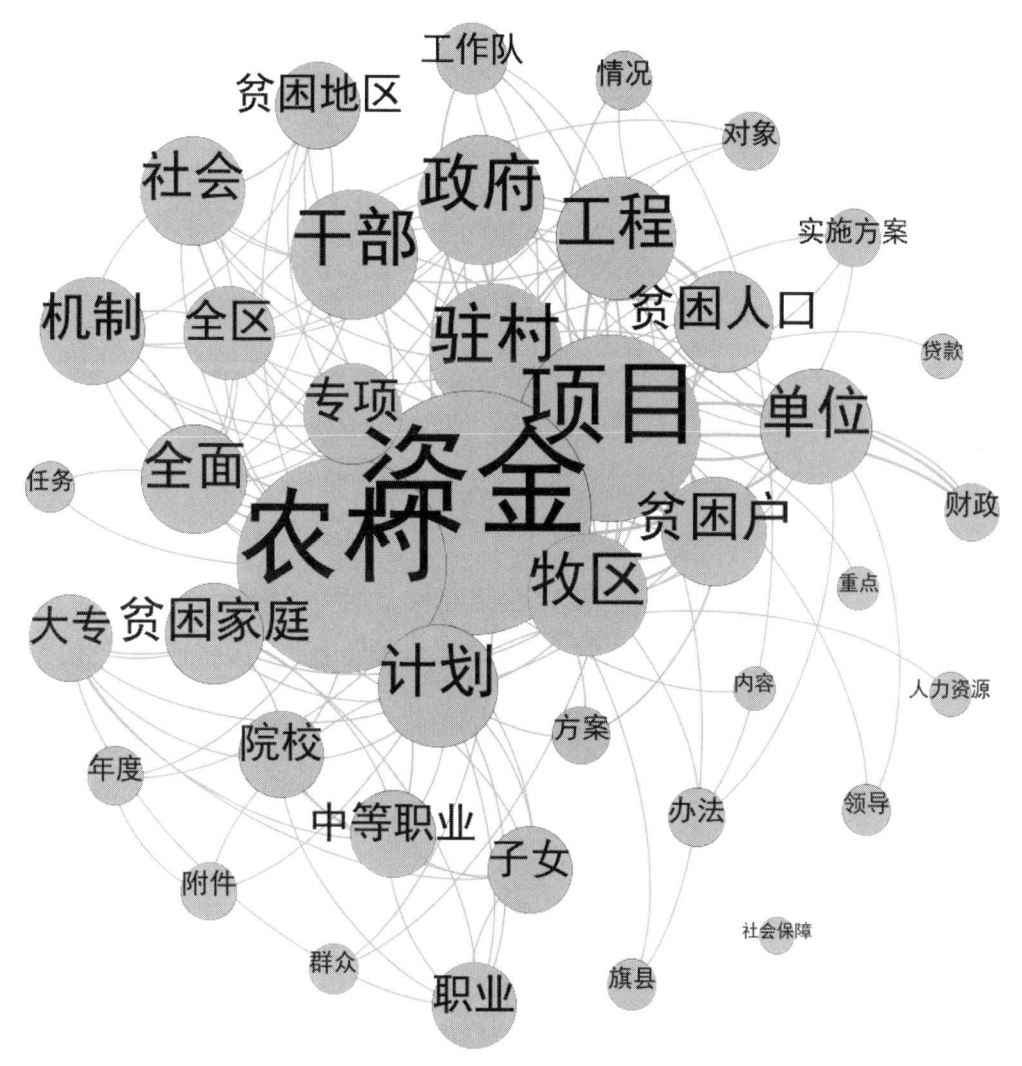

图 1-5　内蒙古 2014~2015 年关键词共现网络图

发（革命老区建设）办公室关于做好雨露计划职业教育工作的通知》指出各级扶贫开发部门要把贫困家庭子女职业教育列入重要议事日程，制定年度工作计划，明确工作目标，加强与教育部、人力资源和社会保障部、财政部等部门的沟通与联系，通力配合，切实将此项工作落到实处。此外《2015 年度雨露计划职业教育工作实施方案》《内蒙古自治区扶贫开发（革命老区建设）办公室关于下达 2015 年度雨露计划职业教育补助项目的通知》的出台明确了要体现精准扶贫的原则，确保雨露计划职业教育扶持资金补助到户到人的工作计划。

2016~2017 年内蒙古自治区农牧区扶贫并行，医疗扶贫成为主抓手之一。随着 2015 年底《关于打赢脱贫攻坚战的决定》的提出，打赢脱贫攻坚战的使命感和紧迫感逐渐提升，2016~2017 年内蒙古自治区精准扶贫开始进入"深水区"。图 1-6 可见，内蒙古在该阶段的精准扶贫对象得以明确，"农村"和"牧区"扶贫同等重要，"精准"一词尤为凸显，表明该阶段内蒙古精准扶贫工作步入正轨，全面开展，涌现的关键词开始多样化。其中医疗健康扶贫成为主阵地。"医疗""医院""医疗机构""大病""计生委"等关键词凸显，体现了该阶段把健康扶贫作为精准扶贫的重中之重，是内蒙古自治区打赢脱贫攻坚战的重要举措。该阶段2016年5月《关于开展建档立卡农村贫困人口因病致贫因病返贫调查工作的通知》的出台，为健康扶贫的开展提供基础性工作引导；2016年9月《关于印发内蒙古自治区健康扶贫工程实施意见的通知》以实现因病致贫、因病返贫人群全部如期脱贫，贫困地区医疗服务能力明显提升，广大群众健康水平整体提高为目标，分别从医疗费用保障和主要任务方面给予

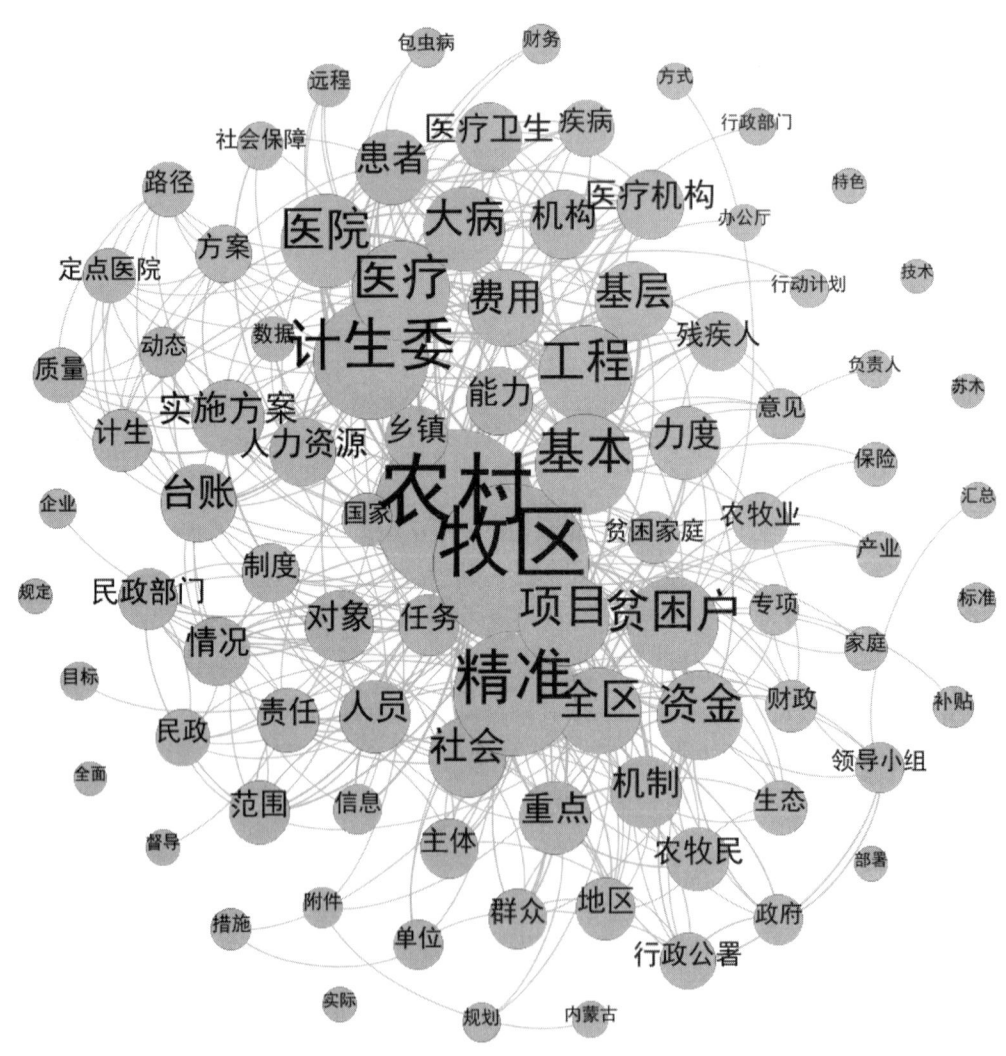

图1-6 内蒙古2016~2017年关键词共现网络图

了意见；此外2017年《关于印发内蒙古自治区健康扶贫工程"三个一批"行动计划实施方案的通知》《关于印发内蒙古自治区农村牧区贫困人口大病专项救治工作实施方案的通知》等健康扶贫工程实施方案的政策也不断涌现。自2016年以来，内蒙古健康扶贫取得了初步成效。2017年，内蒙古健康扶贫工作在全国健康扶贫考核中连续两年受到国家卫生健康委员会表扬。

2016年《内蒙古自治区民政厅关于全面落实脱贫攻坚民政工作任务的实施意见》明确指出，"以全面实现社会救助制度与扶贫开发政策有效衔接为重点，'社会保障'关键词在该阶段凸显，映射出了该阶段注重加快推进社会救助制度、农村最低生活保障制度与扶贫开发政策有效衔接，充分发挥社会救助在扶贫开发中的重要作用，通过社会救助政策兜底保障，使农村牧区贫困人口稳定脱贫，共享全面小康成果。"除此之外，图1-6中边缘部分关于产业扶贫的关键词"产业""特色""技术"等开始出现，虽然节点不大，但孕育生机。2016年《内蒙古自治区"十三五"产业扶贫规划》指出，"要积极围绕促进贫困地区产业发展和生态补偿、农牧民持续增收，实现农牧民脱贫致富的总目标。产业扶贫一定要抓住关键环节，补齐短板。"按照自治区"稳羊增牛扩猪禽"发展思路，根据区域优势和具有扶贫增收潜力产业，自治区确定肉羊、生猪、肉牛、家禽、饲料饲草、蔬菜、马铃薯七大扶贫产业，其中饲料饲草作为肉羊肉牛的配套产业，可见从该阶段自治区政府已经开始关注农畜产业发展与精准扶贫的密切关系，这为后续产业扶贫奠定基础。

2018～2020年内蒙古扶贫呈现多样化且重点特色凸显。该阶段是打赢脱贫攻坚战的关键时期，可谓啃硬骨头的阶段，是中国消除农村绝对贫困和全面建设小康社会的过渡期。为确保内蒙古全区2020年如期高质量打赢脱贫攻坚战，该阶段属于进一步巩固脱贫攻坚成果的关键时期。该阶段"农村""牧区""企业"关键词处于图1-7中心位置且权重突出，可见政府开始重视企业在精准扶贫工作中的引领带动作用。与上一阶段相比，产业扶贫成为重中之重，呈现出关键词集群式聚集的特征。"农产品""供销合作""特色""品牌""物流"等关键词凸显，体现了该阶段政府开始重视农畜产业发展与农牧区精准扶贫的有机结合，拓宽产业扶贫新领域，该项工作的重点关注表明自治区政府开始从市场经济的本源出发，依托优势资源发展提升，才是实现区域经济高质量发展的根本。这一政策导向具有前瞻性，与2021年习近平总书记提出的"产业兴旺，是解决农村一切问题的前提"一脉相承。

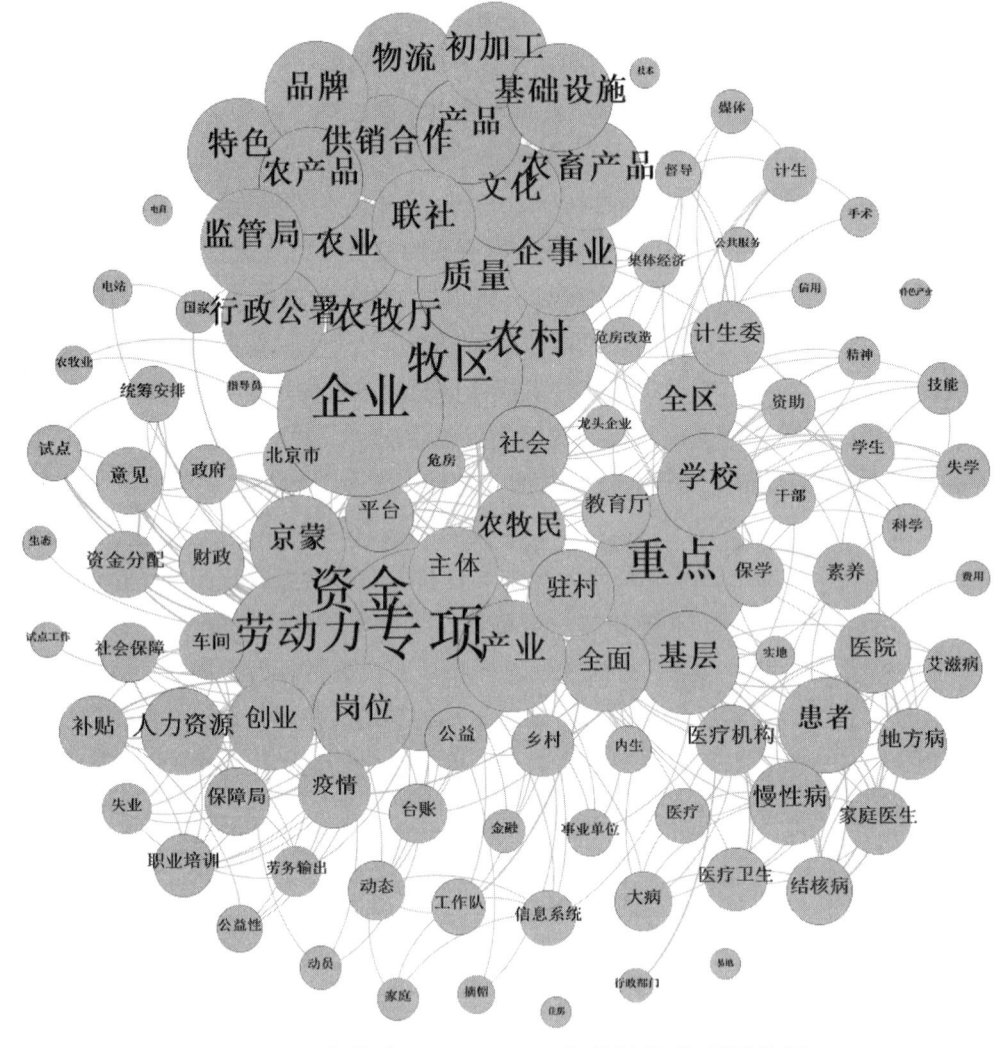

图 1-7 内蒙古 2018~2020 年关键词共现网络图

该阶段在产业扶贫政策导向凸显的情况下，教育扶贫仍在有序推进。习近平总书记关于扶贫工作的重要论述，加强思想、文化、道德、法律、感恩教育，大力弘扬"脱贫攻坚是干出来的""幸福是奋斗出来的"等精神，帮助贫困群众摆脱思想贫困、树立主体意识。唤起贫困群众脱贫致富的斗志。2019 年 6 月，自治区扶贫开发领导小组办公室印发《关于开展扶贫扶志行动措施》的通知也明确了这一发展思路。2020 年新冠肺炎疫情的到来，使得该区贫困人口外出务工和就业困难成为影响精准扶贫成果的重要因素之一。因此"疫情""劳务输出""职业培训""失业""人力资源""公益性"等关键词也在该阶段显现，努力克服疫情对脱贫攻坚的影响，做到"两手硬""两不误"，坚决打赢疫情防控阻击战和脱贫攻坚战。与此同时，健康扶贫也有序推行，抑制因病返贫对脱贫攻坚成果的影响。

除此之外,"北京市""京蒙"等关键词在图1-7中凸显,2019年5月关于贯彻落实《2019年东西部扶贫协作协议》的通知强调将京蒙扶贫协作工作摆上重要议事日程,与脱贫攻坚同安排同部署,扎实推进。2020年《关于进一步做好2020年京蒙劳务协作扶贫专项行动工作的通知》《关于下达2020年第二批京蒙扶贫协作资金预算的通知》同时跟进强调积极与北京市对接,充分发挥京蒙劳务协作机制平台作用,形成合力,共同推动京蒙扶贫协作不断走深走实。

总体来看,内蒙古自治区精准扶贫政策演进呈现精准扶贫政策起步晚,期初的扶贫方式较为传统,之后开始明确特色,多方探索,到最后突出重点特色,全面调动。扶贫区域由重视农村扶贫到农牧区扶贫并行转换。扶贫模式由关注教育扶贫向主抓医疗扶贫拓展再向注重产业扶贫转换,同时也重视不同扶贫模式的有序推进。扶贫主体更加多元化,由政府引导到发挥企业在精准扶贫工作中的引领带动作用。

三、精准扶贫的研究综述

(一)科研项目可视化分析和综述

1. 国家级相关项目数量趋势

自精准扶贫战略提出以来,扶贫一直是学界研究的热点之一,国家级扶贫类立项数目也不断上升,足见国家对此类科研项目的支持。我们梳理了国家社科基金网与教育部社会科学司公布的2016~2019年国家社会科学基金项目与教育部人文社会科学基金项目。2016~2019年,国家社会科学基金总的获批立项数量共计18 789项,其中2016年4 376项,2017年4 782项,2018年5 002项,2019年4 629项,其中与精准扶贫相关的立项228项,占到总立项数目的1.21%。2016~2019年教育部人文社会科学基金获批立项数量共计11 112项,分别为1 958项、2 842项、3 217项、3 095项,其中与精准扶贫相关的立项100项,占到总立项数目的0.9%。

表1-6和图1-8是根据2016~2019年的328项国家级项目中标数量进行的汇总,可以看出,2016~2017年,国家社会科学基金和教育部人文社会科学基金对于精准扶贫的立项数量呈现上升趋势,2017~2018年,国家社会科学基金立项数量有所下降,而教育部人文社会科学基金的立项数量仍然呈现上升趋势。整体来看,四年来,关于精准扶贫立项数量呈现逐年上升的趋势,而2019年总体扶贫获批立项数目有所滑落,这与我国精准扶贫战略进入攻坚阶段,2020年将实现脱贫目标,所导致学界关注度的短暂下降。

表1-6　　　国家社科项目与教育部人文社科项目扶贫类获批数　　　单位：项

项目	2016年	2017年	2018年	2019年
国家社科	66	78	57	27
教育部人文社科	21	20	35	24

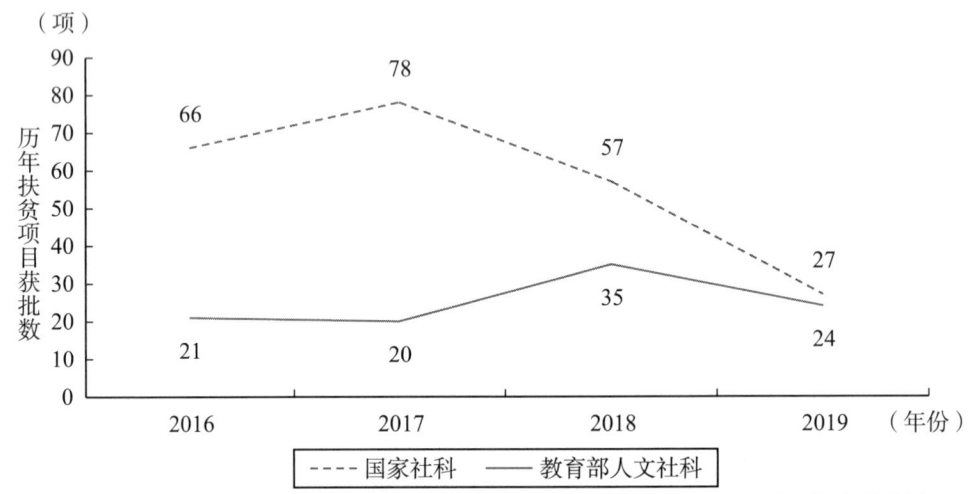

图1-8　2016~2019年国家社科项目与教育部人文社科项目扶贫类获批数

2. 国家级相关项目的关注热点

关键词是项目中出现频率最高、最为核心的词汇。通过对关键词的梳理，可以发现近年来扶贫类立项研究的热点。紧扣2016~2019年扶贫类立项题目，拆解关键词，梳理出国家社会科学基金与教育部人文社会科学基金扶贫类立项的关键词，如图1-9所示。对于分布在不同区域的贫困人口，学者予以不同的关注度，且呈现出"层层嵌套，靶向聚焦"的研究趋势，我们对主要关注热点进行汇总分析。

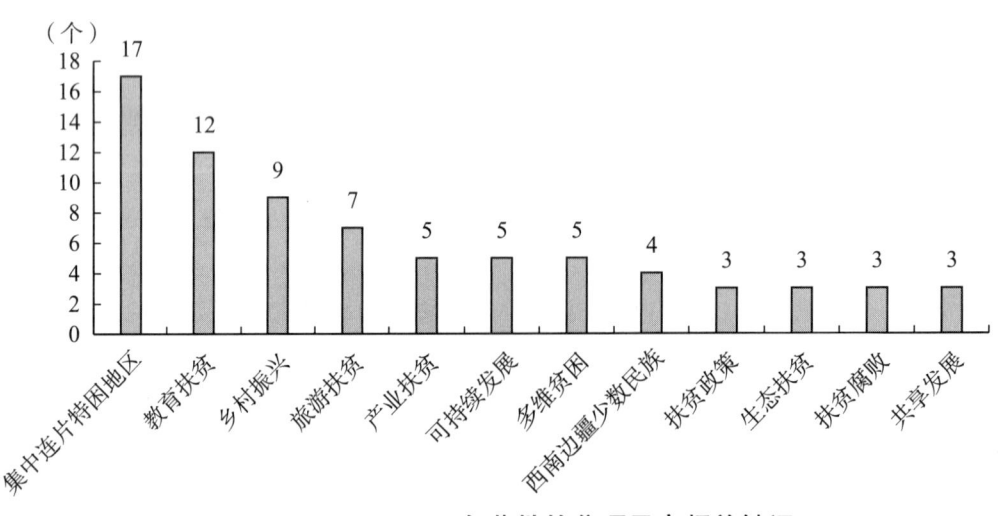

图1-9　2016~2019年获批扶贫项目高频关键词

(1) 集中连片特困地区。

集中连片特困地区的贫困人口脱贫问题是扶贫项目关注的首要问题，是政府和学者最为关注的问题。目前我国确定的集中连片特困地区有14个，集中连片特困地区为我国脱贫攻坚的主战场，也是贫困历史长、贫困特征复杂的地区，中国14个集中连片特困地区中农民人均纯收入2 676元，仅相当于全国平均水平的一半，在全国综合排名最低的600个县中，有521个在片区内，占86.8%[①]。可以说，解决了集中连片特困地区的贫困问题，就基本解决了我国的区域性贫困，其研究意义重大。

(2) 教育扶贫。

教育扶贫也是目前关注的热点问题。习近平总书记强调扶贫工作要注重帮扶对象主体作用，充分发挥其主观能动性。然而导致帮扶对象贫困的原因是多维的，最难以根除的则是自身的精神贫瘠。"等、靠、要"思想在基层扶贫时屡见不鲜，自身思想落后加之自身能力不足消极对待扶贫工作最终越扶越贫。因此，针对精神贫瘠，唯有教育先行，扶志与扶智并举，提升帮扶对象内生动力是关键。积极改善贫困地区教育现状，树立教育至上理念，贫困主体思想提升才是致富脱贫捷径，除此之外，教育扶贫理念最本质之处在于，努力培养"贫二代"是切除贫源的根本之策，只有这样贫困户、贫困地区才有可能早日实现脱贫，改变现状，避免贫困的代际传承。

(3) 乡村振兴。

乡村振兴在国家级课题中提到的频率也很高，这主要是因为我国的精准脱贫战略聚焦于农村人口的脱贫问题，与乡村振兴战略着眼于从根本上解决农民、农村、农业"三农"问题，促进城乡社会平衡发展和乡村充分发展，具有目标的一致性。

精准扶贫是打赢脱贫攻坚战的基本方略，旨在稳定实现农村贫困人口不愁吃、不愁穿，义务教育、基本医疗和住房安全有保障，贫困地区农民人均可支配收入高于全国平均水平，基本公共服务主要领域或指标接近全国平均水平，现行标准下农村贫困人口实现脱贫、贫困县全部摘帽，解决区域性整体贫困。可见，精准扶贫和乡村振兴具有一致性的目标，都致力于实现农民"居者有其屋"、生活富裕、乡村产业发展、社区有效治理。显然，精准扶贫的直接成效，将为贫困地区，特别是贫困村振兴奠定基础。乡村振兴战略实施，将为贫困群众问题脱贫进而致富创造环境、增强造血功能。乡村振兴与精准扶贫密切相关，相辅相成。

(4) 西南边疆少数民族。

西南边疆少数民族的贫困问题是国家精准扶贫过程中的"硬骨头"，根据《中国农村扶贫开发纲要（2011~2020年）》公布数据显示，在扶贫攻坚的主战场之一的14个连片特困地区中，有近一半分布于西南少数民族地区。而从国贫县的空间分布

---

① 中国农村扶贫开发纲要（2011~2020年）. http://www.gov.cn/gongbao/content/2011/content_2020905.htm, 2011-12-06.

来看，国家重点扶持的 592 个国贫县中，有 110 个位于西南边疆少数民族地区，占比 18.58%，因此西南边疆少数民族贫困问题是困扰政府及学术界的历史性难题，成为近几年关注的热点问题。

（5）多维扶贫与扶贫政策。

多维贫困和扶贫政策的关注度相同，多维贫困是单维贫困衡量指标的扩展，其侧重于对贫困人口的精准识别，全面衡量贫困标准，这与目前单维贫困测量有很大不同，比较符合我国目前的贫困测量现状。

扶贫政策的研究能为地方合理安排政策予以借鉴。精准扶贫要想落到实处，必须对精准帮扶模式予以关注。把握贫困人口致贫原因，研究精准扶贫十大工程，明确靶向贫困户致贫原因，因地制宜，采取契合的帮扶模式，依托共享发展理念，才能有效落实帮扶政策。

（6）产业扶贫。

产业扶贫是我国扶贫攻坚进程中积极探索出的一种新模式，《十三五纲要》中将产业扶贫置于八大扶贫攻坚之首，足以凸显产业扶贫的重要性。产业扶贫起始于 1986 年，旨在借助资金与惠农政策建立"政府＋企业＋贫困户"的"闭环链条"，依托地区资源禀赋，促进相关产业发展的同时也为贫困户提供就业岗位或是依托政策红利贫苦户发展特色种养殖，实现再就业，可以说产业扶贫是脱贫的必由之路。

（7）旅游扶贫。

旅游扶贫是产业扶贫的主要方式之一，指因地制宜，充分依托贫困地区资源，兴办旅游经济实体，打造品牌乡村旅游胜地，使旅游业形成带动区域扶贫的主要支柱性产业，有效改善贫困户生活现状也能促进地方财政"脱贫致富"，从而形成良性循环，带动当地基础设施的逐步完善，也能借"旅游东风"，促进特色农产品热销，进而逐步形成"村强、民富、景美、人和"盛况。

（8）生态扶贫。

生态扶贫则是指在扶贫攻坚事业中，将贫困问题与生态建设有机结合，旨在探索出一条中国特色的生态扶贫发展道路。从改变贫困地区的生态环境入手，加强基础建设，改变贫困地区的生产生活方式，并在实现自身生活水平提高的同时，帮助贫困地区实现可持续发展，如何不以牺牲生态来实现自身生活水平的提升，这是目前精准扶贫过程中比较关注的热点问题。

（9）可持续发展。

路漫漫其修远兮，扶贫不是只扶一时之贫，扶贫永远在路上。为切实稳步推进扶贫攻坚发展，更应注重对扶贫事前事中事后全面监督与适时完善，以实现扶贫可持续发展。就扶贫模式而言，要注重循环经济与绿色发展的理念，充分发挥贫困户的主观能动性，不应着眼于短期利益而忽视可持续发展对区域扶贫反哺；在预防贫困户的反贫方面，注重反贫机制的完善，依托大数据及时动态更新贫困户现状，做到事事清及时解。

（10）共享发展。

实现共同富裕就是指实现全体人民的共同富裕，这是社会主义的基本特征，脱贫攻坚的内涵意义所在，也是共享发展的价值目标之一。应当知晓，扶贫不是"一肩挑"更不是"一言堂"，充分调动多元主体积极性才能最大化发挥精准扶贫的"辐射效应"。因此只有人人共享发展权利，共享发展成果，以共享发展促进脱贫攻坚的深入发展，拓宽实践路径，才能凝聚多元主体形成合力，释放区域发展潜力。

（11）扶贫腐败。

扶贫腐败问题为学者研究的亮点，响应国家反腐决心，基层扶贫人员应与帮扶对象建立健康的关系，避免在脱贫攻坚道路上出现腐败问题，以实现"廉洁扶贫"。

3. 国家级相关项目的高校分布

国家级相关项目主要分布在西部高校，我们统计了2016~2019年高校扶贫类项目获批两项基金数目排名，得到图1-10，其中四川大学、西南财经大学、云南民族大学均以5个扶贫项目获批立项排在前列，其余获批立项数目的较多的高校，多见于西部高校和民族类高校，西部高校地处我国扶贫攻坚的主战区，学者更容易立足当地精准扶贫现实，深入调查研究区域性精准扶贫的特点、问题、困境和对策等。民族类高校则往往聚焦于少数民族贫困问题的研究。

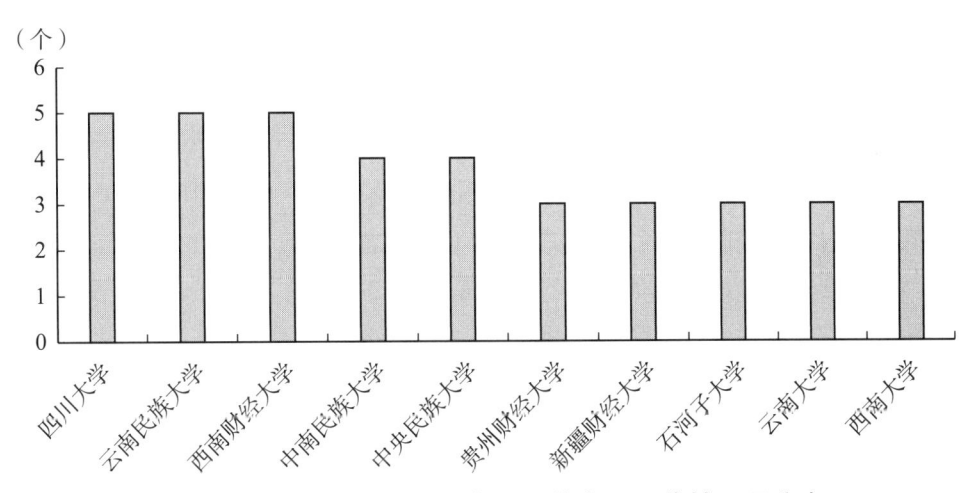

图1-10 2016~2019年高校扶贫类项目获批立项分布

2020年不是精准扶贫工作的终点，而是扶贫工作的起点，需要各行各业的人参与进来，深入推进精准扶贫的可持续发展。

（二）国内外文献可视化分析和综述

为了全面掌握自精准扶贫政策提出以来我国扶贫研究的动态变化，本节选用中国知网数据库文献，以扶贫为主题，筛选目标期刊为CSSCI来源期刊，时间跨度为

2013~2021年，检索时间：2021年4月5日，共检索得到6 489篇相关文献。

为了全面掌握国外扶贫阶段性研究变化，了解国外优秀扶贫经验，通过经验共享，秉持洋为中用、去粗取精、因地制宜的原则，建构契合时代发展的可持续扶贫方案，以Web of Science为目标数据库，以"poverty alleviation" "poverty reduction" "anti-poverty" "poverty governance" "development of the poor"为主题，为实现不同时间可比，时间跨度选择2013~2021年，检索时间：2021年3月30日，共检索得到3 449篇相关文献。

采用的方法主要是基于文献计量法，运用CiteSpace软件对国内外扶贫文献进行梳理，定性定量对国内外研究热点及演进趋势进行分析。CiteSpace软件是一款着眼于分析科学文献中蕴含的潜在知识，并在科学计量学数据和信息可视化背景下逐渐发展起来的一款引文可视化分析软件，通过可视化分析，呈现科学知识的结构、规律以及分布情况。科学研究的重点会随着时间的变化而变化，其发展是可以通过足迹从已经发表的文献中提取的。因此，借助CiteSpace软件，分析知识图谱，可以帮助学者们更好了解扶贫领域的演进路径以及研究热点等。

1. 国内外文献量分析

（1）国内文献量分析。

研究领域的发文量能直观反映该研究领域在一段时间内的研究现状。如图1-11所示，自2013年精准扶贫提出以来，关于扶贫的研究总体呈渐进上升趋势。根据文献量分布，本节将我国扶贫领域研究成果分成四个时间段进行描述。第一阶段：2013~2014年；第二阶段：2015~2017年；第三阶段：2018~2020年；第四阶段：2021年及之后。

2013~2014年，该阶段为精准扶贫提出元年，该段时间为精准扶贫研究的萌芽期，从文献数量上看，该阶段学者们发文量较少，但基本都在150篇以上，说明该阶段学者们对于粗放式扶贫到精准扶贫的演进已经引起了一定的关注，但由于文献发表的滞后性，该阶段扶贫主题多聚焦于绝对贫困治理，致力于改善贫困户基本生活条件。

2015~2017年，该阶段为扶贫研究的发展期，文献数量呈井喷式增长，主要原因在于随着《关于加强雨露计划支持农村贫困家庭新成长劳动力接受职业教育的意见》《关于全面实施城乡居民大病保险的意见》《乡村教师支持政策》等扶贫相关政策的颁布，掀起了扶贫研究的新一轮热潮，也拓宽了精准扶贫研究的新思路、新方向，这也说明扶贫研究受相关政策提出影响较大。

2018~2020年，该阶段为扶贫研究的成熟期，文献数量呈稳步上升趋势，主要原因在于随着精准扶贫工作的推进，该阶段实质上已经迈入了脱贫攻坚决胜阶段，随着前期扶贫攻坚的开展，扶贫工作已然取得了一定成效，该阶段学者们扶贫研究主要聚焦于深度贫困、多维贫困以及贫苦户内生动力研究。这表明扶贫攻坚的主战场是深度贫困地区，如何解决多维贫困、贫苦户内生动力不足等问题是2020年如期实现精准脱贫的关键。

2021年及以后，由于检索时间问题，该阶段发文量不高。虽然2020年我国已如期实现脱贫，完成了消除绝对贫困的目标，但并不意味着扶贫攻坚的结束，扶贫永远在路上。下一阶段扶贫攻坚任务更艰巨，贫困对象由相对贫困转为绝对贫困，同时如何稳固前期扶贫攻坚成效降低返贫率、边缘贫困户致贫率上升完善长效机制建设以及做好扶贫攻坚与乡村振兴的衔接工作是学界未来扶贫研究的重点。

图1-11 国内扶贫研究各年发文量

（2）国外文献量分析。

发文量是研究领域在一段时期内受重视程度的直观体现。与国内时间平行，国外同样选取了2013年作为开始节点，具体如图1-12所示。由图可见，国外相关研究年发文量呈现逐年上升的趋势。根据年发文量增长速度的不同，将之分为三个阶段，分别为第一阶段：2013~2016年；第二阶段：2017~2019年；第三阶段：2020年及

图1-12 国外扶贫研究各年发文量

以后。2013~2016年，国外年发文量分别为294篇、317篇、327篇与351篇。总体呈现上升趋势，上升速度较为缓慢。2017~2019年，国外年发文量分别为403篇、447篇与478篇，发文量上升速度较快。2020年，国外发文量上升较为明显，为630篇。2021年，由于检索时间原因，目前发文量为202篇。

2. 国内外研究主题识别

（1）国内研究主题识别。

关键词是笔者从文章的篇名、摘要以及正文中提炼出来的，对文章中心内容的概括，有助于读者获取文章核心信息而精炼的词汇。关键词的演变，可以凸显该研究领域研究热点及其演进的变化。为力求精准识别扶贫研究主题，本节从关键词视角出发，通过分析关键词出现的频次及中介中心性大小可以凸显出我国扶贫研究在该一阶段内的热点主题，其中中介中心性表示图谱中一个节点与其他节点的联系紧密度，中介中心性越高，说明该节点越重要。在总计6 489篇文献中，统计出关于扶贫研究的20个高频关键词见表1-7。由表1-7可知，国内学界扶贫研究中主要关注的有"精准扶贫""脱贫攻坚""乡村振兴""精准脱贫""教育扶贫""产业扶贫"等。剔除关键词"精准扶贫"该阶段的研究背景，余下5个都足以代表学界研究的热点。其中"攻坚战""教育扶贫""产业扶贫""乡村振兴"中介中心性都超过了0.5，可以看出精准扶贫视域下，学者们研究主要集中于对贫困户内生动力帮扶机制研究、扶贫关键节点的策略研究以及后扶贫时代扶贫与乡村振兴的衔接问题。这也说明在一系列的"精准扶贫"工程中教育扶贫，产业扶贫更容易得到学者的认可，学界研究中倾向以教育打通扶贫任督二脉，这与扶贫先扶志理念不谋而合，同时产业扶贫也是脱贫最有效最直接的办法，是增强贫困地区造血功能，帮助群众就地就业的长久之计。后扶贫时代如何做到与乡村振兴完美衔接，离不开教育扶贫、产业扶贫等长效扶贫机制的构建以夯实扶贫成效。

表1-7　　　　　　　国内扶贫研究高频关键词及中心性统计

排序	关键词	频次	中介中心性	排序	关键词	频次	中介中心性
1	精准扶贫	1 961	0.26	11	旅游扶贫	121	0.02
2	脱贫攻坚	387	0.47	12	反贫困	120	0.07
3	乡村振兴	308	0.51	13	文化扶贫	110	0.05
4	精准脱贫	209	0.07	14	易地扶贫搬迁	101	0.02
5	贫困治理	183	0.07	15	扶贫攻坚	88	0.1
6	扶贫开发	178	1.01	16	金融扶贫	86	0.05
7	民族地区	173	0.21	17	贫困地区	59	0.12
8	教育扶贫	165	0.51	18	攻坚战	52	0.65
9	产业扶贫	154	0.51	19	绝对贫困	45	0.12
10	多维贫困	139	0.15				

(2) 国外研究主题识别。

在总计 3 349 篇 Web of Science 核心数据库样本文献中，统计出现频次前 20 的关键词见下表 1-8。剔除检索主题词"Poverty""Poverty Reduction""Poverty Alleviation"，以"Impact""Growth""Policy""Inequality""Management""Livelihood"出现的频次较高，出现频次均超过 200，从上述高频关键词不难看出，国外扶贫研究多以致贫因素及脱贫的驱动因素为研究突破口，呈分散化趋势发展，重点关注了性别歧视对贫困的影响研究、经济、政策变化能否驱动贫困现状改变等。但高频并不意味着其中介中心性高，不难发现上述关键词中介中心性均未超过 0.5，作为量化节点在网络图谱中的重要性指标，说明上述高频关键词在其他节点关键词之间的调节能力较弱，控制能力指数、中介调节效应不足。以中介中心性为选择基准，排在前列关键词有"Agriculture""Climate change""Food security""Economic growth"等，其中 Agriculture（1.09）、Climate change（1.01）中介中心性均超过了 1，说明其与其他节点关键词联系较为紧密，在同一篇文章中出现的频次较高。通过观察中介中心性，说明气候变化、减贫政策、农业发展对贫困的影响程度较为广泛，由于国内外贫困人口存在一普遍共性即适应气候变化能力有限，导致自身抵御风险的自主适应能力以及宏观气候政策所导致的生计脆弱性问题突出，产生连锁反应，农业发展滞后，食品安全频发，资产积累能力低下，使得贫困问题日渐加剧。综上所述，说明国外学界关于贫困问题的研究更注重经济因素出发，研究视角多从生计问题出发，对于贫苦户内生动力对扶贫的影响研究则较少涉及。

3. 国内外研究热点辨识

(1) 国内研究热点辨识。

①关键词聚类分析。设置 topN = 50，topN% = 10% 可得表 1-9，共包含 599 个关键词，720 条边，网络密度为 0.0031。为了更有效、清晰地辨识考察该阶段内扶贫研究热点，在此基础上进行聚类分析，聚类类型选择"label clusters with indexing terms""LSR"计算方法进行聚类共得到 71 个聚类标签，由图 1-13 可知，该图谱的模块值为 0.9278，远大于 0.3，这表明经算法生成的各模块结构是显著的，图谱的平均轮廓值为 0.8674，大于 0.5 说明图谱的聚类结果是合理的。由于聚类生成的标签众多，本书不一一展开论述。基于此，在精准把握阶段性扶贫研究的前提下，本节将以各个标签的规模（各标签包含的关键词数）为筛选依据，选取 20 个代表性的标签，并基于同类标准将 20 个标签划分为三类主题进行整合，分类结果见表 1-9。

表1-8　　　　　国外扶贫研究高频关键词及中心性统计

排序	关键词	中介中心性	频次	排序	关键词	中介中心性	频次
1	Poverty	748	0.26	11	China	170	0
2	Poverty Reduction	485	0.47	12	Conservation	121	0.02
3	Poverty Alleviation	459	0.05	13	Income	162	0
4	Impact	418	0.16	14	Economic Growth	162	0.96
5	Growth	269	0	15	Climate Change	161	1.01
6	Policy	255	0.11	16	Health	143	0
7	Inequality	251	0.11	17	Ecosystem Service	136	0.11
8	Management	214	0.49	18	Poor	128	0.16
9	Livelihood	205	0.49	19	Agriculture	124	1.09
10	Africa	154	0.16	20	Food Security	121	0.97

表1-9　　　　　2013~2021年我国扶贫研究关键词聚类表

类型	聚类号	聚类名称	规模
扶贫政策演进	#3	社会政策	29
	#4	三农问题	28
	#9	有效衔接	23
	#12	乡村治理	19
	#14	正版化	18
	#17	国土资源部	16
脱贫困境	#7	生计资本	26
	#8	影响因素	23
	#15	因病致贫	11
	#19	多维贫困	17
脱贫路径	#0	多维动态	34
	#1	金融精准扶贫	31
	#2	对策建议	29
	#5	语言	26
	#6	土地承包意识	26
	#10	教育扶贫	21
	#11	图书馆	20
	#13	第三方仓储	18
	#16	三都县	17
	#18	贫困治理	12

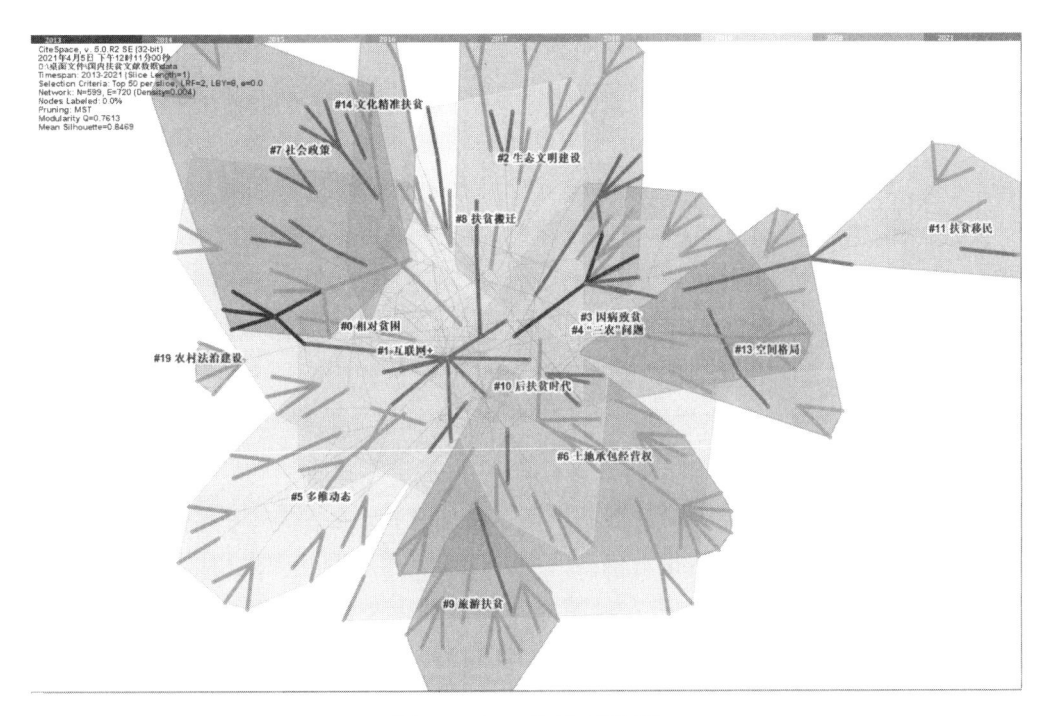

图 1-13　关键词聚类

将 20 个聚类标签划分为三种研究主题，具体有：扶贫政策演进、脱贫困境以及脱贫路径。扶贫政策演进主题研究包含聚类#3（社会政策）、#4（"三农"问题）、#9（有效衔接）、#12（乡村治理）、#14（正版化）、#17（自然资源部）。

首先，聚类#3（社会政策）主要包含关键词有：农村贫困、需求导向、定点扶贫、双重路径等。如尹利民、赖萍萍（2018）研究认为当前我国扶贫工作更倾向施行自上而下的"供给导向"政策模式，该模式下极易出现层次传递不畅、信息不透明现象，这也导致扶贫工作过于注重表面形式、基层扶贫单位往往基于自身政绩最大化出发，帮扶对象参与度不高的现象屡见不鲜，这有悖与精准扶贫初衷也不利于扶贫可持续发展，而存在政策偏好的主要原因在于我国行政管理体制存在"压力—管制"特性，因此未来扶贫攻坚的开展应倡导"双轨并行"制，以实现供给与需求的平衡。聚类#14（正版化）、聚类#9（有效衔接）、#4（"三农"问题）等包含的主要关键词有政策动向、农村法治建设、乡村振兴、习近平扶贫思想、机制优化、"'三农'问题"等。如纪陆（2015）从帮扶主体、扶贫资金以及帮扶路径三个视角对"十二五"时期我国扶贫大开发进行了展望，研究认为下一阶段扶贫攻坚应倡导社会多元主体投身扶贫攻坚事业，以凝聚合力、多措并举"同心"战贫合力筑梦；创新扶贫资金管理机制，避免资金使用零碎化、效率低等现象，提高财政资金扶贫效益；促进电商快速发展，完善网络体系建设，以"互联网+"模式促进电商扶贫、消费扶贫的开展。邓永超（2019）针对部分区域扶贫开展存在识别欠缺、管理动态性欠缺、扶贫考核科学性欠缺以及长效机制尚待完善等问题，基于预见式行动视角提出实践者与理论研究者应构筑扶贫共同体意识，以"原因层次分析法"提升识别精度；以"对话未来法"夯实长效体系；以"循环行动"实现动态精准管理；以"多元协同"实现精准考核。汪三贵（2019）指出脱贫攻坚与乡村振兴的有效衔接是如期实现"双百"目标，2020全面建成小康社会重要现实途径。王倩（2020）认为随着农村贫困人口的空间转移，城市的贫困问题进一步加剧，应高度关注城市贫困问题引发的一系列负面影响，为切实解决城市贫困问题，应点面聚焦，落实城市反贫政策制定与完善。

其次，关于脱贫困境的研究包含了聚类#7（生计资本）、#8（影响因素）、#15（因病致贫）以及#19（多维贫困）。主要包含关键词有可持续生计、区域经济差异、因病致贫、贫困规模等。例如，杨帆等（2017）基于等权重法与频率加权法对四川藏区各县域进行了贫困测度，研究表明不同区域间存在金融资本、社会资本和人力资本匮乏是造成各县域多维贫困指数偏高的主要因素，这不利于当地精准扶贫的稳步推进。左停、徐小言（2017）基于农村医疗资源贫瘠由来已久的现实背景下，农村医疗需求与供给不对称现象十分突出，贫困—疾病的恶性循环已然成为横亘在扶贫攻坚道路上拦路虎，为了切断这一贫困恶性循环链条，分别从空间角度与时间角度论证了打造健康保障链，完善基层医疗体系的重要性。宁泽奎（2017）运用熵权法结合莫兰指数测算了陕西省武县巨家镇农户生计资本，研究表明自然资本、物质资本已然成为制约农户可持续生计发展的短板，而人力资本则是造成农户间生计不平等的重要影响因素。周云波、贺坤（2020）分别采用收入贫困与AF多维测度法对农民工贫困状况进行了比较分析，研究表明两种测度方式存在显著差异，收入贫困法评价较为片面，难以实现扶贫精确制导，多维贫困则有效弥补这一短板，通过综合考量，精准施策有利于加快区域扶贫进程，避免陷入脱贫困境。

最后，关于扶贫路径的阶段性研究呈发散化发展趋势，包括了聚类#0（多维动态）、#1（金融精准扶贫）、#2（对策建议）、#5（语言）、#6（土地承包意识）、#10（教育扶贫）、#11（图书馆）、#13（第三方仓储）、#16（三都县）以及#18（贫困治理）。虽然该类研究主题下涵盖较多的聚类标签，但都具有同一共性，即均探讨了精准扶贫视域下扶贫方式的选择，通过梳理上述聚类标签及其涵盖的关键词可以明晰当前我国主要扶贫手段有金融扶贫、教育扶贫、语言扶贫、旅游扶贫、宗教扶贫等。例如，王海兰等（2019）认为加大民族地区青壮年劳动力语言培训，普及汉语及就业技能培训，有助于扩大脱贫选择面，促进外出务工、就地创业以多渠道提升贫困户整体收入，并通过对"三区三州"普通话能力收入提升效应的实证研究证实了上述观点。马玉飞（2020）通过对贵州国贫县、三都县的扶贫纪实发现，在坚持"扶贫不发展宗教"的前提下，宗教毫不动摇坚持扶危济困传统，通过助力三都教育、打通电商扶贫渠道、扶持当地特色产业发展的方式解决了"三保障"问题，为三都扶贫注入了一股新兴力量。袁利平、姜嘉伟（2020）认为在"扶志与扶智"的背景下，教育扶贫有效弥补了传统扶贫对家庭、社会组织以及非正规教育等主体扶贫作用,通过扶正"知识资本"、引导"文化自觉"并结合"互联网+"等现代新兴技术运用有效阻断贫困的代际传递。王琳琳、李珂珂(2020)认为金融作为现代经济发展的核心,在脱贫攻坚中具有不可替代的作用。为夯实扶贫攻坚成效,构建金融扶贫长效体系是当务之急,并从金融扶贫效率、组织体系、金融环境、有效性以及可持续能力发展五个维度提出了金融扶贫长效机制改进方案。

这 10 种聚类不但揭示了精准扶贫提出以来我国扶贫研究的重点与热点,也侧面说明当前学界对于扶贫的研究并非仅仅停留在理论层面上,而是随着政策与时俱进,与实践紧密结合。

②研究热点时空演进。通过关键词聚类共现及聚类图谱已初步了解了该阶段我国扶贫领域研究的热点所在,为进一步了解我国扶贫研究阶段性的动态演变过程,以分析我国不同时间段内扶贫领域研究重点、热点,本节将以 timezone view 图谱为载体,具体的 timezone view 图谱可将相同时间内的关键词集合在同一时区,能够清楚从时间维度展现研究领域的演进过程。依然运用 CiteSpace 软件,时间切片选择 1 年,node-types 选 keyword,top 选择 40,连线强度为 Cosine,裁剪选择 MST 算法,得到 timezone view 图谱如图 1-14 所示。

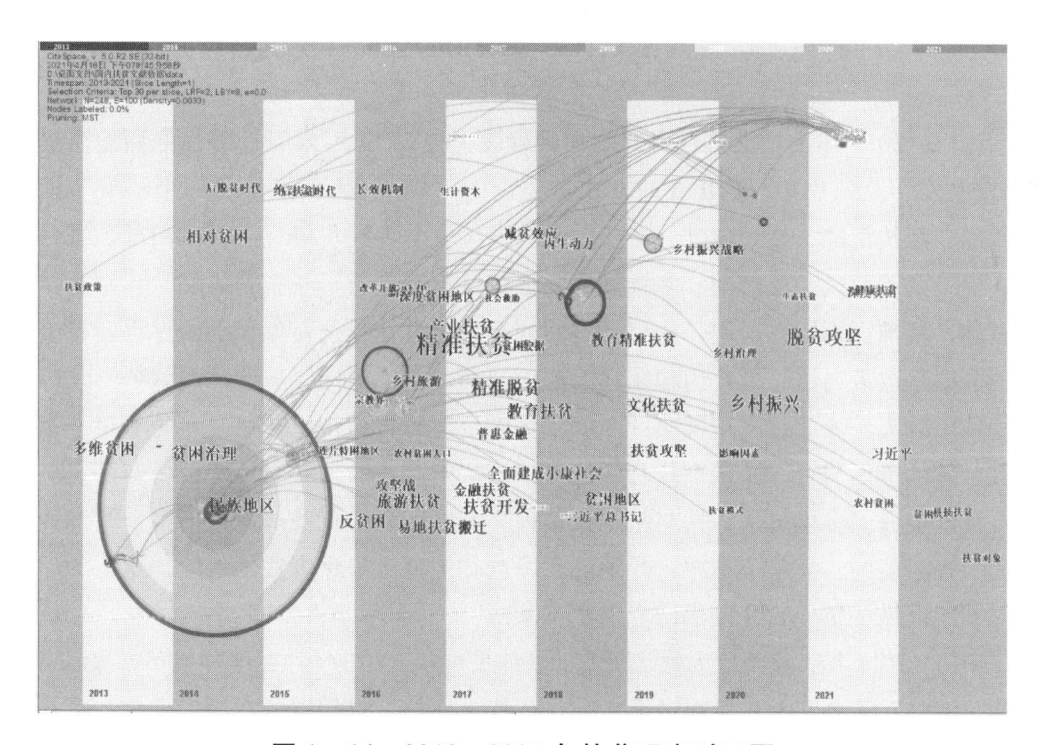

图 1-14 2013~2021 年扶贫研究时区图

由图 1-15 可以看出,2013~2021 年我国扶贫研究呈"头尾稀疏中间百花齐放"

态势。结合表1-7，可将国内对于该阶段扶贫的研究大致可分为以下4个阶段：

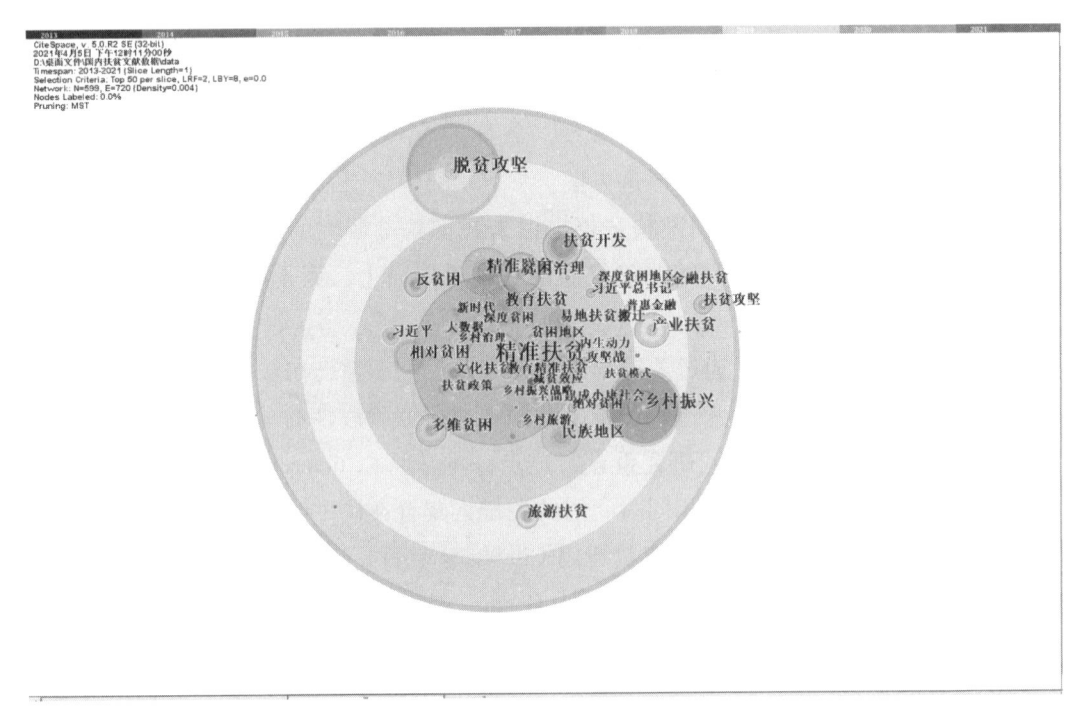

图 1-15 关键词图谱

2013~2015年为精准扶贫研究的初始阶段。自2013年末习近平在湘西地区提出"精准扶贫"战略思想，指出新时期扶贫要迈向"精准化"，坚持"四个精准"即识别精准、帮扶精准、管理精准、考核精准。该阶段学界扶贫研究主要以精准识别为核心，围绕民族地区、反贫困、多维贫困、扶贫政策等进行了一系列研究。识别是扶贫的基础，精准识别旨在运用一种识别贫困的范式对潜在帮扶对象识别的过程。精准识别的前提是政策通透，更要因地制宜而非一刀切，由于不同区域贫困现状各异，唯有了解贫困源头，才能迈出精准第一步。就贫困定义而言，传统扶贫更多是从单一维度定义个体的贫困与否，而精准扶贫则是对传统扶贫模式的扬弃与延伸，将贫困定义从单一维度上升到多维贫困，这与精准识别理念不谋而和；就扶贫地域而言，精准扶贫扩大了辐射范围，涵盖了集中连片地区、民族贫困地区等深度贫困地区，这也为学界针对不同区域扶贫模式开发的研究奠定了基础。

2016~2018年，该阶段为扶贫研究的快速发展期。2015年11月《关于打赢脱贫攻坚战的决定》正式发布一举奠定了精准扶贫战略地位，减贫被放在治国理政的突出位置。随政策而动，学界关于扶贫研究迈入快速发展期，研究主要以精准帮扶、精准管理为核心，围绕扶贫路径即旅游扶贫、教育扶贫、金融扶贫、易地搬迁扶贫、产业扶贫等进行了一系列探索。2017年11月党的十九大报告进一步指出从现在起到2020年，是全面建成小康社会的决胜期。如期实现百年奋斗目标，更需确保措施精准，管理得当，从根本上涤除多维致贫因素，以靶向治疗，斩断穷根。在精准扶贫"五个一批"工程中，产业扶贫被列为首个一批，并被认为是帮助农户实现可持续性增收的根本措施。深度贫困地区要改善经济发展方式，重点发展贫困人口能够受益的产业。通过产业扶贫帮助农户实现可持续性增收，因而是我国目前采取的扶贫方式中最具生命力和持续力的扶贫方式。《"十三五"脱贫攻坚规划》明确提出，到2020年，要实现贫困地区教育"三提升一完善"，即基础教育、高等教育服务能力、公共教育服务水平提升与教育体系日趋完善。教育是贫困地区脱贫治本之策，强调扶贫先扶志与扶智逐渐成为该阶段学界扶贫研究的切入点。

2019~2020年是扶贫研究的成熟期，精准扶贫正式迈入决胜攻坚阶段。乡村振兴战略的提出，如期实现脱贫目标，实现精准扶贫与乡村振兴的衔接成为该阶段的研究热点与难点。如期实现是基础，高质脱贫是对接乡村振兴的前提，这离不开精准管理与扶贫绩效的精准考核。注重脱贫成效、资金使用、项目安排精准，是精准管理的核心内容；精准扶贫即将进入后扶贫阶段，相对贫困人口的识别和扶持难度会更大，这就要求建立高效的全生命周期评估体系，精准识别→精准帮扶→精准后评估，应形成"花钱必问效，无效必问责"的评估意识。以评促改，真扶贫、扶真贫、不错退，逐步完善扶贫制度体系建设从而实现高质量脱贫。该阶段学界注重对贫困地区原生生态环境与内生文化研究，以充分发挥文化扶贫与生态扶贫在扶贫与脱贫中的作用。于少数民族地区而言，文化扶贫也是扶志与扶智的有效举措。延续民族文化智慧，萃取民族思想精华。在充分了解尊重历史文化和民族传承的基础上，进一步加强贫困地区的文化设施建设，培育贫困人群的发展意愿，塑造良好的文化环境，让少数民族与广大汉族人民一起感受到国家发展的红利。

2021年及以后，随着扶贫政策的演变，在继续巩固脱贫攻坚成效的基础上，扶贫工作重心将向"'三农'问题"进行转移。为持续巩固扶贫攻坚成效，学界研究将重心瞄准于深度贫困地区与健康扶贫的研究。深度贫困地区多为贫中之贫、困中之困地区，脱贫难度极大且极易出现返贫现象，没有全民健康就没有全民小康。据相关数据显示，因病致贫、返贫现象是农村贫困人口最为突出的致贫因素，占比高达四成。脱贫不脱策，持续关注深度贫困地区贫困问题，以长效帮扶机制为总抓手，落实建构健康扶贫、产业扶贫、生态扶贫等长效扶贫举措。

（2）国外研究热点辨识。

①关键词聚类分析。设置topN=30，可得图1-16。为了更有效、清晰的辨识考察该阶段内扶贫研究热点，在此基础上进行聚类分析，聚类类型选择"label clusters with indexing terms""LSR"计算方法进行聚类共得到9个聚类标签，如图1-16所示。基于此，在精准把握阶段性扶贫研究的前提下，以各个标签的规模（各标签包含的关键词数）为筛选依据，选取5个代表性的标签进行分析。

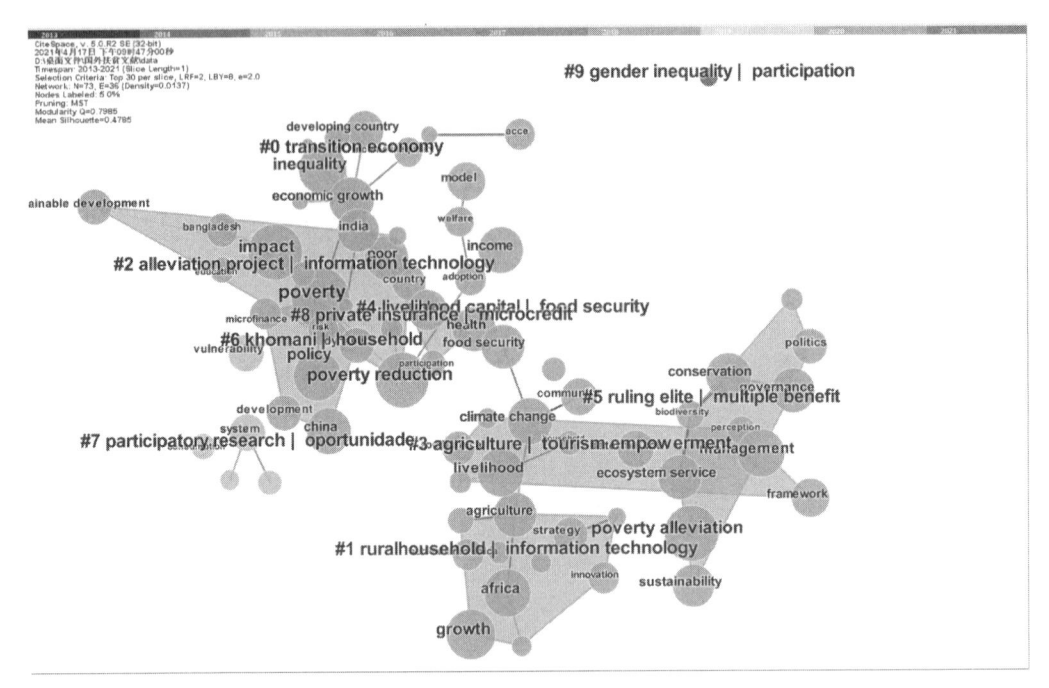

图 1-16　国外关键词聚类图谱

聚类#0（transition economy）包括 11 个关键词，主要关键词包括 inequality、economic growth 等。该聚类从经济转型方面为国家发展提出了建议，为贫困治理提供了理论参考。萨拉等（Sara B，2018）研究认为，发展中国家具有丰富的自然资源，在此情形下，政府腐败，执法不足，政府各级之间的协调不力是造成国家贫困的重要原因。政府难以利用已有资源向现代化、经济全球化过渡。因此，必须找到创新的治理解决方案来重建社会生态系统，否则，将导致严重的社会、经济和环境影响。伊吉坎拉尔等（Yigitcanlar T et al.，2018）希望建立一种由发达国家引导，能体现责任和道德的管理方式，引导最不发达国家（LDC）向现代化、数字化发展过度，以实现经济的发展，进而消灭贫困。

聚类#1（rural household）包括 11 个关键词，主要关键词包括 growth、africa、innovation 等。该聚类聚焦于农村贫困人口，通过对农村文化、环境等方面的分析，探究致贫原因，有针对性地为政府行为提供切实可行的决策指导。玛格丽塔等（Margarita et al.，2018）以秘鲁农村为研究对象，发现在患重病下，只有 5% 的农村人口在较高复杂性的设施（医院）中接受治疗，而城市中心的这一比例为 16%。农村人口的医疗保险覆盖率较低，药物占家庭支出的大部分，人均家庭支出水平与年龄呈正相关。最后，笔者认为全面健康保险覆盖率是减少贫困家庭自费支出的相关政策变量。政府需要采取具体政策来保护生活贫困的老年人。为了实现全民健康覆盖，秘鲁需要实施更加密集的金融保护政策，并重组其公共服务产品。科斯塔（Costa，2013）以巴西农村青少年为研究对象，通过四个月的跟踪研究，认为农村落后的社会经济和文化发展不足制约了生活条件的发展，进而限制了农村的变革机会。笔者提出政府应该为年轻人提供更多的机会，减少农村新生代的贫困率。

聚类#2（alleviation project）包括9个关键词，主要关键词包括impact、poverty reduction、sustainable development等。该聚类侧重于对某一具体行业的分析，通过探究行业发展的前沿方向以及存在的问题，提出可行建议，进而促进区域经济发展，实现减贫目标。塞耶等（Sayer et al.，2013）提出一种名为"景观方法"的新理念。该理念通过寻求提供工具和概念，用于农业、采矿和其他生产性土地的分配和管理，旨在实现社会、经济和环境目标，进而从节能为导向的观点实现减贫目标。黄颖（Ying Huang，2020）以中国西北地区的贫困山村为样本，建立了包括四类十三项指标的评价体系，评价中国光伏扶贫规划的效果。结果表明，依靠光伏发电产业，三个县的村民生活水平得到了显著提高。目前阻碍项目发展的因素包括缺乏投资资金，太阳能电池板质量差，公众意识低下，光伏废弃率高等。这为政府后续进一步发展光伏产业提供了指导。

聚类#3（agriculture）包括9个关键词，主要关键词包括livelihood、management、determinant等。该聚类聚焦于农业发展趋势及发展模式的探究，旨在节约成本，实现农业的可持续发展。奥西尼等（Orsini F et al.，2013）以东亚、南美为例，回顾了影响城市农业的社会、文化、技术、经济、环境和政治因素，并讨论了城市农业的定义、收益和局限性。结果表明，城市农业既有利于社会包容，又有利于减少性别不平等，同时能够改善城市生物多样性和空气质量，以及总体上减少与粮食运输和储存有关的环境影响，具有生态效益。罗克斯特罗姆等（Rockstrom J et al.，2017）提出了农业集约化的发展模式。该模式侧重于消除贫困和饥饿并为人类福祉做出贡献，旨在向可持续的农业集约化范式转变，整合了使用可持续实践来满足人类不断增长的需求的双重和相互依赖的目标，同时为景观、生物圈和地球系统的复原力和可持续性做出了贡献。

聚类#4（livelihood capital）包括8个关键词，主要关键词包括climate change、food security、income等。该聚类从民生资本的角度探究了扶贫资金的用途，以及扶贫相关产业的作用评价。比尔坎普等（Bierkamp S et al.，2021）通过使用越南中部高地三个省收集的家庭和村庄级别的面板数据，研究了环境收入与汇款之间的关系。研究结果揭示了资产贫乏家庭与富裕家庭之间的差异。这些发现支持了鼓励农村劳动力市场和教育的观点。沙纳卡·卡里亚瓦萨姆等（Shanaka Kariyawasam et al.，2020）探讨了国家公园在确保社会经济可持续性方面的作用。结果表明，需要收益共享和综合旅游业集群发展计划，以抵销当地人的成本和风险，从而改善当地人生活水平。

②研究热点时空演进。通过关键词聚类共现及聚类图谱已初步梳理了该阶段国外扶贫领域研究的热点所在。为进一步了解国外扶贫研究阶段性的动态演变过程，运用

citeSpace 软件中 timezone view 图谱功能，将同一时间内的关键词进行汇聚，进而从时间维度展现研究领域的演变进展。

时间切片选择 1 年，nodetypes 选 keyword，top 设置为 30，连线强度为 Cosine，裁剪选择 MST 算法，得到 timezone view 图谱如图 1-17 所示。

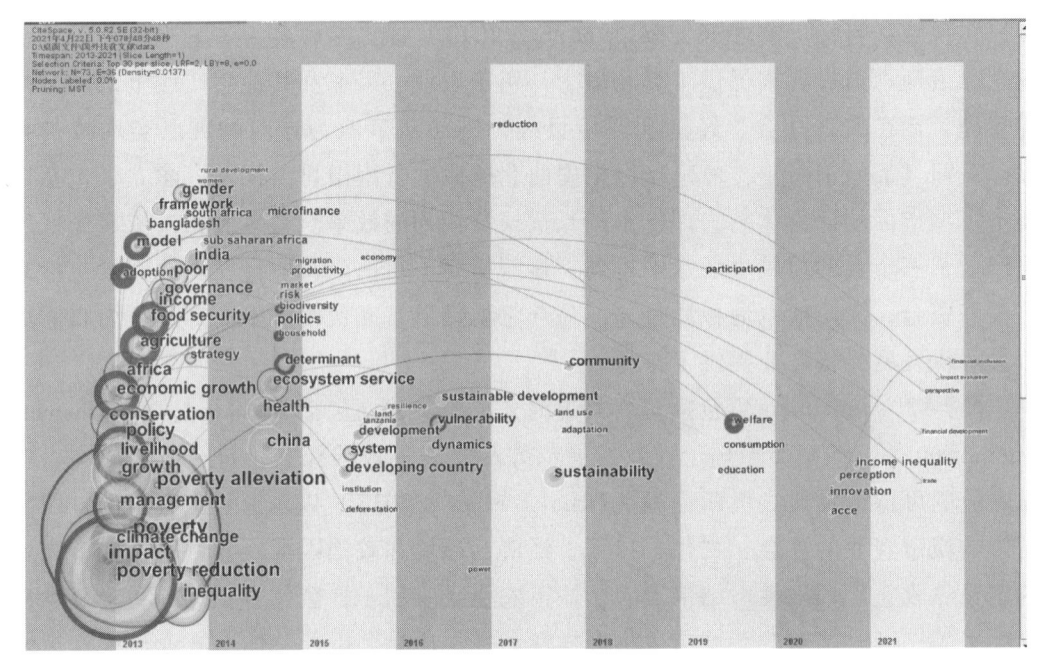

图 1-17　2013~2021 年扶贫研究时间演变图

从图 1-17 可见，国外关键词时间演进图谱中，2013 年突现的关键词数量较多，2017 年以后关键词突现数量明显减少。2013~2017 年突现的主要关键词包括 poverty（748 次）、poverty reduction（485 次）、poverty alleviation（459 次）、impact（418 次）、growth（269 次）、policy（255 次）、inequality（251 次）、management（214 次）、livelihood（205 次）、africa（201 次）等。结合 4.3.1 节的分析不难发现，该阶段国外扶贫研究侧重于政策制定与落实、扶贫产业的开发与评价方面。尤其是以非洲为代表的人口基数庞大且经济能力落后地区，贫困发生率较高，对扶贫产业的研究极为重要。王贤斌（Wang X B，2013）、李玉恒（Yuheng Li，2016）等均从政策制定等角度评价了扶贫效果，认为政府政策在减少农村贫困人口，改善生活条件，优化产业结构等方面取得了巨大成就。但目前迫切需要通过创新扶贫工作机制，大力实施参与式扶贫开发，完善扶贫政策体系等调整扶贫开发政策，以促进农村发展和社会主义和谐社会建设。

2018年以后，主要关键词包括 welfare、education、consumption、income inequality、innovation 与 perception 等。该阶段国外的研究侧重于扶贫教育、社会公平性等方面。由此可见，在经历了政策制定以及扶贫产业发展以后，世界贫困率及贫困人口显著下降。在此基础上，人们开始追求教育、创新、社会福利等更高层次的需求，这也从侧面说明了国外扶贫取得了一定效果。

4. 国内外扶贫研究前沿

为精准掌握某一研究领域的发展动向及研究潜力，学者们往往借助载体突现关键词来分析研究前沿的变化，如图1-18所示，2013~2021年共出现15个突现关键词，展现了该阶段扶贫研究领域的前沿变化。

（1）突现词分析。

①国内突现词分析。突现词指某一研究领域在一定时间范围内出现次数最高的关键词。突现词表征为特定时期学科知识领域的前沿代表，以词频的变动趋势（突现强度）反映研究领域的聚焦变化。选择节点为"key word""years per slice"选择1年，得到中文扶贫突现词图谱如图1-18所示，其中"year"表示突现词首次出现年份，"strength"表示突现强度。由图1-18可知，并非每一年都有新的突现词出现，这说明扶贫领域的研究比较集中，有待进一步细化研究主题。该阶段学者扶贫研究主要集中于2015~2017年，通过观察图谱，基于扶贫属性，可将突现词分为三类：贫困地域、扶贫主体、扶贫举措。其中贫困地域包含突现词武陵山片区（2.4517）、连片特困地区（8.7483）、集中连片特困地区（3.7014）、扶贫重点县（2.6428）；扶贫主体包含突现词扶贫对象（7.2182）、扶贫移民（2.4517）、农村贫困人口（6.8821）、宗教团体（3.7014）、农民工（3.172）、国家宗教局（5.7607）；扶贫举措包含扶贫移民（2.4517）、建档立卡（2.4517）、小额信贷（5.2908）、宗教慈善（3.7014）、对口帮扶（2.6428）、扶贫贷款（2.6428）。连片特困地区成为突现度最高的关键词，其次是农村贫困人口、国家宗教局与小额信贷。综合来看，要实现全面建成小康社会的目标，应抓住矛盾的主要方面，攻坚克难，由于我国14个连片特困地区基本覆盖了全国绝大部分贫困地区和深度贫困群体，因此重点在于解决连片特困地区的贫困问题。为着力解决资金不足制约贫困户发展问题，着力提升贫困户内生动力，变"输血为造血"，以"小额贷款"为主要的扶贫模式逐渐成为学界研究的热点。从上述突现词的演进中，不难发现学界研究已经找到精准扶贫的突破口。只有继续坚持党建引领、点面聚焦，着力抓住"精准"二字，才能推动扶贫可持续发展直至最终胜利。

关键词	年份	强度	开始	结束	2013-2021
扶贫对象	2013	7.2182	2013	2017	
扶贫移民	2013	2.4517	2014	2015	
建档立卡	2013	2.4517	2014	2015	
武陵山片区	2013	2.4517	2014	2015	
连片特困地区	2013	8.7483	2015	2017	
农村贫困人口	2013	6.8821	2015	2016	
小额信贷	2013	5.2908	2015	2016	
宗教慈善	2013	3.7014	2015	2016	
集中连片特困地区	2013	3.7014	2015	2016	
宗教团体	2013	3.7014	2015	2016	
农民工	2013	3.172	2015	2016	
扶贫重点县	2013	2.6428	2015	2016	
对口帮扶	2013	2.6428	2015	2016	
扶贫贷款	2013	2.6428	2015	2016	
国家宗教局	2013	5.7607	2016	2017	

图 1-18　2013~2021 年扶贫研究领域排名前 15 位高强度突现关键词

②国外突现词分析。国外扶贫研究关键词突现图谱分析可知见图 1-19，国外扶贫研究在每一个阶段并未均出现最前沿、持续强度高的突现词，这一点与国内扶贫研究相一致。不同之处在于，国内扶贫研究并未出现最新的突现词，国外扶贫研究最新前沿热点有 3 个。通过观察突现词图谱，基于国家视角，可将突现词分为两类：发展中国家扶贫与发达国家扶贫。其中发展中国家扶贫包含：Africa（非洲，4.6391）、Develpment（发展，17.3475）、South Africa（南非，9.7453）、Developing Country（发展中国家，18.1736）、India（印度，7.48）、China（中国，14.5944）、Participation（参与，7.7594）、Risk（风险，13.4369）、Framework（框架，6.2622）、Politics（政策，9.1233）；发达国家扶贫包含：Governance（治理，6.3481）、Biodiversity（生物多样性，11.1348）、Ecosystem Service（生态系统服务，3.4447）、Model（模式，9.1233）、Sustainable Development（可持续发展，10.622）。其中 Developing Country 成为突现强度最大的关键词，其次是 Develpment 与 China。综合而言，世界贫困的主阵地仍是发展中国家，尤其是贫困人口基数大、粮食供应不足与人口增长过快、卫生环境恶劣等问题突出的国家。基于时间角度而言，2013~2014 年国外发展中国家多聚焦于以政策制定、制度设计的发展模式，重视经济增长对多元主体的驱动作用及减贫效果的影响；2015~2018 年主要从生物多样性、生态系统服务等角度对致贫减贫研究进行了探讨，指出生物多样性与扶贫不是对立统一的关系，而是互利共

存互利共生。生物多样性从多维度支撑着人类的衣食住行，合理取用，并积极推动生物多样性保护政策，才能最大化实现减贫突破。2019～2021年突现词包括 Sustainable Development、Framework、China，这些代表了目前国内外最前沿的扶贫研究以及未来可能进一步深化研究的方向。

（2）国内外持久前沿分析。

①国内持久前沿分析。在阶段性扶贫研究的关键词突现词谱中，不难发现，突现词的持久性并不高，大部分均集中在两年，这说明研究的持续性与稳定性尚待提升。突现持续性均超过两年的仅有扶贫对象与连片特困地区。由高突现关键词可以看出，我国对于扶贫对象与贫困地域的关注度是由来已久，且呈持续升温之势。就中介中心性而言，扶贫对象与连片特困地区的中介中心性在整个扶贫领域研究中的重要性不言而喻，围绕这"两个中心"，在"精准"的基础上，因地制宜，不断拓展扶贫开发新模式。近年来，随着扶贫领域研究的日趋升温，研究体系也得以不断完善，与此同时，随着贫困态势与政策的演进，扶贫研究迈入新时期，审时度势，顺势而为，可以知晓扶贫模式开发如何应对新形势下的贫困问题将是未来学界研究的重心。

关键词	年份	强度	开始	结束	2013~2021
participation	2013	7.7594	2013	2015	
africa	2013	4.6391	2013	2014	
development	2013	17.3475	2013	2016	
south africa	2013	9.7453	2013	2014	
governance	2013	6.3481	2013	2015	
politics	2013	12.0114	2014	2015	
biodiversity	2013	11.1348	2014	2015	
risk	2013	13.4369	2014	2016	
india	2013	7.48	2015	2018	
developing country	2013	18.1736	2015	2018	
ecosystem service	2013	3.4447	2017	2018	
model	2013	9.1233	2017	2019	
dynamics	2013	10.1682	2018	2019	
sustainable development	2013	10.622	2019	2021	
framework	2013	6.2622	2019	2021	
china	2013	14.5944	2019	2021	

图1-19　2013～2021年国外扶贫研究排名前16位高强度突现关键词

②国外持久前沿分析。由最初高突现关键词"Devlepment""Developing Country"再到最新突现的"China"等可以看出国外扶贫研究对于发展中国家的贫困问题关注由来已久,且呈持续升温之势。就词频的变动持续性而言,多数维持在三年左右,其中"India""Developing Country"持续时间最久,均为4年。其中关于印度贫困问题研究一直是学界研究的热点,其贫困问题是众多发展中国家贫困现状一个缩影。印度农村、城市贫民窟是贫困人口主要聚集地,作为亚洲第三大经济体,近年来印度经济增长有目共睹,但同时随着人口暴涨、种族歧视、宗教信仰等根深蒂固带来的是繁华背后的另一日益加剧的贫困问题,尽管印度、国际社会等为印度脱贫事业投入了巨大努力,但仍然难以掩盖背后突出的矛盾。因此印度扶贫可以说是一个镜鉴,其在脱贫攻坚中的经验及教训不但有助于自身未来更好开展脱贫攻坚也有助于众多发展中国家避开"扶贫雷区",去粗取精,不断深化总结,开拓契合自身扶贫发展反贫路径。

(3) 最新前沿分析。

从2013~2021年国外教育扶贫研究的关键词突现图谱中可知,最新的突现词是Sustainable Development、Framework、China,这说明当前国外扶贫研究更注重对减贫的质量研究。随着联合国《2030年可持续发展议程》目标截止时限日益临近,如期实现这一愿景离不开各国的积极实践,然而社会、经济及环境问题依旧是摆在各国面前的一道难以逾越的关卡,其中以贫困问题最为突出且仍是制约发展中国家经济发展的一个主要问题。作为最大的发展中国家,中国的减贫成效如何对可持续发展目标的实现进程产生重大影响,截至2020年底,中国已经实现了消除绝对贫困的目标,中国扶贫实践表明,贫穷不是命中注定,在于主动求变、因地制宜以精准制导、靶向扶贫。随着中国扶贫取得了世界瞩目的成就,我国的"造血式"扶贫策略也正被更多的国家所效仿,国外学界也掀起了"中国式扶贫"的研究热潮,对精准扶贫战略如何助力脱贫攻坚弯道超车以及中国式减贫模式的应用进行了深入研究。

5. 国内外研究总结

通过对国内外扶贫领域阶段性研究的梳理,不难发现,中国的扶贫近年来一直贯彻以可持续发展为导向,构建长效脱贫机制的扶贫思路,以发展促革新,最终实现自给自足。通过易地扶贫搬迁、保险发展落实"两不愁、三保障",改善贫困户生存现状;通过产业发展、金融体系发展来拔除穷根;通过落实基层教育体系发展完善,以阻断贫困的代际传递;通过地方文化、生态发展促进乡村文明建设,以期早日实现乡村振兴战略目标;就帮扶主体而言,在坚持政府统筹的基础上,近年来有更多的帮扶主体积极参与到脱贫攻坚中来。政府通过实施专项治理,基层扶贫组织动员社会各界全体诸如企业、学校、宗教局等社会群体参与扶贫极大提升了脱贫攻坚效率。

对比国内反贫研究发现,国内外在制度、经济、人文发展等方面存在巨大差异,导致致贫原因迥异,这使得国内外运用的扶贫策略及政策体系建设也是各具特色,学界研究的侧重点因此也有所不同。相较于国内,国外学界研究更强调以促进经济增长的方式来改善区域贫困现状，更强调政府的宏观调控作用，同时在反贫过程中关注机会均等、气候变化、人与自然和谐共生，其中均衡发展、政府救济等理论给我国反贫理论的创新起到巨大的辅助作用，同时近年来持续升温的性别平等、生态系统服务与人类生存、收入公平等主题也值得我国扶贫研究予以关注。

第三节　精准扶贫的度量方法

精准扶贫的量化研究是准确定位精准识别，有效评判精准帮扶，合理安排精准管理和严密监控精准考核的重要参考。目前研究多以定性研究为主，研究者的主观因素比较多，而精准扶贫是多维扶贫工作的集合，其呈现出"环环相扣，相互依赖"的特点，往往会牵一发而动全身，定量研究方法具有精准、严密、可追溯的特点，严密把控精准扶贫的各个环节，减少各阶段的扶贫效果误差，实现全流程的合理化，以局部最优凝练全局最优。对精准扶贫的效果进行量化，也可以总结过去的扶贫工作经验，提高扶贫工作效率，达到良好的精准扶贫的效果。精准扶贫的量化研究也可为政府调整扶贫方向，制定扶贫政策提供有力依据。

一、精准识别的度量方法

近些年各国学者提出了多种精准识别贫困的度量方法，这些方法出发点、侧重点各有不同，也各有优劣。我们总结了随时代发展过程中具有代表意义的七种度量方法，供读者参考。

（一）标准预算法

标准预算法建立在试图确定一张生活必需品清单的基础上，是否缺少这些必需品就被用来当作贫困的界线。早期的标准预算法的基本理念是每周采购一篮子商品，它是朗特里（Rowntree，1901）在约克郡进行调查时提出的。在营养学家的帮助下，他们提出了一份一周饮食的菜单，但这个生活标准未免过于简朴，曾经引起了码头工人的抗议。后来美国的瓦茨委员会提出，不用有前提的专家判断为基础，而用全社会的现实消费模型来决定标准预算，他们根据消费模型，制定了三个消费的不同标准，即处于中间层次的"普通家庭标准"、低于它50%的"社会最低标准"和高于它50%的"社会富裕标准"。但是，这种方法仍然没有在"必需品"的定义问题上取得进展，也未能在属于正常消费的"非必需品"的取舍问题上取得进展。

（二）恩格尔系数法

恩格尔系数是1857年德国统计学家和经济学家恩格尔对比利时不同收入家庭的消费情况进行了调查，研究了收入增加对消费需求支出构成的影响，提出了带有规律性的原理。具体是指家庭食品支出与总收入的比值，它随家庭收入的增加而下降，即恩格尔系数越大，意味着越贫困。因此，可以把恩格尔系数的某个值（现在国际上一般确定为60%）直接定为贫困线，也可以依据恩格尔系数间接地用收入金额来表达贫困线。后者的具体办法是：按营养学知识确定一个最低饮食标准及其相应的饮食费用，然后用它除以恩格尔系数的贫困值（如上述的60%），其商就是贫困线标准。朱海玲（2003）认为恩格尔系数法公式易懂便于计算，但难以呈现出地区差异，骆祚炎（2006）认为采用恩格尔系数测定贫困程度并不适用中国的实际情况，王翠翠等（2018）比较了恩格尔系数法与其他几种贫困线测算方法后，认为恩格尔系数法会将一些实际贫困的人口排除在贫困人口之外，并且测算过程具有一定的主观性。

恩格尔系数是国际公认的衡量一个国家或地区的富裕程度的重要指标，但从2006年开始中国各省份逐渐停止使用恩格尔系数作为衡量富裕程度的指标。从长期实践来看因国内居民的消费习惯与中国的市场机制同其他国家存在差异，恩格尔系数并不能完全反映国内居民实际情况，无法作为中国衡量地区贫富程度的唯一标准。

（三）马丁法

马丁法由世界银行经济学家马丁·拉瓦利翁（Martin Ravallion, 1988）提出，该法首先确定基本食品支出，再利用统计资料，建立总支出和食品支出之间关系的数理模型，计算贫困线。包括维持基本需求的支出和超过基本需求的支出，有低、高两条贫困线。低贫困线，是在测定食物贫困线的基础上，使用回归模型，计算人均消费支出刚好能达到食物贫困线的居民的非食品支出，得到贫困户的最低非食品支出，因为靠牺牲最基本食品消费而获取少量非食品消费的居民（称为极端贫困户），其非食品支出是维持正常生活必需的。把这部分非食物开支作为非食物贫困线，非食物贫困线和食物贫困线之和即为低贫困线。

如上所述，在测定低贫困线中的非食物贫困线时，依据的是消费支出仅能达到食物贫困线的极端贫困户的非食物消费开支，那些人均消费支出高于食物贫困线又低于贫困线的贫困户，其非食品支出一定高于极端贫困户的非食品支出，因此低贫困线中的非食品消费偏低。用回归方法确定的更高的非食物贫困线加上食物贫困线即为高贫困线。曹海涛（2017）利用马丁法作为主要方法研究城市低保标准的科学设定；刘洪等（2018）使用调整的马丁法确定了2002年度中国区域可比扶贫标准，进而以此为基础研究中国农村的省级扶贫标准；张田田（2018）选取2007～2016年相关数据，运用 ELES 模型和马丁法对我国农村最低生活保障标准进行测算，发现农村低保标准与农村贫困居民的基本食物需求间的逐渐平衡关系。

（四）扩展线性支出系统模型法

扩展线性支出系统模型（extend linear expendi-ture system，ELES）是经济学家卢奇（Luch，1973）在美国经济计量经济学家斯通（Stone，1954）的线性支出系统模型的基础上推出的一种需求函数系统，被广泛应用于研究消费行为。模型通过消费支出反映需求量，将需求划分为基本需求和考虑个人消费偏好的超额需求。其经济含义可以表述为：在一定时期内，收入和价格给定时，消费者在满足基本需求前提下，将剩余收入在各类消费和储蓄间分配。虽然对于同一商品的总需求状况因人而异，但为维持基本生活水平的基础需求却具有一致性。基本需求一致性，是可利用 ELES 模型求出消费者基本需求的货币形式，并将其作为基本消费成本的理论参照。从方法学的角度上看，相比于马丁法、收入比例法及世界银行贫困标准，扩展线性支出系统模型是贫困绝对性与相对性的综合体现，还具有随经济发展的动态调整性。

目前，扩展线性支出系统模型因其测算结果与实际差距较小，仍具有广泛的适用性。豆红玉等（2016）与邓大松等（2016）运用 ELES 模型分别对甘肃省农村低保标准与湖北省城市居民最低保障进行测算研究，发现甘肃省农村低保标准得到提升，湖北省的低保标准低于测算的结果。温雪等（2019）运用阿尔基尔（Alkire）、福斯特（Foster）提出的 AF 多维测量方法研究了中国农村居民各维度贫困指标，并基于此分析判断识别对象是否为多维贫困以及各维度的贫困程度，然后根据特定的规则加总识别对象的贫困信息，即可得到总体的多维贫困指数，得出多维度识别贫困可以提高贫困识别效率。程晓宇等（2019）首先采用 AF 多维贫困测量法以贵州普定县三个行政村 2004～2017 年的普查数据构建多维贫困指标体系，测算农村家庭在健康、教育、居住条件和资产四个维度的持久多维贫困发生率。进一步，为考察不同维度的贫困状况，对持久多维贫困指数进行分解分析，最后得出 28.62% 的农户存在着持久性贫困。吴忠等（2019）分别运用国际收入法、恩格尔系数法、比重法、因子测算模型与 ELES 模型对上海市 2007～2016 年相关数据进行测算，结果发现因子测算模型与 ELES 模型效果更加理想，基于此，将二者结合提出运用 CRITIC – 熵权法客观赋权的动态组合测算，为上海市最低标准贫困线的制定提供依据。白重恩等（2019）基于扩展消费支出模型对中国隐性收入进行估计，测算出收入瞒报所导致的"隐性收入"规模约占我国 2002～2009 年间相应各年 GDP 的 19%～25%。

（五）国际贫困标准法

国际贫困标准法（international poverty line standard）实际上是一种收入比例法。

它显然是以相对贫困的概念作为自己的理论基础的。经济合作与发展组织在1976年组织了对其成员国的一次大规模调查后提出了一个贫困标准，即以一个国家或地区社会中位收入或平均收入的50%作为这个国家或地区的贫困线，这就是后来被广泛运用的国际贫困标准。

国际贫困标准优点是简单明了，容易操作，但其收入比例数50%这个确定值是经济合作与发展组织以其成员国（都是西方发达国家）的社会救助标准为基础计算出来的，它能否名副其实地在全世界通行，尤其是能否符合第三世界（譬如中国）的实际情况，显然还有疑问。

王萍萍等（2007）最先将中国的贫困标准同国际贫困标准进行比较，当时有贫困标准的60多个国家中，中国的贫困标准是最低的。之后随着我国经济实力的增强与扶贫力度的加大，我国贫困状况不断得到改善，贫困标准也在逐渐升高。我国贫困标准改变的过程中不断有学者将之与国际贫困标准进行对比，张弘（2017）认为在有必要将我国的贫困标准同其他国家进行比较，对比我国贫困标准与国际贫困标准后得出结论，我国政府应适当提高贫困标准以匹配国家经济实力；徐映梅等（2016）对比我国的贫困标准和国际贫困标准后，认为我国的贫困标准在严格意义上不属于贫困标准，而属于扶贫标准。

1. 贫困指数

森（A. K. Sen，1976）在 *Econometrica* 上发表了一篇研究贫困的重要论文，采用公理化方法研究贫困评价指标，开拓了贫困指数研究的新思路。贫困指数是一种常用的衡量社会公平程度的指标，是指处于贫困线以下的人口占总人口的比例。贫困线是定义贫困状态的一个收入水平标准，收入低于该标准的个体就被定义为贫困者。安琼等（2018）研究集中连片特困地区村域贫困指数测度分析，在解决区域性整体贫困方面做出理论与数据支撑。冯景（2018）测算河南省农村贫困指数，可以看出河南省贫困程度虽有小幅波动，但整体呈逐渐降低趋势。

2. A-F多维度贫困指数测算

A-F多维贫困指数可以反映多维贫困发生率，还能反映多维贫困发生的强度，同时还能反映个人或家庭的被剥夺量。阿尔基尔（Alkire，2007）认为，与能力方法相关的多维贫困测量能够提供更加准确的信息，便于识别人们的能力剥夺。随后，阿尔基尔（Alkire）和福斯特（Foster，2008）发表了《计数和多维贫困测量》，提出了多维贫困的识别、加总和分解方法。

A-F多维度贫困指数选取了三个维度测量贫困，总共包括10个维度指标：

健康：营养状况、儿童死亡率。

教育：儿童入学率、受教育程度。

生活水平：饮用水、电、日常生活用燃料、室内空间面积、环境卫生和耐用消费品。

A-F多维度贫困指数可以反映不同个体或家庭在不同维度上的贫困程度。其取值越小，说明该个体或家庭贫困程度就越低，相反，则越高。

A-F多维度贫困指数不仅从微观层面来反映个体贫困状况，以及贫困的深度，而且在反映一个国家或地区在人文发展方面取得的进步上具有更好的效度和信度。该指数选取的维度面广，能较好地近似反映贫困人口所处的真实情况，是一种更加符合现代社会发展需求的贫困测度方法。

二、精准扶贫后评估方法

后评价是指在项目运行一段时间后，对项目的执行过程、效益、作用和影响进行系统的、客观的分析和总结的技术经济活动。我国精准扶贫工作已经接近尾声，在精准扶贫政策实施的5年来，其执行过程、实施效果、对贫困户的作用和影响可以通过后评价来衡量，后评价不仅是对精准扶贫工作进行的科学分析、判断和定性定量描述，经过后评价之后的反馈，能尽可能反映出在扶贫工作中存在的问题以及不足之处，以便制定相应的措施来保证达到全部脱贫的目标。

目前，各类后评价方法接近200种，本书总结了随时代发展过程中具有代表意义的六种度量方法，供读者参考。

（一）评估指标体系法

评估指标体系是指由能够反映评价对象特性以及相互联系的多个指标所构成的具有内在结构的有机整体。评估指标体系是根据不同的评估目的和评估对象，选择能够全面反映其特征和关联性的数量关系即指标。评估指标的选取往往要遵循科学性、代表性、简洁性、可比性等原则，且按照制定的评估思路进行构建。

评估指标体系主要是一种定性与定量相结合的评估方法，即将定性评估内容转化定量指标进行分析。通过这种定量分析，能够发现评估对象各主要构成的特征和状况，找到其内在本质规律。将评估指标赋值后，可以根据各指标分值排序，比较绩效的优劣。例如，杨照江（2006）从定性与定量两个方面，确定我国扶贫资金绩效评估的指标，这些指标包括了制度绩效、经济发展、社会进步以及生态环境等四个方面的具体内容，并形成了一个基本指标与修正指标的有机循环。姜爱华（2008）通过构建分类指标，对我国政府开发式扶贫资金使用绩效进行了评估。张璐（2011）介绍了指标体系设计的原则，参考已有的指标体系，改善考核指标，建立一套综合评价和专项评价结合的指标体系。

（二）计量回归方法

计量回归方法主要是通过构建一元或多元回归模型，一般以项目成效作为因变量、项目投入作为自变量，然后根据得出的回归结果分析项目投入对项目成效的影响。在扶贫项目绩效评估中，往往是将减贫率、收入增长率或基本保障事业改善情况等作为因变量，将扶贫资金投入作为自变量，以分析扶贫项目投入对扶贫效果的影响。帅传敏（2010）采用回归分析模型，对中国农村扶贫投入和主要扶贫模式的扶贫效率进行了定量估计。刘冬梅（2001）采用计量模型的分析方法，通过建立中央扶贫投资效果指标体系，分别从扶贫资金投向和扶贫资金的构成来评估扶贫资金投入对贫困地区发展效应所产生的影响。陈凡等（2003）以国外新增长理论为研究出发点，通过回归分析的方法，解释中国政府扶贫投资政策对贫困地区贫困发生率的影响。朱乾宇（2004）通过计量回归分析方法，评估了财政扶贫资金的投入额及具体投向，在提高农业生产总值和农民纯收入、降低农村贫困人口数量及比例方面的贡献，发现扶贫资金投入增加对提高农业生产总值和农民纯收入、降低农村贫困人口数和贫困比例都具有非常明显的绩效。

（三）数据包络分析

数据包络分析法（data envelopment analysis，DEA）在目前的后评估实践中应用也较为广泛，它是1978年由查恩斯和考佩尔（Charnes & Copper）等人创建的一种评价方法。这种方法通过数学规划模型，计算、比较决策单元（DMU）之间的相对效率，然后评价研究对象。该方法最大的特点在于，无须事先设定各指标的权重参数，它以方案的各输入输出指标的权重为变量，避免了受主观因素的较大影响，从而减少误差，提高评估可靠性。各种DEA模型的研究应用较为广泛。DEA在研究"多投入、多产出"的生产函数时的应用，由于不需要预先估计参数，可以避免主观因素、简化算法和减少误差，提高评价的可靠性。DEA的基本模型为CCR模型，当CCR模型放松了规模报酬不变的假设，可以得到BCC模型。在精准扶贫中，DEA模型主要用于对扶贫资金使用效率的分析。

（四）因子分析法

因子分析（factor analysis）由心理学家斯皮尔曼1931年提出，是研究从变量群中提取共性因子的统计技术，其基本原理是分类观测变量，将联系比较密切的关联性高的归为同一种类。每一种类的变量被看作一个公因子，代表着一个互相之间关联性较低的基本结构。进行因子分析的目的是通过少数因子，去表达众多指标或因素之间的关联关系，即将每个包含几个联系比较紧密的变量的类变量作为一个因子，然后通过这几个少数的具有代表性的类因子去传达原始资料当中的多数信息量。因子分析模型的最终目标不单是找到主要因子，更主要是为了知道每个主要因子的实际意义，以便分析实际问题的本质。当求出的主要因子解得到的各主因子的代表变量不很突出时，需要借助适用的因子旋转得出较为满意的主因子解。

邢慧斌等（2017）采用因子分析法，找出解决民生问题的关键，从精准扶贫角度为民生保障提供政策性建议。林文曼（2017）通过对海南农村精准扶贫项目的绩效进行评估，确定海南农村精准扶贫项目绩效评估的4类因素14个指标，同时选取2005～2015年间14个指标的统计数据，运用因子分析法对各投入要素进行绩效评价，为我国精准扶贫项目绩效评估提供借鉴。谭燕芝等（2018）基于我国31个省份2006～2015年的面板数据，运用因子分析法从多维度确定普惠金融发展水平评价指标体系，采用空间Durbin模型考察普惠金融发展水平对贫困减缓的影响机制，结果表明：普惠金融不仅通过提高收入、促进经济增长、提高自有资本缓解贫困，而且还通过空间溢出效应显著降低邻近地区的贫困率。

（五）层次分析法

层次分析法（AHP）是20世纪70年代初，由美国著名的运筹学家萨蒂（T. L. Satty）等人提出的一种多目标评价决策方法，其基本思路是将复杂的问题分解成为各个组成要素，并且在各个要素按支配关系分组，从而形成有序的递阶层次结构，然后对各个要素进行比较、计算，以获得不同的要素的权重，最后通过加权求和做出最优方案的选择或最终权重的确定。该方法是定性与定量结合的方法，在判断指标权重和要素选择上有比较广泛的应用。陈爱雪（2015）在分析我国精准扶贫的前提与实施内核基础上，运用层次分析法建立了包括5个一级指标和15个二级指标的精准扶贫绩效评价体系，并逐层分析，最后给出相关对策建议。唐小梅（2013）运用层次分析法对天主村2008～2012年实施扶贫"整村推进"的效果进行了绩效评价。刘廷兰（2011）运用模糊层次分析法，在建立农村扶贫效果与村庄可持续发展能力之间的统一性基础上，对少数民族地区农村扶贫模式效果进行综合评价，并根据综合评价结果及其影响因素，提出优化少数民族地区农村扶贫模式的思路。

（六）模糊综合评价方法

模糊综合评价法是一种基于模糊数学的综合评标方法。该综合评价法根据模糊数学的隶属度理论把定性评价转化为定量评价，即用模糊数学对受到多种因素制约的事物或对象做出一个总体的评价。它具有结果清晰，系统性强的特点，能较好地解决模糊的难以量化的问题，适合各种非确定性问题的解决。

具体建模方法如下：

第一，确定评价因素集合。评价因素集U按属性可划分为i个子集，记作U_1，U_2，…，U_i。

第二，确定评判集V。评判集$V = (V_1, V_2, …, V_m)$是评价等级标准，m是因素，因素的评价结果的选择范围，既可以是定性的也可以是定量的。将评判集 V 划分为优、良、一般、差四个等级，其等级分值对应为 95、80、65、50。

第三，确定隶属度矩阵 R。假设对第 i 个评价因素 U_i 进行单因素评价得到一个相对于 V_j 的模糊向量 $R_i = (r_{i1}, r_{i2}, \cdots, r_{im})$，$i = 1, 2, \cdots, I$；$j = 1, 2, \cdots, m$。$r_{ij}$ 表示第 i 个因素 U_i 对评价等级 V_j 的隶属度，$0 < r_{ij} < 1$。依次给出各个因素的等级评判向量，对定量和定性指标的模糊隶属度。确定方法如下：

设因素 i 的 4 级标准值为 P_{ij}（$i = 1, 2, \cdots, I$；$j = 1, 2, 3, 4$），则各级隶属度函数 R'_{ij} 见下列各式：

Ⅰ级标准（$j = 1$）的隶属度函数为：

$$R_{ij}(R'_{ij}) \begin{cases} 1, & (x \geq P_{i1}) \\ \dfrac{P_{i2} - x}{P_{i2} - P_{i1}}, & (P_{i2} \leq x \leq P_{i1}) \\ 0, & (x \leq P_{i2}) \end{cases} \tag{1-1}$$

Ⅱ、Ⅲ级标准（$j = 2, 3$）的隶属度函数为：

$$R_{ij} \begin{cases} 1 - \dfrac{P_{ij} - x}{P_{ij} - P_{i(j-1)}}, & (P_{ij} \leq x \leq P_{i(j+1)}) \\ \dfrac{P_{i(j+1)} - x}{P_{i(j+1)} - P_{ij}}, & (P_{i(j+1)} \leq x \leq P_{ij}) \\ 0, & (x > P_{i(j-1)}, x < P_{i(j+1)}) \end{cases} \tag{1-2}$$

$$R'_{ij} \begin{cases} 0, & (x \geq P_{i(j-2)}) \\ \dfrac{x - P_{i(j-2)}}{P_{i(j-1)} - P_{i(j-2)}}, & (P_{i(j-1)} \leq x \leq P_{i(j-2)}) \\ 1, & (P_{ij} \leq x \leq P_{i(j-1)}) \\ \dfrac{P_{i(j+1)} - x}{P_{i(j+1)} - P_{ij}}, & (P_{i(j+1)} \leq x \leq P_{ij}) \\ 0, & (x < P_{i(j+1)}) \end{cases} \tag{1-3}$$

Ⅳ级标准（$j = 4$）的隶属度函数为：

$$R_{ij}(R'_{ij}) \begin{cases} 1, & (x \leq P_{i4}) \\ 1 - \dfrac{P_{i4} - x}{P_{i4} - P_{i3}}, & (P_{i4} \leq x \leq P_{i5}) \\ 0, & (x > P_{i4}) \end{cases} \tag{1-4}$$

第四，计算综合评价矩阵 H。根据隶属度矩阵 R 和层次分析法计算出的权重 W，求出模糊综合评价矩阵 H。

$$H = WR \tag{1-5}$$

第五，计算综合评价值 S。将模糊综合评判矩阵 H 转化为综合评价值 S，根据不

同方案的 S 值对其进行优劣比选：

$$S = HC^T \tag{1-6}$$

汪侠等（2017）运用模糊综合评价模型，以贵州郎德镇为例，对贫困居民旅游扶贫满意度进行定量评价，研究结果表明郎德镇旅游扶贫的满意度水平处于"一般"和"满意"之间。谈国新等（2019）利用模糊综合评价法，从地区、学历层次、收入水平、年龄层次4个人口统计特征着手进行定量研究，发现中部地区更易产生文化贫困，低学历、低收入的老年农村居民是较为典型的文化贫困人口，为文化精准扶贫提供策略。李晓园等（2019）运用模糊综合评价方法以修水县"进城入园"移民扶贫为例对易地扶贫搬迁的绩效进行科学评价，并提出相关建议。

精准扶贫后评估无法像物质贫困那样用收入标准准确衡量，它是一个模糊的非确定性的概念，这是对精准扶贫后评估进行定量研究的难点所在。模糊综合评价法是一种常用的对相对模糊的概念进行衡量的方法。该综合评价法根据模糊数学的隶属度理论把定性评价转化为定量评价，即用模糊数学对受到多种因素制约的事物或对象作总体评价。它具有结果清晰、系统性强的特点，能较好地解决模糊的、难以量化的问题，适合各种非确定性问题的解决。因此，我们选择采用该评价法来衡量精准扶贫后评估效果。

CHAPTER 2

第二章 内蒙古自治区精准扶贫的特征和成效

第一节 农牧交错区贫困的特征

一、农牧交错区的概念

农牧交错区也称为"半农半牧区",是指农业区和牧业区两种生态区相互交错、过渡的地区,兼具农区和牧区的生产特点。我国的农牧交错区斜贯东北至西南地区,分为北方和南方两大区域:北方农牧交错区北起大兴安岭南麓呼伦贝尔市,向西南延伸,经冀北、晋北至陕北、宁夏北部,直至鄂尔多斯高原;南方农牧交错区地处于我国第一级阶梯和第二级阶梯交界处,位于青藏高原与四川盆地云贵高原的过渡地带。我国农牧交错区以北方为主,其面积约占农牧交错区总面积的80%,本书主要对北方农牧交错区展开描述与研究。农牧交错区作为重要的生态屏障,存在生态脆弱、生产力水平低下等问题,导致经济发展滞后。因此,促进农牧交错区经济发展对于推动国民经济持续增长、社会进步、民族团结以及生态环境优化都有着重大意义。

二、农牧交错区的特点

农牧交错区是经过长期演变形成的,是自然因素与人为干预因素共同作用的结果。北方农牧交错区地处东亚季风与西北大陆气候的交汇带,而季风气候的特点之一是年际间波动性很大,因此,该地区降水量少,年际变化大,干旱和风沙天气频发。从地理历史角度看,农耕与游牧交替消长,逐渐形成犬牙交错的格局,农牧交错区在中国北方的形成完全是一种以人文因素起主要作用的独特现象,形成了我国独特的、复杂的北方农牧交错区。农牧交错区的过渡性和恶劣的生态环境决定了其生态的脆弱性,因此具有以下特点。

（一）生态系统脆弱，自我调节能力较差

农牧交错区的地貌复杂多样，大多数地区海拔在1 000米以上，该区域以东、以南是湿润半湿润地区，地势相对平坦，生态环境条件较优；而以西、以北分布着中国主要的高原和山地，地形复杂、生态脆弱。植被类型丰富且植被种类繁多，自东向西由森林草原带过渡到典型草原带和荒漠草原带，主要呈现干旱半干旱草原类型、荒漠草原类型、山地草甸草原、森林灌丛草原等类型。土壤以栗钙土和棕壤为主，土壤条件较差、土层较薄，因此生态脆弱且环境敏感。因为气候及人为因素，在过去很长一段时期内粮食不能满足生存需求，草地植被遭到严重破坏，以致生态环境逐渐恶化，故而该区域也被称为"生态环境脆弱带""农牧脆弱区"。

（二）降水量少，自然灾害频发

农牧交错区把我国东部季风农业区与西北干旱牧业区分开，属于温带干旱、半干旱大陆性季风气候，由于受气候和地理位置的影响，气候灾害主要有干旱、大风、冰雹、洪涝等自然灾害。农牧交错带位于典型季风气候区，400毫米等降水量线在区内纵横穿过。农牧交错带的特殊地理环境及季风气候区也导致当地极易受到气候波动的影响，是敏感的生态脆弱带之一。农牧交错区内的年降水量低至旱作农业对水分的基本要求，区内少有大江大河，天然降水是发展农牧业的基本水源补给，且多数年份少雨，降雨变率大，明显影响到带内农牧业发展，尤其是对农牧交错区西段及北部影响最严重。农牧交错带的特殊地理环境与气候条件导致区内自然灾害频繁，尤其是农业生产出现后，灾害发生的频次与烈度更强。

（三）草场退化，沙漠化严重

农牧交错区是我国土地荒漠化扩展最快、发生最严重的地区，荒漠化形式主要以风蚀荒漠化为主，即"沙漠化"。农牧交错区属于半干旱地区，是一个生态脆弱的地区，同时由于降水变率大、地表沙质疏松且春季少雨多风，风蚀作用导致土壤养分流失、土地质量下降，造成农牧交错区草场急剧退化，沙漠化严重。农牧交错区生态系统脆弱，自我修复和调节能力差，这也是造成沙漠化严重的原因之一。与此同时，人口压力的急剧增加和经济活动对环境的强烈干扰，也是造成大面积生态恶化和沙漠化进一步发生和发展的主要原因。人口的增长和社会需求的扩大，加大了土地资源利用的压力，也破坏了传统土地利用的合理性。草场被进一步开垦导致面积锐减，许多地区的土地利用方式从以放牧为主转变成以农耕为主。土地利用的强度也逐渐加大，轮作制由往常的十几年间隔减为几年或隔年，甚至连年耕作。倍增的牧畜集中在逐渐减少的草场，加大了放牧的负载；日常生活所需燃料的增加也使樵采活动加强，这些都

构成了导致沙漠化发生和发展的主导人为因素——过度开垦、放牧和樵采。

（四）地处内陆地区，交通不便

农牧交错区位于我国内蒙古高原东南边缘和黄土高原北部，从地形单元的第二阶梯边缘东北大兴安岭向南，经过燕山山脉，沿长城延展到宁夏六盘山区，东西横跨20多个经度，南北纵跨10多个纬度。农牧交错区地处内陆，区内少有大江大河无法开展航运。由于经济发展滞后，区内机场数量相对较少，航空运输相对薄弱。因此，主要依赖陆路运输进行贸易往来。农牧交错区大部分位于黄土高原上，属丘陵沟壑区地貌，地势起伏大、施工难度高。处于断层等地质灾害多发区，技术要求高、修路难度大，修建的道路质量不是很高。没有通达方便的交通条件，物质和产品运输、信息交流都会受到影响，故而交通条件一直制约着农牧交错区的发展。而东部沿海地区的发展一定程度上得到区位优势的支持，因此无论是交通条件还是经济发展都优于农牧交错区。

我国农牧交错区独特的地理分布特点使其不仅能起到涵养水源的作用，使江河水流向农业区，还能阻挡沙尘的蔓延，使东南部地区免受西北沙尘的影响。与此同时，农牧交错区还可以维持粮食安全，保证当地人民的生活。农牧交错区不仅是我国生态安全的屏障，还在维持农业生产安全、社会稳定等方面发挥着重要作用，因此农牧交错区的生态环境问题不可忽视。但是由于水土条件限制以及人类长期以来对土地的过度使用，导致农牧交错区生态环境十分脆弱。过度开垦加剧了草场退化、水土流失、土地风蚀化和沙漠化等生态环境问题的风险，使得农牧交错区脆弱的生态环境持续恶化。因此，掌握农牧交错区的区域特点，科学引导和促进区域协调发展，最终实现共同富裕，对于加强民族团结、维护社会稳定和巩固边防都具有重要的意义。

三、农牧交错区贫困成因

农牧交错区在自然环境恶劣、生产方式落后、产业结构不合理等众多因素影响下，整体贫困落后。只有根据农牧交错区的特性找到其贫困问题才能对症下药，争取早日实现脱贫攻坚。结合农牧交错区的特点可以发现其存在的问题主要有以下几点。

（一）产业结构不够合理限制了经济发展

尽管近年来农牧交错区的产值都在上升，但是产业结构的调整还不够合理，虽然总体呈"三二一"产业结构，但是各产业产值和投入配比不均，发展不够均衡。相较于全国平均水平，农牧交错区第一产业所占比重普遍偏高，大量劳动力盘踞在第一产业，且集中于初级农、牧产品加工等工作，劳动力多产出却很低，由此造成经济发展缓慢、生产力水平低下。与此同时，由于区位因素限制，二、三产业的发展受到了一定程度的制约。只有提高产业结构的合理化水平才能推动农牧交错区的经济实现有效增长，因此还需响应国家号召通过供给侧改革推动产业结构不断优化，实现产业间的均衡配置。

（二）自然条件导致耕地、草场面积减少

第二次全国土壤侵蚀遥感调查显示北方农牧交错区区域水土流失面积高达 261 517.35 平方公里，其中水力侵蚀面积 122 439.54 平方公里，风力侵蚀区面积 139 077.81 平方公里，属于水风蚀复合区，表现为水蚀、风蚀在时间上交错、在空间上叠加，是我国分布最广、危害最严重的水土流失区[①]。与此同时，人类不合理的土地利用方式也加剧了农牧交错区的草场大面积退化，土地沙漠化严重。由此造成的结果就是能够放牧的草场和耕种的土地面积逐渐加少，而常住人口数量却在增加，人均耕地面积日益减少，农业收入越来越低因而造成贫困。

（三）地形复杂、气候恶劣难以实现机械化

农牧交错区地处半湿润农区与干旱、半干旱牧区接壤的过渡地带，因此降水量十分不均匀，总体表现为干旱缺水，因而频频发生干旱、沙尘暴等自然灾害，非常不利于农牧业生产。而且农牧交错区内多为高原和山地，地块多呈破碎状，受制于地势高度以及耕作半径很难实现机械化种植，主要以人力为主。如此一来作业效率大大降低，需要付出大量劳动力的同时还无法实现精耕细作，相比机械化程度较高的地区成本大大提升而产量却直线下降，极大降低了农业劳动生产率和经济效益。农牧交错区先天具有区位劣势，多为靠天吃饭，机械化难以实现对于农牧民来说更加不利。

（四）人地矛盾加剧，劳动力转移增加

由于农牧交错区草场退化、土地沙漠化严重，从 20 世纪 70 年代开始，我国政府开展了"退耕还林还草""全面禁牧"等一系列生态治理工程，投入大量的人力、物力进行生态修复，以期减缓生态恶化的速度。农牧交错区内人口数量持续增长，而农牧民的耕地、放牧面积却进一步减少，造成人地矛盾进一步加剧。随着我国从农业社会向工业和城市社会转型进程的加快，越来越多的农户为了生计进城务工，尤其是年轻劳动力从农村流失严重，导致农牧交错区人力资源短缺，想要通过技术培养提高农

---

① 魏玲，高林林，韩曦，等. 我国北方农牧交错区区位功能及其水土保持案例分析[J]. 甘肃农业科技，2017，06（262）：65-68.

牧交错区发展水平更加实现。

第二节 内蒙古自治区贫困的特点

一、内蒙古自治区总体贫困特点

(一) 贫困人口多，贫困发生率高，少数民族贫困尤为凸显

在内蒙古 57 个扶贫开发重点旗县中，国家扶贫开发重点工作旗县有 31 个，其中少数民族聚居区旗县有 18 个，占 58.06%。自治区扶贫开发重点工作旗县有 26 个，其中少数民族聚居区旗县有 8 个，占到 30.77%。截至 2018 年初，除个别旗县，在少数民族聚居区旗县中，少数民族人口未脱贫占比均高于内蒙古平均水平。约 50% 的旗县未脱贫占比达到 50% 左右，其中，新巴尔虎右旗、鄂温克族自治旗、科尔沁右翼中旗、阿巴嘎旗、苏尼特左旗少数民族贫困人口占比高达 90% 以上，苏尼特左旗更是高达 94.85%。少数民族占比较高的旗县也是未脱贫少数民族占比较高的旗县。精准扶贫工作开始初期，少数民族人口未脱贫占比达到了 77.46%，少数民族未脱贫人口绝对数多达 1.1678 万人，见表 2-1。

表 2-1 内蒙古自治区各盟市未脱贫少数民族（数据截至 2019 年底）

盟市	旗县	未脱贫总户数（户）	未脱贫总人数（人）	未脱贫少数民族人数（人）	未脱贫占比（%）
	内蒙古合计	170 316	377 793	86 964	23.02
呼伦贝尔市	新巴尔虎左旗	90	226	200	88.5
	新巴尔虎右旗	121	294	277	94.22
	鄂温克族自治旗	106	268	250	93.28
兴安盟	科尔沁右翼前旗	6 617	15 533	7 008	45.12
	科尔沁右翼中旗	2 899	6 954	6 373	91.65
	扎赉特旗	4 746	11 244	5 632	50.09
	突泉县	7 460	15 283	2 089	13.67
	科尔沁区	675	1 709	595	34.82
	科尔沁左翼中旗	5 791	15 076	11 678	77.46
	科尔沁左翼后旗	4 423	12 433	9 569	76.96

续表

盟市	旗县	未脱贫总户数（户）	未脱贫总人数（人）	未脱贫少数民族人数（人）	未脱贫占比（%）
通辽市	库伦旗	2 327	6 043	3 368	55.73
	奈曼旗	5 583	16 049	5 276	32.87
	扎鲁特旗	825	2 063	959	46.49
	阿鲁科尔沁旗	6 610	12 970	4 752	36.64
赤峰市	巴林左旗	12 844	24 573	5 210	21.2
	巴林右旗	2 714	5 813	2 697	46.4
	喀喇沁旗	6 147	12 802	4 776	37.31
	阿巴嘎旗	20	51	48	94.12
	西乌珠穆沁旗	134	417	344	82.49
锡林郭勒盟	苏尼特左旗	49	136	129	94.85
	苏尼特右旗	637	1 646	1 345	81.71
	正蓝旗	416	965	501	51.92
	正镶白旗	713	1 575	720	45.71
	镶黄旗	207	522	456	87.36
阿拉善盟	阿拉善左旗	129	320	123	38.44
乌兰察布市	察哈尔右翼前旗	3 341	7 333	132	1.8
	察哈尔右翼中旗	5 830	11 971	288	2.41
	察哈尔右翼后旗	2 042	4 360	119	2.73
	四子王旗	3 581	8 238	550	6.68

（二）地域跨度大，民族差异大，贫困差异明显

内蒙古位于中国华北地区，东北部与黑龙江、吉林、辽宁、河北交界，南部与山西、陕西、宁夏相邻，西南部与甘肃毗连，北部与俄罗斯、蒙古国接壤，内蒙古自治区地势由东北向西南斜伸，呈狭长形，全区基本属高原型的地貌区，全区涵盖高原、山地、丘陵、平原、沙漠、河流、湖泊等地貌，地域跨度较大，东西部文化差异明显，深度贫困地区主要集中在内蒙古东部，其中 2019 年赤峰市、通辽市、锡林郭勒盟就有 24 个旗县为贫困县，贫困差异明显。

内蒙古东西部经济发展差距明显。内蒙古中西部分布 7 个盟市，其中，呼和浩特、包头、鄂尔多斯凭借资源优势，积极进行产业调整，经济发展非常迅速，形成呼包鄂经济带，是内蒙古经济发展的核心经济圈。而内蒙古东部地区，赤峰市、通辽市都为农业生产的基地。呼伦贝尔市、锡林郭勒盟位于我国北部的生态保护区域内，工

业不发达，但东部地区拥有丰富的自然资源和非物质文化遗产，给当地的旅游业的发展带来了一定的基础，近年来旅游业的蓬勃发展致使东部地区经济发展迅速，从而也使区域内经济发展水平略高于西部地区经济水平，东西部不同的主导产业使得东西部经济发展不平衡，也是造成内蒙古地区整体贫困的重要原因。

内蒙古是多民族聚居边疆省份，自古以来就是众多民族生息繁衍之地。在内蒙古广袤的土地上，生活着除珞巴族以外的蒙古族、汉族、满族、回族、达斡尔族、鄂温克族、鄂伦春族、朝鲜族、锡伯族、土家族、东乡族、苗族等55个民族。每个民族都有自己的民族特色文化，各地区分布不均，其中东部地区由于蒙古族人口较多，形成了最具特色蒙古族草原文化，如蒙古族歌舞、那达慕、呼麦等。但同时也存在着民族文化传承比较完整的鄂伦春等少数民族，这种文化差异也给精准扶贫工作带来了一定的挑战。

（三）产业单一，靠天吃饭

内蒙古自治区由于受自然条件等的制约，极易出现返贫现象，脱贫攻坚难度较大。内蒙古农区、牧区、半农半牧区有一个共同特点就是生态环境脆弱、自然灾害频繁和抗灾能力低下。

内蒙古绝大多数农牧民主要"靠天吃饭"，种植和放牧是贫困农牧民的主要维生手段。几乎每次灾害的发生都会带来短期的大面积的贫困人口。2010年1月，乌兰察布市、锡林郭勒盟等地因寒潮和暴风雪，导致40万群众受灾[①]。2015～2017年呼伦贝尔市连年干旱对少数民族农牧民生活造成很大影响。2016年内蒙古农作物受灾面积为362.99万公顷，绝收面积为54.74万公顷，较2015年分别增长了34.40%和73.78%[②]。2018年入春以来，内蒙古东部部分地区和西部牧区出现旱情，内蒙古农作物受旱面积110.7万公顷，其中重旱13.5万公顷，因旱造成6万人、54万头牲畜饮水困难[③]。大面积的长期的自然灾害，极易使脱贫人口出现或短期出现返贫现象。

（四）因病因债致贫，返贫人口脱贫任务重

随着脱贫攻坚战的深入，基层医疗卫生服务质量和条件逐步改善，医疗费用总体呈现降低的趋势。但嘎查（村）一级的卫生室专业医生匮乏、农村牧区药品质量堪忧等问题仍然一定程度存在，很难实现农牧民就近就医、治疗的目的。慢性病、大病

---

① 为应对暴雪寒潮灾害影响 我区紧急启动三级灾害应急响应. http：//slt.nmg.gov.cn/sldt/slyw/201603/t20160322_1229475.html，2010-01-20.

② 旱灾是2016年我区农作物受灾与绝收面积有所扩大的主要原因. http：//tj.nmg.gov.cn/tjdt/fbyjd_11654/202102/t20210209_884096.html，2018-01-26.

③ 内蒙古6万人饮水困难1660多万亩农作物受旱. http：//www.nmg.gov.cn/zwyw/jrgz/201806/t20180619_235253.html，2018-06-19.

费用仍然是农牧民致贫返贫的重要因素,在重点解决了建档立卡贫困户的医疗问题的情况下,边缘户和一些非贫困户因病致贫脱贫问题也应该引起关注。

农牧民债务负担重、还债压力大,增加了脱贫的难度和返贫的可能性。在调查中发现,农牧民债务主要来自生产性负债、生活性负债、攀比负债三个方面。导致生产性负债的原因有很多,羊肉价格、饲料价格波动,盲目扩大养殖数量而忽视质量,投资失误,等等。危房改造盖房欠债、娶媳妇负债等导致了生活负债。部分少数民族聚居区因盲目攀比,在娶亲、买轿车、高档消费等领域攀比现象尤为严重,在无法正常获得贷款的情况下,高额举债、借高利贷等造成了更为严重的负债。部分银行和非银行金融机构为了资产安全性,按季度收取利息,加重了农牧民债务负担。通辽市科左中旗、科左后旗有一部分居民家庭负债高达30万元左右。赤峰市巴林左旗乌兰达坝苏木人均1.5万元贷款,查干哈达苏木人均3万元贷款。克什克旗除其他金融机构和个人高利贷外,牧民在农业银行贷款的信贷额已经达到3.7亿元,其中巴彦查干苏木1.5亿元、达日罕乌拉苏木1亿元,达来诺日镇1.2亿元[①]。沉重的债务负担使极少部分少数民族农牧民在实现全面小康的路上举步维艰,脱贫攻坚也困难重重,如何化解债务成为重中之重。

二、内蒙古自治区贫困区域的划分

自1985年开始国家以县为考量单位,人均收入低于150元的县列为国家级贫困县。到1992年人均纯收入超过700元的,一律退出国家级贫困县,低于400元的县,全部纳入国家级贫困县。重点县数量的确定采用"631指数法"测定:贫困人口(占全国比例)占60%权重(其中绝对贫困人口与低收入人口各占80%与20%比例);农民人均纯收入较低的县数(占全国比例)占30%权重;人均GDP低的县数、人均财政收入低的县数占10%权重。其中:人均低收入以1 300元为标准,老区、少数民族边疆地区为1 500元;人均GDP以2 700元为标准;人均财政收入以120元为标准[②]。

根据以上原则和方法,在全国中西部21个省区市确定了591个县(旗、市)为国家扶贫开发工作重点县。它们集中在少数民族地区、革命老区、边境地区和特困地区,其中老、少、边县的比例分别由"八七计划"的18.43%、6%上升到31%、45%、9%[③]。2018年,中西部22个省区市共有284个贫困县申请退出。从2018年12月起,各省区市陆续对申请退出县开展省级专项评估检查。截至2019年5月中旬,283个贫困县通过省级专项评估检查,由省级人民政府宣布脱贫摘帽,中西部22

---

① 数据来源:内蒙古自治区扶贫开发办公室.
②③ 国家级贫困县. https://baike.baidu.com/item/%E5%9B%BD%E5%AE%B6%E7%BA%A7%E8%B4%AB%E5%9B%B0%E5%8E%BF#1, 2014-10-17.

个省区市第一次均有贫困县退出。至此,全国共有436个贫困县脱贫摘帽,占全部贫困县的52.4%,贫困县摘帽进程过半,解决区域性整体贫困步伐加快。各地评估检查结果显示,283个摘帽县中,中部地区114个县综合贫困发生率全部低于2%,西部地区169个县全部低于3%。错退率、漏评率全部低于2%。有86.57%的县未发现错退,90.46%未发现漏评,81.27%既未发现错退又未发现漏评,较2017年摘帽县分别高10个百分点、5个百分点和15个百分点,脱贫退出质量明显进一步提高。群众认可度均超过90%,贫困县摘帽得到当地干部群众的普遍认可[①]。

内蒙古是特殊的少数民族地区,且由于其面积广阔,地理上东西跨度大,所辖各区域在经济类型、生活文化、贫困类型等都存在很大的差异,因此在精准扶贫工作上有很大的困难。农牧业并存的生产方式,使得内蒙古存在分别以种植业、养殖业以及种植养殖混合为主要收入来源的地区,这些地区的扶贫措施、衡量标准存在一定的差异,因此将内蒙古地区分为农区、牧区、半农半牧区,采用不同的评价指标体系,能更精准地衡量该地区的精准扶贫的减贫效果。此外选择旗县作为研究对象,能较为合理地反映整个内蒙古地区在分为农区、牧区、半农半牧区的精准扶贫减贫效果情况。

内蒙古现有52个旗(其中包括鄂伦春、鄂温克、莫力达瓦达斡尔3个少数民族自治旗),17个县,11个盟(市)辖县级市,23个区。贫困旗县57个,其中国家级贫困旗县31个,自治区级贫困旗县26个,目前自治区精准扶贫工作的重点在于这57个贫困旗县的脱贫情况。

内蒙古农牧民人口比例占到全区人口比例较高,人口分布尤其是农村牧区的人口分布不均衡,居民生存与生活的地区都比较偏远、致贫情况比较复杂,存在贫困发生范围广、贫困地区分散、贫困程度不一等贫困发生特征。特别是农业种植为主的农区、养殖业为主的牧区以及半农半牧区,在生态环境、生产技术、收入水平、精准扶贫难度上都有很大差别。因此本书将贫困旗县分为农区、牧区、半农半牧区三大类,并从57个贫困旗县找出典型的代表旗县作减贫效果后评价研究,从而找出其存在的问题。

(一)按照贫困等级划分

目前内蒙古自治区有57个贫困旗县见表2-2,分布在内蒙古各个区域内,主要集中在内蒙古东部,赤峰市、通辽市、锡林郭勒盟就有24个旗县为贫困县,西部主要集中在巴彦淖尔市和乌兰察布市。在57个贫困旗县中有31个国家级贫困旗县见表2-3,26个自治区级贫困旗县见表2-4。

---

① "2018年脱贫摘帽县抽查"新闻发布会文字实录. http://www.cpad.gov.cn/art/2019/7/2/art_2241_381.html,2019-07-02。

表 2-2　　　　　　　　内蒙古自治区 57 个贫困旗县行政区分布

盟市	贫困旗县
呼和浩特市（2 个）	武川县、清水河县
包头市（1 个）	固阳县
呼伦贝尔市（6 个）	莫力达瓦达斡尔族自治旗、鄂伦春自治旗、新巴尔虎左旗、鄂温克族自治旗、扎兰屯市、阿荣旗
兴安盟（6 个）	乌兰浩特市、突泉县、扎赉特旗、科尔沁右翼前旗、科尔沁右翼中旗、阿尔山市
通辽市（6 个）	科尔沁左翼中旗、科尔沁左翼后旗、库伦旗、扎鲁特旗、开鲁县、奈曼旗
赤峰市（10 个）	松山区、克什克腾旗、阿鲁科尔沁旗、巴林左旗、巴林右旗、敖汉旗、翁牛特旗、喀喇沁旗、宁城县、林西县
锡林郭勒盟（8 个）	苏尼特右旗、太仆寺旗、正镶白旗、多伦县、苏尼特左旗、镶黄旗、正蓝旗、阿巴嘎旗
乌兰察布市（10 个）	卓资县、化德县、商都县、丰镇市、察哈尔右翼前旗、察哈尔右翼中旗、察哈尔右翼后旗、四子王旗、凉城县、兴和县
鄂尔多斯市（1 个）	杭锦旗
巴彦淖尔市（5 个）	五原县、杭锦后旗、乌拉特前旗、乌拉特中旗、磴口县
阿拉善盟（2 个）	阿拉善右旗、阿拉善左旗

表 2-3　　　　　　　　31 个国家级贫困县行政区分布

盟市	贫困旗县
呼和浩特市（1 个）	武川县
呼伦贝尔市（2 个）	莫力达瓦达斡尔族自治旗、鄂伦春自治旗
兴安盟（5 个）	阿尔山市、扎赉特旗、科尔沁右翼前旗、科尔沁右翼中旗、突泉县
通辽市（4 个）	科尔沁左翼中旗、科尔沁左翼后旗、库伦旗、奈曼旗
赤峰市（8 个）	阿鲁科尔沁旗、巴林左旗、巴林右旗、林西县、翁牛特旗、喀喇沁旗、宁城县、敖汉旗
锡林郭勒盟（3 个）	苏尼特右旗、太仆寺旗、正镶白旗
乌兰察布市（8 个）	卓资县、化德县、商都县、兴和县、察哈尔右翼前旗、察哈尔右翼中旗、察哈尔右翼后旗、四子王旗

表 2-4　　26 个自治区级贫困旗县行政分布

盟市	贫困旗县
呼和浩特市（1个）	清水河县
包头市（1个）	固阳县
呼伦贝尔市（4个）	阿荣旗、鄂温克族自治旗、扎兰屯市、新巴尔虎左旗
兴安盟（1个）	乌兰浩特市
通辽市（2个）	开鲁县、扎鲁特旗
赤峰市（2个）	松山区、克什克腾旗
锡林郭勒盟（5个）	阿巴嘎旗、苏尼特左旗、镶黄旗、正蓝旗、多伦县
乌兰察布市（2个）	凉城县、丰镇市
鄂尔多斯市（1个）	杭锦旗
巴彦淖尔市（5个）	五原县、磴口县、乌拉特前旗、乌拉特中旗、杭锦后旗
阿拉善盟（2个）	阿拉善左旗、阿拉善右旗

（二）按照贫困特征划分

本书参照《内蒙古统计年鉴》中对农区、牧区、半农半牧区的划分标准，将57个贫困旗县划分为农区、牧区、半农半牧区贫困县见表2-5。农区主要是以农业为主要收入来源的地区，牧区是以畜牧业为主要收入来源的地区，半农半牧区是指农业和畜牧业按一定比例为主要收入来源的地区。其中农区中国家级贫困县有8个（武川县、鄂伦春自治旗、阿尔山市、喀喇沁旗、宁城县、卓资县、兴和县、察哈尔右翼前旗），自治区级贫困县7个（清水河县、固阳县、乌兰浩特市、松山区、多伦县、丰镇市、凉城县）。

牧区中国家级贫困县有10个（科尔沁右翼中旗、科尔沁左翼中旗、科尔沁左翼后旗、阿鲁科尔沁旗、巴林左旗、巴林右旗、翁牛特旗、苏尼特右旗、正镶白旗、四子王旗），自治区级贫困县12个（鄂温克族自治旗、新巴尔虎左旗、扎鲁特旗、克什克腾旗、阿巴嘎旗、苏尼特左旗、镶黄旗、正蓝旗、杭锦旗、乌拉特中旗、阿拉善左旗、阿拉善右旗）。

半农半牧区中国家级贫困县13个（莫力达瓦达斡尔族自治旗、科尔沁右翼前旗、扎赉特旗、突泉县、库伦旗、奈曼旗、林西县、敖汉旗、太仆寺旗、察哈尔右翼中旗、察哈尔右翼后旗、化德县、商都县），自治区级贫困县8个（扎兰屯市、阿荣旗、开鲁县、克什克腾旗、磴口县、乌拉特前旗、五原县、杭锦后旗）。

表 2-5　　　　　57 个贫困旗县农区、牧区、半农半牧区的划分

地区	盟市	贫困旗县
农区	呼和浩特市（2个）	武川县、清水河县
	包头市（1个）	固阳县
	呼伦贝尔市（1个）	鄂伦春自治旗
	兴安盟（2个）	乌兰浩特市、阿尔山市
	赤峰市（3个）	喀喇沁旗、宁城县、松山区、
	锡林郭勒盟（1个）	多伦县
	乌兰察布市（5个）	卓资县、兴和县、丰镇市、凉城县、察哈尔右翼前旗
半牧区	呼伦贝尔市（3个）	扎兰屯市、阿荣旗、莫力达瓦达斡尔族自治旗
	兴安盟（3个）	科尔沁右翼前旗、扎赉特旗、突泉县
	通辽市（3个）	开鲁县、库伦旗、奈曼旗
	赤峰市（2个）	林西县、敖汉旗
	锡林郭勒盟（1个）	太仆寺旗
	乌兰察布市（4个）	察哈尔右翼中旗、察哈尔右翼后旗、化德县、商都县
	巴彦淖尔市（4个）	磴口县、乌拉特前旗、五原县、杭锦后旗
牧区	呼伦贝尔市（2个）	鄂温克族自治旗、新巴尔虎左旗
	通辽市（3个）	科尔沁左翼中旗、科尔沁左翼后旗、扎鲁特旗
	兴安盟（1个）	科尔沁右翼中旗
	赤峰市（5个）	阿鲁科尔沁旗、巴林左旗、巴林右旗、翁牛特旗、克什克腾旗
	锡林郭勒盟（6个）	阿巴嘎旗、苏尼特左旗、苏尼特右旗、镶黄旗、正镶白旗、正蓝旗
	乌兰察布市（1个）	四子王旗
	鄂尔多斯市（1个）	杭锦旗
	巴彦淖尔市（1个）	乌拉特中旗
	阿拉善盟（2个）	阿拉善左旗、阿拉善右旗

三、不同贫困特征区域的贫困特点

（一）农区贫困现状及特点

内蒙古自治区农区贫困旗县主要分布在内蒙古中东部，其中国家级贫困县有 8 个，包括武川县、鄂伦春自治旗、阿尔山市、喀喇沁旗、宁城县、卓资县、兴和县、察哈尔右翼前旗，自治区级贫困县有 7 个，包括清水河县、固阳县、乌兰浩特市、松山区、多伦县、丰镇市、凉城县。

根据内蒙古自治区党委、内蒙古自治区人民政府《关于建立贫困退出机制的实施意见》（厅发〔2016〕24号）和内蒙古自治区扶贫开发办公室关于印发《2017年度全区13个区贫旗县贫困退出复查工作方案》的退出公告中乌兰浩特市、丰镇市等两个农区贫困旗县退出贫困县行列。首先，内蒙古地区农区耕地较其他省份而言较多，大部分土壤环境贫瘠、"靠天吃饭"，气象灾害常态化凸显，农民若遇到干旱、冰雹等自然灾害，会导致农作物产量大幅下降，农民收入减少，致使无法脱贫或返贫；其次，农产品与市场需求不匹配，农产品产业链条不完善，销售渠道单一，农产品价格不稳定，会导致农产品收入减少，致使农民收入降低。再其次，多数农区水资源短缺，农产品单一，且可选择性不足，仅仅依靠种植农产品达到脱贫的目的是行不通的。

（二）牧区贫困现状及特点

内蒙古自治区牧区中国家级贫困县有10个，包括科尔沁右翼中旗、科尔沁左翼中旗、科尔沁左翼后旗、阿鲁科尔沁旗、巴林左旗、巴林右旗、翁牛特旗、苏尼特右旗、正镶白旗、四子王旗，自治区级贫困县有12个，包括鄂温克族自治旗、新巴尔虎左旗、扎鲁特旗、克什克腾旗、阿巴嘎旗、苏尼特左旗、镶黄旗、正蓝旗、杭锦旗、乌拉特中旗、阿拉善左旗、阿拉善右旗。

根据内蒙古自治区扶贫开发办公室提供的资料，截至2016年末，内蒙古牧业旗县建档立卡贫困户仍有74 834户，167 646人，占全区人口的30.16%，贫困发生率为5.33%，高于全区贫困发生率1个百分点之多。从行政区域分布来看，赤峰、通辽市牧业旗县的贫困程度比较深，在8个牧业旗县中，有6个为国家扶贫开发重点旗县，2个为自治区扶贫开发重点旗县。

根据内蒙古自治区扶贫办提供的数据显示，8个牧业旗县贫困人口占全区牧业旗县的78.25%。牧区旗县是内蒙古自治区扶贫工作的重点对象。首先，牧区旗县是生产牲畜和役畜的饲育、生产基地，其瘟疫受灾风险大，牧区主要依靠养殖业，一旦出现瘟疫，牧民可能无主要经济收入来源，导致无法脱贫或者返贫。其次，产业扶贫模式单一难以适应市场经济发展，并且脱贫成本高、难度大、周期长。再次牧区是少数民族聚集较多的地区，民族文化特色产业发展也在经济发展中占有重要的作用，因此在扶贫过程中要考虑到民族文化的重要作用。最后，牧区还承担着绿化、生态等社会义务，这需要牧区调整发展思路，将退耕还草等环保要求提上日程，这是保障内蒙古自治区青山绿水的要求。这就要求牧民转变发展思路，不能单一追求养殖，而是可以从旅游、牧草种植等角度寻求更多的发展方式。

（三）半农半牧区贫困现状及特点

内蒙古自治区半农半牧区中，国家级贫困县有13个，包括莫力达瓦达斡尔族自治旗、科尔沁右翼前旗、扎赉特旗、突泉县、库伦旗、奈曼旗、林西县、敖汉旗、太仆寺旗、察哈尔右翼中旗、察哈尔右翼后旗、化德县、商都县。自治区级贫困县有8个，包括扎兰屯市、阿荣旗、开鲁县、克什克腾旗、磴口县、乌拉特前旗、五原县、杭锦后旗。根据自治区扶贫办关于林西县退出国家级贫困旗县的公告和脱贫攻坚奖推荐单位事迹的公示，林西县退出国家贫困县。根据内蒙古自治区党委、内蒙古自治区人民政府《关于建立贫困退出机制的实施意见》（厅发〔2016〕24号）和内蒙古自治区扶贫开发办公室关于印发《2017年度全区13个区贫旗县贫困退出复查工作方案》的退出公告中五原县、杭锦后旗、磴口县等3个半农半牧区贫困县退出贫困县。

半农半牧区中生态环境破环严重，原因在于农牧民既要保证耕地，还要保证其放牧的需求，所以其森林和草地覆盖率较低。此外，半农半牧区产业较多，整合涉农产业扶贫项目的难度较大，这导致区域的扶贫资金短缺，农牧民在产业扶贫的贷款率比较高，负债率高。

第三节 内蒙古自治区脱贫减贫工作取得的成效

一、全国脱贫减贫工作取得的成效[①]

2021年是中国共产党成立100周年。100年来，中国共产党团结带领人民，以坚定不移、顽强不屈的信念和意志与贫困作斗争。中共十八大以来，在以习近平同志为核心的党中央领导下，中国组织实施了人类历史上规模空前、力度最大、惠及人口最多的脱贫攻坚战。2021年2月25日，习近平总书记在全国脱贫攻坚总结表彰大会上庄严宣告，脱贫攻坚战取得了全面胜利，中国完成了消除绝对贫困的艰巨任务。

占世界人口近五分之一的中国全面消除绝对贫困，提前10年实现《联合国2030年可持续发展议程》减贫目标，不仅是中华民族发展史上具有里程碑意义的大事件，也是人类减贫史乃至人类发展史上的大事件，为全球减贫事业发展和人类发展进步作出了重大贡献。

贫穷不是命中注定，贫困并非不可战胜。中国减贫的实践表明，与贫困作斗争，最重要的是勇气、远见、责任和担当。只要有坚定意志和决心并付诸实际行动，就能够向着摆脱贫困、实现共同富裕的美好前景不断迈进。

中共十八大以来，经过8年持续奋斗，到2020年底，中国如期完成新时代脱贫

---

① 《人类减贫的中国实践》白皮书. http：//www.cpad.gov.cn/art/2021/4/6/art_624_188197.html，2021-04-06.

攻坚目标任务，现行标准下 9 899 万农村贫困人口全部脱贫如图 2-1 所示，832 个贫困县全部摘帽如图 2-2 所示，12.8 万个贫困村全部出列，区域性整体贫困得到解决，完成消除绝对贫困的艰巨任务。

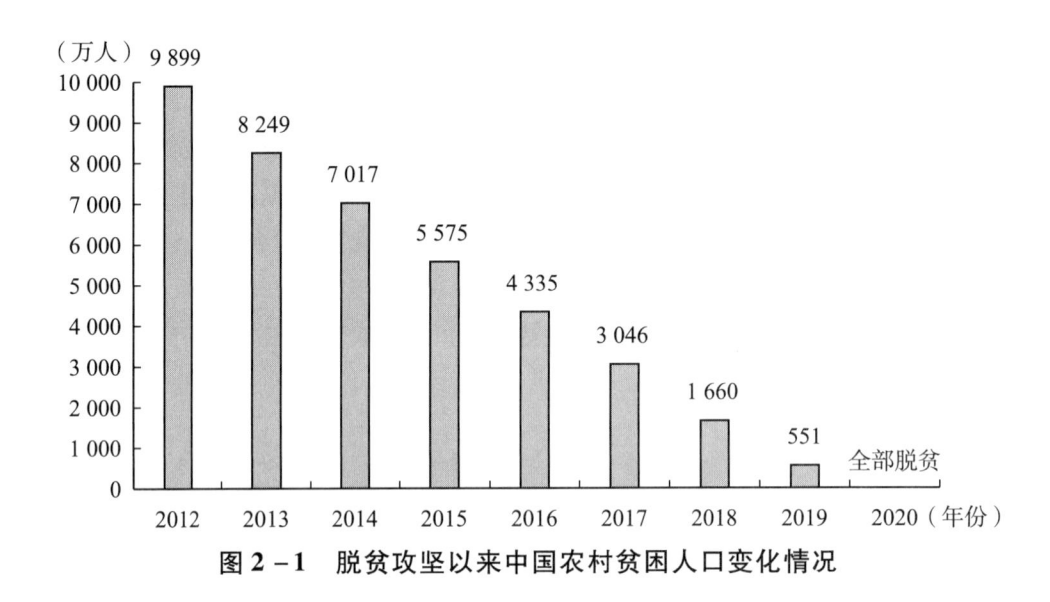

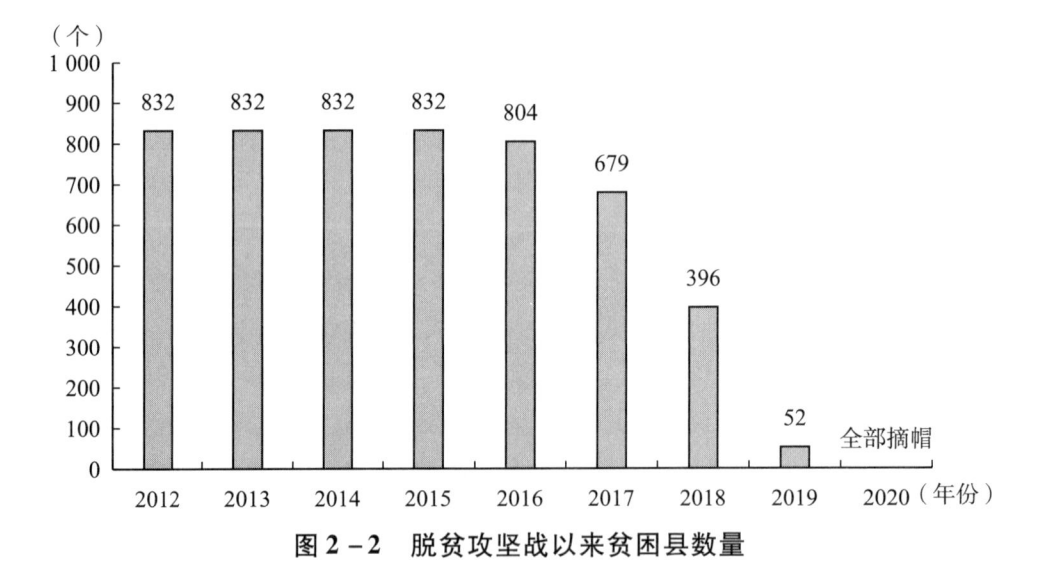

图 2-1　脱贫攻坚以来中国农村贫困人口变化情况

图 2-2　脱贫攻坚战以来贫困县数量

脱贫攻坚战对中国农村的改变是历史性的、全方位的，是中国农村的又一次伟大革命，深刻改变了贫困地区落后面貌，有力推动了中国农村整体发展，补齐了全面建成小康社会最突出短板，为全面建设社会主义现代化国家、实现第二个百年奋斗目标奠定了坚实基础。脱贫攻坚战全面胜利，中华民族在几千年发展历史上首次整体消除绝对贫困，实现了中国人民的千年梦想、百年夙愿。具体体现在以下几个方面。

（一）贫困人口生活水平显著提升

经过脱贫攻坚战，贫困人口的收入和福利水平大幅提高，"两不愁、三保障"全面实现，教育、医疗、住房、饮水等条件明显改善，既满足了基本生存需要，也为后续发展奠定了基础。脱贫攻坚的阳光照耀到每一个角落，贫困群众的生活发生了巨大变化。

贫困人口收入水平持续提升如图 2-3 所示。贫困地区农村居民人均可支配收入，从 2013 年的 6 079 元增长到 2020 年的 12 588 元，年均增长 11.6%，增长持续快于全国农村，增速比全国农村高 2.3 个百分点。贫困人口工资性收入和经营性收入占比逐年上升，转移性收入占比逐年下降，自主增收脱贫能力稳步提高。少数民族和民族地区脱贫攻坚成效显著，2016~2020 年，内蒙古自治区、广西壮族自治区、西藏自治区、宁夏回族自治区、新疆维吾尔自治区和贵州省、云南省、青海省三个多民族省份贫困人口累计减少 1 560 万人。28 个人口较少民族全部实现整族脱贫，一些新中国成立后"一步跨千年"进入社会主义社会的"直过民族"，又实现了从贫穷落后到全面小康的第二次历史性跨越。

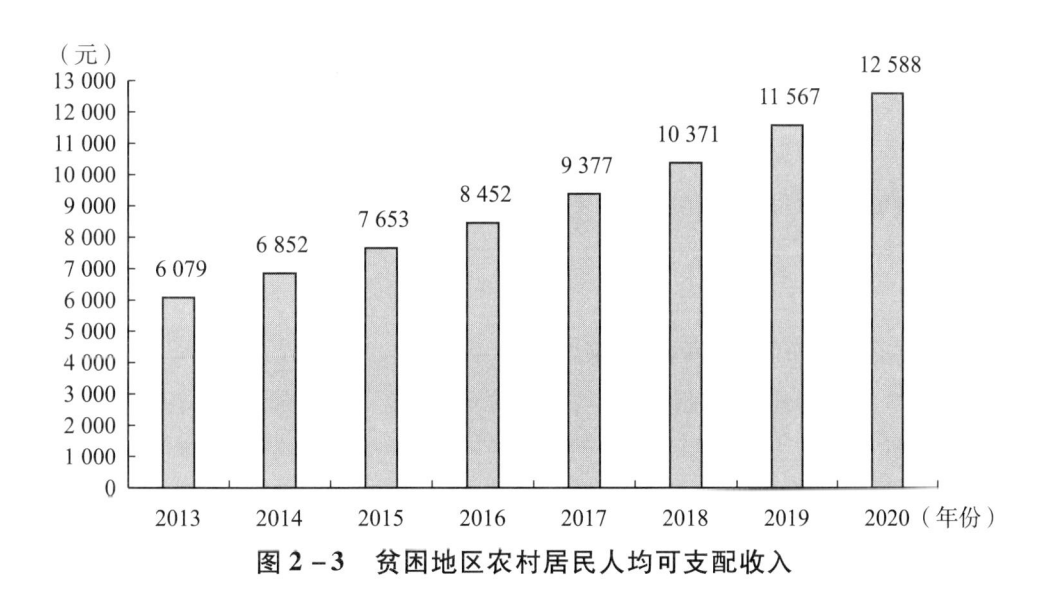

图 2-3　贫困地区农村居民人均可支配收入

"两不愁、三保障"全面实现。脱贫攻坚普查显示，贫困户全面实现不愁吃、不愁穿，平时吃得饱且能适当吃好，一年四季都有应季的换洗衣物和御寒被褥。贫困人口受教育的机会显著增多、水平持续提高，农村贫困家庭子女义务教育阶段辍学问题实现动态清零，2020 年贫困县九年义务教育巩固率达到 94.8%。持续完善县乡村三级医疗卫生服务体系，把贫困人口全部纳入基本医疗保险、大病保险、医疗救助三重制度保障范围，实施大病集中救治、慢病签约管理、重病兜底保障等措施，99.9% 以上的贫困人口参加基本医疗保险，全面实现贫困人口看病有地方、有医生、有医疗保险制度保障，看病难、看病贵问题有效解决。实施农村危房改造，贫困人口全面实现住房安全有保障如专栏1所示。实施农村饮水安全和巩固提升工程，累计解决2 889万贫困人口的饮水安全问题，饮用水量和水质全部达标，3.82亿农村人口受益；贫困地区自来水普及率从2015年的70%提高到2020年的83%。

专栏1　农村危房改造

农村危房改造是实现"两不愁三保障"的重要举措。2013年以来，累计有790万户2 568万贫困人口告别破旧的泥草房、土坯房等危房，住上了安全住房。同时，支持1 075万户农村低保户、分散供养特困人员、困难残疾人家庭等改造危房。将贫困地区农村危房改造与改善村容村貌相结合，推进村内道路、绿化、安全供水、垃圾污水治理等设施建设，整体人居环境显著提升。具有民族特色、地方特色的贫困地区在进行农村危房改造时最大限度保留传统建筑风格，打造出一批旅游村、文化村，实现了增收致富。

国家提供资金补助，帮助农村贫困群众改造危房。从2017年起，中央财政户均补助标准从8 500元提高到1.4万元。地方统筹各级财政补助资金，并根据农户贫困程度、房屋危险程度和改造方式等制定分级分类补助标准，保证了贫困户建得起基本安全的住房。对于部分鳏寡孤独等无力改造住房的特困群众，通过统建农村集体公租房及幸福大院、修缮加固现有闲置公房、置换或长期租赁村内闲置农房等方式，兜底解决住房安全问题。

（二）贫困地区落后面貌根本改变

长期以来，贫困地区基础设施薄弱，公共服务匮乏，经济社会发展滞后。脱贫攻坚战不仅使农村贫困人口全部脱贫，而且使贫困地区经济社会发展大踏步赶上来，整体面貌发生历史性巨变。

基础设施显著改善。出行难、用电难、用水难、通信难，是长期以来制约贫困地区发展的瓶颈。把基础设施建设作为脱贫攻坚基础工程，集中力量，加大投入，全力推进，补齐了贫困地区基础设施短板，推动了贫困地区经济社会快速发展。以建好、管好、护好、运营好农村公路（简称"四好农村路"，如专栏2所示，为牵引，积极推进贫困地区建设外通内联、通村畅乡、客车到村、安全便捷的交通运输网络。截至2020年底，全国贫困地区新改建公路110万公里、新增铁路里程3.5万公里，贫困地区具备条件的乡镇和建制村全部通硬化路、通客车、通邮路，贫困地区因路而兴、因路而富。努力改善贫困地区水利基础设施条件，2016年以来，新增和改善农田有效灌溉面积约535.27万公顷，新增供水能力181亿立方米，水利支撑贫困地区发展的能力显著增强。大幅提升贫困地区用电条件，实施无电地区电力建设、农村电网改造升级、骨干电网和输电通道建设等电网专项工程，把电网延伸到更多偏远地区，农村地区基本实现稳定可靠的供电服务全覆盖，供电能力和服务水平明显提升如专栏3所示。加强贫困地区通信设施建设，贫困村通光纤和4G比例均超过98%，远程教育加快向贫困地区学校推进，远程医疗、电子商务覆盖所有贫困县，贫困地区信息化建设实现跨越式发展。基础设施的极大改善，从根本上破解了贫困地区脱贫致富的难题，畅通了贫困地区与外界的人流、物流、知识流、信息流，为贫困地区发展提供了有力的硬件支撑。

专栏2 "四好农村路"

"四好农村路"是新时代中国农村变化和社会变迁的重要标志。截至2019年底，农村公路总里程占全国公路总里程的83.8%，其中等级公路比例达到93.2%，农村公路列养率达到98.8%。贫困地区改造建设约5.9万公里资源路、旅游路、产业路，出行难等长期没有解决的老大难问题普遍得到解决。"四好农村路"连片成网，极大缩短了往返城乡距离，深刻改变了农村的生产生活条件和社会面貌，为偏远闭塞的乡村开辟了通往现代化的大道。

专栏3 加强贫困地区电力供应和保障

农村电网是农村经济社会发展的重要基础设施。2013年以来，中国实施全面解决无电人口用电问题三年行动计划，到2015年实现了全国人口用上电。通过实施新一轮农网改造升级，农网供电可靠率达到99.8%、综合电压合格率达到99.7%，农村居民用电条件明显改善。2020年底，实现了全国县级行政区全部接入大电网。实施贫困村通动力电工程，覆盖23个省份839个县约17万个行政村，大电网覆盖范围内贫困村通动力电比例达到100%。

基本公共服务水平明显提升。在解决好贫困人口吃饭、穿衣、居住等温饱问题基础上，大力提升贫困地区教育、医疗、文化、社会保障等基本公共服务水平，实现贫困人口学有所教、病有所医、老有所养、弱有所扶，为贫困地区发展夯实基础、积蓄后劲。2013年以来，累计改造贫困地区义务教育薄弱学校10.8万所，实现贫困地区适龄儿童都能在所在村上幼儿园和小学。贫困地区公共文化服务水平不断提高，截至2020年底，中西部22个省份基层文化中心建设完成比例达到99.48%，基本实现村级文化设施全覆盖；持续推进文化下乡，贫困群众也有了丰富多彩的业余文化生活。贫困地区医疗条件显著改善，消除了乡村两级医疗卫生机构和人员"空白点"，98%

的贫困县至少有一所二级以上医院,贫困地区县级医院收治病种中位数达到全国县级医院整体水平的90%,贫困人口的常见病、慢性病基本能够就近获得及时诊治,越来越多的大病在县域内就可以得到有效救治。综合保障体系逐步健全,贫困县农村低保标准全部超过国家扶贫标准,1 936 万贫困人口纳入农村低保或特困救助供养政策,6 098 万贫困人口参加了城乡居民基本养老保险,基本实现应保尽保。

经济持续快速发展。脱贫攻坚极大释放了贫困地区蕴含的潜力,为经济发展注入强大动力。产业结构显著改善,特色优势产业不断发展,电子商务、光伏、旅游等新业态新产业蓬勃兴起,推动了贫困地区经济多元化发展,扩大了市场有效供给,厚植了经济发展基础。贫困地区的地区生产总值持续保持较快增长,2015 年以来,人均一般公共预算收入年均增幅高出同期全国平均水平约7 个百分点。收入的持续稳定增长,激发了贫困群众提升生活品质、丰富精神文化生活的需求,拉动了庞大的农村消费,为促进国内大循环提供了支撑。

优秀文化传承弘扬。加强贫困地区传统文化、特色文化、民族文化的保护、传承和弘扬,贫困地区优秀文化繁荣发展。实施国家传统工艺振兴工程,引导和推动革命老区、民族地区、边疆地区、贫困地区保护好、发展好当地优秀传统技艺。支持贫困地区深入挖掘民族文化、红色文化、乡土文化、非物质文化遗产特色资源,加强保护研究、人才培养、展示推广,打造特色文化旅游产业。开展留存扶贫印记活动,建立贫困村扶贫档案,鼓励支持扶贫题材影视文艺作品创作,生动记录脱贫致富历程。贫困地区优秀文化的保护传承,既促进了贫困群众增收致富,也延续了文脉、留住了乡愁。

生态环境更美更好。将扶贫开发与水土保持、环境保护、生态建设相结合,通过生态扶贫、农村人居环境整治、生态脆弱地区易地扶贫搬迁等措施,贫困地区生态保护水平明显改善,守护了绿水青山、换来了金山银山。脱贫攻坚既促进了贫困人口"增收",又促进了贫困地区"增绿",极大改善了贫困地区生态环境,广大农村旧貌换了新颜,生态宜居水平不断提高。

深度贫困地区是贫中之贫、坚中之坚。通过脱贫攻坚,"三区三州"等深度贫困地区突出问题得到根本解决,基础设施和公共服务水平显著提升,特色主导产业加快发展,社会文明程度明显提高,区域性整体贫困问题彻底解决如专栏 4 所示。

专栏 4 深度贫困地区脱贫攻坚

深度贫困地区脱贫攻坚是事关脱贫攻坚战成败的硬骨头,是影响全面建成小康社会的最大短板。2017 年 6 月 23 日,习近平总书记主持召开深度贫困地区脱贫攻坚座谈会,强调要加快推进深度贫困地区脱贫攻坚。会后,印发《关于支持深度贫困地区脱贫攻坚的实施意见》,明确新增脱贫攻坚资金、项目、举措主要用于深度贫困地区,国家重点支持"三区三州"。相关省份制定实施方案,相关县制定具体方案。有关部门制定49个专项政策文件，涵盖财政、金融、土地、住房、教育、医疗、生态、产业、水利等领域。2018~2020年，中央财政对深度贫困地区新增资金722亿元，占三年新增资金总量的60.2%。中央优先安排公益性基础设施项目、社会事业领域重大工程建设项目以及能源、交通等重大投资项目。2017年以来，每年专项安排每县40公顷用地计划指标。2018年以来，累计下达深度贫困地区所在省土地增减挂跨省交易节余指标4.12万公顷，筹资约1900亿元。实行差异化信贷支持政策，适度提高创业、担保、贷款、贴息额度，提高个人精准扶贫贷款不良率容忍度，取消反担保要求。对"三区三州"符合条件的企业首次公开发行股票，适用"即报即审、审过即发"政策。

（三）脱贫群众精神风貌焕然一新

脱贫攻坚既是一场深刻的物质革命，也是一场深刻的思想革命。既取得了物质上的累累硕果，也取得了精神上的累累硕果。贫困群众的精神世界在脱贫攻坚中得到充实和升华，信心更坚、脑子更活、心气更足，发生了从内而外的深刻改变。

脱贫致富热情高涨。脱贫攻坚不仅使贫困群众拓宽了增收渠道、增加了收入，而且唤醒了贫困群众对美好生活的追求，极大提振和重塑了贫困群众自力更生、自强不息、勤劳致富、勤俭持家、创业干事、创优争先的精气神，增强了脱贫致富的信心和劲头。"好日子是干出来的"，贫困群众比着把日子往好里过，依靠自己的辛勤劳动摆脱贫困，形成了"你追我赶奔小康"的浓厚氛围。

主人翁意识显著提升。脱贫攻坚为贫困群众参与集体事务搭建了新的平台。扶贫项目实施、资金使用等村级重大事项决策，实行"四议两公开"，建立健全村务监督机制，推广村民议事会、扶贫理事会等制度，让村民做到"大家的事大家议、大家办"，拓展了贫困群众参与脱贫攻坚的议事管事空间，提高了参与集体事务的积极性自觉性，激发了建设家乡的热情，乡村发展的凝聚力大大增强。

现代观念不断增强。脱贫攻坚打开了贫困地区通往外部世界的大门。交通基础设施的改善打通了贫困地区与外界的联系，公共文化事业的发展丰富了贫困群众的精神文化生活，网络的普及让贫困群众增长了见识、开阔了视野。贫困群众的开放意识、创新意识、科技意识、规则意识、市场意识等显著增强，脱贫致富的点子越来越多、路子越来越宽。

文明新风广泛弘扬。深化贫困地区文明村镇和文明家庭、"五好"家庭创建，持续推进新时代文明实践中心建设，发挥村规民约作用，推广道德评议会、红白理事会等做法，开展移风易俗行动，开展弘扬好家风、"星级文明户"评选、寻找"最美家庭"等活动，社会主义核心价值观广泛传播，贫困地区文明程度显著提升。俭朴节约、绿色环保、讲究卫生等科学、健康、文明的生活方式成为贫困群众的新追求，婚事新办、丧事简办、孝亲敬老、邻里和睦、扶危济困、扶弱助残等社会风尚广泛弘扬，既有乡土气息又有现代时尚的新时代乡村文明新风正在形成。

（四）特殊困难群体生存发展权利有效保障

中国高度重视妇女、儿童、老人和残疾人等群体中特殊困难人员的生存和发展，采取特殊政策，加大帮扶力度，特殊困难群体的福利水平持续提高，生存权利充分保障，发展机会明显增多。

贫困妇女生存发展状况显著改善。坚持男女平等基本国策，将妇女作为重点扶贫对象，实现脱贫的近1亿贫困人口中妇女约占一半。实施《中国妇女发展纲要（2011～2020年）》，把缓解妇女贫困程度、减少贫困妇女数量放在优先位置，扶贫政策、资金、措施优先向贫困妇女倾斜，帮助贫困妇女解决最困难最忧虑最急迫的问题。累计对1 021万名贫困妇女和妇女骨干进行各类技能培训，500多万名贫困妇女通过手工、种植养殖、家政、电商等增收脱贫。累计发放妇女小额担保贷款和扶贫小额信贷4 500多亿元，870万名妇女通过小额担保贷款和扶贫小额信贷实现创业增收。19.2万名贫困患病妇女获得救助，妇女宫颈癌、乳腺癌免费检查项目在贫困地区实现全覆盖。通过"母亲水窖""母亲健康快车""母亲邮包"等公益项目，投入公益资金41.7亿元，惠及贫困妇女5 000余万人次。

困境儿童关爱水平明显提高。实施《中国儿童发展纲要（2011～2020年）》《国家贫困地区儿童发展规划（2014～2020年）》，对儿童教育和健康实施全过程保障和干预。开展儿童营养知识宣传和健康教育，实施贫困地区儿童营养改善项目，提高贫困地区儿童健康水平，为集中连片特困地区6～24月龄婴幼儿每天免费提供1包辅食营养补充品，截至2020年底，累计1 120万儿童受益。实施出生缺陷干预救助项目，为先天性结构畸形、部分遗传代谢病和地中海贫血贫困患病儿童提供医疗费用补助，累计救助患儿4.1万名，拨付救助金4.7亿元。组织各类志愿者与孤儿、农村留守儿童、困境儿童结对，开展关爱帮扶，覆盖儿童和家长2 519.2万人次。建立儿童之家28万余所、儿童快乐家园1 200余个，为留守、困境儿童提供文体娱乐、心理疏导、生活照顾、家教指导等关爱服务。大幅提高孤儿保障水平，机构集中养育孤儿和社会散居孤儿平均保障标准分别达到每人每月1 611.3元和1 184.3元。实施孤儿医疗康复明天计划项目，累计投入17亿元、惠及22.3万名病残孤儿。实施福彩梦圆孤儿助学工程，累计投入5.4亿元、惠及在校就读孤儿5.4万人次。建立事实无人抚养儿童保障制度，25.3万名事实无人抚养儿童参照当地孤儿保障标准纳入保障范围。

贫困老年人生活和服务保障显著改善。持续提高农村养老金待遇和贫困老年人口医疗保障水平，农村老年人口贫困问题进一步解决。经济困难的高龄、失能等老年人补贴制度全面建立，惠及3 689万名老年人。实施老年健康西部行项目，在西部贫困地区开展老年健康宣传教育，组织医务人员、志愿者开展义诊和健康指导服务，促进西部老年人健康素养和健康水平提高。建立农村留守老年人关爱服务制度，推动贫困老年人医疗保障从救治为主向健康服务为主转变。加强失能贫困老年人关爱照护，全面开展核查，确认62.7万名失能贫困老年人，落实家庭医生签约服务59万人，失能贫困老年人健康状况明显改善。

贫困残疾人保障水平全面提升。700多万名贫困残疾人如期脱贫，创造了人类减贫史上残疾人特殊困难群体消除贫困的奇迹。困难残疾人生活补贴和重度残疾人护理补贴制度惠及2 400多万名残疾人。1 066.7万名残疾人纳入最低生活保障。贫困残疾人全部纳入基本医疗保险、大病保险，54.7万名贫困残疾人得到医疗救助。178.5万户贫困残疾人家庭住房安全问题得到解决。贫困残疾人的特殊需求得到更好保障，8万余名家庭经济困难的残疾儿童接受普惠性学前教育。65.3万户贫困重度残疾人家庭完成无障碍改造，贫困重度残疾人照护服务创新实践取得显著成效。

（五）贫困地区基层治理能力显著提升

脱贫攻坚是国家治理体系和治理能力现代化在贫困治理领域的成功实践。打赢脱贫攻坚战，促进了国家贫困治理体系的完善，贫困地区基层治理体系进一步健全、治理能力显著提升。

农村基层党组织更加坚强。农村基层党组织是中国共产党在农村全部工作和战斗力的基础，是贯彻落实扶贫工作决策部署的战斗堡垒。坚持抓党建促脱贫攻坚、抓扶贫先强班子，整顿软弱涣散基层党组织，精准选派贫困村党组织第一书记、驻村工作队，把农村致富能手、退役军人、外出务工经商返乡人员、农民合作社负责人、大学生村官等群体中具有奉献精神、吃苦耐劳、勇于创新的优秀党员选配到村党组织书记岗位上，基层党组织的战斗堡垒作用不断增强，凝聚力战斗力号召力明显提高，党群干群关系更加密切，贫困地区群众对党和政府的信赖、信任、信心进一步增强，党在农村的执政基础更加牢固。

基层群众自治更加有效。脱贫攻坚有力推动了贫困地区基层民主政治建设，基层治理更具活力。村委会（居委会）作用更好发挥，贫困群众自我管理、自我教育、自我服务、自我监督不断加强。认真落实村（居）务公开，坚持重大问题民主决策。坚持群众的事由群众商量着办，群众的事由群众定，群众参与基层治理的积极性主动性创造性进一步增强。脱贫攻坚之初，很多贫困村几乎没有集体经济收入，到2020年底全国贫困村的村均集体经济收入超过12万元。稳定的集体经济收入改变了很多村级组织过去没钱办事的困境，增强了村级组织自我保障和服务群众的能力。

懂农业、爱农村、爱农民的"三农"工作队伍不断壮大。2013年以来，全国累计选派 300 多万名第一书记和驻村干部开展精准帮扶。广大基层干部和扶贫干部心系贫困群众、甘愿牺牲奉献，满腔热情地为贫困群众办实事、解难题，赢得了贫困群众发自内心的认可。在脱贫攻坚的艰苦磨砺中，广大基层干部和扶贫干部坚韧、乐观、充满奋斗精神，带领群众脱贫致富的信心更加坚定、本领进一步增强。大批教育、科技、医疗卫生、文化等领域的专业人才支援贫困地区建设，大批企业家到贫困地区投资兴业，很多高校毕业生放弃城市的优厚待遇回到农村建设家乡。变富变美的农村吸引力不断增强，大批热爱农村、扎根农村、建设农村的人才留下来，为农业农村现代化继续贡献力量。

社会治理水平明显提升。脱贫攻坚为贫困地区带来了先进发展理念、现代科技手段、科学管理模式，显著提升了贫困地区的社会治理水平。脱贫攻坚行之有效的制度体系和方法手段，为基层社会治理探索了新路径，促进了网格化管理、精细化服务、信息化支撑、开放共享的基层管理服务体系的建立和完善，社会治理的社会化、法治化、智能化、专业化水平进一步提升，基层社会矛盾预防和化解能力显著增强，贫困地区社会更加和谐、稳定、有序。

脱贫攻坚战取得全面胜利，创造了中国减贫史乃至人类减贫史上的伟大奇迹，极大增强了中华民族的自信心自豪感和凝聚力向心力，极大增强了中国人民的道路自信、理论自信、制度自信、文化自信，极大增强了中国人民创造更加美好生活的信心和底气。这一伟大胜利，彰显了中国共产党始终坚守的初心使命和强大政治领导力、思想引领力、群众组织力、社会号召力，彰显了中国特色社会主义制度集中力量办大事的优势，彰显了中国精神、中国价值、中国力量，彰显了中国人民为实现梦想拼搏奋斗、敢教日月换新天的意志品质，彰显了中华民族无所畏惧、不屈不挠、敢于斗争、坚决战胜前进道路上一切困难和挑战的精神品格。脱贫攻坚伟大实践锻造形成"上下同心、尽锐出战、精准务实、开拓创新、攻坚克难、不负人民"的脱贫攻坚精神，赓续传承了伟大民族精神和时代精神，将激励中国人民为创造美好未来继续奋斗。

二、内蒙古脱贫减贫工作取得的成效

内蒙古精准扶贫总体成效显著，持续有效进行资金投入，并且取得了很好的扶贫效果，贫困人口大幅减少，贫困嘎查村脱贫出列，贫困旗县实现"清零"。

根据国家统计局发布的《2019 年中国农村贫困监测报告》，内蒙古自治区贫困人口在国家贫困标准（2010 年不变价人均纯收入 2 300 元）下，由 2017 年的 37 万人减少到 2018 年底的 14 万人，减贫 23 万人；贫困发生率由 2.7% 下降 1.0%，下降 1.7 个百分点，减贫速度达 62.7%。贫困深度明显趋缓，贫困程度不断减弱。

2018 年，内蒙古国家贫困地区农村牧区常住居民人均可支配收入突破一万元大关，达到10 965元，同比增长11.3%，增速高于全区农牧民平均水平1.6个百分点，与全区农牧民收入差距进一步缩小。就收入水平来看，比全国贫困地区平均水平高594元，增速高于全国贫困地区0.7个百分点。在全国22个有贫困监测的省份中，内蒙古贫困地区农牧民收入水平排第7位，增速排第6位。

内蒙古贫困地区农牧民"四项收入"呈稳定增长趋势。贫困地区农牧民人均经营净收入5 773元，同比增长11.5%，占可支配收入的比重为52.6%，是农牧民的主要收入来源，拉动农牧民可支配收入增长6.1个百分点；贫困地区农牧民人均工资性收入2 095元，同比增长13.0%，占可支配收入的比重为19.1%，拉动可支配收入增长2.4个百分点，增长速度较快；人均转移净收入2 871元，同比增长10.4%，占可支配收入的比重为26.2%，拉动可支配收入增长2.7个百分点，增长较为稳定；人均财产净收入226元，同比增长2.4%，占可支配收入的比重为2.1%，拉动可支配收入增长0.1个百分点。

在全区贫困程度不断减弱、收入稳定增长的情况下，根据内蒙古自治区党委 内蒙古自治区人民政府《关于建立贫困退出机制的实施意见》（厅发〔2018〕11号）和内蒙古自治区扶贫开发办公室《关于开展2018年贫困旗县退出专项评估工作的通知》（内扶办传发〔2018〕35号）要求，贫困人口综合发生率全部低于3%；贫困人口漏评率和错退率低于贫困县退出标准；群众认可度均在90%以上；农村居民人均可支配收入增幅高于全国平均水平；公共服务和基础设施建设水平显著提升；脱贫长效机制完善，可持续发展能力强的县已达到贫困县退出标准。

截至2019年底，内蒙古脱贫攻坚工作取得决定性进展，全区有建档立卡未脱贫人口0.7万户，国家标准下农村牧区贫困人口由2013年底的157万减少到2019年底的1.6万，累计减贫155.4万人，如图2-4所示，贫困发生率由11.7%下降至0.11%。剩余的676个嘎查村全部出列，全年实现14.1万人贫困人口脱贫，全区57个贫困旗县农牧民人均可支配收入增幅在9%以上，增幅高于全国平均水平[①]。

2020年3月5日，内蒙古自治区人民政府发布公告，经过旗县申请、盟市初审、自治区专项核查评估、公示等程序，四子王旗、太仆寺旗、库伦旗、鄂伦春自治旗等20个国家级贫困旗县正式退出贫困旗县序列，连同此前"摘帽"的11个国贫旗县，内蒙古31个国贫旗县全部"摘帽"脱贫。

根据中共中央办公厅 国务院办公厅印发的《关于建立贫困退出机制的意见》（厅字〔2016〕16号），内蒙古自治区党委办公厅 政府办公厅《关于建立贫困退出机制的实施意见》（厅发〔2018〕11号），按照自治区扶贫开发领导小组的统一安排部署，呼伦贝尔市鄂伦春自治旗、莫力达瓦达斡尔族自治旗，兴安盟突泉县、科尔沁

---

① 最后20个国贫旗县退出我区贫困旗县实现"清零". http://yjglt.nmg.gov.cn/yjt_index/yjt_ywdt/202101/t20210125_767036.html, 2020-03-06.

右翼前旗，通辽市科尔沁左翼中旗、库伦旗、奈曼旗，赤峰市阿鲁科尔沁旗、巴林左旗、翁牛特旗、敖汉旗，锡林郭勒盟太仆寺旗、正镶白旗，乌兰察布市察哈尔右翼前旗、察哈尔右翼中旗、四子王旗、卓资县、兴和县、商都县、化德县等20个国贫旗县，已完成县级申请、市级初审、自治区专项核查评估等程序。经核查，鄂伦春自治旗等20个贫困旗县贫困人口综合发生率全部低于3%，漏评率和错退率均低于2%，群众综合认可度均高于90%以上，农村牧区居民人均可支配收入增幅均高于全国平均水平，公共服务和基础设施建设水平显著提升，脱贫长效机制完善，可持续发展能力强，已达到贫困县退出标准，将按程序退出贫困县序列见图2-4。

2012年度 减贫人口36万人

2013年度 减贫人口40万人

2014年度 减贫人口38万人，贫困嘎查村退出17个

2015年度 减贫人口22.4万人，贫困嘎查村退出125个

2016年度 减贫人口22.4万人，贫困嘎查村退出878个

2017年度 减贫人口20万人，贫困嘎查村退出504个，贫困旗县退出14个

2018年度 减贫人口23.5万人，贫困嘎查村退出1 481个，贫困旗县退出23个

2019年度 减贫人口14.1万人，贫困嘎查村退出676个，贫困旗县退出20个

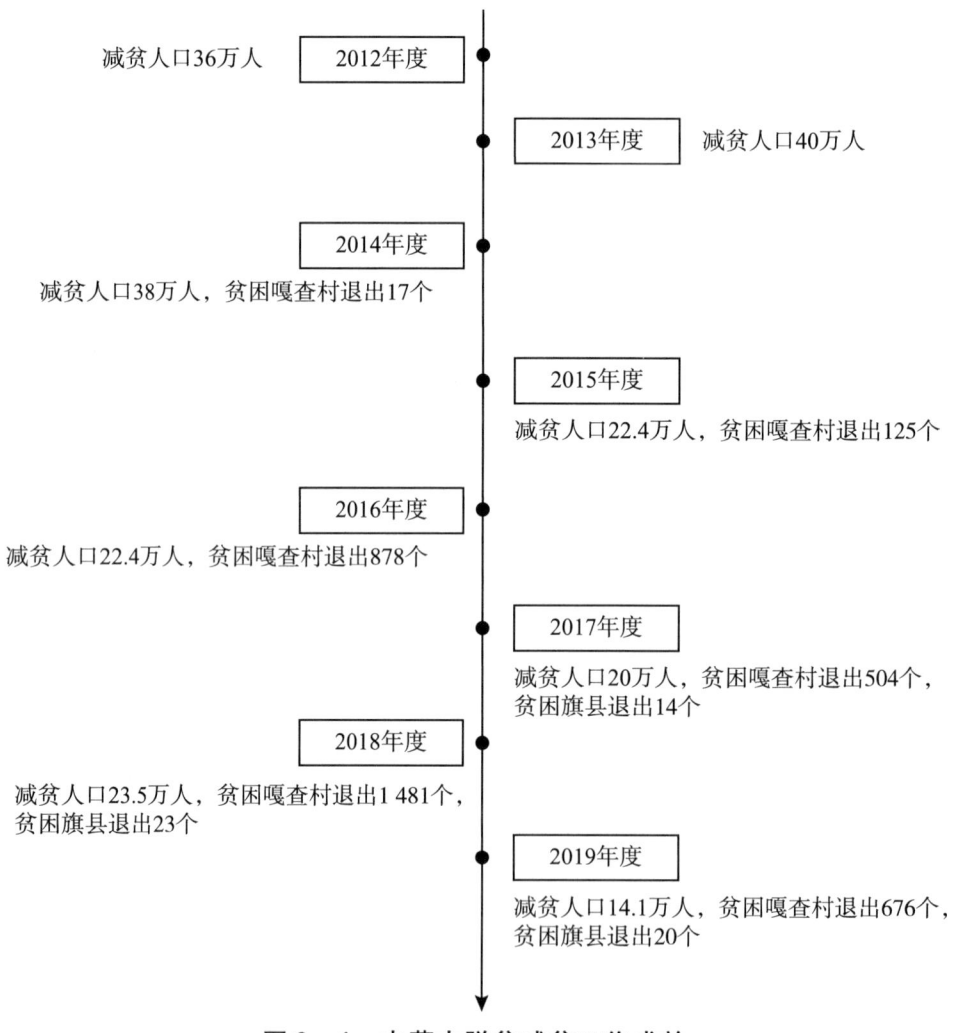

图2-4 内蒙古脱贫减贫工作成效

（一）内蒙古精准扶贫投入成效

内蒙古精准扶贫资金投入力度持续加大，脱贫攻坚效果明显。根据内蒙古扶贫

攻坚报告显示见表2-6，2017年中央和自治区拨付共计72.63亿元的扶贫专项资金。为了加大社会扶贫力度，北京市将扩大重点帮扶地区至内蒙古大兴安岭南麓集中连片特困地区5个旗县和通辽市的4个国贫县，帮扶旗县从原来的16个扩大到25个。169个自治区直属机关、企事业单位指定221名干部驻村帮扶。992个贫困村与510家企业结对帮扶，实施了826个帮扶项目，总共覆盖8.9余万贫困人口。

表2-6　　内蒙古全区精准扶贫投入成效（截至2019年12月）

地区	精确识别 建档立卡贫困人口数（人）	精准帮扶 户均驻村干部数（人）	精准扶贫总投入 扶贫资金（亿元）	五个一批脱贫投入 产业扶贫资金投入（亿元）	易地搬迁扶贫投入（亿元）
呼和浩特	25 362	1.857785	31.973	1.38	7.7
包头	56 171	0.2275	21.7	14.1	1.27
呼伦贝尔	61 660	0.885814	30.4	1.195	2.0718
兴安盟	10 5912	0.882367	8.6	1.92	1.2296
通辽	135 478	0.738371	41.5	30.58	1.94
赤峰	246 296	0.420446	66.5	29	8.5
锡林郭勒	20 594	0.523951	14.22	2.92	1.07438
乌兰察布	136 621	0.407	51.7	2.8	0.998
鄂尔多斯	13 063	2.134525	16.8	2.2866	1.67
巴彦淖尔	37 028	0.459955	15.2	1.279	8.146
乌海	1 515	2.222701	0.288	0.79	0.12
阿拉善	5 866	0.39927	1.5	1.22	0.3564

（二）内蒙古精准扶贫产出成效

根据数据显示见表2-7，截至2018年底，全区共有20余万贫困人口摆脱贫困，比上一年同期减少了35%，1个国家级贫困旗县、13个自治区级贫困旗县退出，贫困发生率已下降至3%，贫困旗县农村贫困人口人均可支配收入大幅度提升，城乡差距锐减。仅2018年，自治区便投入扶贫专项资金33亿元，共建设641个易地搬迁扶贫安置点，共安置5万名贫困建档立卡人口。

表2-7　　内蒙古全区精准扶贫产出成效（截至2019年12月）

地区	贫困嘎查村退出个数（个）	贫困人口退出人数（人）	年人均纯收入增长率（%）	危房改造户数（户）	新建改造水源（个）	村道路硬化里程（公里）	农牧民转移就业（万人）	建档立卡人口合作医疗参与比例（%）	发展产业脱贫人数（人）	易地搬迁脱贫人数（人）
呼和浩特	207	16 909	7.6051	70 365	590	5 622	27.400	3.1703	10 725	5 470
包头	36	20 000	7.4998	52 000	318	5 185	23.280	20.0086	9 600	2 132
呼伦贝尔	46	24 960	7.8061	65 000	316	3 307	7.678	8.3175	17 151	3 581
兴安盟	105	24 315	8.0948	32 000	1 292	2 732	15.200	8.3067	12 000	5 250
通辽	260	40 000	7.6973	71 424	660	5 243	47.000	6.5708	34 000	3 230
赤峰	233	57 555	8.0005	7 042	737	3 835	70.600	8.0033	28 487	12 550
锡林郭勒	90	9 000	7.9038	8 866	1 640	1 063	7.848	6.6565	4 993	1 653
乌兰察布	245	30 800	7.7954	41 000	573	1 690	36.000	6.4399	27 000	18 500
鄂尔多斯	21	13 063	7.3509	44 200	1 021	6 677	11.000	1.3942	10 561	9 943
巴彦淖尔	146	22 857	7.3967	20 553	290	2 300	15.000	3.8347	6 263	6 800
乌海	31	1 424	7.4504	6 554	79	396	0.087	4.1435	805	167
阿拉善	39	5 866	7.6014	1 065	105	1 540	0.313	9.7767	5 137	1 514

第四节　内蒙古自治区精准扶贫工作的系统设计

内蒙古自治区地形狭长，是国内东西跨度最大的一个省区，12个盟市地质条件与气候状况各不相同。同时，内蒙古是多民族聚居地，区内拥有55个少数民族，不同的民族有着不同的传承和文化，减贫与发展一直备受重视，成为内蒙古经济与社会发展的重要内容。在精准扶贫政策的指导下，要避免粗放式减贫工作的作风，每一个环节都做到精准，找到贫困的根源问题，针对问题从根本上扫除制约和障碍，制定防止贫困人口返贫的管理机制，解决乡村发展中的难点问题，全面推进城乡融合与乡村振兴战略。内蒙古精准扶贫工作是一个系统工程，具体包括精准规划、精准识别、精准帮扶、精准管理、精准考核、精准融合6项内容，如图2-5所示。

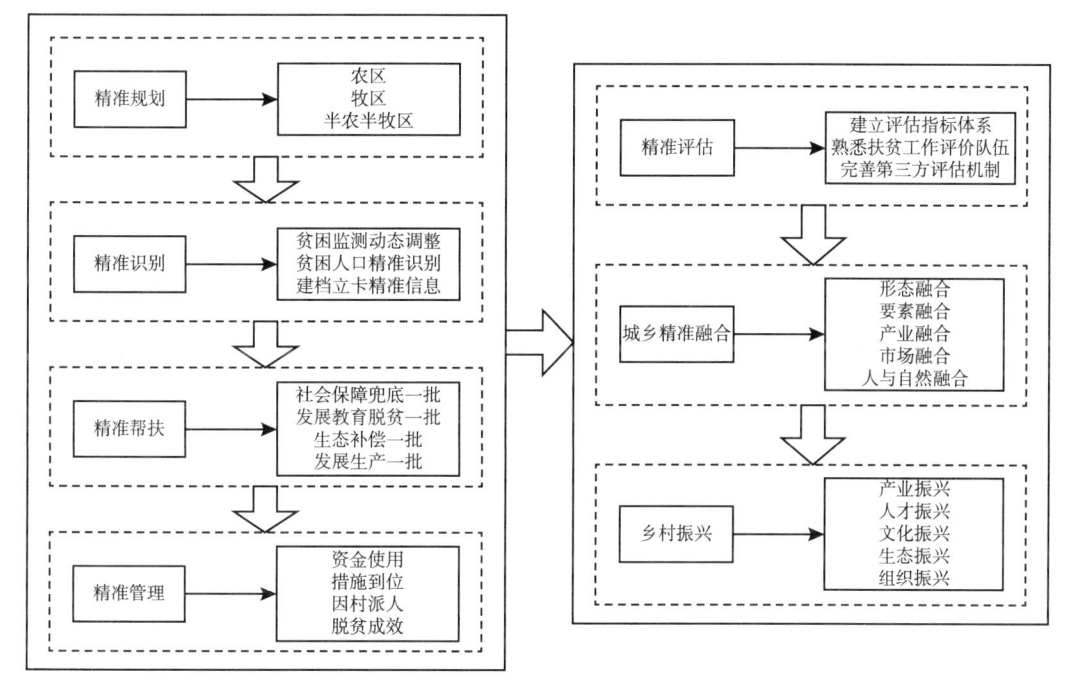

图 2-5 精准扶贫工作系统模型

一、分层级对农区、牧区、半农半牧区进行精准规划

内蒙古开展精准扶贫不仅要兼顾其多种类的地域差异和民族特色，分时分地差异化进行，更要统筹规划，从系统的角度分层级进行。内蒙古既有农区又有牧区，同时还有半农半牧区。牧区居我国五大牧区之首，横跨"三北"靠近京津，是我国北方天然生态屏障。内蒙古的半农半牧区处在内蒙古牧业区和农业区中间的狭长地带，属农牧交错地区。从区域分布看，主要分布在东部盟市的大兴安岭东部和南部，分布在赤峰、哲盟、兴安盟、乌盟和锡、伊、巴盟等，半农半牧区旗县的土地面积占全区耕地面积的30%左右。

在开展减贫工作中应该针对不同区域特色制定区别化的方针和实施策略。就牧区精准扶贫来说，牧民一年的收入很大程度上由当年草场质量来决定，而草场质量由降水量决定，如何在精准扶贫的过程中，创新有针对性的扶贫方式，通过半草半饲等养殖方式的调整引导，提高牧民对抗自然风险的能力，将在很大程度上改善牧区贫困问题。

内蒙古减贫工作需要考虑区域差异化，要在全区工作宏观统筹的基础上分层级对农区、牧区、半农半牧区进行有效规划。

二、对贫困人口进行精准识别

对扶贫对象的精准识别是实施精准扶贫政策的基本前提。在2016年初，自治区已对全区58万户、157万名贫困人口开展了精准识别和建档立卡工作，并实行了动态管理。2018年4月内蒙古自治区质监局与自治区扶贫办联合发布了《扶贫对象识别规范》等8项自治区精准扶贫标准。《扶贫对象识别规范》就是对扶贫对象的识别方式、评定依据、评定程序、认定条件、信息采集与录入、档案管理和动态管理等内容进行明确规定，将贫困户、贫困村准确有效地识别出来，并依此建立贫困户和贫困人口档案卡，以便根据致贫原因和帮扶需求确定扶贫方法。

以往贫困户选择仅仅是根据收入来决定，根据整个地区的收入水平来设定贫困线，收入在贫困线以下的就是贫困户。就个人收入而言，随着时代的发展会出现一些隐性的个人收入，这些收入合理、合法却容易隐藏。当有"贫困户"为取得政府的贫困户补贴而隐藏自身的部分收入时，精准识别工作就容易出现偏差。此外，影响贫困的因素不仅仅是收入，还包括教育水平、地理环境、个人能力等多个方面。有些因素，如个人能力，是没有明确的衡量标准的，只能通过基层工作人员的主观判断来确定。这样很容易出现不公平的现象，导致贫困户评定的不准确、不客观。最后，基层工作人员的主观判断也不一定准确，如有基层工作人员在工作时掺杂个人情感，便会对精准识别工作带来障碍。无法做到精准识别贫困户，也就无法准确开展扶贫工作。同时贫困类型复杂，贫困标准不一致，增加了精准识别工作的强度和难度。

三、减贫工作中做到精准帮扶

减贫工作提倡精准帮扶，过程精准是关键。脱贫攻坚具有复杂性，每户贫困人口致贫原因、发展能力都不同，必须对症下药、精准滴灌、靶向治疗。工作中需要始终坚持一户一本台账、一户一个脱贫计划、一户一套帮扶措施。要大力推进产业扶贫，通过订单农业、生产托管、土地流转、股份合作、产销对接等方式，帮助贫困群众因地制宜发展产业项目，稳定增收致富。2016年开始内蒙古2 834个重点贫困嘎查村启动实施了规划、项目、干部"三到村三到户"工作，共选派3 400多个帮扶单位，1.1万多名干部驻村扶贫，为每个嘎查村选派了一支驻村工作队，为每个贫困户落实了1名帮扶责任人，帮助贫困村贫困户定规划、定措施、保脱贫。减贫工作对基层工作人员与工作组同时提出了很高的要求，要求所有工作人员共同面对超负荷工作量带来的挑战。

"三到村三到户"对基层工作人员提出的要求不仅仅是实地考察，还要邻里走访、长期跟踪和区别分析每一个贫困户。庞大的工作量考验的是每一位工作人员的工作素养与专业水平，工作人员的一丝懈怠或者说工作中带入个人情感都会让帮扶工作变得缺少公正性、真实性和可靠性。工作人员既要有扶贫领域调查评估的经验能力和专业背景，又要有实地调查评估人员应具有农村调查特别是贫困调查工作经验和相关专业背景，同时还要在面对错综复杂的工作环境与庞杂的工作内容中不出错，对基层工作人员的高标准与严要求双管齐下，高额工作量不容小觑。

四、做好全方位精准管理

首先资金使用要精准，加强会计监督，正确反映扶贫资金的来龙去脉和使用效果，是协调扶贫资金在政府与管理者这两者间委托代理关系最为有效的办法，既能最大限度地满足贫困人群的切身需要，真正做到精准扶贫，又能避免激化社会矛盾，提高政府的公信力，并为政府预算体系改革提供有益的思路。管好用好这些资金、资产和资源应不止于事后审计，还需要制度靠前建设，监督全面跟进，注重过程管理。其次，措施到位要精准，了解每个建档立卡户的家庭情况、生产生活状况、致贫原因以及对今后脱贫的打算，逐项逐条算家底、查问题、想对策、定措施，把"一户一策"精准脱贫计划方案不断细化、完善。各帮扶单位要通力协作，坚持"输血"和"造血"并重，紧盯短板，精准发力，牢筑贫困群众脱贫增收的渠道出口。再次，因村派人要精准，依据2017年12月26日《中共中央办公厅 国务院办公厅关于加强贫困村驻村工作队选派管理工作的指导意见》，坚持因村选人组队，把熟悉党群工作的干部派到基层组织软弱涣散、战斗力不强的贫困村，把熟悉经济工作的干部派到产业基础薄弱、集体经济脆弱的贫困村，把熟悉社会工作的干部派到矛盾纠纷突出、社会发育滞后的贫困村，充分发挥派出单位和驻村干部自身优势，帮助贫困村解决脱贫攻坚面临的突出困难和问题。最后，要脱贫成效精准，采取有效措施巩固扶贫效果，建立扶贫长效机制，针对不同层级的贫困户建立长期联系，采取不同的措施保证长效脱贫。内蒙古地区是以蒙古族为主的少数民族聚集地，贫困特点多样，但很多贫困户"靠天吃饭"，年收入很大程度上依赖外界环境，并且脱贫的意识薄弱。这在一定程度上为长效脱贫工作制造了困难。刘华军（2016）指出少数民族文化具有一定的封闭性与边缘性，尤其在地域性贫困中会展现出不能适应商品经济、不能从商品经济形势中找到合适位置的特性。李忠斌（2019）认为深度贫困地区的贫困根源在于文化差异，而文化差异导致的精神贫困尤为突出。国家投入多样资源解决贫困区域要素稀缺的问题，但内部文化差异一定程度上阻碍了外部力量发挥作用。因此，首先要从文化及意识形态上进行引导，辅助其他措施，提高脱贫成效。

五、做好精准扶贫精准评估

扶贫工作细致复杂。如何给这些工作一个公正客观的评价，显然对当地百姓至关重要，对上级部门的考核和扶贫政策的考量，也起着至关重要的作用。因此，要完善第三方评估机制和制度设计，精准评估，使评估结果更有说服力和公信力，强化社会监督、公众参与，进而全面提升精准扶贫工作成效。第三方评估通过引入独立于政府部门之外的专业组织开展政府绩效考核，弥补了政府内部自我评估的缺陷，提升了政府绩效评估的客观性和公正性。因此，引入第三方评估有助于更加独立、客观、公正、科学地评估政府精准扶贫工作成效，有利于较真碰硬、发现问题，引导提升精准扶贫工作成效及其综合效能。基于乡村贫困化基础理论与精准扶贫原理分析，根据《省级党委和政府扶贫开发工作成效考核办法》的要求，国家精准扶贫工作成效第三方评估选取了精准识别、精准帮扶两大方面。其中，精准识别的考核指标包括贫困人口识别准确率、贫困人口退出准确率，精准帮扶的考核指标包括因村因户帮扶工作群众满意度。

六、城乡精准融合

2020年后，中国农村收入型绝对贫困问题基本解决，但以城乡收入差异、社会公共服务获取不平等、多维贫困等为主要特征的农村相对贫困问题依然存在。贫困地区脱贫后同全国农村平均收入仍存在一定差距，主体老弱化，土地利用效率低下，产业发展不稳等问题依然存在，乡村发展内生动力严重不足，如何巩固提升脱贫成果，确保持续稳定脱贫。

乡村与城市是一个有机体，乡村与城市的可持续发展是相互支撑的关键。通过城乡等值化发展，缩小城乡之间资源配置、公共服务、就业机会、生活质量和民主决策等方面的差距，可以实现工业与农业、城市与乡村良性互动。乡村是城乡等值化发展的短板，在快速城市化进程中要更加重视乡村振兴贫困地区是脱贫攻坚的主战场，又是乡村振兴的重点区域。党的十九大报告中提出2018～2020年是精准脱贫攻坚和乡村振兴战略实施并存和交汇的特殊时期，如何将乡村振兴战略与脱贫攻坚有机衔接起来，通过脱贫攻坚为乡村振兴奠定制度和物质基础，利用乡村振兴巩固脱贫成果是乡村发展的重中之重。乡村振兴进程中，<u>应充分考虑农业生产现状和农村发展水平及其地域分异规律，差异化确定乡村振兴的方向和途径</u>。

第三章 内蒙古自治区扶贫工作中的精准识别

为顺应当前复杂的扶贫情势，我国做出精准扶贫的重要战略部署。精准扶贫的基础和前提是精准识别，只有真正做到精准识别，才能确保精准扶贫的顺利开展，才能将有限的扶贫物资给予最需要的帮扶对象，才能缓解各种社会矛盾，维护社会的和谐和稳定。

精准识别是进行精准扶贫的首要环节，精准识别的精准度直接关系着致贫分析、帮扶措施、资金安排等一系列问题，最终影响精准扶贫的效果，关系到贫困户是否能走出贫困。自精准扶贫战略提出以来，我国脱贫攻坚已然取得了辉煌的战绩，随着2020年底全面脱贫目标的实现，推进扶贫战略转移成为现实需求。后精准扶贫时代，贫困主体面临着绝对贫困到相对贫困的转变，因此传统扶贫模式已经很难再取得突破性进展，在内外源因素的作用下，扶贫必须走创新之路。为实现政策精准落地，靶向发力，需要基于问题解决问题，帮扶主体要敢于亮剑，推进精准识别等多种方法的革新。

内蒙古自治区由于独特的地理位置、文化差异、生产方式多样等特点，贫困区域与贫困人口识别不能实行一刀切，而是要进行有效区分，分别设置指标体系，将精准识别工作做到位，为内蒙古精准扶贫和精准脱贫提供依据，也为政府实施精准到户的脱贫政策提供借鉴。

第一节 我国贫困人口识别的演变过程

改革开放以来，国家实施改革开放决策，经济建设成为国家工作的重心。随着改革开放的深入，各地区发展的不均衡导致贫富差距逐步增大，贫困问题慢慢凸显出来。我国政府开始针对贫困问题制定相应措施，扶贫工作持续推进。从我国扶贫工作进展情况看，可分为三个阶段：20世纪80年代的起步阶段、90年代的发展阶段及21世纪初至今的转型发展阶段，从贫困识别的层面经历了以收入为单一标准的起步阶段、进入关注非收入标准的发展阶段，以及目前考虑多维贫困识别的发展转型及攻坚阶段，三个阶段各有侧重。

一、起步阶段——以收入为单一标准

我国农业农村部1981年公布的《1977~1979年全国穷县情况》报告，确定贫困县的标准，即人均分配收入50元以下作为穷县和穷队。武海波等（1986）建议应当统一贫困户划分标准和人均纯收入计算方法。彭辉等（1994）在对山东省贫困户标准的选择中提到，我国经济学界和统计学界公认的划分贫富的标准即是收入标准，收入是消费的基础和前提，没有收入就不会有支出。但在一定时期内，由于人们的生存需要和其他因素的影响，消费支出会超过其收入水平。该阶段关于贫困标准的确定，基本上是以狭义贫困和群体贫困为主要的扶持对象。

收入在某种程度上能够较为直观地反映个人由于需求而获取物质的能力，但这并不能反映教育状况、生活条件和身体健康等非物质因素的状况。绝对贫困的消除并不能代表相对贫困的消除。当前我国大部分地区仍将收入作为单一的低贫困线指标标准划分贫困户，这是因为以收入为单一指标标准识别贫困户有较强的代表性、易获得性且容易为大众接受。但是，单纯以收入为指标标准识别贫困依旧存在如下局限性。

第一，单纯将收入作为贫困衡量的唯一标准，缺乏科学性。从政府施政角度看，政府通过政策干预消除了收入维度的贫困，却无法真实地反映其他维度（如生活、健康、教育等方面）的贫困情况，无法反映全面、真实的信息，不利于政府贫困治理工作的全方位开展。

第二，政府作为基本公共服务和公共产品的主要提供者，以收入作为唯一识别标准判定是否贫困，很可能产生如下情况：某些家庭收入指标达到设定的标准，但是在其他维度方面依然位于贫困线下，而又无法享受政府提供的公共产品和公共服务，导致由于其他维度贫困陷入收入贫困的恶性循环。

第三，由于地区差异，难以制定统一的收入标准。贫困收入标准即最低生活保障线，该标准制定的目的在于解决贫困家庭的绝对贫困问题，如果地区差异导致的情况差距过大，政府将难以有效、合理地治理贫困，最终影响扶贫工作的全面有效落实。

二、发展阶段——开始关注非收入因素

童星等（2001）认为，现行贫困标准仅仅考虑收入和消费，排除了生产因素，属于传统农业的范畴，应该考虑多个方面的因素以划分贫困户来代替现行单一的标准，这样才能更全面地反映贫困户生活的层次及其差距，全面衡量贫困状况。王萍萍等（2015）在《中国农村贫困标准研究》中指出，"世界银行为发展中国家贫困标准

确定了两条贫困线，一条是低贫困线，一条是高贫困线。无论是高贫困线还是低贫困线，都是以最低收入满足基本生活水平来划分贫困户。但是，高贫困线是在满足低贫困线的基础上，把非收入因素考虑进去了。"李壮认为贫困人口的识别主要有以下三个方面的矛盾：第一，贫困识别的国家理性与农民的乡土逻辑之间冲突。第二，产业扶贫的运作规则与贫困户的弱社会支持之间不匹配。第三，贫困退出的底线性原则与贫困户的发展性考量之间矛盾。李良艳从需求定义出发，对贫困人口的不同贫困程度进行研究，考察非收入贫困群体中存在的隐性贫困问题。

上述研究有效阐述了广义贫困和多维贫困的研究理念，跳出单一收入标准，从多角度探索我国贫困人口的贫困问题，丰富了我国新时期精准扶贫的理论构念，为扶贫攻坚提供了理论参考。

三、转型攻坚阶段——引入多维度识别的概念

诺贝尔经济学奖获得者阿玛蒂亚·森1973年提出"多维贫困"的概念，并在其后的研究中阐述了"多维贫困"理论，指出贫困不仅仅是指收入方面的贫困，而更应该多关注贫困之外的因素，贫困是对人基本行为能力的剥夺。联合国开发计划署（UNDP）于1996年提出构建人类贫困指数（human poverty index，HPI）以及能力贫困指标（capability pover-ty measure，CPM），包括基本生存能力、健康生育能力、接受教育与获得知识的能力等。2007年，牛津大学贫困与人类发展中心主任阿尔基尔及团队成员福斯特提出了计算多维贫困指数的 Alkire–Foster 法，对不同地区、不同维度、不同指标加以识别、加总和分解，通过多维度计算贫困发生率、某一维度指标贡献率，计算分析出优先需要考虑的扶贫项目，给予扶贫工作以政策指导，具有内在一致性、完整性和可操作性等特点。

随着扶贫攻坚的深入，贫困人口的识别引入了多维度识别。我国学者王小林等（2009）对 Alkire–Foster 多维贫困研究方法做了剖析介绍，并在实践中进行了应用；陈辉等（2016）将 Alkire–Foster 法用于广东省多维贫困测定中，取得了一定成果。贫困的形成是多种因素的综合体，包括收入、健康、教育、医疗、生活条件等。多维度评估和测量贫困逐渐受到重视，多维贫困测量成为其焦点问题。温雪（2019）使用 CHNS（中国健康与营养调查）2000~2015年的面板数据，从收入、健康、教育、饮用水、燃料和环境卫生六个维度对中国农村居民多维贫困指数进行了测算，并分析了仅考虑单一的收入维度贫困和多维贫困时识别贫困户差别。王耀斌（2016）以家庭为基本识别单元，采用多维贫困测度与 Probit 两值模型校验法进行研究，认为针对不同家庭的教育、经济、生活以及资产状况，应进行多维贫困测度的精准识别与区分，从而提高民族地区乡村旅游扶贫的精准度与有效度。张金萍等（2020）为探究海南村域多维贫困影响因素的空间差异，首先运用 Alkire–Foster 法构建教育、健康、

居住、生活以及收入的多维贫困评价指标体系并运用双重临界值法评估了农户及村域多维贫困状况，在此基础上结合 GWR（地理加权回归）模型分析了村域的贫困空间差异。张毓雄等（2020）为探究城镇化进程对多维贫困的影响，基于实证研究，运用 Multinomial Logit 模型，从收入、教育、健康及住房四个角度对我国居民多维贫困指数进行了测算，研究表明：教育与住房是现阶段导致多维贫困的主要成因；随着城镇化进程加快，我国贫困现状得到极大的缓解，表现为教育与住房维度的减贫作用最为显著。刘宇等（2021）以秦巴山区为例，运用 A - F 法，从教育、医疗、产业、人员、管理等五个维度对科技信息多维贫困现状进行了测度，研究发现人员维度的"人才引进与评价参考"、教育维度的"科技信息能力指标"、产业维度的"科技产业信息咨询服务"三项指标贫困发生率最高，为改善贫困现状，提升科技信息扶贫速率，分别从政策、产业、教育与服务四个维度提出了路径策略改善建议。

第二节 贫困识别的相关研究综述

一、精准识别的内涵

精准识别是精准扶贫的基础、前提和关键，精准识别不到位，精准扶贫就难以起到真正作用。葛志军、邢成举（2015）从精准扶贫的内涵理念出发，认为精准识别是一件严肃复杂的事情，应通过科学、透明和民主的程序识别出需要帮扶的贫困区域与贫困人口，并认为在此过程中相对贫困人口的识别最为困难。汪三贵、郭子豪（2015）认为精准识别就是运用某种方法，通过一定的方式识别出收入在贫困线以下的贫困人口，进而找出这些贫困人口致贫的根本原因，并认为精准识别是精准扶贫的基础。汪磊、吴国勇（2016）认为精准识别应以党中央出台的一系列有关精准扶贫的政策文件为纲领，依据统一的标准、方法和流程识别出贫困区域与贫困人口，在此基础上进一步探究贫困情况以及致贫原因，随后为贫困人口建档立卡，为实施扶贫战略提供借鉴和依据。具体来说，识别过程、识别方法和识别内容是精准识别的重要因素。尧水根（2016）认为精准识别是指通过申请评议、公示公告、抽检核查、信息录入等步骤，有效地识别出贫困区域与贫困人口，并建档立卡。丁传磊（2017）认为精准识别是指通过一定的程序识别出贫困区域和贫困人口，进而确立帮扶对象并为其建档立卡，同时查清致贫原因，采取适当的方法。卢文刚、王川（2018）认为精准识别就是依据某种标准，通过规范的流程按照一定的方法，确定真正的贫困群体。王中原（2020）认为精准识别是脱贫攻坚的"第一颗扣子"，指在非普惠金融型扶贫项目的实施过程中，按照一定的标准、程序及方法，鉴别和选定受益对象的过程。彭桥等人（2020）认为精准识别是对贫困户的贫困深度、致贫原因等多个维度进行识别。伴随着扶贫攻坚的推进，也对各级帮扶主体识别精度提出了更高要求，而信息甄别与管理成本是制约精准识别效率提升的关键，因此需要制定科学合理、易于基层扶贫人员执行的识别范式。

科学、合理的多维结构体系是提升贫困识别精准度的有效工具。本书通过对现有政策和文献梳理，主要从政策引导和学界研究的角度对精准识别指标体系进行梳理总结。

（一）贫困识别的政策导向

自 2013 年精准扶贫战略提出以来，各地对贫困户识别标准主要依据国家出台的《扶贫开发建档立卡工作方案》推进，即定性与定量标准相结合的方法确保精准扶贫工作的稳步推进。其中定量识别，主要依据贫困户年人均可支配收入低于当年度国家设定的最低标准线，且识别对象的人均可支配收入不含养老保险金、低保金等保障金在内。定性识别指的是"两不愁、三保障"未得到基本保障，其中"两不愁"指吃、穿不愁，"三保障"指的是住房安全、义务教育与医疗保障。各省市自治区后面出台的一系列精准识别政策基本还是围绕上述依据展开。

（二）贫困识别指标体系的学界研究

自精准扶贫工作开展以来，扶贫减贫就一直是学界研究的热点，且往往随着政策的更迭呈不断升温趋势。其中在对精准识别指标体系构建上学者们做了如下研究，详见表 3-1。

通过表 3-1 文献梳理，不难发现，学者们对于贫困识别的考核涉及收入、健康、教育、饮用水、燃料、环境、卫生等多个维度，考核维度较为细致全面，根据相关研究及政策对指标进行量化，一定程度上体现了精准识别的思想。随着扶贫攻坚战的临近，为了落实精准扶贫政策，国家与地方政府出台了一系列的相关文件，学者们在指标构建与分析时愈来愈重视与政府政策相结合，对相关数据的发掘逐步深入，为内蒙古自治区贫困识别指标的选取提供了依据与方法。

其中，共性指标包括人均年现金收入、人畜饮用水条件、通电率卫生教育条件、住房、卫生设施、资产、教育、健康、燃料等，反映了贫困识别考核的重点，教育和健康、饮用水、燃料维度更能反映个体人力资本水平和基本生存能力，而货币性维度与环境卫生维度则更注重个体福利的重要性，这对内蒙古自治区精准识别指标的构建具有重要参考价值。

表 3-1 贫困识别指标体系汇总表

作者	文献（年份）	识别对象	指标维度（一级指标）	指标维度（二级指标）	指标说明
李小云、李周同等	参与式贫困指数的开发与验证（2005）	贫困村	生活状况	人均粮食产量	农户中每人每年在自己土地上生产的粮食总量，以公斤计
				人均年现金收入	农户中每人每年从各种渠道获得的现金收入，以元计
				不安全住房农户的比重	以土石为主的房子农户的比例，包括上瓦和不上瓦的房子，以百分比计
			生产和生活条件	人畜饮用水条件	水源在 1 公里以外或者直垂 100 米以上，用水有保障的时间不能持续的农户比例以百分比计
				通电率	农户用电的比例，以百分比计
				自然村通电率	有至少能通三轮机动车的公路自然村的比例
			卫生教育条件	女性长期患病率	全村中因病全年不能从事生产性劳动三个月以上的女性劳动力占全村女性劳动力的比例，以百分比计
				中小学女生辍学率	小学和初中适龄女童中不能上学的女童所占的比例，以百分比计
王小林、Sabina Alkire	中国多维贫困测量：估计和政策含义（2009）	城市和农村家庭	住房		不能从政府、单位获得住房，或者没有自己的住房
			饮用水		家庭饮用水源若不是来自 5 米以下深度的地下水或者水厂，赋值为 1
			卫生设施		不能使用室内、室外冲水厕所或干式卫生厕所，赋值为 1
			电		家中不通电，赋值为 1
			资产		家中没有彩电、洗衣机、冰箱、电脑、电话、手机、VCD、DVD 或者卫星天线中的任何一种资产，赋值为 1
			土地		人均耕地少于 0.067 公顷，赋值为 1
			教育		家中任何一个 18 岁以上的人没有完成 5 年义务教育，赋值为 1

续表

作者	文献（年份）	识别对象	指标维度（一级指标）	指标维度（二级指标）	指标说明
王小林、Sabina Alkire	中国多维贫困测量：估计和政策含义（2009）	城市和农村家庭	健康教育		家庭成员中任何一人没有任何医疗保险时，该家庭视为健康保险被剥夺，赋值为1
高明	什么样的农户更易贫困——家庭结构视角下的多维贫困精准识别研究（2018）	贫困家庭	收入	家庭人均收入	家庭人均年纯收入低于2 300（2011年价格）赋值为1
			教育	人均受教育年限	家庭年中满18周岁成员平均受教育年限小于6，赋值为1
			健康	疾病	家庭中有两人及以上患有慢性病，或者一人及以上患有大病或疾残的赋值为1
				农村合作医疗保险	家庭中有一人未参加农村合作医疗赋值为1
			生活水平	卫生设施	家庭无冲水式厕所赋值为1
				饮用水来源	家庭无自来水、深井水（5m）赋值为1
				生活主要燃料	生活主要燃料为柴草、动物类便赋值为1
				耐用消费品	以下家庭耐用消费品最多拥有一项：计算机、电冰箱、洗衣机、彩色电视机、移动电话、空调机、照相机、影碟机、热水器、中高档乐器，赋值为1
				住房	无房、竹草房、土坯或人均不足15平米平房则赋值为1
			资产	生产性资产	家中没有以下生产性资产中的任何一项：汽车、三轮车等大型交通工具；大中型拖拉机、小型、手扶拖拉机、收割机等大型农用机械；木工器具等可用于商业活动的器具，赋值为1
张庆红	基于能力贫困理论的新疆连片特困地区主要民族多维贫困分析（2017）	连片贫困地区主要民族	收入		年人均纯收入低于当年全国农村贫困线，赋值为1
			教育		任意家庭成员是小学及以下学历，赋值为1，否则为0
			健康		家庭中任意成员身体差，赋值为1，否则为0
			电		家中不通电或经常停电，赋值为1，否则为0

续表

作者	文献（年份）	识别对象	指标维度（一级指标）	指标维度（二级指标）	指标说明
张庆红	基于能力贫困理论的新疆连片特困地区主要民族多维贫困分析（2017）	连片贫困地区主要民族	水		饮用水源是未经处理的自来水、井水、小溪、河、湖泊等，赋值为1，否则为0
			燃料		家庭使用柴草、秸秆作为生活燃料，赋值为1，否则为0
			家庭资产		拥有的生活耐用品、交通工具、家用电器数量小于2，赋值为1，否则为0
			住房结构		住房结构是"土坯"房，赋值为1，否则为0
姚子龙、陈屹松	基于精准识别指标体系的西藏贫困农牧民生计入户调研——山南市8县抽样调查（2018）	贫困农牧民	人均纯收入		以2016年底人均3 312元为基准。说明：大于等于10 000元为满分30分；每少于1 000元减1分
			居住条件	①舒适安全	说明：①8~9分；②③各扣1~2分；④⑤各扣3~4分；⑥0~2分
				②漏雨	
				③裂缝	
				④沉降	
				⑤住不下，租房或借住住房	
				⑥过于破旧，部分倒塌的危房	
			饮水安全	①入院（户）	说明：①8~9分；②③各扣2~3分；④0~2分
				②村内定点取水	
				③累计断水1个月以上	
				④无供水保障	

续表

作者	文献（年份）	识别对象	指标维度（一级指标）	指标维度（二级指标）	指标说明
李良艳、王琳、王旭	中国农村贫困识别指标体系构建及应用——基于剥夺与需求的视角（2019）	农村贫困人口	健康	医疗保险	说明：是否有医疗保险，没有赋值为1，否则为0
			教育	受教育年限	说明：每户中有一人及以上完成正规教育年限为初中一年以下，则认定存在剥夺，赋值为0，否则为1
			资产	耐用消费品	说明：彩色电视机、洗衣机、冰箱、空调、计算机、平板电脑、照相机、微波炉、电饭煲、高压烹饪工具、电话、手机、VCD、DVD、卫星接收器、健身脚踏车/跑步机、按摩椅、空气净化器，拥有三种及以下赋值为1，否则为0
			卫生条件	卫生设施	说明：由于厕所冲水系统直接影响到农村卫生条件的改善，按照厕所类型，分方室内冲水或室外非冲水公园，不属于任一则赋值为1，否则为0
			饮用水	饮用水源	说明：家庭饮用水源若不是来自大于5米以下的地下水、瓶装水、矿泉水或纯净水、水厂，不属于任何一个赋值为1，否则为0
			生活状况	生活燃料	说明：做饭燃料通常用电、煤、液化气或者天然气，不属于任何一个赋值为1，否则为0
			收入水平	人均年收入	说明：依据国家规定的贫困线标准计算，2000年按人均纯收入低于625元，2004年按人均纯收入低于668元，2006年按人均纯收入低于693元，2009年按人均纯收入低于1196元，2011、2015年按人均纯收入≤当年标准，赋值为1，否则为0
孙玉环、王琳、王雪妮、尹丽艳	后精准扶贫时代多维贫困的识别与治理——以大连市为例（2021）	城市、农村贫困户	收入	家庭人均年收入	说明：家庭人均收入低于2300元/年（按2010年不变价计算），是赋值为1，否则为0
			教育	受教育年限	说明：家庭中存在劳动力受教育年限低于6年，是赋值为1，否则为0
				儿童入学情况	说明：家庭中存在6岁以上儿童未入学，是赋值为1，否则为0

续表

作者	文献（年份）	识别对象	指标维度（一级指标）	指标维度（二级指标）	指标说明
孙玉环、王琳、王雪妮、尹丽艳	后精准扶贫时代多维贫困的识别与治理——以大连市为例（2021）	城市、农村贫困户	健康	疾病	说明：任一家庭成员有大病或残疾
				社会医疗保险	说明：家庭中存在6岁以上未参加医保的人
			就业	离退休人员	说明：家庭中存在未办理养老保险的离退休人员
				劳动人口完全就业	说明：家庭中存在劳动力过去一年中无业
				五险一金	说明：家庭中存在劳动从业人口不具有五险一金
			生活水平	炊用能源	说明：炊用能源为柴草或煤炭
				饮用水	说明：没有管道设施；饮用不受保护的井水和泉水，江河湖泊水、收集雨水、其他水源；获取饮用水存在困难；没有任何水处理措施等，存在上述任一情况
				通信	说明：所在地电话、有限电视信号和宽带，任意一种不通
				洗澡设施	说明：无洗澡设施
				卫生设施	说明：旱厕或无厕所；几户合用或公用厕所，存在任意一种
				环境卫生	说明：所在地垃圾不能做到集中处理
				环境安全	说明：所在地本年度发生过盗窃或其他刑事案件；所在地无专职安全保卫人员，存在任意一种
				道路情况	说明：所在地不通公路，道路的路面状况为非水泥、柏油、沙石或石板路面，任意一种
				教育便利程度	说明：上幼儿园、学前班或小学不便利

续表

作者	文献（年份）	识别对象	指标维度（一级指标）	指标维度（二级指标）	指标说明
孙玉环、王琳、王雪妮、尹丽艳	后精准扶贫时代多维贫困的识别与治理——以大连市为例（2021）	城市、农村贫困户	生活水平	所在地生活便利程度	说明：所在地到最近县城、最近乡镇、最近火车站、汽车站、码头的距离任一超过30公里
				医疗便利程度	说明：所在地无卫生站（室）；无合法行医证的医生；无合格接生员，存在任意一种
				住房	住房为集体宿舍、工棚、工作地住宿、筒子楼或连片平房
				住房面积	说明：人均建筑面积小于等于12平米
				住房材料	说明：住房材料为砖瓦砖木、竹草土坯

二、国内外常用的贫困识别方法

可持续发展的目标之一旨在到 2030 年消除世界各地一切形式的贫困。世界银行的最新研究表明,基于当前新冠肺炎疫情大流行的影响下,在 2030 年之前,无法达到预期脱贫肯定会出现在大多数国家。在这种情况下,如果没有迅速、重大和实质性的政治行动,那么 2030 年将全球绝对贫困率降至 3% 以下的目标是不切实际、遥不可及的。扶贫首先要做到精准识别,作为扶贫的前提与保证,识别贫困是扣好扶贫的第一粒"扣子"。当前,国际上对贫困识别的方法主要有两种,一种是自上而下的贫困识别方法,即单一维度识别贫困,主要以收入测量为主,基于划定的贫困线识别贫困人口;另一种是自下而上的方法及多维视角考量贫困,主要以非收入测量为主,国内外学者多借助 A - F 多维贫困计数法将指标量化表示,对个体需求进行评估,更关注个体获得基本公共服务的情况。

(一) 自上而下识别——贫困线

贫困线指国家为救济社会成员因自然、社会、经济、心理和生理等方面原因收入减少或中断难以维持基本生活而制定的一个通行的贫困识别标准。各国在实际运用该方法时并非采取一刀切的方式,而是基于本国的基本国情予以合理设定,并基于该标准,对符合条件的人群给予社会救济以达到维持其自身基本生存。

1. 世界银行标准

1900 年,世行选取当年 12 个世界上最贫困国家居民维持最低生活所需的收入,采用购买力平均价进行测算。将人均日收入 1 美元作为国际绝对贫困线以监测世界贫困现状。随着全球经济飞速发展,人民生活水平日益提升,原有的贫困线难以精准概括全球贫困概况,因此 2008 年,世行将 1 美元标准提升至 1.25 美元,2015 年该标准提升至 1.9 美元。

2. 新加坡、法国标准

法、新两国在贫困线设定的依据上较为类似,均采用收入位置法。以新加坡的贫困识别标准为例,收入位置法关注个体收入在收入分配中的位置,即将全体居民收入进行排序,然后将收入排在最后的 10% 或 5% 的人口界定为贫困人口,而处于临界点水平的人群即收入位置处于 10% 或者 5% 位置上的个人收入就是相对贫困线水平。如法国的贫困线标准定为全国收入中位数的一半,为每人每月 650 欧元(折合人民币约为 5 760 元)。

3. 澳大利亚标准

1972 年澳大利亚联邦政府委托罗纳德·亨德森教授提出一种新的计算贫困线的

方法并运用于调查当年澳大利亚的贫困状况。1973 年澳大利亚国家贫困调查委员会就以他的名字将该贫困识别方法定义为罗纳德·亨德森法。该贫困线的计算依据是以 1973 年第三季度标准家庭人均周收入为基准；随着政策演进，考虑到税负这一因素，1983 年 3 月该基准改为以家庭人均周可支配收入进行计算。自 1976 年以来，澳统计局（ABS）以一个季度为单位更新相关数据（每季度家庭可支配收入与人口实时估计数），因此该贫困线也每季度更新一次。罗纳德·亨德森贫困线法具体计算公式如下：

A 年第 n 季度 Y 类家庭贫困线（每周）=（62.7/a）Y 类家庭等量系数表
×A 年第 n 季度标准家庭人均周可支配收入

其中 a 为物价指数修正后 1973 年第三季度人均周可支配收入。家庭类型分为两种，以户主有无工作为划分标准，基于此进一步细分为夫妇是否独居与养育子女数每种类型又划分为 9 小类，共计 18 类。

4. 美国标准

贫困线标准是美国健康与人类服务部发表的衡量美国人贫困水平的标准，主要是供政府用来决定什么人符合某些政府福利项目，如抢先计划、食品券计划、国家学校午餐计划、低收入家庭能源援助计划、儿童健康保险计划等。此贫困线标准每年年初由美国健康与人类服务部依据上一年制定的贫困线水平结合物价水平变动等相关影响因素予以动态调整并在联邦注册上发表，且各州贫困线存在一定的差异。主要计算依据家庭所在人数与所在州来划定，美国大陆相连接的 48 个州与首都华盛顿为同一标准，阿拉斯加与夏威夷则是分别有自己的贫困线标准。

5. 中国标准

纵观贫困线历史演进，中国的贫困线可分为两类，依据城乡发展状况不同，分为绝对贫困线与发展贫困线。

绝对贫困线是指自 20 世纪 80 年代起，我国政府采用的由国家统计局设定的农村贫困线，基于该贫困线可以识别不同年份农村贫困人口规模与贫困发生率。该贫困线设定类似于如今印度贫困线设定标准，即"食物贫困线"。首先确定一种营养标准，然后国家统计局将营养标准所需要的标准确定为每人每天 2 100 大卡，然后根据 20%的最低收入人群的消费结构来测定出满足这一营养标准所需要的各种食物量，在按照食物的价格计算出相应的货币价值。

发展贫困线。农村的贫困线是建立在贫困的观念上，该贫困线被用来识别处于生存困难的人群，而城市贫困线已经超越了生存的概念，还将教育与医疗等支出涵盖在内，更趋近于相对贫困概况。因此绝对贫困线标准不适用于城镇贫困人口，是基于农村贫困线设定基础上一种拓展、延伸。因此某种意义上而言，城市贫困线是建立在发展贫困的观念上的。

作为人口最多的发展中国家，中国贫困人口规模巨大，因此扶贫标准应基于国情,随着经济发展做到动态更新。1986年,中国第一次自定国家扶贫标准为农民年人均纯收入206元,到2020年这一标准达到4 000元,按购买力平价方法计算,相当于每天2.73美元,略高于1.9美元的国际极端贫困标准。根据政策规定,各省份还可依据自身经济发展状况,在该基础上予以适当调整,可以高于该标准。

(二) 自下而上识别——A-F法识别多维贫困

A-F法是目前国内外学界应用最为广泛的一种多维贫困识别方法,由阿尔基尔和福斯特(Alkire & Foster)在多维贫困的并集、交集和单一识别法基础上构建的一种新的备选可行性方案。A-F法采用双重界限划分的方法,第一个界限为多维贫困指标判定标准,基于研究对象的具体情况确定;第二个界限为多维贫困家庭判定标准,根据家庭的总指标汇总值判定该家庭是否属于多维贫困家庭。多维贫困的划分国际上尚未形成统一的判定标准,但存在一共性即当该判定标准越高时,多维贫困发生率就越低。通过该方法,将文本指标量化,直观呈现家庭中各指标的贫困状况。

1. 国外研究方面

塞马·纳瓦兹(Saima Nawaz)等以巴基斯坦为例,结合Alkire-Foster方法,在多维环境贫困指数(EPI)中基于四个维度的指数测定(居住、水、卫生和能源)对家庭数据的现金转移支付计划进行评估分析。研究表明,现金转移增加了BISP受益者对环境服务的利用且不同地区现金转移对环境影响存在差异,这强调了区域差异以及异质性的重要性。索科洛夫斯基(Jakub Sokołowski)等以波兰为例,利用Alkire-Foster方法分别从两个客观指标"低收入、高成本"和"高实际成本"以及三个主观指标"家庭和睦度""住房问题""支付能力"等维度探索波兰能源贫困的影响机制。研究表明,波兰近10%(133万人)的家庭正遭受多于一个维度的能源贫困,因此是传统意义上的多维贫困。冈萨雷斯等(FA Ignacio-González et al.)以阿根廷为例,运用IPM(多维贫困指数)从五个方面(住房、基本服务、教育、就业和社会保障以及收入)对阿根廷各地区贫困现状与空间分异的相关性进行了量化研究。研究表明所有地区的贫困程度均呈降低趋势,且贫困人口与地区差异正不断缩小。罗坎希奥等(Pinilla-Roncancio M et al.)基于印度、喀麦隆和危地马拉三个国家的贫困案例对残疾人和非残疾人的多维贫困水平及个人特征对贫困影响在不同国家的表现进行了探究。研究表明,残疾人面临的贫困程度显著高于非残疾人。在喀麦隆,残疾人和非残疾人之间的贫困程度差异小于在印度和危地马拉观察到的差异。换言之,在经济和社会发展水平较高的国家,对残疾人帮扶的公共政策正在减少,残疾人的生活现状与普通国家相比还要贫困和匮乏。此外,与健康有关的指标对残疾人多维贫困程度贡献最大。

2. 国内研究方面

有学者做了如下研究。陈辉等(2016)以粤北山区农村家庭为例,结合A-F法发现，厨房燃料和教育两个维度贫困发生率高；第一重临界值中的教育和居住条件这两个指标对贫困发生率的高低有一定影响；第二重临界值中的权重和指标值对测量结果的影响较大。周慧等（2020）以湖南省为例，通过对指标的选取，对湖南省精准扶贫进行多维贫困测量研究。结果表明在不同指标下，对农户贫困影响最大的是家庭收入主要来源、家庭负担、成年人受教育程度、健康状况方面。苏华山等（2020）对我国人口的多维贫困现状进行了测算，研究表明我国当前多维贫困状况较 20 世纪有所改善，尤其是教育和生活条件方面改善较大。在此基础上，运用 Logit 模型对我国居民多维贫困的代际传递状况进行了实证研究，研究发现我国居民的多维贫困存在明显的代际流动性；且性别及空间差异存在不同的表现形式。与母亲相比，父亲的多维贫困取值对其子代的影响更大；与城市居民相比，农村居民父代的多维贫困对其子代影响更显著。张全红等（2015）利用 1991～2011 年中国健康与营养调查数据（CHNS），分析了中国多维贫困的广度、深度和强度，并将中国城市与乡村贫困状况进行了对比分析。研究结果表明，中国多维贫困的下降主要发生在考察期的后 10 年，尽管城市和农村的多维贫困都明显下降，但城乡不平衡仍然存在。

第三节　我国贫困识别的现状及解决对策研究

精准识别是扶贫工作开始的基础，贫困户的识别是精准帮扶措施到户的基础，是实施精准扶贫的前提条件。国务院扶贫办早在 2009 年就组织和部署了识别到户的工作，同时，2014 年，国务院扶贫办印发《扶贫开发建档立卡工作方案》，对贫困户进行建档立卡，切实了解贫困情况，摸清帮扶对象，落实帮扶措施，针对具体情况确保精准帮扶措施到户。但在实际实行过程中，还是存在各种各样的识别不准确的情况。通过对已有学者文献的梳理结合各地区的工作开展现状，发现精准识别工作存在着对象识别难点，这给各地区扶贫工作的开展带来了很大的挑战。通过文献梳理发现精准识别难，不仅是实践上有难度，在学者们进行研究的过程中，也是困难重重。

随着精准扶贫工作的推进，精准识别的作用价值以及过程中存在的问题和解决方案逐渐成熟，尤其是近几年的研究增多，为有效发展问题和解决精准识别问题提供借鉴。本书通过表 3-2 汇总自精准扶贫战略提出以来，精准识别方面存在的问题和对策研究，为内蒙古自治区的精准识别对策提供参考和借鉴。

表 3-2　　　　　　　　精准识别问题及对策研究汇总表

学者	文献（年份）	存在的问题	原因及建议
李雪萍、刘腾龙	精准扶贫背景下精准识别的实践困境——以鄂西地区 C 村为例，2018	不同主体间存在自利性信息不对称	减少上级政府和基层政府以及基层政府和村庄之间的利益目标偏差 加强政策宣传，保证不同层级主体之间信息的对称、通畅和透明 发挥村庄和农户在贫困户识别过程中的主体作用，特别是加强农户的监督功能是强力保证
郑品芳、刘长庚	贫困户精准识别困境及识别机制构建，2018	入户考评的项目标准不统一 贫困线的设定不合理 农户家庭情况模糊难核准 民主评议环节不具有效性	构建扶贫开发大数据平台，通过关联数据挖掘和云计算等技术解决农户财产、收入和支出信息不准确的问题 对贫困人口进行精准分类，以提高识别的精准性、帮扶的针对性 调整和完善民主评议制度，多维度对贫困户的贫困程度进行考量
温丽、乔飞宇	扶贫对象精准识别的实践困境与破解路径，2017	扶贫对象脱贫与返贫的问题 扶贫对象官方识别标准不规范 扶贫对象横向识别与纵向识别问题 扶贫对象识别的恶意排斥与监督机制的问题	明确扶贫对象识别程序 改革扶贫对象识别标准 完善扶贫对象识别制度 加强扶贫对象识别监督
向海霞	基层治理视角下精准扶贫识别机制的实践困境探析，2017	贫困户识别标准不合理 维稳标准的影响 指标规模与实际不符 村民自治虚化 存在熟人社会运作机理	建立健全识别标准体系 鼓励支持村民贫困户自治
田恒	精准识别中的不精准问题与对策研究，2016	部分农户消极配合 不精准的人口基础数据 过度绝对化的脱贫标准线 人口频繁流动和统计数据时滞 村支两委权力运行失控 精准识别人员的识别能力的不同	整合人口统计数据，搭建数据共享的信息平台 以村为单位，建立流动人口动态管理信息系统 创新精准识别方法，开展无缝隙式识别贫困户 以现有贫困线为基准，适当扩大扶贫覆盖范围 加强精准扶贫队伍建设，提升精准识别的能力 创新扶贫运行机制，打造精准的权力制约体系

续表

学者	文献（年份）	存在的问题	原因及建议
余礼信	困境与出路：非贫困村的贫困户精准识别——基于江西G村考察，2016	农户参与度较低 国家贫困状况评价体系不精确	精准识别全程公开 精准识别到户到人 精准识别上下结合 开放社会参与程度 建立干部回避制度 完善动态考核机制
张鹏菲	县级政府精准识别问题及对策分析，2019	扶贫干部队伍的素质有待提高 县级政府监督制度及后勤保障体系不完善 精准识别机制不健全	加强提升扶贫干部队伍的素质 县级政府建立监督制度及后勤保障体系 通过对"大数据"的运用，结合对贫困人口的实地调查访谈，进而建立健全精准识别机制
刘来、欧小超	农村精准扶贫面临的现实困境及对策建议——基于四川省宣汉县S乡的调查，2017	扶贫对象识别不精准 扶贫成效不符合预期要求	精准扶贫战略必须结合精准识别动态管理建设，以及应建立科学的监督体系作为保障
王刚、贺立龙	以多维度贫困测度法落实精准扶贫识别与施策——对贵州省50个贫困县的考察，2017	扶贫资金利用率较低 制度创新程度较低 贫困人口的文化教育程度较低 贫困区域的医疗保障制度不完善	在大力发展制度创新的同时也要加大对贫困人口的文化教育，除此之外贫困区域的医疗保障制度也要逐步完善
张姗	宁夏精准扶贫过程中存在的问题及对策，2017	识别方式不科学 贫困户识别不准确 机制不完善等精准识别	要鼓励农村人口参与到扶贫工作中来，用这种自下而上的广泛群众的参与可充分调动农村人口积极性，以达到脱贫发展的目标 利用政府工作者熟悉农村风土人情的优势，让政府工作部门在扶贫过程中充分发挥作用
焦晶	当前扶贫工作中精准识别的问题与对策研究，2016	"平均分配" "指标不足" 扶贫政策有效性匮乏	完善识别指标体系 加强扶贫人才队伍建设，对精准识别的相关工作人员进行专业培训，充分发挥工作人员自身素质较高、对农村风土人情较为了解、专业能力较强的优势 在精准识别贫困区域与贫困人口的过程中一定要保证民主，顺应民意，充分利用互联网、广播、电视等传媒工具进行精准识别的相关宣传，同时发动广大农村人口积极参与，落实扶贫资源的统筹管理和贫困人口的动态管理

续表

学者	文献（年份）	存在的问题	原因及建议
杨慧华	菏泽市农村精准扶贫存在的问题及对策，2016	识别标准不一 识别难度大	建立科学精细的识别方式，确保识别流程精准，构建公开、具体、清晰的贫困识别标准 加大对贫困人口的关注 确立有效的精准扶贫方式，谨慎确定扶贫单位、扶贫干部与帮扶对象
黄宏伟、潘晓庆	脱贫质量提升：对象精准识别与标准动态调整——以农村老年人为例，2021	忽视了农村老年贫困的动态变化 忽略了老年贫困群体内部的差异性	第一，聚焦特殊贫困群体，如农村贫困老年人，提升识别效率 第二，相对扶贫标准应从"40%标准"开始，从低到高逐步过渡到"60%标准" 第三，创建多维、精准、差异化贫困识别和帮扶机制，提升贫困发展能力
李洪、蒋龙志、何思妤	农村相对贫困识别体系与监测预警机制研究——来自四川X县的数据，2020	绝对贫困问题即将得到整体解决，进入由绝对贫困到相对贫困的演变，贫困的动态性与脆弱性以及新的时间节点，以往贫困识别方法不适用	第一，完善五级预警机制，以农村家庭人均可支配收入作为唯一预警判断指标。监测程序内容：划分五个预警等级，含四个临界值，临界值分别为马丁法上限、地区相对贫困收入线、马丁法下限及绝对贫困收入线 第二，完善识别体系，基于"一线一体系"思路完善识别体系构建，"一线"即研究相对贫困收入线标准的划分，"一体系"是通过多维度的指标建立相对贫困评价体系（涵盖家庭结构、生活水平、文化水平、就业情况、健康状况等多维指标体系） 第三，完善相对贫困治理与乡村振兴的衔接机制，协同提升治理效能 第四，筑牢相对贫困治理要素支撑，夯实相对贫困治理基础。以产业、金融、信息等要素供给为重点，构建解决相对贫困的多要素支撑体系
安超	中国农村低保精准识别的内在困境——贫困可见性与瞄准偏误及其解决思路，2019	贫困信息的不对称性 面对申请家庭复杂、多维，甚至隐秘的生活情境，官方调查所获有限赋权村级治理结构，让熟人网络检视困难家庭申报信息的真实性，使得瞄准技术在精度和穿透性上存在较低"天花板"	构建以可见性甄别指标为基础的低成本识别策略，依靠病残负担、劳动禀赋等显性指标，规避瞄准偏误 巩固、强化基层民政力量 建立地方性低保政策数据库，完善筛选程序

总的来看，精准识别方面存在的问题主要有：（1）识别原则与标准不统一。（2）政策执行自上而下传递存在信息不对称，导致信息失真。（3）乡土困境（人情社会、精英俘获现象屡见不鲜）。（4）贫困户主动配合基层扶贫人员意识不强，且政策下行识别认定不规范。（5）识别监管体制不完善，基层政府存在政绩"竞赛"等现象严重损害精准扶贫初衷，导致扶贫资源存在极大浪费，未能实现"扶真贫，真扶贫"。

一、识别原则与标准不统一

（一）识别原则问题

在精准扶贫工作之初，根据国扶办颁布的以社会主义公有制为主体、共同富裕两条扶贫基本原则，作出了针对性的说明，并下达至各省、自治区、直辖市。各地区在此基础上根据当地贫困现状进行了动态调整，而随着实施细则不断细化，政策、新规频繁变更，难以形成一套统一、完整的识别体系，造成基层扶贫人员难以消化理解上级政策主旨，导致在精准识别工作中出现识别混乱现象的发生。究其原因，未能将国家宏观指导政策与区域贫困实际相结合，识别的方法和标准各不相同，没有统一的参照标准，精准识别的说服力不强。

（二）识别标准不统一

2014年，各省（自治区、直辖市）在已有工作基础上初步订立贫困户建档立卡的实施原则，将"两不愁、三保障、一超过"确定为识别基准。但实际各地在施行过程中，识别偏离现象仍较为严重。

对于"两不愁"的界定，并没有一个准确的定义，食不果腹、衣不蔽体的现象在现行条件下极少发生，各地区在考量时存在着未将该指标纳入识别基准的现象。

"三保障"，基层扶贫人员与贫困户理解存在着分歧，就义务教育保障而言，基层扶贫人员认为义务教育阶段的支出各户家庭支出很少，致贫户较少，因此更多着眼于高中、大学阶段的支出，而事实上全国仍存在众多的贫困寄宿生，其家庭本身难以维系子女义务教育阶段的支出。

"一超过"，即当年人均收入超过国家当年设定的最低标准线个纳入叫考核范围。对于该项指标，各地区执行有所差异，有的地区仅仅参考该项指标，考虑将收入超过标准的予以剔除，为统筹考虑多维因素的考量；有的地区严格遵循这一基准，政策执行刚性，未能灵活处理，施行"一刀切"，对处于标准临界值上下的贫困对象不纳入建档立卡范围，而实际上这类贫困对象根本无法维持正常生活。

关于识别的原则和标准问题不统一的问题，学者们也开展了广泛研究。杨慧华

(2016)针对菏泽市农村精准扶贫进行了分析,认为精准识别过程中存在识别标准不一、识别难度大等问题。余礼信(2016)通过对江西省的实地考察,认为在贫困村的贫困户的精准识别过程中,存在国家贫困状况评价体系不精确等困境。向海霞(2017)从基层治理的视角着手,从识别机制本身存在缺陷与基层治理对精准识别的影响两大方面提出以下问题:贫困户识别标准不合理、维稳标准不稳定、指标规模与实际不符。刘来、欧小超(2017)对四川省宣汉县贫困乡进行调查之后,同样发现扶贫对象识别不精准,扶贫成效不符合预期要求等问题。温丽、乔飞宇(2017)也明确指出扶贫对象官方识别标准、扶贫对象横向识别与纵向识别不统一的问题。郑品芳、刘长庚(2018)在对湖南省调研后发现:入户考评的项目标准不统一、贫困线的设定不合理、农户家庭情况模糊难核准等问题。于光军(2020)通过对内蒙古的脱贫攻坚研究发现,农村监测户的识别标准和工作程序并不适用于解决城镇和城市人口相对贫困问题。具体的表现为识别标准与识别程序存在显著差异。城乡生活差异致使家庭收入支出方式不同,以人均可支配收入作为判定是否贫困的指标有待商榷;城镇社区社会工作普及程度低,社区缺乏承担贫困识别程序中的组织评议、核实等工作。廖婷(2020)认为识别过程缺乏刚性标准,镇、村一级的扶贫人员在精准识别过程中盲目采用逐级分配指标的方法,导致识别误差较大,非贫困户并不认可基层工作。为有效改善这种现状,应采取分类施策,用活政策。首先,将贫困家庭的收入进行量化界定,按致贫原因不同分为因学致贫、低保户、五保户、因病因残致贫等;其次,通过分类识别,充分发挥基层组织在脱贫攻坚中的"桥头堡"作用,有效避免人情关系发生概率;最后,通过系统的识别标准体系,评选、考核真正的贫困户,从而一对一量身定制脱贫策略。

这些研究基本上都是从实地调研中总结出来的精准识别过程的实际问题,全国各地的贫困特点各有差异,但是在贫困识别中却存在原则标准难以统一的难题,这就为我国精准识别工作提出了新的要求和挑战,如何在遵循国家总战略原则标准的前提下,尽可能统一识别标准,不仅是地方政府完成扶贫绩效的有效考量,也是全国实现精准脱贫的前提工作。

二、精准识别信息不对称

信息不对称问题是目前精准识别所面临的主要问题之一。农户的财产、收入和消费信息存在客观的模糊性,部分农户为了争当贫困户,存在隐匿收入和消费的主观故意。农业收入较零散,没有季度性,且农户兼业情况普遍存在,农民有多层次的收入来源。农户对自己家里的收入支出情况一般也只有一个大概数。在评定贫困户的过程中,由于难以获取每家每户的真实收入数据,评定结果与客观情况往往有一定的差距。由于信息不对称,帮扶干部难以准确评估农户的具体资产、贫困程度、参与程度以及帮扶工作所取得的进展等信息，导致扶贫工作推进困难。

詹国辉等（2017）基于苏北某村的调研，指出其村里的扶贫实为"帮富"，富裕户、中等户、贫困户三者受益比分别为36.4%、52.1%和11.5%，真正的贫困户并未得到有效帮助。杨龙等认为，建档立卡户的确定是建立在对收入和消费准确测量基础上的，但在实践中采取了"民主评议"的方法确定贫困户，建档立卡户和实际贫困户存在37%～50%的不一致性。扶贫扶不到"真贫"，一方面是对国家资源的浪费，另一方面是对"真贫户"的不公平。王姣玥等（2017）认为，贫困人口之所以难以被精准识别，根本原因在于农户和官员之间以及官员和政府之间严重的信息不对称。李雪萍、刘腾龙（2018）采用自上而下和自下而上结合的视角，对鄂西地区的案例进行分析，认为识别过程中存在不同主体间存在自利性、信息不对称等问题。郑品芳、刘长庚（2018）在对湖南省调研后同样提出，农户家庭情况模糊难核准以及民主评议环节不具有效性等问题。刘来、欧小超（2017）对四川省宣汉县贫困乡进行调查之后发现，扶贫对象识别不精准，扶贫成效不符合预期要求，笔者认为这是当前缺乏有效的动态精准识别管理系统造成的信息不对称问题。何欣、朱可涵（2019）运用2013年和2015年的中国家庭金融数据测算了中国农村的低保瞄准效率，发现存在资源不足、信息不对称等问题导致瞄准偏误较大。基于此，运用分权制社区瞄准方式下基层政府的效用函数，构建了低保瞄准的理论框架，实证研究表明，在村内设置宣传公示栏，能有效提升农户的信息水平，有效减轻乡村内部的信息不对称现象，从而提升瞄准效率。彭桥等（2020）等认为由于识别对象的某些标准具有隐蔽性特征，政府扶贫部门难以完全了解，这种信息的不对称导致精准识别精度不高，扶贫效果差强人意。

三、乡土困境是精准识别的一大障碍

乡土困境是指乡村社会关系尤其注重人情和礼节，为村干部权力寻租创造了条件和机会，村干部帮助亲戚好友谋取"贫困户福利"的现象十分普遍。贺雪峰等（2009）认为，农村社会就是典型的熟人社会，对于熟人来说就要讲面子、讲人情、讲感情，因此对于贫困识别，往往成为村干部"关系户"的福利。李博等通过探究某贫困村在精准识别中遭遇的乡土困境指出，农村熟人社会的关系网络会导致"人情贫困户、关系贫困户、亲友贫困户"的现象普遍。贫困户自身在资源的配置方面处于村里最弱势的地位，所以在讲人情、凭关系的农村社会中，难免会受到不公正的排斥。向海霞（2017）则从基层治理角度指出精英捕获现象、村民自治虚化、存在熟人社会运作机理等，都是导致精准识别困难的主要因素。韩旭东等（2020）认为精英俘获的存在导致资源配置不公，基层出现"扶富不扶贫"现象，经济优渥的群体率先进入贫困户名单，截获了本该属于真正贫困户的扶贫资源。董帅鹏（2020）以彭阳县小石沟村的精准扶贫为实践对象，并基于关系嵌入视角对扶贫策略背后的影响机制进行了探讨，研究指出"碎片化"的干群关系塑造着村干部"划水治理"的行动逻辑，"分利合作型"的乡村关系塑造着村干部"唯上"的行动逻辑，熟人社会的人情关系塑造着村干部"交换平衡"的行动逻辑，使得识别不精现象屡见不鲜，是横亘在扶贫攻坚道路上难一取缔的顽疾。

四、农户参与度低，认定不规范

我国精准扶贫的难点在农村，农村扶贫的难点在农户本身，也就是脱贫的内生动力问题。外界不管采取何种措施精准帮扶，都需要贫困户本身的配合。葛志军等指出，在精准扶贫工作中，精准识别存在农户参与度不足等问题。余礼信（2016）也明确指出农户参与度较低是江西省精准扶贫面临的困境之一。田恒（2016）较为详细地阐述了部分农户消极配合、人口频繁流动和统计数据时滞、村支"两委"权力运行失控、精准识别人员的识别能力不同等一系列问题。

同时，认定工作不规范随处可见。2015年审计署发现广西马山县违规认定的扶贫对象高达3 119名。2015年8月~2016年6月，全国扶贫系统开展了建档立卡"回头看"工作，补录贫困人口807万人，剔除非贫困人口929万人；2017年，国务院扶贫办组织各地对2016年脱贫真实性开展自查自纠，将245万脱贫人口重新识别为贫困人口。黄承伟等调查发现，在农村贫困户识别工作中，为了省时省事往往都从上年的在册贫困人口和返贫农户中选出，这会使得没有建档立卡的贫困人口继续不被识别。当然也要认识到，"扶贫脱靶"和"扶假贫"的现象，无论在哪个扶贫实践阶段都客观存在，要正确对待。朱梦冰、李实（2017）利用2013年住户调查数据计算出我国现行的农村低保瞄准率仅为42.04%。胡联、汪三贵（2017）利用乌蒙山区60个贫困村的数据发现建档立卡瞄准失误率高达33%。唐丽霞（2017）在对各地扶贫政策实践开展的研究中发现，仅就实施"整村推进"项目，在调研的贫困村中，扶贫项目对贫困群体的覆盖率只有16%，而中等户与富裕户这一比例分别为51%与33%，均超过了三成。

五、识别与监督管理体制不完善

精准扶贫识别机制需标准化，识别流程需透明化，管理体制亟须完善，这是确保识别精准的前提保障。识别与监督管理体制不完善，很容易导致投机取巧行为发生，扶贫资金未能得到充分利用，使得扶贫效果大打折扣。

石杰琳（2012）认为，目前以村民自治为载体、村级民主管理制度需要创新。郎友兴等认为，村民代表会议是在村民自治实践中产生和发展起来的，因村民参与的积极性不高、参与度低，具有不可操作性。

张姗（2017）通过对宁夏精准扶贫工作的分析，总结分析了贫困识别方式不科学、贫困户识别不精确、机制不完善等精准识别问题，基本上反映了我国精准识别的共性难题。

张鹏菲（2019）针对县级政府在精准识别过程中存在的问题做了较为详细地分析，针对其中产生的问题提出了几种对策建议：第一，加强提升扶贫干部队伍的素质。第二，县级政府建立监督制度及后勤保障体系。第三，通过对"大数据"的运用，结合对贫困人口的实地调查访谈，进而建立健全精准识别机制。贺立龙（2017）认为要想做到真正意义上的扶贫，做到每一笔扶贫资金都能发挥出最大效用，在大力发展制度创新的同时，也要加大对贫困人口的文化教育。除此之外，贫困区域的医疗保障制度也要逐步完善。焦晶（2016）针对在扶贫工作中存在的"平均分配"、"指标不足"、扶贫政策有效性匮乏等识别度缺乏现象提出以下建议：首先，要完善识别指标体系，精细科学识别指标体系能够对扶贫工作产生巨大的帮助。其次，要加强扶贫人才队伍建设，对精准识别的相关工作人员进行专业培训，充分发挥工作人员自身素质较高、对农村风土人情较为了解、专业能力较强的优势。刘健（2019）通过对L乡的精准识别研究发现，贫困治理的制度情境向行为情境转换的同时，也带来了贫困治理的规则体系在基层执行过程中的变通。表现为选择性执行，识别标准的"合法性"变通；简化识别程序，识别流程流于形式化。针对上述问题，提出以下几点建议：以规则嵌入及技术治理为导向来构建标准化的乡村社会秩序的话语表达，以标准化的柔性制度管理体系来化解基层治理能力的实践鸿沟。吴尔、袁德娟（2019）通过对安徽省S县的调研发现技术性简化——基层扶贫人员政策理解不透是导致识别偏差关键影响因素，基于此提出建立"贫困三户"动态识别体系与加强政策执行部门沟通协作的改善建议。最后，在精准识别贫困区域与贫困人口的过程中一定要保证民主，顺应民意，充分利用互联网、广播、电视等传媒工具进行精准识别的相关宣传，同时发动广大农村人口的参与，落实扶贫资源的统筹管理和贫困人口的动态管理。由此笔者建议建立科学精细的识别方式，确保识别流程精准，构建公开、具体、清晰的贫困识别标准。同时应加大对贫困人口的关注，确立有效的精准扶贫方式，谨慎确定扶贫单位、扶贫干部与帮扶对象。

综上所述，帮扶对象与政府之间未实现无缝对接是目前精准识别的主要问题。政府方面，贫困线设定不标准、识别指标的不统一、帮扶干部的素质有待提高导致了政府与帮扶对象间产生隔阂；贫困户方面，参与度较低、农户消极配合等原因导致了政府与农户间的信息不对称问题严重，从而导致政府无法判断致贫的根本原因，未能对症下药，最终导致帮扶效果不理想、返贫现象严重等问题。

六、精准识别存在问题的原因分析

要真正减少和消除贫困，必须从源头出发，贯彻"扶真贫"和"真扶贫"的理念，而这一切离不开识别工作的有效开展。精准扶贫工作在全国开展几年来取得了一定的成果，人民的生活水平也有了一定的提升，但是在实际基层工作开展中仍遇到不少困难，成为摆在扶贫工作人员面前亟待解决的现实问题，能否有效清除面前的"拦路虎"，是提升精准扶贫精度关键一步。本节通过在精准识别工作中出现的问题，从以下几个方面进行分析反思，以期完善未来的扶贫工作。

（一）政策更迭迅速，基层顾此失彼

一方面，自精准扶贫工作开始以来，每年基层工作人员都面临着扶贫政策的快速更迭，快速多变的政策给基层扶贫工作的开展带来了巨大的挑战，往往基层人员还未彻底消化上一政策的具体实施又面临着新政策带来的巨大工作压力。另一方面，政策自上级传递到各省各地区时，由于基层领导的业务水平差异，对于指导下级工作的开展也造成一定的差异，对于基层精准识别工作的开展指导作用有待加强。

（二）多元主体权责不清，注重短期绩效

一方面，为了寻求短期效益，基层工作人员在识别贫困户时甚至会出现对那些易于脱贫的贫困户给予建档立卡名额，忽视了真正需要帮扶的对象；另一方面，各地有出现基层人员对政策进行模糊宣传，贫困户并不了解这项政策的真正目的，进而出现基层人员工作"一肩挑"，权利全掌握在自己手中，对于贫困户的选择更倾向于优亲厚友，选择自己所熟知的人，易造成"权力寻租"现象的发生；对于贫困户而言，在实际工作开展过程中，会出现两种截然不同的现象：一种与基层扶贫人员斗智斗勇，绞尽脑汁争取有限的建档立卡名额；另一种则是对上级的工作漠不关心，参与度不高，导致扶贫工作难以深度开展。

（三）识别方法传统，科学针对性不强

1. 识别流程冗长

一方面，现阶段，我国精准识别工作主要遵循横向与纵向识别两种流程，而在实际工作中，各地普遍采取纵向识别途径，严格依据流程执行，识别层级过多，逐级审批，这在一定程度上减缓了扶贫工作的进度。另一方面，层层审批制度容易出现信息失真现象的发生，使得真正贫困对象未被纳入帮扶范围，除此之外，也会增加扶贫工作中管理成本与财务负担。

2. 识别标准刚性

我国幅员辽阔，地区之间经济发展状况不尽相同，相同收入群体的贫困户因为致贫原因不同，其贫困程度也具有较大差异。因此传统的贫困识别标准难以适用于不同地区贫困识别工作的开展，识别标准刚性会造成识别对象精度的下降，而科学识别标准的制定，有助于定向瞄准多数处于相对贫困的人群，有效解决识别不精的现状，实现扶贫工作的初衷，让更多贫困户感受到党的政策带来新的变化，真正摆脱贫困带来的窘境。

第四节 内蒙古自治区贫困识别指标体系构建

一、内蒙古贫困识别指标体系构建原则

（一）综合性与系统性原则

内蒙古贫困识别指标体系构建要全面系统，既要符合顶层规划，又能切实反映精准识别综合效益，防止出现系统性偏差。各指标间应相互联系、相互配合、各有侧重，形成有机整体，从不同方面反映评价对象的综合效益。

（二）可比性与可操作性原则

包括动态可比性和横向可比性。动态可比性是指有些指标可在时间上进行动态比较，说明效益提高的速率。横向可比性是指各项指标可在同一层面的不同主体间进行比较。内蒙古各地区具有非常大的地区差异性，指标建立要具有一定横向可比性。同时指标建立要具有可操作性，应根据内蒙古各贫困区域实际建设状况和项目自身特点选择合适指标，制定出相应的指标体系。各指标之间应相互独立，避免相互包容。一方面，要尽量将定性结果定量化；另一方面，所选择的指标能够指导各地实践工作。

（三）导向性原则

在指标体系设计上，要抓住关键环节和重要性，通过设置指标和综合评价，客观准确反映精准识别。既要体现对内蒙古自治区贫困识别的指导作用，又要充分反映精准扶贫的长效机制，体现经济和环境的协调发展理念。

（四）客观性与时代性原则

指标的建立坚持科学客观的原则，要能客观实际反映内蒙古自治区发展实际。指

标的设置要体现与时俱进的精神,把握目前贫困现状与未来发展的基本趋势、充分考虑指标的动态性。

二、内蒙古贫困识别共性指标体系构建

本部分主要从社会保障、卫生健康、资产三个方面构建内蒙古自治区贫困识别共性指标体系,选取科学合理的精准识别评估指标。公共指标包括社会保障、卫生健康和资产3个一级指标,农户收入状况、农户医疗状况、农户受教育状况、住房状况、饮用水来源、厕所类型、家庭设备状况等7个二级指标,详见表3-3。

表3-3　　　　　　　内蒙古自治区贫困识别共性指标体系

一级指标	二级指标	指标说明
社会保障	农户收入状况	家庭人均收入低于国家贫困线,赋值为1,否则为0
	农户医疗状况	家庭成员中任何一人没有任何医疗保险,该家庭视为健康保险被剥夺,赋值为1,否则为0
	农户受教育状况	家庭人均受教育年限低于9年,赋值为1,否则为0
	住房状况	不能从政府、单位获得住房,或自己没有住房,赋值为1,否则为0
卫生健康	饮用水来源	家庭饮用水来源若不是来自5米的深度地下水或水厂,赋值为1,否则为0
	厕所类型	不能使用室内、室外冲水厕所或干式卫生厕所,赋值为1,否则为0
资产	家庭设备状况	家中没有彩电、洗衣机、冰箱、电脑、电话、手机、VCD、DVD或卫星天线中的任何一种资产,赋值为1,否则为0

具体指标体系解释如下:

(一)社会保障

社会保障是以国家或政府为主体,依据法律,通过国民收入再分配,对公民在暂时或永久丧失劳动能力以及由于各种原因而导致生活困难时给予物质帮助,以保障其基本生活的制度。本质是追求公平,责任主体是国家或政府,目标是满足公民基本生活水平的需要,同时必须以立法或法律为依据。社会保障是国家或政府为保障公民生存及生活质量而提供的保护,对每一位公民均具有重大意义,是精准识别所衡量的必要指标之一。何超、付桂军也选取了相同的指标。根据内蒙古自治区的实际情况,选取了农户收入状况、农户医疗状况、农户受教育状况与住房状况四项指标作为精准识别的标准。

1. 农户收入状况

农户收入状况是指农户一年的纯收入，即人均居民在一年内的可支配收入，是居民可用于最终消费支出和储蓄的总和，即居民一年内可用于自由支配的收入。收入既包括现金收入，也包括实物收入。根据国务院规定的国家贫困线标准，计算得到2019年预计贫困线为3 747元/年，即若年收入少于3 747元，则认定为贫困人口。

2. 医疗指标

医疗指标主要指医疗保险，若农户已办理医疗保险，在患病时不仅可减少大量支出，还可享受较为完备的医疗体系，对农户具有重大意义，是目前防止因病致贫、因病返贫的良好保障。

3. 教育指标

教育指标主要考察九年义务教育的落实情况，九年义务教育是国家提供的公民福利，既是义务也是权利，每位公民必须要完成。若农户没有任何医疗保险或受教育年限小于9年，则认定为贫困人口。

4. 住房状况

住房状况主要考察帮扶对象是否有自己的住房。若不能从政府、单位获得住房，或自己没有住房，则认定为贫困人口。

教育指标与住房状况方面，黄坤采用了相同或相似的指标。

（二）卫生健康

根据世界卫生组合的定义，卫生指个人生活卫生和生产卫生的总称。一般指为增进人体健康，预防疾病，改善和创造合乎生理、心理需求的生产环境、生活条件所采取的个人的和社会的卫生措施。健康是指一个人在身体、精神和社会等方面都处于良好的状态。健康包括两个方面的内容：一是主要脏器无疾病，人体各系统具有良好的生理功能，有较强的身体活动能力和劳动能力，这是对健康最基本的要求；二是对疾病的抵抗能力较强，能够适应环境变化，各种生理刺激以及致病因素对身体的作用。由此可见，卫生健康主要考察身体状况以及生产生活条件对身体状况的影响。高明采用过同样指标。

内蒙古自治区经济、医疗等条件相对于其他地区略显逊色，且自然环境质量不佳，进而对居民的身体状况产生不同程度的影响。基于此，该指标主要从饮用水、厕所类型两个角度考察贫困人口的人体健康、生产环境、生活条件等。家庭饮用水来源若不是来自5米的深度地下水或水厂，厕所若不能使用室内、室外冲水厕所或干式卫生厕所，则认定为导致贫困的因素之一。李良艳使用了同样的指标。

（三）资产

资产含义指公民通过劳动或其他合法手段取得的财产。包括公民的合法收入、储蓄、生活用品、文物、图书资料、林木、牲畜和法律允许公民所有的生产资料及其他合法财产。资产对公民的重要性不言而喻，资产可反映公民的综合生活质量，是精准识别所必须考核的指标之一。王耀斌、沈扬扬等学者将资产作为一级指标，二级指标包括耐用品消费、家庭小资产的数目（电视、自行车、摩托车、电冰箱、洗衣机）、家庭设备等。

由于内蒙古自治区独特的气候条件、地理位置与人文特点，形成了以农牧业为主的生活生产方式，农村居民以放牧、务农为生，因而在资产指标考察上应结合实际情况确定二级指标，与其他地区有所差异。结合内蒙古自治区牧区、农区、农牧交错区的实际状况，选取人均耕地面积（农区）、人均牧区面积（牧区）、土地载畜力（牧区）、家庭设备状况、家庭养畜量（牧区）、环境良好程度（农牧交错区）六个指标作为精准识别标准。王耀、马瑶、王耀斌、高凤、成卓等学者均运用了相同或类似的指标。

三、内蒙古贫困识别分类指标体系

（一）农区贫困识别指标体系

根据农区贫困特点以及指标体系构建原则，在国务院扶贫办的基础之上，结合已有的相关文献，从社会保障、卫生健康、资产三个方面构建农区精准识别评价指标体系。其中，农区特有的指标是人均耕地面积，详见表3-4。

表3-4　　　　内蒙古自治区典型农区贫困识别指标体系

一级指标	二级指标	指标层说明
社会保障	农户收入状况	家庭人均收入低于国家贫困线，赋值为1，否则为0
	农户医疗状况	家庭成员中任何一人没有任何医疗保险，该家庭视为健康保险被剥夺，赋值为1，否则为0
	农户受教育状况	家庭人均受教育年限低于9年，赋值为1，否则为0
	住房状况	不能从政府、单位获得住房，或自己没有住房，赋值为1，否则为0
卫生健康	饮用水来源	家庭饮用水来源若不是来自5米的深度地下水或水厂，赋值为1，否则为0
	厕所类型	不能使用室内、室外冲水厕所或干式卫生厕所，赋值为1，否则为0
资产	人均耕地面积	人均耕地少于4.81亩，赋值为1，否则为0
	家庭设备状况	家中没有彩电、洗衣机、冰箱、电脑、电话、手机、VCD、DVD或卫星天线中的任何一种资产，赋值为1，否则为0

人均耕地面积。耕地指种植农作物的土地，包括熟地、新开发、复垦、整理地、休闲地（含轮歇地、轮作地），以种植农作物（含蔬菜）为主，间有零星果树、桑树或其他树木的土地。平均每年能保证收获一季的已垦滩地和海涂。

内蒙古自治区地广人稀，具有广阔的耕地面积，但农耕地相对比较贫瘠，靠天吃饭比较普遍。农户大多靠耕地谋生，耕地面积的多少直接关系到农户生存质量的优劣，是内蒙古自治区精准识别的重要衡量指标之一。根据我国扶贫办的规定，人均耕地少于 0.32 公顷，则认为贫困。夏玉莲在其文献中选取了该指标。

（二）牧区贫困识别指标体系构建

根据牧区贫困特点以及指标体系构建原则，在国务院扶贫办的基础之上，结合已有的相关文献，从社会保障、卫生健康、资产三个方面构建牧区精准识别评价指标体系。其中，牧区特有的指标是人均牧区面积、土地载畜力、家庭养畜量，详见表 3-5。

表 3-5　　　　　　　　内蒙古自治区典型牧区贫困识别指标体系

一级指标	二级指标	指标层说明
社会保障	农户收入状况	家庭人均收入低于国家贫困线，赋值为 1，否则为 0
	农户医疗状况	家庭成员中任何一人没有任何医疗保险，该家庭视为健康保险被剥夺，赋值为 1，否则为 0
	农户受教育状况	家庭人均受教育年限低于 9 年，赋值为 1，否则为 0
	住房状况	不能从政府、单位获得住房，或自己没有住房，赋值为 1，否则为 0
卫生健康	饮用水来源	家庭饮用水来源若不是来自 5 米的深度地下水或水厂，赋值为 1，否则为 0
	厕所类型	不能使用室内、室外冲水厕所或干式卫生厕所，赋值为 1，否则为 0
资产	人均牧区面积	人均牧区面积少于 2.88 公顷，赋值为 1，否则为 0
	土地载畜力	人均土地载畜力若小于 0.40 羊单位/公顷，赋值为 1，否则为 0
	家庭设备状况	家中没有彩电、洗衣机、冰箱、电脑、电话、手机、VCD、DVD 或卫星天线中的任何一种资产，赋值为 1，否则为 0
	家庭养畜量	家中牲畜（役畜与产品畜）总量若小于 3.38 头，赋值为 1，否则为 0

人均牧区面积、土地载畜力、家庭养畜量是从土地资源、畜牧资源角度衡量牧区牧民生活水平的指标，王耀斌、高明等学者均运用过相同或相似指标。

1. 人均牧区面积

内蒙古牧区是我国最大的牧区。它东起大兴安岭，西至额济纳戈壁，面积为 88 万多平方公里，草原面积 13.2 亿亩约占全国草场面积的 1/4，全区生长着各种牧草近千种。大小牲畜 4 000 万头，居全国首位，牛羊肉产量居全国第二，牛奶产量为全国第四，绵羊毛、山羊毛及驼毛产量居全国第一。根据《2018 年内蒙古统计年鉴》，承包到户的牧区总面积为 6 940 万公顷，按照内蒙古牧区等级综合评价，计算得若人均牧区面积低于 2.88 公顷，则可识别为贫困家庭。

2. 土地载畜力

土地载畜力通常指单位牧区面积上所能放养的牲畜头数，也指在单位牧区面积上，可供 1 头牲畜放养的天数，或在一定时间内 1 头牲畜所需要的牧区面积。土地载畜力通常用每公顷草场上平均放养的羊单位数表示，或用放牧牲畜的头日数表示。载畜量是衡量草场生产能力的一项指标。影响载畜量的主要因素是牧草的种类、覆盖率、产量、质量、利用方式等。

在一定时期内，草场上适宜放养牲畜的头数，称为草场合理载畜量。实际放养的牲畜头数超过合理载畜量时，称为超载放养或超饱和放养。超载放养会影响牧草的正常生长、发育、繁殖，造成草场退化。以草定畜，合理安排载畜量，是防止草场退化，保证草场资源得以永续利用的重要措施。我国规定土地载畜力若小于 0.40 羊单位/公顷，则认为该地区土地载畜力较低，进而以此作为判断精准识别的指标之一。

3. 家庭养畜量

牧区载畜量是平均每单位牧区面积牧饲的牲畜头数，是反映牧区利用程度的常用指标。平均每单位牧区面积载畜量过少，会使牧区不能得到充分利用，但载畜量过多，则会造成过度放牧，使牧区退化，既不利于牲畜成长，也不利于畜牧业的持续发展。牲畜总头数是各种牲畜（马、牛、羊等）折合标准畜的总头数。牧区面积包括天然牧区面积和人工种植的牧区面积，但不包括农区的草山、草坡面积。根据《2018 年内蒙古统计年鉴》，平均每户家庭拥有牲畜（役畜与产品畜）总量为 6.09 头，按照内蒙古牧区等级综合评价，计算得家中牲畜总量若小于 3.38 头，则可识别为贫困家庭。

（三）农牧交错区贫困识别指标体系构建

农牧交错区的贫困识别指标与农区贫困识别指标、牧区贫困识别指标不同，不仅包括社会保障、卫生健康、资产 3 个一级指标以及农户收入状况、农户医疗状况、农户受教育状况、住房状况、饮用水来源、厕所类型、家庭设备状况、人均耕地面积、人均牧区面积、土地载畜力、家庭养畜量等 11 个二级指标，详见表 3-6。

表 3-6　内蒙古自治区典型农牧交错区贫困识别指标体系

一级指标	二级指标	指标层说明
社会保障	农户收入状况	家庭人均收入低于国家贫困线，赋值为 1，否则为 0
	农户医疗状况	家庭成员中任何一人没有任何医疗保险，该家庭视为健康保险被剥夺，赋值为 1，否则为 0

续表

一级指标	二级指标	指标层说明
社会保障	农户受教育状况	家庭人均受教育年限低于9年，赋值为1，否则为0
	住房状况	不能从政府、单位获得住房，或自己没有住房，赋值为1，否则为0
卫生健康	饮用水来源	家庭饮用水来源若不是来自5米的深度地下水或水厂，赋值为1，否则为0
	厕所类型	不能使用室内、室外冲水厕所或干式卫生厕所，赋值为1，否则为0
资产	人均耕地面积	人均耕地少于4.81亩，赋值为1
	人均牧区面积	人均牧区面积少于2.88公顷，赋值为1
	土地载畜力	人均土地载畜力若小于0.40羊单位/公顷，赋值为1，否则为0
	家庭设备状况	家中没有彩电、洗衣机、冰箱、电脑、电话、手机、VCD、DVD或卫星天线中的任何一种资产，赋值为1，否则为0
	家庭养畜量	家中牲畜（役畜与产品畜）总量若小于3.38头，赋值为1，否则为0

第五节 内蒙古自治区扶贫精准识别

一、贫困线识别

（一）国内外贫困线识别的设定与变更

贫困线是衡量地区是否贫困的标杆，准确合理地制定贫困线能真实地反映贫困的真实情况。随着我国经济由高速向中高速转型发展，如何根据经济发展程度调整贫困标准线，进而调整反贫困策略，是摆在我国精准扶贫战略面前的一道必须跨过的难关。

在国际上，美国、英国、澳大利亚等高收入国家是以较高标准的收入贫困线衡量贫困状况。根据世界银行对贫困线的定义，如果一个人每天的收入或生活费低于维持基本所需的最低标准，那么他被定义为穷人，而这个最低标准就是所谓的"贫困线"。2005年，该贫困线调整为日均1.25美元，2015年调整到日均1.90美元，增幅达到了52%。世界银行2018年10月发布报告，提醒中等收入国家在关注极端贫困或绝对贫困的同时，可以用更高标准衡量贫困状况，并提出中等收入国家衡量绝对贫困的两条补充性贫困线：人均日收入低于3.20美元和5.50美元，以及衡量相对贫困的"社会贫困线"。[①] 事实上，美国、英国和澳大利亚等高收入国家早就以较高标准衡量

---

① 《贫困标准（2020年国家贫困线标准）》[EB/OL]. https://www.gpbctv.com/jrrd/202104/159842.html, 2021-04-13.

该国贫困人口，其衡量方法体现相对性和动态性。我国贫困线也根据实际发展情况，几经调整，详见图 3-1。

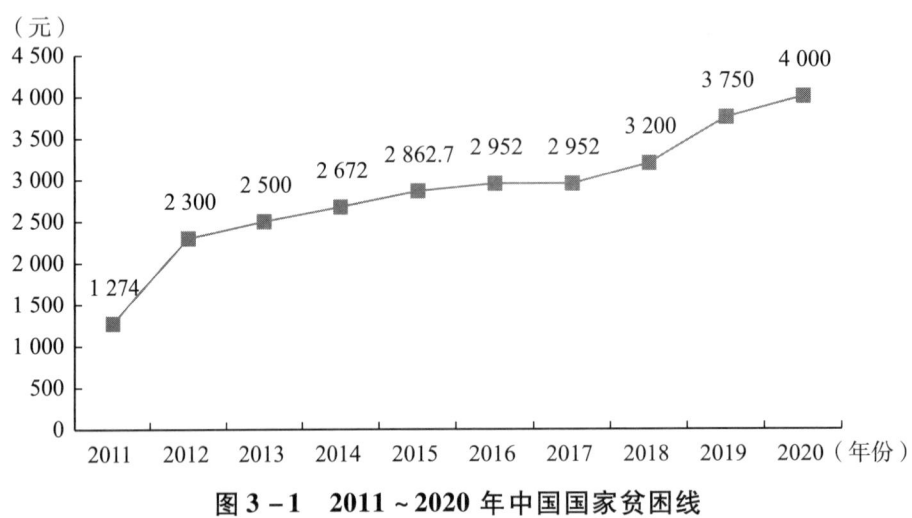

（元）
年份	贫困线
2011	1 274
2012	2 300
2013	2 500
2014	2 672
2015	2 862.7
2016	2 952
2017	2 952
2018	3 200
2019	3 750
2020	4 000

图 3-1 2011~2020 年中国国家贫困线

根据国家统计局公布数据，中国国家贫困线 2010 年为 2 300 元，2016 年、2017 年为 2 952 元，2018 年为 2 995 元，2019 年为 3 218 元，2020 年为 4 000 元。从 2010 年贫困识别线 2 300 元到 2020 年的 4 000 元，贫困识别线涨幅高达 73.91%，年均环比增长率为 5.89%，已高于世界贫困线 1.9 美元标准，但低于 3.2 美元标准，2020 年全部脱离绝对贫困，还是有相对贫困。

造成这种现象有以下原因：首先，世界银行制定国际贫困线的目的主要是对世界各国的贫困状况进行比较，为国际扶贫资源的投向提供参考依据，由于各国差异性较大，世界银行主要从数据的可获得性上选择指标体系。但各国在实际贫困识别标准上，各有准则特色，这会在很大程度上造成本国与国际考核贫困的偏差，进而在数据上有一些差距。其次，世界银行用国际贫困标准测量某个国家的贫困状况时，必须使用适当的汇率换算机制将美元换算成本地货币以考察购买力水平。但是，由于购买力是为国民核算而设，也许不能衡量贫困人口的消费品的真正价格。例如中国，由于城乡和各地区的消费价格相差甚远，国际通用贫困标准难以换算成切合各地区实际情况的以本国货币表示的贫困标准。最后，我国制定贫困线的方法是通过依次确定最低营养需求、食物贫困线、与非食物贫困线，最终计算得出贫困线，与世界银行的方法不同，从而产生差距。但是综合来看，我国要达到世界贫困线的水平，还有很漫长的道路要走。

（二）测算内蒙古农村牧区贫困线

干旱牧区地处我国北部、西北边疆地区，这些地区少数民族杂居、地理位置偏僻、自然环境条件较差、通信信息闭塞、生态环境脆弱、历史文化特殊、经济基础发展薄弱，具有边疆性、战略性、生态性、民族性、文化性等多重特征。同时，这些区域"生态贫困""资本贫困""教育贫困""科技贫困"等错综复杂，相互交织，致贫因素多，持续时间长，贫困程度深，扶贫难度大。这一系列因素使得干旱牧区贫困问题越来越突出，并呈现出与其他贫困地区不同的特殊贫困现象。

虽然内蒙古牧区的贫困县只有10个，数量不是最多的，但由于其致贫原因的特殊性，其贫困程度是难以估计的。基于此，本书运用扩展线性支出系统方法对内蒙古农村牧区贫困线进行测度研究，在计算贫困线时，将国家与内蒙古自治区制定的脱贫标准进一步量化，考虑到贫困的多维性，引入八大类支出，同时人均可支配收入作为被解释变量，选取收入五等分，运用 ELES 模型进行测算，保证贫困线测算的准确性。

1. 数据来源及模型选择

首先，将内蒙古农村牧区居民的消费支出划分为：食品、衣着、居住、生活用品及服务、交通通信、教育文化娱乐、医疗保健、其他用品及服务8大类。

选用精准识别方法中的扩展线性支出系统模型（ELES），时间区间设定为2013～2017年，指标选取内蒙古农村牧区人均可支配收入与八大类消费支出金额，数据均来源于《内蒙古自治区统计年检2014～2018》。

扩展线性支出系统模型（ELES）脱胎于线性支出系统模型（LES）（R. Stone, 1954），由卢奇（Luch, 1973）加以改进，并被广泛应用于研究消费行为的一种需求函数。模型通过消费支出反映需求量，将需求划分为基本需求和考虑个人消费偏好的超额需求。其经济含义可以表述为在一定时期内，收入和价格给定时，消费者在满足基本需求前提下，将剩余收入在各类消费和储蓄间分配。虽然对于同一商品的总需求状况因人而异，但为维持基本生活水平的基础需求却具有一致性。基本需求一致性，是可利用 ELES 模型求出消费者基本需求的货币形式并将其作为基本消费成本的理论参照。此外，从方法学的角度上看，相比于马丁法、收入比例法及世界银行贫困标准，扩展线性支出系统模型是贫困绝对性与相对性的综合体现，还具有随经济发展的动态调整性。

该模型的一般函数表达形式为：

$$p_i q_i = p_i r_i + \beta_i \left(I - \sum_{i=1}^{n} p_i r_i \right) \qquad (3-1)$$

假设有 i 类产品可供人们消费，$p_i q_i$ 表示消费者对第 i 类产品的消费支出。式（3-1）分为两部分：①基础需求，用 $p_i r_i$ 表示。其中，r_i 是第 i 类产品的基本需求量，p_i 表示第 i 类产品的价格。②超额需求，用 $\beta_i \left(I - \sum_{i=1}^{n} p_i r_i \right)$ 表示。其中，I 表示居民可支配收入；β_i 是边际消费倾向。

对式（3-1）进行变形，得：

$$p_i q_i = p_i r_i + \beta_i I - \beta_i \sum_{i=1}^{n} p_i r_i \qquad (3-2)$$

令：$A_i = p_i r_i - \beta_i \sum_{i=1}^{n} p_i r_i$，$y_i = p_i q_i$，可将式（3-2）化简为：

$$y_i = A_i + \beta_i I + u_i \qquad (3-3)$$

式（3-3）中，对于每一类具体产品而言，A_i 和 I 可以通过统计数据得出，便可以通过一阶线性回归模型的 OLS 法，对待估参数 A_i 与 β_i 进行估计。

进一步对公式 $A_i = p_i r_i - \beta_i \sum_{i=1}^{n} p_i r_i$ 左右两端分别求和，得：$\sum_{i=1}^{n} A_i = \sum_{i=1}^{n} p_i r_i - \sum_{i=1}^{n} \beta_i \sum_{i=1}^{n} p_i r_i = \sum_{i=1}^{n} p_i r_i (1 - \sum_{i=1}^{n} \beta_i)$

$$\sum_{i=1}^{n} p_i r_i = \frac{\sum_{i=1}^{n} A_i}{(1 - \sum_{i=1}^{n} \beta_i)} \qquad (3-4)$$

式（3-4）所求结果，即为基本生活成本线。

2. 研究结果与分析

内蒙古自治区农村牧区居民在食品、衣着、居住的拟合效果十分理想（详见表3-7），R^2 均大于0.9，较为显著，均通过一致性检验；生活设备及服务、交通、其他服务拟合效果较理想，R^2 均大于0.76，均通过一致性检验；虽然医疗、教育拟合效果不十分理想，R^2 相对不稳定，但二者均通过一致性检验。最后，选取 R^2 大于0.7进行贫困线测算，结果如图3-2所示。

表3-7　　　　　内蒙古农村居民牧区 ELES 模型拟合结果

年份	观察量	sp	yz	jz	sh	jt	jy	yl	qt
2013	ai	1 715.067	322.2204	980.4711	189.3118	666.9919	653.0581	668.9299	66.28956
	bi	0.06272	0.022494	0.035275	0.010791	0.026519	0.020991	0.00508	0.00557
	R^2	0.989	0.909	0.277	0.948	0.842	0.726	0.0531	0.894
2014	ai	2 382.855	467.8488	1 161.131	312.4409	968.9429	1 139.234	952.7681	133.8219
	bi	0.06575	0.026054	0.051518	0.011561	0.049869	0.017921	0.016159	0.006768
	R^2	0.952	0.945	0.945	0.943	0.766	0.473	0.489	0.877
2015	ai	2 301.047	498.437	1 277.015	281.2049	1 175.935	1 372.109	549.2675	181.8936
	bi	0.076489	0.024815	0.050183	0.018041	0.0419	0.008164	0.052988	0.003925
	R^2	0.953	0.903	0.928	0.941	0.978	0.143	0.917	0.578
2016	ai	2 425.756	588.6738	1 162.776	370.6741	1 205.562	1 387.349	691.6226	139.9058
	bi	0.081131	0.019854	0.071925	0.011811	0.050558	0.014082	0.042739	0.009711
	R^2	0.913	0.938	0.968	0.818	0.947	0.466	0.794	0.879

续表

年份	观察量	sp	yz	jz	sh	jt	jy	yl	qt
2017	a_i	2 605.328	566.9712	1 238.705	355.715	1 282.639	1 433.102	825.3805	154.3941
	b_i	0.061928	0.021912	0.075878	0.013226	0.061535	0.016166	0.036886	0.008265
	R^2	0.948	0.902	0.956	0.963	0.968	0.566	0.951	0.984

经计算可得到图3-2，描述了内蒙古农村牧区贫困线和国家贫困线的对比情况。从图3-2可以看出，内蒙古农村牧区贫困线要高于国家平均贫困线水平，且增幅大于国家贫困线，二者之间的差距越来越大。

图 3-2 2013~2017年内蒙古农村牧区贫困线与国贫线对比

但实际上内蒙古农村牧区有部分牧区贫困旗县的实际水平并没有达到国家贫困线水平，更有部分旗县还没有达到国家划定的内蒙古农村牧区贫困线，例如，四子王旗作为国家贫困旗县，截至2019年7月，其还没有退出国家贫困旗县，更没有达到内蒙古自治区划定的牧区贫困线。图3-2侧面揭示出了多维度贫困线指标与国家划定的贫困线指标的差异，国家采用的是食品、衣着、居住，没有达到多维贫困指标测算的贫困线。因为在构建多维度贫困线时，综合考虑了教育、医疗等多方面原因的影响，与国家划线的内涵机理存在差异，并且，因为全国各地贫困的原因不同，也会使国家贫困线与地方贫困线之间存在差异。

为提高精准识别的水平，提出以下对策建议：

第一，政策是界限。根据国家相关扶贫政策，在识别过程要坚持公开、公平、公正，保障群众的知情权、参与权、监督权，做到对象明确、程序规范、措施得当、效果明显。

第二，申报是基础。组织动员群众申报自己的收入情况，厘清群众收入来源，算清群众年度收入总账，是搞好精准扶贫的基础。所以，要做好群众的思想工作，让其放下包袱，主动申请登记，从而汇总出每一户比较符合实际的收入基数，作为村民相互对比和是否确定帮扶的依据。

第三，公示是关键。在代表们充分酝酿评议识别的基础上，以村委名义进行张榜公布识别出的贫困户，征求群众意见。在一定时间内征求的意见提交代表再次酝酿评议，并进行二次张榜公布征求意见。经过二次征求意见后，党支部、村委会同代表共同研究确定精准扶贫对象。

第四，评议是手段。根据每户村民上年度收入情况，组织党员代表、群众代表进行民主评议。具体为以村为单位，按照每户家庭经济收入情况，结合本村贫困人口指标数，从低到高进行分类排队，然后选择确定贫困户。

二、消费结构识别

消费是人类最基本的活动，是人类生存和发展的必要条件。从消费内容来看，消费并不是单一的，而是丰富和多元的。在一定的社会经济条件下，人们在消费过程中所消费的各种不同类型的消费资料的比例关系就是消费结构。它不仅体现了消费水平和消费层次，而且直接反映了消费者的生活质量。

贫困线识别虽能识别出贫困户的基本家庭收入，但是不能反映价格变化对农村居民的生活影响及消费结构以及生活质量水平。

（一）数据来源及模型选择

将内蒙古农村居民的消费支出划分为食品、衣着、居住、生活用品及服务、交通通信、教育文化娱乐、医疗保健、其他用品及服务8大类。选择AIDS模型，样本区间设定为2001~2017年，指标选取内蒙古自治区农村居民各类消费品价格指数和人均消费支出金额，数据均来源于《内蒙古统计年鉴2002~2018》，详见附录（附表1）。消费价格指数以2001年为基期，将2002~2017年价格指数进行调整。

（二）消费支出所占份额

分析表3-8可知，2001~2017年，内蒙古自治区农村食品消费支出占总消费支出的比重在逐年下降，即恩格尔系数逐年降低，这表明人民生活水平得到提升，贫困状况得以逐步改善。居民居住消费占总消费支出变化幅度相对较大，自2006年后逐年增长，表明居民更愿意在改善居住条件方面进行投资。交通通信消费支出占总支出的比重也在增加，反映出交通条件的改善以及通信能力的现代化水平得以提高。衣着、生活用品及服务的消费占比变化不明显，侧面反映出居民消费侧重点并不在提升衣着、生活用品及服务方面。

表 3-8　　　　　2001~2017 年内蒙古农村各类消费支出所占份额

年份	食品	衣着	居住	生活用品及服务	交通通信	教育文化娱乐	医疗保健	其他用品及服务
2001	0.437	0.070	0.153	0.039	0.073	0.064	0.137	0.027
2002	0.434	0.070	0.149	0.039	0.071	0.071	0.139	0.026
2003	0.413	0.069	0.139	0.037	0.070	0.108	0.145	0.018
2004	0.427	0.064	0.128	0.034	0.074	0.116	0.140	0.017
2005	0.431	0.061	0.137	0.035	0.120	0.126	0.072	0.018
2006	0.390	0.067	0.127	0.035	0.131	0.144	0.084	0.022
2007	0.393	0.070	0.146	0.036	0.115	0.130	0.086	0.023
2008	0.410	0.066	0.157	0.036	0.112	0.110	0.089	0.019
2009	0.398	0.069	0.154	0.037	0.118	0.098	0.105	0.022
2010	0.375	0.071	0.169	0.040	0.134	0.084	0.105	0.022
2011	0.375	0.072	0.160	0.044	0.132	0.095	0.097	0.024
2012	0.373	0.075	0.169	0.042	0.143	0.081	0.092	0.025
2013	0.355	0.078	0.153	0.042	0.152	0.076	0.114	0.029
2014	0.305	0.073	0.168	0.043	0.147	0.132	0.112	0.020
2015	0.294	0.072	0.171	0.045	0.155	0.137	0.105	0.022
2016	0.293	0.071	0.174	0.044	0.156	0.135	0.104	0.022
2017	0.278	0.068	0.180	0.043	0.169	0.135	0.106	0.021

（三）结果分析

结果如表 3-9~表 3-11 所示。

表 3-9　　　　　内蒙古农村消费结构 AIDS 模型估计结果

消费品类别	食品	衣着	居住	家庭设备	交通通信	教育	医疗	其他用品及服务
变量	w_1	w_2	w_3	w_4	w_5	w_6	w_7	w_8
P_1	0.329665	0.507762	-0.20315	-0.0427533	0.238483	0.0028951	-0.278506	-0.558282
P_2	1.42E-15	-0.54914	-1.4E-15	-0.0962387	-1.48642	2.10E-15	7.36E-16	2.139935
P_3	3.02E-15	1.359934	-3.3E-16	0.0202026	-1.58339	-2.82E-15	1.30E-15	0.2016126

续表

消费品类别	食品	衣着	居住	家庭设备	交通通信	教育	医疗	其他用品及服务
变量	w_1	w_2	w_3	w_4	w_5	w_6	w_7	w_8
P_4	-0.32967	-1.2E-15	-1.5E-15	-6.18E-16	-1.5E-15	5.34E-16	0.2561068	-3.55E-17
P_5	-6.8E-16	2.173958	-0.1836	0.1627415	6.63E-16	-0.0028951	-0.487547	-1.619517
P_6	-3E-15	0.05276	3.26E-17	-0.3016782	9.81E-16	-6.29E-16	0.5099464	-0.2588177
P_7	-3.2E-16	-1.90026	-2.9E-15	0.0355156	1.99836	-1.36E-15	6.47E-17	-0.1244016
P_8	-5.7E-16	-1.64502	0.386752	0.2222104	0.832967	-6.24E-16	-5.68E-16	0.2194705
$\ln(X/P)$	4.936993	2.344028	-0.5855	-0.0756401	-4.77982	1.658803	0.9052992	-4.40417
_cons	-1.4E-16	1	-1.6E-15	1.77E-15	4.3E-17	-1.99E-16	7.02E-16	3.93E-17

表 3-10 内蒙古农村居民消费支出弹性

收入弹性	食品	衣着	居住	家庭设备	交通通信	教育	医疗	其他用品及服务
e_i	13.5	34.6	-2.82	-0.917	-41.6	17.6	9.26	-202.30

表 3-11 内蒙古农村居民消费自价格弹性与交叉价格弹性

消费品类别	食品	衣着	居住	家庭设备	交通通信	教育	医疗	其他用品及服务
食品	0.230	6.667	-1.932	-1.686	1.518	-0.577	-3.147	-26.375
衣着	-0.930	-8.796	-0.930	-3.362	-14.165	-0.930	-0.930	97.846
居住	-0.847	18.632	-0.847	-0.336	-14.945	-0.847	-0.847	8.459
家庭设备	-1.797	-0.960	-0.960	-0.960	-0.960	-0.960	1.377	-0.960
交通通信	-0.888	30.250	-2.087	3.225	-0.888	-0.917	-5.337	-75.642
教育	-0.900	-0.145	-0.888	-8.525	-0.900	-0.900	3.753	-12.847
医疗	-0.890	-28.108	-0.890	0.007	16.903	-0.890	-0.900	-6.633
其他用品及服务	-0.978	-22.540	1.548	4.638	6.438	15.668	-0.978	9.152

注：表3-9反映的是各项回归参数；表3-10反映人均收入与八大支出之间的变化关系，系数为正，同向变化；表3-11反映八大支出的自价格弹性与交叉价格弹性。

1. 食品支出

食品消费支出收入弹性为13.5，表明食品消费支出与收入呈同向变化趋势，收入增加会带来一定数量的需求支出的增加。收入上升后，农村居民并不愿意通过压缩食品支出的方式满足对其他支出的要求。食品的自价格弹性系数为0.230，说明食品不具有弹性，属于必需品，居民对食品价格的变动不十分敏感。不可否认，近些年，内蒙古农村居民的食品支出比重逐渐下降，但仍然占到消费总支出的25%以上。与衣着、居住、家庭设备、交通通信、教育、医疗、其他用品及服务存在互补关系，即食品价格上涨，人们对必需品的需求量几乎不变，会给另七大类支出带来下降，需求量下降，意味着内蒙古农村居民基本生活支出还是维持在基本生活需求层面。

2. 衣着消费支出

衣着消费支出在逐年增加，由附表1可知，从2001年人均年支出109.31元到2017年人均年支出824.3元，年平均增长率12.6%，衣着消费支出收入弹性为34.6，表明居民可支配收入提高，衣着消费支出较为旺盛。居民对衣着的消费观已经由生存需求向着"品质""潮流"方向迈进。衣着的自价格弹性系数为-8.796，且与家庭设备支出、交通通信支出存在强互补关系。目前内蒙古农村居民仍然比较关注家庭内部环境的改善，愿意通过购买家庭设备的方式提高自身生活品质。但在可支配收入有限的情况下，高端衣物价格仍是影响其购买欲望的主因，并且衣着消费支出与交通通信支出存在强替代关系。可见内蒙古自治区农村居民在衣着支出方面的诉求在不断提升，是其生活水平提升的参照。

3. 居住消费支出

与食品支出相类似，内蒙古农村居民居住消费支出收入弹性为-2.82，其对居住有更高的要求，也更富有选择性，居住的自价格弹性系数为-0.847，说明居住开支富有弹性，且价格与居住消费开支呈同向变化，价格增加不会引起需求的即刻减少，这与内蒙古农村居住支出逐年增长相吻合，也与"十三五"期间内蒙古各级政府积极稳妥地推进易搬迁地扶贫工程有直接关系，易地扶贫搬迁，让内蒙古农村居民对居住消费支出更有"安全感"。根据居住支出的交叉价格弹性，其与其他用品及服务支出存在替代关系，另六类存在互补关系，并与交通通信存在较强的互补关系。

4. 家庭设备支出

家庭设备支出收入弹性为-0.917，表明内蒙古农村居民的消费层次显著提高，农村居民乐意购买家庭设备作为提升生活品质的重要补充。该类自价格弹性系数为-0.960，属于低质品，即不是家庭的主要支出项。总体来看，内蒙古自治区农村居民的家庭设备支出在逐年增加，由附表1可知，从2001年人均年支出60.41元，到2017年人均年支出522.1元，表明农村居民对家庭设备有了更高的追求，但相对于价格，农村居民更着重从耐用度、实用性等方面对其进行考量。

从交叉价格弹性的角度看，家庭设备支出与食品、衣着支出、教育存在较强的互补关系，用在教育方面的支出增多，势必会导致家庭设备支出的减少。家庭设备与居住消费支出属于配套消费支出，居住支出的增加催生了家庭设备的购置。

5. 交通通信支出

交通通信支出收入弹性为-41.6，表明收入增加并不能带来交通支出的增加，这可能跟内蒙古早期相对较差的交通环境及通信能力有关。2001年人均交通通信年支出113.2到2017年人均年支出2 055.6元，这与我国经济社会发展的大环境有关，也与国家对西部地区通信基础设施建设的大量投入改善有直接关系。交通通信设备的自价格弹性系数为-0.888，说明居民消费对交通通信价格的敏感度较大，居民不会将更多的收入投入到改善交通通信条件。

从交叉价格弹性可以看出，交通通信支出与衣着、居住支出存在较强的互补关系，可见，内蒙古居民开始注重"内外兼修"，在改善自身生活环境的同时，也逐步开始扩大自身的社会活动范围。

6. 教育支出

教育消费支出收入弹性为17.6，位居所有支出项目首位。表明随着收入的提高，教育支出增加最为明显，由附表1可知，从2001年人均年支出99.57元到2017年人均年支出1 638.6元，这符合内蒙古自治区建设教育强省，把教育脱贫作为教育系统的首要政治任务的要求。但是，教育的自价格弹性系数为-0.900，教育支出富有弹性，表明在价格变动面前，居民对教育的投资与消费选择仍存在"后顾之忧"，这就需要将教育提质增效理念进一步贯彻落实，强化对教育的"兜底"力度。教育支出且与食品、居住、家庭设备、衣着支出及医疗支出存在互补关系，可见在一定程度上，教育支出在消费支出结构中具有"牵一发动全身"的效果。

7. 医疗消费支出

医疗保健的支出收入弹性为9.26，医疗保健消费仍被内蒙古地区农村居民作为奢侈品看待，由附表1可知，从2001年人均年支出213.65元到2017年人均年支出1 288.4元，支出增加与国家良好的医疗政策有关，但增长幅度远不及其他指标，表明居民的医疗观念仍处在较低的层次。医疗的自价格弹性系数为-0.900，医疗支出富有弹性，居民对医疗价格的变动较为敏感，医疗价格变动已成为影响该项目支出预期的重要标准。目前，内蒙古农村居民医疗支出占比逐年增加（见表3-8），根据交叉价格弹性，医疗消费支出与食品支出存在强互补性。可见，医疗成本负担的增加会进一步加重居民的生活负担，因病致贫、因病返贫仍然是内蒙古自治区目前精准扶贫工作的难点。

8. 其他用品及服务

由附表1可知，从2001年人均年支出41.8元到2017年人均年支出258.4元，由表3-9可知，目前服务项目支出比重始终处于较低水平，占家庭总支出的2%左右，且其消费支出弹性高达-202.30，如表3-10所示，可见内蒙古农村居民把服务项目作为劣质品进行消费，更多追求高品质服务。但其自价格弹性系数为正值9.152，且系数绝对值较大，表明内蒙古农村居民对服务项目消费品的享受更加重视，居民通过消费这些服务获得了高质量的生活享受。根据服务项目的交叉价格弹性，其他用品及服务与交通通信有较强的互补关系。

内蒙古农村居民生活得到改善，追求更高的居住环境与穿衣打扮，但教育、医疗项目具有较高的消费支出弹性，被内蒙古农村居民视为奢侈品看待，未来支出规模仍有进一步扩大的可能性。这两项支出与食品、衣着、家庭设备、居住、交通通信支出具有互补关系，意味着教育与医疗的过高投入，会严重影响内蒙古农村居民的生活质量。由于农村居民对教育的攀比及人口老龄化的增加，教育与医疗的支出势必增加，很大可能会导致脱贫的人返贫。因此，国家及政府有关部门应当支持和服务于上述消费品的生产开发。在引导企业投资方向的基础上，加强农村市场体系建设与监管力度，逐步消除城乡二元结构壁垒，避免医疗、教育支出负担成为影响内蒙古农村居民消费层次提升的现实阻碍。

第六节 内蒙古自治区扶贫精准识别典型案例

内蒙古自治区是少数民族集中主要区域，因其贫困地域波及广、贫困原因多维、贫困程度深，导致内蒙古贫困发生率一直位居全国前列，这也为内蒙古地区扶贫工作的开展带来了巨大的挑战。贫困识别工作的精准开展对推动内蒙古脱贫工作的顺利开展，无疑是奠基性的一步。近年来，关于贫困人口的精准识别，内蒙古多旗县结合当地特色，逐渐补充和完善了贫困识别的方法体系。

一、翁牛特旗

翁牛特旗是内蒙古自治区典型的牧区，位于赤峰中部，辽河上游，有111个重点嘎扎村，近8万余人的贫困人口，基础设施极为薄弱，水、电、交通落后无法满足农牧民的日常生活需求，生态环境脆弱、草原荒漠化、水土流失加剧更是摆在牧民脱贫面前头等大事，严重阻碍了扶贫攻坚的进程。

近年来，随着精准扶贫工作稳步推进，翁旗贫困现状得到了明显的改善。2019年更是力争实现脱贫人口1万余人，全旗嘎扎村全部脱帽的目标。就贫困识别工作而言，翁牛特旗坚定不移推行"五个贯穿始终"精准识别贫困人口，成为内蒙古贫困人口的精准识别工作的典型。

一是强有力的组织领导贯穿始终。各基层政府、旗委统筹脱贫工作全局，实行自上而下工作层层推进，各基层部门之间互相协调，以期实现工作有条不紊地进行。针对各地区脱贫攻坚工作进度不一，组织人员到脱贫攻坚模范区进行实地考察，通过对比分析，找出不足，找准下一步改进方案。

二是践行党的群众路线贯穿始终，上级人员到基层监督调研，通过实地跟踪调研走访，获取一手资料，分析当地致贫原因，分析未来工作发展方向。在识别过程中，严格按照确定的操作规程，认真开展各环节、各阶段的工作。为确保做到建档立卡工作政策公开、规则公平、结果公正、群众公认，翁牛特旗始终坚持充分依靠群众，让群众当家做主，由群众自愿提出申请，逐户逐项评估打分，再由各嘎查村召开村民大会或村民代表大会，采取举手表决、投票公决等易于操作的方式进行评议、评定。通过充分发扬民主，既保证了识别工作的顺利开展，又有效防止了矛盾产生。

三是把公开公正透明原则贯穿始终，做到事前、事中、事后全面公平公正，基层扶贫工作小组、村"两委"严格执行公告公示制度，接受群众的监督。对确定的贫困户初选名单进行公示公告，对群众有意见的初选对象，由嘎查村两委和包村工作队进行调查核实，重新评议后再进行公告公示，直到群众无异议后再上报苏木乡镇街道政府审核。各嘎查村也采取多种方式进行公告公示，有的在嘎查村公告公示栏进行公示，有的在自然村人群经常集中的场所进行公告公示，还有的通过召开自然村村民大会的方式通报评定结果。部分嘎查村经反复评定和公告公示，才完成贫困户识别。嘎查村上报评定结果后，各苏木乡镇街道政府组织人员进行初审，初审后在政府公开栏和各村公示栏再进行公告公示，群众无异议后上报旗扶贫部门复审，如图 3-3 所示。

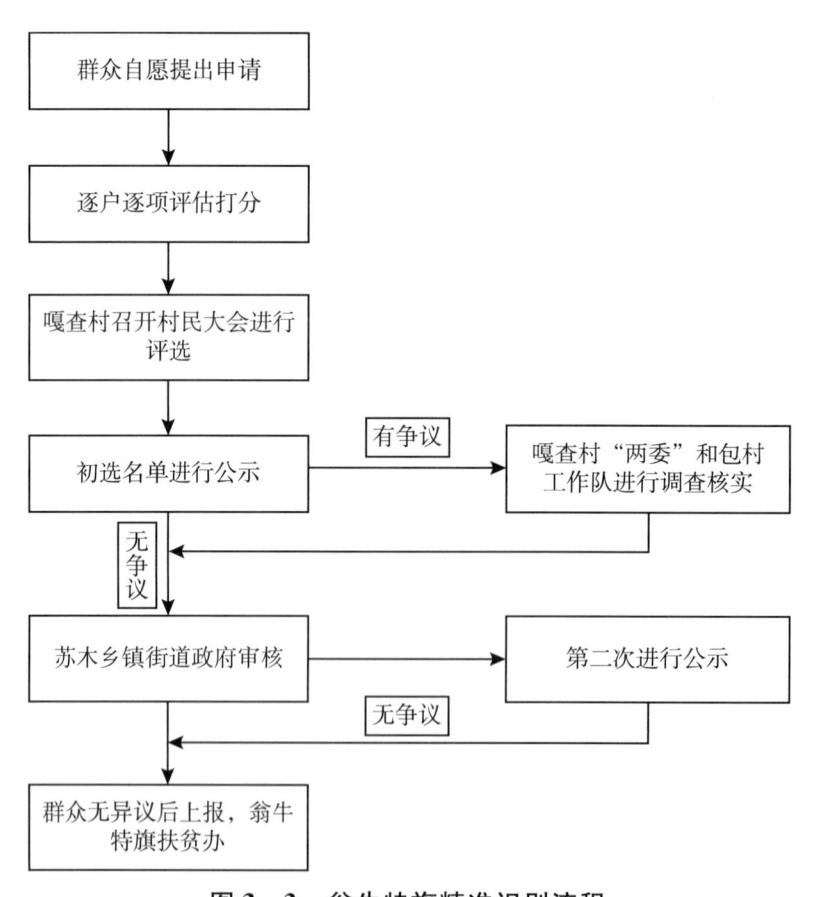

图 3-3　翁牛特旗精准识别流程

四是把全方位的宣传培训贯穿始终，利用广播、电视等新媒体手段，向群众全方位宣传精准扶贫政策，让更多人了解参与到这项工作中来，对于扶贫另一主体基层工作人员，积极开展精准扶贫工作的各项流程培训工作，此外对于精准扶贫工作各项流程中的文件数据等资料要妥善保管以备上级领导核查。

五是把严格的监督检查贯穿始终，确保精准扶贫政策保质保量完成，避免扶贫工作流于形式，保障真贫民的利益，实行全程严格督查机制，出现问题及时汇报纠正。同时为全方位覆盖扶贫工作监督体系，成立了以旗委、政府督查室牵头成立3个督查组，采取听汇报、看档案、随机抽查等方式，对建档立卡工作全程进行专项督查，对存在问题的地区，及时督促整改。

翁牛特旗坚定不移推行"五个贯穿始终"精准识别贫困人口，扶贫效果显著，全旗贫困人口从2013年底的53 386多人减少到2017年底的18 925人，贫困发生率由12.8%下降到4.6%。脱贫工作取得重大进展，为整体脱贫奠定了坚实基础。

二、林西县

林西县位于内蒙古东南部，赤峰市北部，地处西辽河上游，隶属于半农半牧地区。早在1986年林西县就已被确定为国家级贫困县，交通不畅、自然环境恶劣（是全区霜灾、虫灾重区之一）、地形复杂全县耕地多且分布不均是制约林西县经济快速发展的主要因素。作为国家级贫困县，国家重点帮扶县之一，林西县自精准扶贫战略提出以来一步一个脚印，扎实推进精准扶贫工作进展，取得了可喜的成就。贫困发生率由2014年的10.9%降至目前的1.64%，成为内蒙古首个脱贫摘帽县。

近年来，林西县委、县政府坚持以脱贫攻坚统揽经济社会发展全局，将脱贫攻坚纳入乡村振兴规划全盘考虑、统筹推进。坚持党建引领，提出"1+20"政策支撑体系，明确7个层面职责任务。通过"六项机制""悬冠激励"，选派过硬干部驻村。跨行业、跨地域与镇村组建"党建联合体""以强带弱、抱团发展、资源共享、协调推动、合作共赢、引领脱贫"。发展"甜菜、生猪、金鸡、中草药、野果"5种全产业链扶贫产业。通过精准扶贫十大工程之一"易地搬迁+"策略解决贫困人口稳定脱贫问题。实施健康扶贫工程使全县15 107名贫困人口从中受益。设立"孝扶共助"基金，推行"孝扶共助"，将丧失劳动能力贫困人口全部纳入低保、五保救助范围。

在林西县精准扶贫工作中，为切实提升人民群众满意度，走准、走顺、走稳精准扶贫第一步精准识别工作，基层扶贫干部采用"5+2"工作法，反复核查初选入库潜在扶贫对象的真实性，为精准扶贫工作后续开展走下了坚实一步。如图3-4所示。

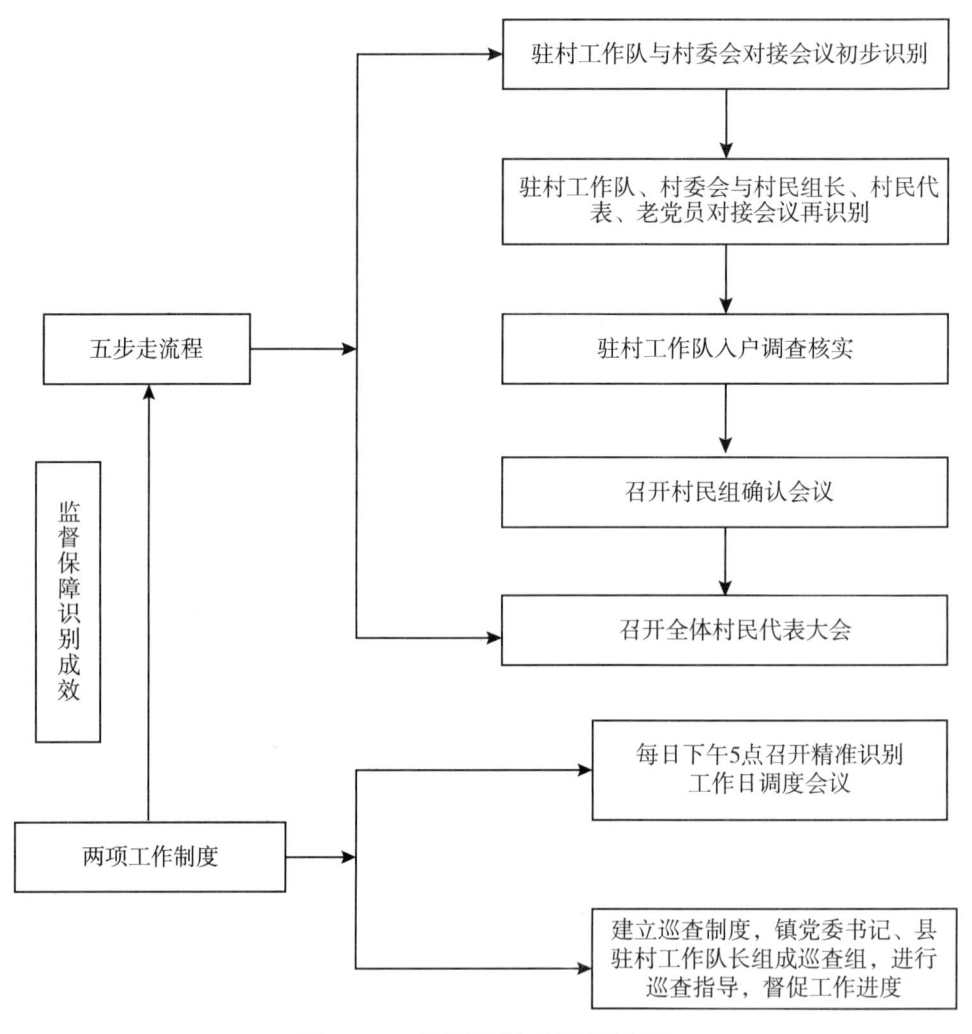

图 3-4　林西县精准识别流程

"5"即通过"五步走"的工作流程，开展精准识别工作：第一步，召开驻村工作队与村委会对接会议初步识别；第二步，驻村工作队、村委会与村民组长、村民代表、老党员对接会议再识别；第三步，驻村工作队入户调查核实；第四步，召开村民组确认会议，经村民组长、村民代表、户代表、老党员确认；第五步，召开全体村民代表大会表决通过，形成精准识别新增贫困户、建档立卡错识错评户、特殊贫困户、建档立卡保留户名单。

"2"即建立两项工作制度，保证精准识别成效。建立调度制度，根据识别工作中出现的特殊情况，每天下午5点召开精准识别工作日调度会议，及时解决问题，建立巡察制度，镇党委书记、县驻村工作队长组成巡查组，对各行政村进行巡查指导，督促工作进度。

通过精准识别工作的有效开展，识别准确度得到了进一步提升，多元主体的满意度得到了显著改善，2017年底，林西县退出国家贫困县。

三、武川县

武川县的精准识别成为有效精准识别的案例首先源于精准识别对武川的特殊重要性，历史上武川穷，地方经济落后，贫困人口众多。这个位于内蒙古呼和浩特市北郊的小镇，是国家级贫困县，城地域总面积有4 885平方公里，有53个国家级重点贫困村。2014年国家建档立卡贫困户6 064户13 050人[1]。山地丘陵面积较大，主导产业为农耕，尽管产业结构逐渐在完善，但在恶劣的环境、不完善的交通信息化建设、较落后的基础设施配套项目及不成熟的现代化农耕技术等综合条件考量下，武川县仍无法退出贫困县。

2016年初，武川县尚有建档立卡贫困人口2 809户5 567人[2]，截至2019年5月底，武川县享受扶贫政策建档立卡贫困户共计7 914人。其中未脱贫92人，正常脱贫7 822人[3]。

武川县为做好精准识别工作，紧紧围绕"三严、四准、五动员"工作方针，对前期精准识别工作进行再确认，如图3-5所示。截至2019年7月，武川县已退出贫困县。其中"三严"指"严格要求""严格程序""严格责任"。严格要求指夯实扶贫工作人员基础，针对全市扶贫人员开展了扶贫对象建档立卡"回头看"培训班；严格程序指针对上级划定的本地扶贫指标数，基层人员要严格依据识别程序层层遴选，从识别帮扶对象到最终确定建档立卡对象资料入库，遵循整套精细流程，依规章办事；严格责任指在扶贫工作中要明确不同主体的责任，形成以旗县区"一把手"为第一负责人，村"两委"、帮扶责任人等基层工作人员组成的工作班底，做到权责一致，不是出了事情，互相推诿，层层免责，上级政府都没问题，基层扶贫人员成了"替罪羊"，导致工作效率低下，出现德不配位的现象。"四准"指在精准识别工作中紧紧围绕"四看"进行核查，即核准帮扶对象、甄别扶贫主体指标数据、明晰帮扶对象脱贫需求、核查扶贫专项资金使用。"五动员"指在充分利用信息系统的基础上，以旗县区为单位，动员组织乡镇、行政村"两委"班子、驻村工作队、帮扶责任人和各级干部等对所有建档立卡贫困户、贫困村进行全面精准再识别。如图3-5所示。

---

[1] 武川县：国贫县走出脱贫攻坚新路 [EB/OL]. http://inews.nmgnews.com.cn/system/2018/09/13/012567352.shtml, 2018-09-13.
[2] 有效提升武川县金融服务与精准扶贫工作水平的探索与思考 [J]. 北方金融, 2016 (6).
[3] 下足"绣花功夫"摘掉"国贫"帽子——呼和浩特市武川县脱贫攻坚纪实 [EB/OL]. https://www.sohu.com/a/381563955_120214179, 2020-03-20.

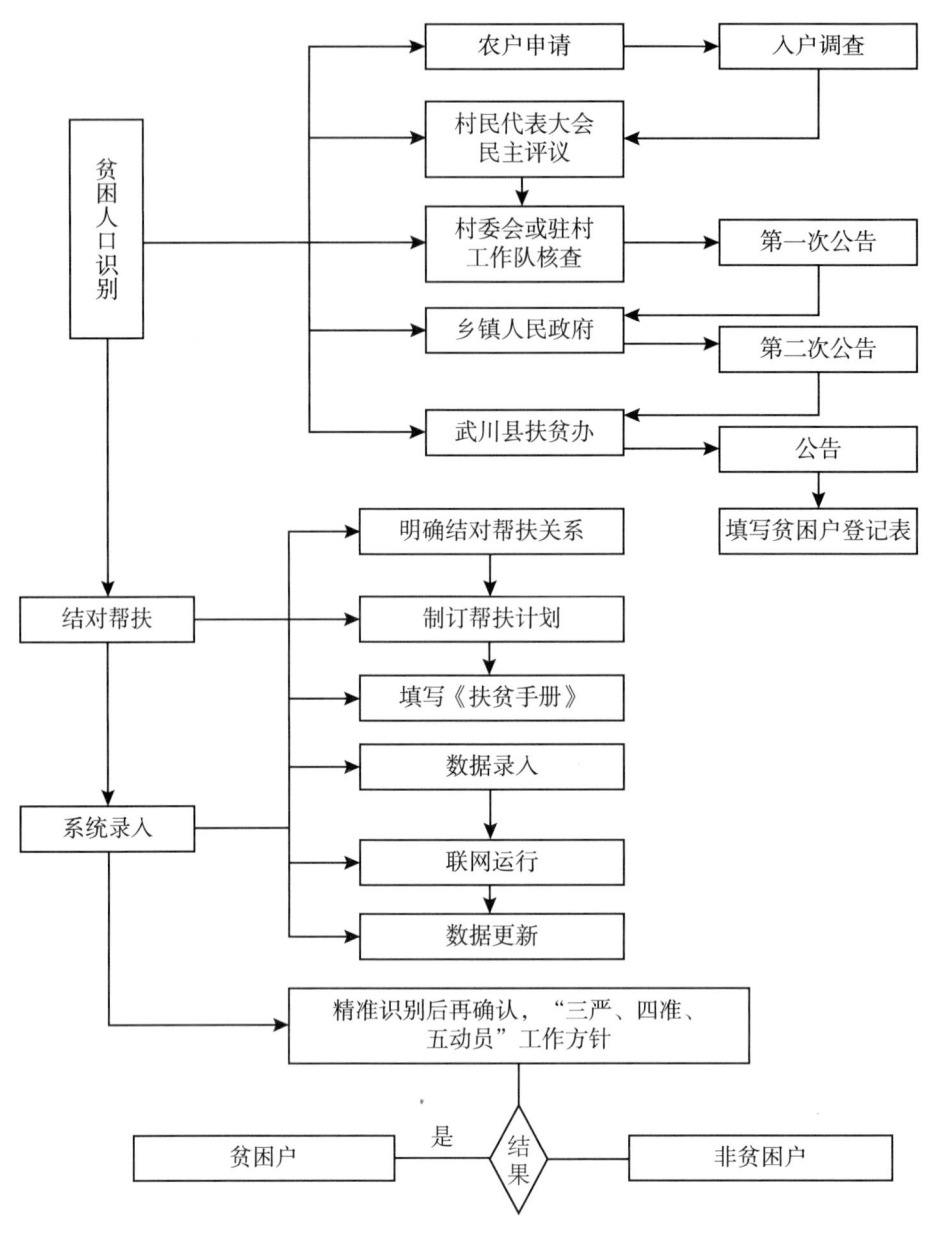

图 3-5　武川县精准识别流程

CHAPTER 4

第四章 内蒙古自治区扶贫工作中的精准帮扶

第一节 精准帮扶政策及维度

习近平总书记2015年6月在贵州考察时提出了"六个精准"的扶贫脱贫基本要求，即扶持对象精准、项目安排精准、资金使用精准、措施到户精准、因村派人精准、脱贫成效精准。这成为扶贫脱贫工作的基本思路和工作方式，使扶贫脱贫工作由过去的"大水漫灌"转变为"精准滴灌"，对症下药、精准施策，由点到面，由量变到质变，大大提高了扶贫脱贫效果。

精准帮扶是指对识别出来的贫困户和贫困村，深入分析致贫原因，落实帮扶责任人，逐村逐户制定帮扶计划，集中力量予以扶持，是针对以往粗放式帮扶而提出的一种精准到人到户的新的帮扶理念，是从政策制定学习到具体业务工作的转变。

精准帮扶是精准扶贫的关键环节，实现精确帮扶，有利于深入落实习近平总书记的"实事求是，因地制宜，分类指导，精准扶贫"的工作方针；有利于帮扶措施深入到人、深入到户；有利于做到"六个到村到户"，真正挖掘资源优势，释放扶贫政策含量；有利于做到措施到户，因户施策，切实改善贫困人口生活条件，帮助发展生产，增加收入；有利于实现资金到位，各种专项扶贫资金直接到户，达到专款专用，用到实处；有利于派人精准扶贫，制定个性化帮扶措施，实现贫困户"点菜"，派村干部"下厨"，做到不脱贫不脱钩。

一、政策统筹是基础

国家政策是精准帮扶的基准线，是各地广泛开展精准帮扶工作的基础和保障。2017年全国扶贫开发工作会议指出，"坚持精准扶贫精准脱贫的基本方略，建立精准帮扶的工作体系，并且国务院扶贫开发领导小组明确将2018年作为脱贫攻坚作风建设年，为精准帮扶提供了工作体系。"党中央及各部委的主要政策详见表4-1，内蒙古自治区精准扶贫相关政策详见表4-2。

表4-1 党中央精准帮扶相关政策梳理

时间	政策文件名称/会议名称	主要内容
2014年1月25日	《关于创新机制扎实推进农村扶贫开发工作的意见》	专业扶贫措施与贫困识别结果相衔接，逐村逐户制定帮扶措施并健全干部驻村帮扶机制
2015年9月21日	《全国工商联 国务院扶贫办 中国光彩会关于推进"万企帮万村"精准扶贫行动的实施意见》	提出帮扶方式包括产业扶贫、就业扶贫、公益扶贫
2016年2月	《省级党委和政府扶贫开发工作成效考核办法》	对于精准帮扶的考核包括对驻村工作队和帮扶责任人帮扶工作的满意度
2016年9月30日	《国家旅游局办公室关于实施旅游万企万村帮扶专项行动的通知》	实施旅游万企帮万村专项行动，给出具体帮扶措施，包括结对帮扶、景区带村、安置就业等
2016年12月2日	《关于切实做好就业扶贫工作的指导意见》	坚持分类施策，根据未就业贫困劳动力和已就业贫困劳动力，以及贫困家庭未升学初、高中毕业生的就业需求，采取有针对性的帮扶措施
2017年5月31日	《关于做好财政支农资金支持资产收益扶贫工作的通知》	强调实施差异化扶持政策，通过资产收益扶贫项目优先吸纳本地贫困劳动力就业，帮助有劳动能力的贫困户通过就业脱贫增收
2017年8月8日	《支持社会工作专业力量参与脱贫攻坚的指导意见》	鼓励社会工作专业力量要参与贫困群众救助帮扶
2017年12月18~20日	中央经济工作会议	瞄准特定贫困群众精准帮扶，向深度贫困地区聚焦发力；激发贫困人口内生动力，加强考核监督，确保有针对性地进行精准帮扶，精准识别贫困户的基础上保证具体扶贫措施到户到人
2017年12月24日	《关于加强贫困村驻村工作队选派管理工作的指导意见》	明确主要任务是指导开展贫困人口精准识别、精准帮扶、精准退出工作，参与拟定脱贫规划计划，保证驻村工作队能够切实落实政策，真正深入贫困户，了解真实情况，提供个性化的帮扶措施，从而使得贫困户早日脱贫
2018年6月15日	《中共中央 国务院关于打赢脱贫攻坚战三年行动的指导意见》	强化到村到户到人精准帮扶举措

续表

时间	政策文件名称/会议名称	主要内容
2019年3月11日	《关于开展2019年度农村公路扶贫公路质量检测志愿帮扶工作的通知》	推动"四好农村路"建设,了解掌握农村公路、扶贫公路建设质量情况,推动农村公路、扶贫公路建设高质量发展,助力脱贫攻坚、乡村振兴战略
2019年4月28日	《2019年网络扶贫工作要点》	指出突出特殊贫困群体,创新网络扶贫帮扶举措
2019年5月23日	《关于做好易地扶贫搬迁就业帮扶工作的通知》	通过多渠道拓宽就业门路,开展职业技能培训和实施属地就业服务管理等措施缓解搬迁群众就业压力
2019年6月18日	《关于印发加强三级中医医院对口帮扶贫困县县级中医医院工作方案的通知》	统筹对口帮扶贫困县县级中医医院的各方力量,实现贫困县县级中医医院对口帮扶工作全覆盖,进一步提升贫困县中医药服务能力和水平
2020年3月20日	《关于建立防止返贫监测和帮扶机制的指导意见》	把防止返贫作为当前及今后一个时期扶贫工作的重要任务,围绕"两不愁三保障"主要指标,统筹政府、市场和社会资源,建立防止返贫监测和帮扶机制
2020年4月1日	《关于开展2020年度农村公路扶贫公路质量安全检测志愿帮扶工作的通知》	掌握农村公路、扶贫公路检测质量建设情况,促进农村公路、扶贫公路质量安全水平提升,建成质量耐久、安全可靠的农村公路、扶贫公路基础设施
2020年4月30日	关于开展易地扶贫搬迁就业帮扶专项行动的通知	聚焦有劳动能力和就业意愿的搬迁群众尤其是建档立卡贫困搬迁群众,聚焦易地扶贫搬迁大型安置区,综合运用就业服务各种措施,集中力量加大就业帮扶,促进一批搬迁群众就业创业
2020年5月9日	《关于应对新冠肺炎疫情进一步帮扶服务业小微企业和个体工商户缓解房屋租金压力的指导意见》	受新冠肺炎疫情影响,服务业小微企业和个体工商户房屋租金成本支出压力大,国有房屋租赁相关主体要带头履行社会责任、主动帮扶小微企业,鼓励非国有房屋租赁相关主体在平等协商的基础上合理分担疫情带来的损失
2020年6月2日	《关于启用三级医院对口帮扶贫困县县医院工作信息管理系统的通知》	进一步夯实对口帮扶工作,提高管理效能,减轻基层填报负担
2020年7月2日	《关于做好52个未摘帽贫困县建档立卡贫困家庭高校毕业生就业精准帮扶工作的通知》	按照促进高校毕业生就业"百日冲刺"行动安排,抢抓毕业生离校前后工作关键期,聚焦未就业的贫困家庭毕业生,全力推动5项"促就业"重点任务落地落实,让有就业意愿的贫困家庭毕业生尽早实现就业

续表

时间	政策文件名称/会议名称	主要内容
2020年7月15日	《关于进一步加强贫困家庭高校毕业生就业帮扶工作的通知》	将贫困家庭高校毕业生及时纳入就业帮扶，坚持重点关注、重点推荐、重点服务，建立健全覆盖就业创业全过程的帮扶机制，统筹调动资源，突出精准施策，加强关爱指导
2020年8月29日	《关于用好财政扶贫资金项目支持克服洪涝地质灾害影响的通知》	统筹灾后恢复重建和脱贫攻坚工作，有效克服洪涝地质灾害等对脱贫攻坚的影响，认真做好受灾困难群众帮扶救助，防止因灾致贫返贫，确保如期全面脱贫
2020年10月23日	《关于做好易地扶贫搬迁集中安置社区治理工作的指导意见》	完善社区服务功能，拓宽就业渠道，促进社区融入，构建全周期后续扶持机制，努力把安置社区建设成为安居乐业的幸福新家园
2020年12月16日	《关于实现巩固拓展脱贫攻坚成果同乡村振兴有效衔接的意见》	建立农村低收入人口和欠发达地区帮扶机制，健全乡村振兴领导体制和工作体系，加快推进脱贫地区乡村产业、人才、文化、生态、组织等全面振兴
2021年1月4日	《关于全面推进乡村振兴加快农业农村现代化的意见》	农业农村现代化规划启动实施，脱贫攻坚政策体系和工作机制同乡村振兴有效衔接、平稳过渡，乡村建设行动全面启动，农村人居环境整治提升，农村改革重点任务深入推进，农村社会保持和谐稳定
2021年3月26日	《中央财政衔接推进乡村振兴补助资金管理办法》	支持巩固拓展脱贫攻坚成果，健全防止返贫致贫监测和帮扶机制，支持衔接推进乡村振兴

（一）党中央精准帮扶相关政策统筹情况分析

自2013年11月习近平总书记提出精准扶贫重要思想以来，精准帮扶作为精准扶贫的关键要素，体现在诸多国家政策中。随着时间的推进，国家各项政策的侧重点有所变化，2014年强调逐村逐户制定帮扶机制。2015年提出帮扶方式包括产业扶贫、就业扶贫、公益扶贫，政策基本上处于宏观方面的指导。2016年以后，国家关于精准帮扶的政策逐渐转向微观层面，更为注重具体层面的帮扶措施制定，例如，2016年制定精准帮扶考核标准，并针对就业问题制定有针对性的帮扶措施。2017年提出通过资产收益扶贫方式帮扶困难群众，鼓励社会工作专业力量参与精准帮扶工作。2019年在网络扶贫工作要点中提出突出特殊贫困群体，创新网络帮扶措施。2020年提出防止返贫，进一步加强高校毕业生帮扶和易地搬迁安置工作，并且为2021年乡村振兴做好有效衔接工作。因此，随着精准帮扶政策的逐渐推进，国家政策制定的视角逐渐转移到具体的就业帮扶、资产收益帮扶、网络帮扶、防止返贫等方面，更注重政策实效，更能体现出具体性和创新性。

（二）内蒙古自治区精准扶贫相关政策统筹分析

内蒙古自治区精准帮扶相关政策梳理见表4-2。

表4-2　　　　　内蒙古自治区精准帮扶相关政策梳理

时间	政策名称/会议名称	主要内容
2015年 4月10日	《内蒙古扶贫办2015年工作要点》	对于精准帮扶措施，要科学分析致贫原因，分类采取"扶""转""救""保"措施
2016年 12月5日	《内蒙古自治区全民科学素质行动计划纲要实施方案（2016~2020年）》	强调加强薄弱地区的科普精准帮扶
2017年 4月10日	《内蒙古自治区"十三五"脱贫攻坚规划》	提出坚持精准帮扶与集中连片特殊困难地区开发紧密结合
2018年 8月16日	《自治区党委办公厅自治区人民政府办公厅印发盟市党委、政府（行政公署）扶贫开发工作成效考核办法》	扶贫工作考核包括：精准帮扶，即考核驻村工作队、帮扶责任人履职情况以及开展扶贫与扶志、扶智结合等帮扶工作的群众满意度；考核京蒙对口帮扶工作组织领导、人才交流、资金使用、产业合作、劳务协作和携手奔小康等方面情况
2018年 11月8日	《内蒙古自治区扶贫开发办公室2018年工作要点》	全区脱贫攻坚要坚持精准扶贫精准脱贫基本方略，更加注重提高脱贫质量，更加注重精准帮扶稳定脱贫
2019年 3月15日	《内蒙古自治区2019年脱贫攻坚"清零达标"专项行动实施方案》	全区高度重视，层层压实责任，落实工作，保障专项行动有序推进，定期深入实地了解实情，开展督促检查，及时发现解决相关问题
2019年 3月20日	《关于加快建立贫困户产业发展台账形成工作调度机制的通知》	要加快建立贫困户产业发展台账，形成产业指导员工作报送调度机制，以便及时了解产业扶贫到村到户到人、精准帮扶措施落实及效果等情况，及时调整产业扶贫政策
2019年 3月31日	《内蒙古自治区建档立卡常态化动态管理工作方案》	全区符合贫困户识别条件的农牧户和返贫户及时纳入建档立卡贫困户范围并享受精准扶贫政策，达到脱贫标准的贫困户有序退出并继续给予政策扶持，对精准识别和退出中发现的漏评、错评、错退问题及时予以纠正

续表

时间	政策名称/会议名称	主要内容
2019年 5月6日	京津冀蒙工会跨区域促进就业创业系列活动暨呼和浩特大型人才招聘会新闻发布会	历年人才招聘不断创新，2018年4月，京津冀蒙工会跨区域促进就业创业系列活动暨包头大型人才招聘会引入互联网、大数据、云计算、"大数据精准帮扶""智慧旅游"等社会服务前沿项目，为广大求职者搭建了集创业就业为一体的服务平台
2019年 5月6日	《2019年东西部扶贫协作协议》	积极与北京市对接，召开联席会议，细化帮扶举措，量化指标任务，形成合力，共同推动京蒙扶贫协作不断走深走实
2019年 5月28日	《内蒙古自治区关心关爱脱贫攻坚一线干部若干办法》	选派具有发展潜力的优秀干部到脱贫攻坚一线，把脱贫攻坚一线作为培养锻炼、考察识别干部的重要渠道
2019年 6月25日	《关于开展扶贫扶志行动措施》	破解脱贫攻坚进程中的深层次矛盾和问题，进一步激发摆脱贫困内生动力，开展扶志教育，深化文化供给
2019年 7月12日	《内蒙古自治区扶贫开发办公室2019年工作要点》	坚持现有目标标准不动摇，推动各盟市、旗县准确把握"两个确保"目标和"两不愁、三保障"标准，在精准识别、精准帮扶、因人因户施策上下功夫，落实产业、就业、易地搬迁、生态、教育、健康、危房改造、社会保障兜底等帮扶措施，巩固扩大脱贫成效
2019年 8月1日	《内蒙古自治区脱贫人口"回头看"工作方案》	解决好后续扶持政策，做到脱贫攻坚期内政策不变、力度不减，确保已脱贫人口稳步增收、同步小康
2019年 10月15日	《2019年贫困旗县退出专项评估工作方案》	确保贫困旗县退出责任清晰、分工明确；坚持目标标准，聚焦"两不愁、三保障"，确保贫困旗县退出真实有效、质量过硬；坚持较真碰硬，真考实评，确保专项评估从严从实、不走过场；坚持客观公正，群众认可，确保专项评估结果经得起实践和历史的检验等
2019年 12月21日	关于加强扶贫资产管理的指导意见	落实扶贫资产管理责任，健全扶贫资金管理体系和运行机制，充分发挥扶贫资产效益，保证扶贫资产的完整性、安全性和长效性，持续发挥带贫减贫防止返贫作用，为打赢脱贫攻坚战提供坚强保障
2019年 12月31日	《巩固脱贫成果防止返贫致贫的指导意见》	促进稳定增收，提升脱贫质量；加强返贫致贫监测，适时启动救助；强化统筹衔接，巩固脱贫成果
2020年 3月3日	《内蒙古自治区教育脱贫攻坚挂牌督战工作实施方案》	重点督查控辍保学工作，督查学生资助工作和易地扶贫搬迁安置点配套学校建设情况

续表

时间	政策名称/会议名称	主要内容
2020年3月6日	《内蒙古自治区扶贫开发办公室2020年工作要点》	建立解决相对贫困的长效机制，全面完成中央专项巡视"回头看"和扶贫开发成效考核反馈意见整改，推进脱贫攻坚全面胜利、圆满收官
2020年5月28日	关于开展易地扶贫搬迁就业帮扶专项行动的通知	聚焦有劳动能力和就业意愿的搬迁群众，聚焦易地扶贫搬迁大型安置区，综合运用就业服务各种措施，集中力量加大就业帮扶，促进一批搬迁群众就业创业
2020年7月8日	《巩固脱贫成果防止返贫致贫的八项措施》	加强动态监测管理，稳定扶贫政策措施，巩固提升扶贫产业，拓展就业创业渠道，完善综合保障措施，发挥扶贫资产作用，激发群众内生动力和强化基层组织建设
2020年11月6日	《内蒙古自治区消费扶贫行动实施方案》	拓展贫困户增收渠道、稳定脱贫成果，促进扶贫产品稳定销售，指导各地通过扶贫协作、定点帮扶、预算单位采购、建立扶贫产品交易市场、企业和社会组织帮助销售等模式，引导各级机关、企事业单位和社会各界购买扶贫产品

内蒙古自治区积极响应国家脱贫攻坚的号召，扶贫政策保持与国家政策的高度一致性，促进自治区脱贫攻坚工作的顺利推进，增强自治区贫困户的内生发展动力，实现更多的贫困旗县脱贫摘帽，早日摆脱贫困困境。

内蒙古自治区扶贫开发办公室2018年、2019年和2020年工作要点均提出精准帮扶对内蒙古地区脱贫攻坚战略实现的重要性，明确指出要在精准帮扶上下功夫；同时，扶贫项目、台账设立等具体扶贫方面都体现出精准帮扶措施的落实。值得注意的是，国家在2019年提出网络帮扶，互联网大数据背景下，内蒙古自治区也开始注重充分利用现有互联网资源，提出"大数据精准帮扶"，更能适应时代的发展，促进精准帮扶政策的落实。2019年底提出的防止返贫以及2020年开展的易地扶贫搬迁工作，提升了自治区脱贫攻坚工作的质量。但是内蒙古自治区精准帮扶政策仍然大都停留在宏观层面上的指导，具体到各个贫困旗县的政策较少，针对内蒙古地区的农牧交错特点，制定有针对性的政策引导的工作，尚需要进一步落实。

二、资金到位是保障

打赢脱贫攻坚战需要国家资金的大力支持，资金到位情况切实反映了扶贫工作的深度，资金到位度衡量了国家针对贫困户专项资金补助的落实情况，是保持贫困户收入持续性的度量指标，对于到位程度的衡量是专项资金帮扶政策是否有效的"度量器"。

自 2013 年精准扶贫工作展开以来，中央财政补助地方专项扶贫资金逐年上升，其中 2014 年较 2013 年地方专项资金投入增长 9.8%，2015 年增幅为 6.5%，2015 年后，持续 4 年保持每年 200 亿元的增长趋势，2019 年拨付中央专项扶贫资金 1 260.95 亿元，现已全部下达，2020 年达到 1 461 亿元，发挥了精准扶贫资金的主渠道作用。

从图 4-1 可以看出，中央财政补助地方专项扶贫资金金额呈逐年上升趋势，2013~2015 年为精准帮扶的起步期，资金投入较为保守，为帮扶的"试水期"，2015 年后，精准帮扶全面启动，保持每年 200 亿元的增幅进行专项资金的投入，可见帮扶工作稳步进行，且已见成效。自 2016~2020 年，我国连续 5 年每年新增中央财政补助地方专项扶贫资金金额约 200 亿元，2020 年达到最高，大力支持挂牌督战地区的脱贫攻坚工作，从而逐步提高脱贫攻坚资金投入的精准性。专项扶贫资金是贯穿整个帮扶过程的重要元素，保持专项资金的稳定投入是国家打赢脱贫攻坚战的重要内容。具体如下：

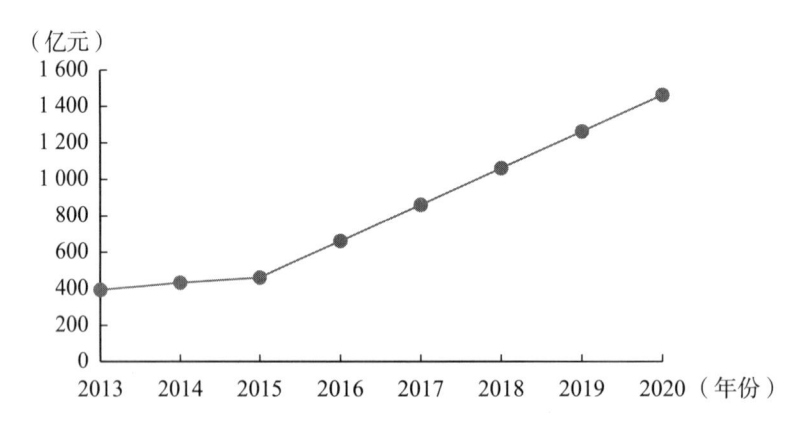

图 4-1　2013~2020 年中央财政补助地方专项扶贫资金金额统计

（一）统筹整合专项资金是精准帮扶资金到位的指挥棒

中央财政专项扶贫资金是中央财政通过一般公共预算安排的支持各省（自治区、直辖市）以及新疆生产建设兵团主要用于精准扶贫、精准脱贫的资金。专项资金的使用要结合各地的实际情况，对各类资金进行统筹整合，要达到"投入实、资金实、到位实"的要求。

国家在《中央财政专项扶贫资金管理办法》中对中央财政专项扶贫资金的项目审批权限做出明确规定，将项目审批权限下放到县级，并以负面清单的方式对资金支出范围做出规定，为贫困资金使用松绑。同时强化地方对中央财政专项扶贫资金的管理责任，发挥中央财政专项扶贫资金的引导作用，以脱贫成效为导向，以脱贫攻坚规划为引领，统筹整合使用相关财政涉农资金，提高资金使用精准度和效益。

内蒙古自治区方面，严格按照《关于支持贫困县开展统筹整合使用财政涉农资金试点的意见》的要求，行使贫困县统筹整合使用包括中央财政专项扶贫资金在内的有关财政涉农资金的自主权，并根据当地脱贫攻坚目标任务等实际情况，围绕培育和壮大区域特色产业，改善小型公益性生产生活设施条件等方面，因地制宜自主确定财政专项扶贫资金使用范围，包括对符合规定的产业扶贫贷款进行贴息。

2015年内蒙古共安排财政专项扶贫资金210 002万元，其中中央财政专项扶贫发展资金90 002万元，自治区本级安排财政专项扶贫资金120 000万元。2016年共安排财政专项扶贫资金319 730万元，其中中央财政专项扶贫发展资金130 970万元，自治区本级安排财政专项扶贫资金188 760万元。2018年共安排财政专项扶贫资金234 108万元，其中中央财政专项扶贫发展资金10 609 512万元。2019年共安排财政专项扶贫资金245 813万元，其中中央财政专项扶贫发展资金12 609 512万元。2020年共安排财政专项扶贫资金239 958万元，其中中央财政专项扶贫发展资金14 609 512万元。

（二）资金精准下达精准帮扶资金到位的关键

依照《中央财政专项扶贫资金管理办法》，中央财政专项扶贫资金主要按照因素法进行分配。资金分配的因素主要包括贫困状况、政策任务和脱贫成效等。贫困状况主要考虑各省贫困人口规模及比例、贫困深度、农民人均纯收入、地方人均财力等反映贫困的客观指标；政策任务主要考虑国家扶贫开发政策、年度脱贫攻坚任务及贫困少数民族发展等工作任务；脱贫成效主要考虑扶贫开发工作成效考核结果、财政专项扶贫资金绩效评价结果、贫困县开展统筹整合使用财政涉农资金试点工作成效等。每年分配资金选择的因素和权重，可根据当年扶贫开发工作重点适当调整。

资金到位是精准帮扶的助推器，扶贫专项资金有效到位，才能稳步实现脱贫任务如期完成。统筹整合专项资金，对照贫困旗县的实际情况划分专项资金的使用范围，做到"依贫拨款"；准确识别贫困原因，发现致贫根源，使专项资金物尽其用，允分发挥其最大价值。

三、措施到户是根本

《国务院精准扶贫工作机制实施方案》提出，"对贫困户要逐村逐户制定帮扶计划，实现措施到户精准。措施到户即指依据不同贫困户的致贫原因，有针对性地出台相应的政策措施，并能反映不同农户的贫困程度和深度，有策略地扶持每一个特殊的贫困户。"在当下，要做到精准扶贫措施到户是切实落实精准扶贫政策的根本。

贯彻落实帮扶对策是精准帮扶措施到户的关键所在。目前，我国扶贫政策在落实过程中会出现被替换的情况，这一问题表现突出的原因主要在于扶贫政策执行链条过长、相关利益主体的约束机制不完善以及缺乏政策反馈机制，导致扶贫政策"悬浮"在中上层，现实政策实施出现现象性执行、选择性执行、替换性执行、官网性执行、规避性执行等政策异化和变通，这样会使得扶贫目标在执行过程中被其他的新目标所替换，从而扶贫政策往往会成为其他政策的附属品，丧失扶贫政策的原有作用。

鉴于以上扶贫帮扶过程中出现的种种措施不到位问题，严格落实帮扶举措，规范帮扶措施是实现精准脱贫的难点和重点，是将贫困户"扶上马、送一程"的着眼点和根本点，更是扶贫帮扶落实到户工作的重要依据。所以，对于具体的扶贫对象，要有切实可行的帮扶措施，要确保帮扶措施到户。

四、派人精准是关键

为了更好地实施精准扶贫，落实精准帮扶政策，各地都在选派思想好、作风正、能力强、了解当地实际并愿意为群众服务的优秀干部到农村基层担任扶贫干部。扶贫干部的精准委派应是充当筑牢农村基层这一扶贫攻坚战斗堡垒的基石，派人精准才能保障国家扶贫资源在基层能够实现有效分配使用。具体如下：

（一）扶贫干部是精准帮扶派人精准的关键

打赢脱贫攻坚战，关键在党，关键在人。扶贫干部在贫困地区开展帮扶工作是脱贫攻坚的政治任务，选派扶贫人员必须要精准，脱贫任务才能获取实效。

国家在《关于加强贫困村驻村工作队选派管理工作的指导意见》中规定了在选配扶贫干部时，县级以上各级机关、国有企业、事业单位要选派政治素养好、工作作风实、综合能力强、健康具备履职条件的人员参加驻村帮扶工作。新选派的驻村工作队队长一般应为处科级干部或处科级后备干部。干部驻村期间不承担原单位工作，党员组织关系转接到所驻贫困村，确保全身心专职驻村帮扶。

（二）考核激励是精准帮扶派人精准的稳定器

派人精准不仅对扶贫干部的指派做出实质性的要求，派出去的干部能不能在基层待好，以及能不能胜任扶贫工作，也是派人精准必须关注的问题。

依据《关于加强贫困村驻村工作队选派管理工作的指导意见》，国家对驻村工作队的考核激励机制做出规定。首先，要强化考核机制。县级党委和县政府每年对驻村工作队进行考核检查，确保驻村帮扶工作取得实效，并坚持考勤和考绩相结合，平时考核、年度考核与期满考核相结合，工作总结与村民测评、村干部评议相结合，年度考核结果要派出单位备案。其次，要表彰激励。考核结果作为驻村干部综合评价、评优评先、提拔使用的重要依据，对成绩突出的驻村干部要予以表彰，也可列为后备干部，注重优先选拔使用。最后，要严肃问责。不胜任驻村帮扶工作的，驻村工作小组要提出召回调整意见，派出单位要及时调整，对于履职不力的，要予以批评教育，对于弄虚作假、失职失责或有其他恶劣情况的，进行严肃处理，同时对有关单位的责任人予以问责。

第二节 精准帮扶文献综述及方法支持

一、精准帮扶研究文献梳理

精准扶贫工作主要包括精准识别、精准帮扶和精准管理三个环节，精准帮扶是落实精准扶贫工作的关键。在帮扶过程中，确定贫困村和贫困户的具体帮扶者，集中力量帮助贫困村和贫困户脱贫致富，是帮扶工作的核心内容。精准帮扶工作是否精准，以及帮扶的成效如何，都直接影响精准扶贫的最终成果。

特殊贫困人群，指诸如失独家庭、就业困难或贫困家庭大学毕业生、留守老人等的特殊人群（王超，2017）。特殊贫困人群帮扶是解决个体贫困的重要内容，是精准帮扶工作的难点，总结特殊贫困人群的精准帮扶机制对帮扶工作有重要意义。

周莹（2019）在研究贫困大学生心理精准帮扶模型中，基于链式中介模型，构建出了"精准预防—精准识别—精准建构—精准干预"的精准帮扶流程。张晶（2019）考虑了聋人大学生的特点，拓宽了精准帮扶的范畴，即思想帮扶、经济帮扶、技能帮扶、生理帮扶、心理帮扶、文化帮扶。流动人口作为城市贫困人口的主体，一直是城乡扶贫的"真空地带"，其致贫原因不仅体现在收入低下，本质是内部发展能力不足和外部发展机会欠缺，所以对城市流动贫困人口的精准帮扶重点聚焦在改善经济条件、拓宽社会机会、赋予透明性保护、给予防护性保障和确保切实享有公民政治权益五个方面（杨帆、庄天慧等，2019）。李彦强（2020）研究了库区移民中的农村贫困移民，农村贫困移民是我国农村贫困人口中的特殊群体。提出了结合水库移民避险解困、通过扶持移民村产业项目、强化农村贫困移民技能培训、实施库区农村移民美丽家园建设并提出了激发移民脱贫内生动力。

二、精准扶贫模式研究

(一) 产业扶贫模式

1. 产业扶贫模式及正向效果研究

产业扶贫作为精准扶贫的重要解决手段，必须在合理的情景下选择合适的扶贫模式与产业方式。周兵（2019）以凉山彝族自治州的产业帮扶模式为例，借鉴生态学的相关理论，构建适用于评价产业扶贫效果的生态位宽度和生态位重叠度指标，指出凉山彝族自治州的产业扶贫模式有PPP模式、资产收益模式、电商扶贫模式、"政府＋企业＋合作社＋贫困户"模式，分别从经济、社会、环境、市场方面对其产业扶贫的效果进行评价。唐超（2019）基于安徽砀山县的不同电商扶贫模式，探讨不同模式下作用路径及制度约束，由此建议贫困地区应该综合考虑不同模式的特点及其约束条件，善于利用不同模式的比较优势，最终探索出适合本地的电商扶贫模式。陈忠言（2019）通过构建一个包含资金使用效率、利益联结机制、项目瞄准等维度在内的研究比较框架，基于云南省产业扶贫的实践，对比龙头企业、专业合作社、能人、基层党组织等不同主体的组合这几种典型模式的扶贫绩效，研究发现："能人＋合作社型资金"使用效率最高；本地投资主体比外地投资主体的扶贫绩效更加稳定和均衡；资源禀赋型扶贫项目比市场需求型整体扶贫绩效更好，所以基层政府要根据自身比较优势、产业基础、人力资本等客观情况选择优势互补的组合模式以提升产业扶贫绩效。简冠群（2021）探究了企业参与产业扶贫、声誉与企业风险三者的内在联系，以提高企业对履行社会责任和强化自我声誉管理的意识、激发企业参与产业扶贫积极性。不仅拓宽了研究领域，还以发展的眼光审视当前扶贫成果，对实现脱贫攻坚与乡村振兴有效衔接具有重要意义。何仁伟（2021）剖析了一个非特色型产业扶贫案例，构建了金融资本和龙头企业相结合的产业扶贫模式，通过政府、龙头企业、贫困农户和贫困村"三权"分置，因地制宜地设计出资产收益扶贫模型。在实行与乡村振兴衔接背景下，贫困地区实施非特色型产业扶贫模式应注意精准选择龙头企业和产业项目、因地制宜推进扶贫项目等。刘红岩（2021）通过对产业扶贫的减贫逻辑和实践路径进行深入分析，发现要使产业扶贫走向产业振兴，应更加重视提升产业发展质量，精准施策，找准定位，突出优势产业。

2. 产业扶贫模式及反向效果研究

精准扶贫方略实行以来，产业扶贫作为帮助贫困人口稳定脱贫的根本之策，最大程度地让贫困户参与产业扶贫项目，增加贫困脱贫的主观能动性，取得了显著的成效，但是在实施过程中也遇到了一些实践困境（宁静，殷浩栋等，2019）。陈恩（2019）从产业扶贫为什么容易失败这一问题入手，并从结构主义建构论出发对失败原因进行分析，研究表明：产业市场逻辑和政府行政逻辑作为约束产业扶贫的外在结构性因素，不利于贫困户的自我发展能力提升，从而造成产业扶贫的效果偏离预期目标。贺林波（2019）在"剩余控制权"概念的基础上，从不完全契约的视角出发，探索产业扶贫过程中扶贫主体及扶贫对象之间的矛盾及冲突。李冬慧（2018）认为产业扶贫会陷入"贫困治理"，表现为贫困户参与决策的空间较小，多元治理主体之间的"分利问题"以及村干部在管理过程中的权利削弱问题等，并给出"贫困治理"的机制创新路径。翟军亮（2019）同样以农村贫困治理问题为研究对象，提出实践过程中出现的扶贫不精准、久扶不脱贫问题的原因，形式上在于过于依赖市场主导范式，实质上在于贫困治理过程中基于市场逻辑的效率、基于扶贫逻辑的公平、基于公共治理的参与等多元价值冲突。因此，整合多元逻辑及多元价值成为推动农村贫困治理范式转型和精准扶贫目标实现的关键要素。黎洁（2021）针对目标嵌入与行动"脱嵌"的困境，构建了对产业扶贫参与主体的监督、考核、激励机制。优化嵌入结构和加强上级对产业扶贫完整过程的监督。张艺馨（2021）分析了内蒙古地区农牧业产业扶贫实施过程中存在的产品生产规模有限、产品价值链不完整以及产品结构低端化等问题，提出基于各地区禀赋特征发展特色产业、推动农牧业供给侧结构性改革、提高人力资本的数量和质量等建议。

3. 产业扶贫的主要类型

（1）旅游业精准帮扶。旅游业是乡村振兴计划的重点，旅游产业的精准帮扶能带动贫困区域发展内生致富能力，带动连片贫困区的产业发展。王超（2017）在研究旅游产业扶贫的过程中，识别出政府、农户、产业、社区和游客这五个帮扶因素，不仅对旅游产业发展起到促进作用，还对社会治理有积极推动作用。邓小海（2015）从旅游扶贫精准帮扶的内涵出发，构建了地区层次帮扶、社区层次帮扶和个体层次帮扶的"三位一体"旅游扶贫帮扶体系。依据旅游产业精准扶贫的特征，王超（2018）构建了旅游开发精准甄别、扶贫对象精准识别、旅游产业精准帮扶、旅游效益精准管理和旅游脱贫精准评估的指标体系，肯定了精准鉴别旅游项目资源的重要性，在旅游产业精准帮扶过程中，要注重旅游产业发展的"扩散效应"，紧抓旅游产业帮扶的精准化，改革组织结构，构建合作共赢的扶贫帮扶机制。周阳（2020）认为旅游扶贫作为我国重要的造血式扶贫手段，是推动贫困地区脱贫攻坚的有效手段。实现旅游扶贫的精准化要从对象、主体、举措、绩效四个方面出发，围绕精准聚焦，有机推动旅游产业发展与减贫实现。秦趣（2020）通过对贵州西部乌蒙山集中连片特困地区六盘水市研究，得出旅游扶贫成效和生态环境保护效率分别对旅游扶贫系统和生态环境系统的贡献份额最大。若想实现旅游扶贫与生态环境保护协调发展，应在制定旅游扶贫发展战略时强调生态环境保护，以改善生态环境质量。朱珈莹（2020）生态旅游是中国旅游扶贫工作的重要组成部分，也是推动乡村振兴战略实现、少数民族地区脱贫的创新之举。文章从解决少数民族地区生态旅游扶贫工作五个方面，提出了少数民族地区生态旅游扶贫与乡村振兴实现路径。

（2）电商产业精准帮扶。"互联网+"改变了传统产业的运作模式，将"互联网+"思想运用于我国精准帮扶路径中，为产业帮扶提供了新思路，也使得电商扶贫成为产业扶贫中举足轻重的一部分。电商扶贫的关键点在于打造电商产业园区，形成一定的产业聚集效应，使得电商帮扶成为快速脱贫的有效途径（张立华，2018）。王宜海（2018）依据电商的机遇和挑战，从优化产业结构、因地制宜帮扶、加强产业标准化品牌化建设、协同联动形成政策合力、培养人才方面促进精准扶贫工作的展开。张祚本（2016）结合武功县的实际情况，构建了"一二三四五"的电商发展服务机制，即组建一套机构、成立两个协会、把握三个关键、搭建四大平台、落实五免政策。马合肥（2016）结合实际电商产业发展中"有货卖不出"的情况，探索出"服务点+农民专业合作社+网店+物流"的电商产业帮扶新模式，以打通农村电商发展的新渠道。曹长婷（2020）从经济学的角度，对金寨县进行研究。在"互联网+"背景下的产业扶贫影响机制进行研究，对"互联网+"产业扶贫在金寨县精准扶贫工作中的机遇与挑战进行分析，有针对性地提出一些可行的对策与建议，使"互联网+"进一步助力脱贫工作。雷乐瑶（2021）电商产业扶贫推动了互联网与扶贫工作的融合，带动了建档立卡贫困人口就业，拓宽了销售渠道。以"马管家"蔬菜电商扶贫基地为例，科学制定扶贫计划和措施，选定优势项目和推动电商产业多层次的发展等措施可使许多农村电商发展事半功倍。

（3）农林产业精准帮扶。农林产业为贫困人口聚集地亟须发展的产业之一。带动农林产业的发展步伐，解决贫困人口赖以生存的产业问题，加大帮扶政策的倾斜，以满足贫困人口的基本保障。符科宗（2017）依据养殖业的发展现状，积极响应"一镇一业，一村一品"的产业脱贫规划，在政府扶持财政投入到位情况下，探索政府兜底统购模式，发展科学技术养殖，以实现养殖业的长效发展。农牧业发展具有显著的地域特色，段阳、吴春宝（2017）基于西藏特色农牧产业，构建了组织参与机制、利益联结机制、自我发展机制等多机制综合体系，以实现有劳动能力的贫困群体脱贫的目标。产业的精准帮扶重在发挥扶贫资金的指挥棒作用，陈能先（2017）紧扣当地产业发展的主题，以"增量奖补"作为农林产业奖扶的总基调，彰显"多劳多扶，少劳少扶"的帮扶原则。郑双怡（2019）对深度贫困地区进行研究，分析其经济作物产业发展的困境。结果表明经济作物产业扶贫要遵循区域发展和个体发展的双重逻辑，强化扶志与扶智、因需建设、综合支撑等路径，破除限制条件，为巩固脱贫攻坚成果、助力乡村振兴战略实施提供支持。沈莹莹（2020）认为提高贫困地区自我发展能力的根本举措是发展特色产业，为增强特色农产品的流通，应积极培养特色农产品电商人才，促进金融支持特色农产品生产与流通等。

（二）教育扶贫

教育扶贫是精准扶贫的重要组成成分，具有帮扶教育、提升贫困人口的自身能力的双重作用，是阻断贫困代际传递的治本之策（杨丽宏，2019）。刘晓红（2019）采用教育扶贫的四个阶段，对教育精准扶贫产出效应的实际效果做出分析，既深入分析了教育扶贫的内在作用机制，又有效评估教育扶贫的实际效果。王红等（2018）研究新时代乡村教育扶贫指出：新时代乡村教育扶贫首先需要精准识别，关注乡村学生的质量贫困、机会贫困、情感贫困以及信息贫困，由此进行精准治理，分类施策。张翔等（2019）认为教育扶贫存在瞄准偏差的问题，提出通过政府行为视角，完善激励机制以及构建政府主导、多方参与的教育扶贫主体体系等方式来治理教育扶贫的瞄准偏差问题。蒙泽察（2020）认为教育是提高家庭人力资本水平和存量的重要途径。教育扶贫与经济扶贫相结合，可以加快推进农村教育普惠性改革，发展和改善农村的教育，发挥教育促进家庭经济发展的基础性和长效性作用。提出"教育下移"计划，推进教育进村入户的精准服务。刘大伟（2020）基于城乡差异视角，从增长效应和分配效应的路径得出，受教育水平高在一定程度上阻止了贫困，教育公平程度对城镇地区却具有正向显著的影响，且效果远高于受教育水平提升引起的抑制作用。江星玲（2020）通过分析东西部教育扶贫，以深度访谈、个案分析为主要研究方法，从视角深度剖析东西部教育扶贫协作的协同机理，认为教育扶贫协作需要与人工智能、数据挖掘等新技术深度融合，才能迸发出生机与活力，实现乡村振兴与贫困治理的共同发展。李涛（2020）扶贫先扶志，扶贫必扶智。2020年是我国"十三五"（2016～2020年）规划的收官之年，也是决战脱贫攻坚、决胜全面建成小康社会的关键之年，基于此，文章全面总结了我国教育促进乡村扶贫与振兴取得的成就，理清现状与问题，为教育扶贫工作提出了建议。袁利平（2021）教育是阻断贫困代际传递的治本之策，2020年以后教育贫困治理的战略指向更要精准，策略选择更要审慎，任何政策构思都要建立在正确的教育贫困治理理念逻辑之上。

教育是全世界关注的重点，我国正在轰轰烈烈地开展脱贫攻坚行动并将在2020年打赢脱贫攻坚战，不仅要通过自身努力实现，同时也要借鉴国外先进的教育扶贫方式，助力中国脱贫攻坚战成功打赢。英国开展的以教育部门为主导，重点关注教育过程的社会流动性监测与治理模式值得中国重视，因此，中国在教育扶贫工作中应该借鉴其发展经验，尝试设立负责改善社会流动的责任机构，并在成熟的地区开展试点工作（唐智彬、胡媚等，2019）。唐智彬（2019）指出构建"教育与就业"互动的教育扶贫体系以及重视质量保障与监控是重要的国际经验，在我国教育扶贫背景下，要站在农村教育的立场，通过制度精准配置实现对教育扶贫的分类实施。在借鉴国际教育扶贫经验的同时，一定要立足中国教育现实背景，结合中国教育实际情况，发挥中国教育扶贫对精准扶贫的重要推动作用。何芳（2020）参考了新加坡、英国和韩国陆续实施的儿童发展账户政策认为，我国也应逐步建立"以资产为基础"的教育扶贫政策，尝试在深度贫困地区进行试点，探索建设以政府为主导、社会多元力量共同参与、嵌入社会安全网的儿童发展账户。

（三）易地扶贫搬迁模式

易地扶贫搬迁是解决扶贫过程中"一方水土养不起一方人"问题的关键所在，其涉及多元主体和多维内容。2016年9月国家发改委制定了《全国"十三五"易地扶贫搬迁规划》，要求到2020年要完成981万建档立卡贫困人口搬迁任务。2016年，全国共完成建档立卡的249万人易地扶贫搬迁任务。2017年，易地扶贫搬迁340万建档立卡贫困人口的任务如期完成（孙百琦，2019）。

易地扶贫搬迁，重在识别搬迁对象。滕海峰（2019）在选取易地扶贫搬迁研究对象时，总结出易地扶贫搬迁的主体，即为陷入"贫困陷阱"、继续在当地进行生产生活会造成生态破坏和对该地区贫困人口只能采取不可持续的社会救济，不能实现可持续的产业帮扶。占堆（2017）结合西藏少数民族地区的特点，以"搬哪些、怎么搬、搬哪儿、怎么融入"的角度，总结了农区易地搬迁的经验，提出牧区在易地搬迁中易遇到的生产方式适应性以及生活方式适应性的问题。杨甫旺（2008）研究了"文化适应性"对贫困人口易地搬迁的心理影响，发现移民与当地人之间有相互适应和融合的过程，且这种文化适应是一种主动的过程。高博发（2020）通过构建一个涵盖多维政策目标的福利测度体系，使用模糊评价和分位数回归等方法，基于陕西安康地区搬迁农户的福利状况及影响因素进行测度和研究。研究发现，搬迁因素、家庭特征和资源禀赋等解释变量对搬迁户不同分位点的福利状况影响存在差异。

易地扶贫搬迁不仅要关注怎么搬、如何搬，还要考虑贫困户在易地后的后续扶贫工作。孙百琦（2019）探究了税收政策对易地扶贫搬迁移民"自我造血"实现的帮扶路径，主要包括以财政扶贫资金直接投入扶贫工程的支出型政策和为易地扶贫搬迁工程各个环节的实施提供税收减免的税收优惠政策。在易地搬迁扶贫的研究中，李开林（2018）关注贫困人口的产业扶贫模式，发现农村集体经济模式和"公司＋基地＋产业＋贫困户"模式能有效为易地搬迁贫困人口实现"造血"。在易地扶贫搬迁过程中，也存在"当地村户搬得出、不一定富得了"的问题，基于以上情况，贺立龙（2017）认为易地搬迁一定要以"脱贫"为中心点，并针对不同生计类型实行差异化搬迁引导政策和实行精准安置帮扶。杨智（2021）探究了易地扶贫搬迁后续的帮扶工作，他们认为开展易地扶贫搬迁移民社区教育应当基于城乡融合发展理念，注重将其与产业发展和社区治理相结合。

（四）科技扶贫模式

科技扶贫是从根源解决贫困人口贫困现状的重要帮扶举措，是实现"造血式"扶贫的本质环节。薛曜祖（2018）定量分析了科技扶贫政策对贫困户的帮扶效果，发现科技扶贫总是产生积极效应，能有效实现贫困人口的增收，并肯定了农民技能水平提升对收入的正向影响。王成树（2012）肯定了"龙头企业（合作社）+生产基地+科研单位+农户"的扶贫模式，鼓励科技部门、农事企业、农民合作组织、经济团体等多方参与，注重"科技帮扶、成果转化、要素对接"等行动，同时，在关注科技扶贫的实施过程中，要注重农村劳动力的素质提升以及农村接班人的培养，扩展扶贫模式，丰富"造血方式"，不能忽视科技扶贫的后续收尾工作。科技扶贫要动员组织高校、院所、园区、企业等与贫困地区建立"一千个"科技精准帮扶结对，在建立科技精准帮扶结对过程中，要实现科技特派员贫困村全覆盖三项主体任务，注重帮扶主体和结对对象的共同投入，关注双方合作给贫困地区带来的创新能力，以实现科技扶贫的帮扶成效（中国农村技术开发中心，2018）。王克林（2020）以我国西南喀斯特区域生态治理与科技扶贫实践为例，剖析了当前生态治理与脱贫攻坚存在的主要问题，认为建立重要生态空间分区、分类管控政策，以实现科技扶贫与生态系统服务提升的融合。贺岚（2020）以"科研人员+合作社+小农户"为研究路径，从农业推广绩效和影响的角度展开论述，运用科技特派员制度中蕴含经济性内涵的脱贫模式与路径，对促进农业生产力的变革和发展，建立可持续发展的农业经济体系。郎亮明（2021）从农户的视角，考察了扶贫科技资源供给对农户减贫感知绩效的影响机制。研究表明，扶贫科技资源供给特征优化整体上能够显著提升农户减贫感知绩效，其中匹配性、可得性与多样性特征对减贫感知绩效产生显著的积极影响，扶贫主体形象在扶贫资源供给特征与农户减贫感知绩效之间发挥着显著的部分中介作用。师蔚群（2021）从农业科研院所归纳总结了党建助推科技扶贫的3种模式与路径，即"研究所党支部+村集体+贫困户""研究所党支部+新型经营主体+贫困户""政府+龙头企业+研究所党支部+贫困户"，并从加强组织保障、聚焦产业发展、强化科技支撑、完善科技服务和狠抓队伍建设5个方面提出党建助推科技扶贫的建议。

（五）文化扶贫模式

精准扶贫，不仅只关注贫困人口的增收情况，同时也肩负着提升文化素质的重任。陈岩（2019）就文化帮扶的现状进行优化分析，认为首先应对文化服务项目进行识别，对同类型的贫困人口采取均等帮扶，同时也应对文化帮扶工作内容进行考核，避免"无效帮扶"。图书馆是开展文化扶贫的关键抓手，黄辉（2017）构建了图书馆开展文化扶贫工作的流程，识别出文化扶贫资源、公共文化服务基础、贫困人口精准识别、贫困人口文化扶贫需要意愿4个关键影响因素，通过整合4个因素以实现文化助推脱贫致富。段小虎（2016）分析了文化扶贫的2种基本组织形式：一种是垂直式、单位制文化扶贫，即政府通过纵向的层级性安排和横向的区域性安排开展文化扶贫；另一种是矩阵式、项目制文化扶贫。即由项目发包者（政府）、执行者（社会组织）和受益者共同构成一种矩阵式组织结构，通过该矩阵组织结构以实现文化扶贫工作的精准到位。陈小娟（2020）通过对互联网和文化扶贫的结合，认为需要树立"互联网＋文化扶贫"的思维观念，实现"互联网＋文化扶贫"可持续性整合治理，不断提升"互联网＋"在文化扶贫工作中的良好治理效能。严贝妮（2021）通过对加拿大公共图书馆的文化扶贫实践活动进行分析，认为深化社会包容理念，为贫困群体营造开放均等的服务环境；扩大扶贫实践主体合作格局，建构多机构联合扶贫体系；将国外借鉴的有益经验与本土实际相结合，共同推动文化精准扶贫效率。郭丛笑（2020）通过对文化扶贫中公共文化扶贫的研究，认为将"嵌入式"的理念和特点引入乡村公共文化服务，大力探索"嵌入式"公共文化扶贫的实践路径，将阵地、功能、主体等嵌入乡村空间与发展体系，有利于文化扶贫。

少数民族文化是中华文化的重要组成部分，其文化内涵丰富，但少数民族聚居地贫困现象突出，是国家脱贫攻坚的重要战场。李忠斌（2017）对该种情况进行研究发现，在保护少数民族文化的同时，也要善于利用文化资源，起到文化与经济相互促进的局面。张欣（2013）结合少数民族文化扶贫特点，提出应拓展基础设施的筹资平台、建立少数民族文化品牌和摒弃贫困文化糟粕，取其精华。白晓梅（2020）以内蒙古科左后旗阿古拉镇的蒙古族传统村落为例，说明在少数民族地区应结合当地的文化、技艺、自然景色、产业，融合多元化的盈利业态，弘扬民族优秀文化和发展民族文化产业，提高贫困地区群众的文化素养。在民族地区脱贫攻坚过程中，将乡村振兴战略与精准扶贫举措有机结合，发挥地方独特的民俗文化优势，促进文化扶贫。

（六）公益扶贫模式

社会公益扶贫作为产业扶贫的助推器，是实现贫困人口稳定可持续脱贫的根本路径。社会公益力量来源广泛，在"互联网＋"的背景下，要充分运用网络平台动员社会爱心人士参与到精准扶贫中。王冰洁（2018）结合"互联网＋"的背景，指出互联网公益筹款、互联网教育公益扶贫和网络公益三种公益扶贫模式，以更好地开展网络公益与扶贫。社会公益扶贫与电商的结合是大数据时代精准扶贫新模式。胡冠男（2017）认为应打造社区为单位的扶贫志愿者组织，同时要利用社区平台建立公益组织孵化基地，并成立扶贫志愿者组织，加强扶贫爱心公益活动的推广。在公益扶贫实施过程中，社会公益力量的组织也是能否实现公益扶贫效果的关键。王春城（2019）识别出社会公益力量参与到精准扶贫中会出现政策工具失灵的理论困境和现实难题，认为激励机制和利益分配机制是决定成败和绩效水平的核心问题，并识别出以"共建共治共享"为特征的社会公益参与产业扶贫的独特机制。孙飞宇（2016）提出镶嵌式的社会公益扶贫模式，其认为传统的参与式公益扶贫并不能真正实现好公益扶贫的社会效益，而是应构建"基金会—基地—地方政府—村民"的组织模式，才能扎根地方，贴合实际。刘璐（2020）认为电影作为大众文化形式，是开展公益扶贫的重要一翼。电影文化与贫困地区文化资源的有效链接，能够激发贫困群体对本土文化的认同感和自信心，进而将文化自信转化为发展自信，裨益贫困地区的文化建设与产业发展。

公益扶贫在我国发展速度快，主体多元，群体壮大，特别针对具有社会公益性质的贫困对象，能发挥公益活动的传播扩散效应。但公益扶贫在实际工作中存在着"领军式"公益组织缺失，以及项目开发的"短期效应"和"眼泪效应"，并没有达到扶贫的真实目的。孔祥利（2013）针对以上情况，提出应由政府购买公益志愿服务，并引导企业责任投资，同时加强"扶贫爱心网"建设以及完善社会扶贫立法等方式，来引导、鼓励和支持公益慈善组织参与扶贫。

（七）金融扶贫模式

金融扶贫是撬动产业扶贫的重要杠杆，是国家实施精准扶贫的一个有效手段。王光武（2017）认为应推进建设农村地区征信环境建设，同时要帮助贫困地区群众提高金融文化水平，创新农村生产要素抵押担保方式，推进建设各类产权流转交易和抵押登记服务平台。李小江（2018）指出8种扶贫带动模式，即银政合作带动模式、支持特色产业带动模式、扶持龙头企业带动模式、支持重点项目带动模式、"互联网+"带动模式、产品创新带动模式、批发信贷带动模式和结对帮扶带动模式。针对农户贷款难、银行放款难的问题，要创新"农商会+合作社+农户""农商会+合作社+产业+农户""农商会+合作社+个企+农户"的金融扶贫新模式（银监会定点扶贫工作领导小组办公室，2017）。何志婵（2020）认为要想实现产业扶贫和产业兴旺的政策衔接，应该规范产业项目筛选和布局；做好过渡期财政保障工作；着力提升特色产业发展水平；加强财政政策衔接；加大乡村公共品供给力度和加强财政金融联动支持产业发展等。周才云（2021）通过对改革开放以来金融扶贫政策的梳理，总结出六种金融扶贫模式以及各自带来的成效。笔者认为要继续坚持问题导向，构建长效运行机制，增强落后地区金融服务的广度和深度，只有这样才能不断提升金融服务乡村振兴成效。曾旭晖（2021）在我国实施精准扶贫战略以来，由于脱贫攻坚各项工作对资金、信贷和融资的需求越来越大，金融扶贫承担了更加重要的任务，逐渐成为精准扶贫战略部署中一项重要举措，并且通过政策吸引企业、非政府组织、农户等社会主体以组织起来的方式共同参与金融扶贫，还通过将信贷资金投放于集体经济组织或合作社使用的方式，有效提高扶贫资金的使用效率。

少数民族地区的金融扶贫模式探索是有效解决该地区贫困人口贷款难、资信差、贷款风险高的重要途径。郭利华（2018）通过对中央和民族地区金融扶贫文件内容的梳理，发现金融机构、金融工具和服务、农村金融生态环境建设和金融扶贫政策保障是国家针对民族地区现状所关注的重点，其中把金融工具创新放在突出位置。普惠金融扶贫模式是金融改革的总体目标，是扶贫开发的重要手段。认为普惠金融颠覆了传统金融观念，以贫困人口为服务对象，采用以团体贷款、周孟亮（2018）动态激励为核心的风险防范机制，通过提高穷人的金融服务准入水平达到减贫效果。张璋（2019）全面建设小康社会是贫困落后少数民族地区的首要任务，通过对少数民族地区的金融发展进行分析，评价其金融扶贫绩效得出，在少数民族地区开展金融扶贫工作，要做好各项调研活动，准确了解少数民族贫困户的金融需求种类和所需要覆盖的深度和广度，建立合理的金融服务政策和金融服务文件。

（八）医疗健康扶贫

党的十八大以来，脱贫攻坚工作取得了重要进展，但是在农村地区，出现了因病致贫、返贫的现象，成为精准扶贫路上的"拦路虎"，为了防止返贫现象的出现，实施健康扶贫是非常有必要的，同时也是精准扶贫基本方略重要实践（汪三贵、刘明月等，2019）。翟绍果（2018）从健康贫困的原因入手，提出构建健康贫困的治理机制与体系以及健康贫困的治理目标，由此选择健康贫困治理工具与实现路径，最终实现健康贫困的重点干预与协同治理，达成健康扶贫、健康减贫与健康反贫的协同发展。黄国武（2018）认为健康扶贫是深度贫困地区的脱贫攻坚的难点和重点之一，尤其是连片特困的少数民族地区，以四川凉山州分级诊疗为例，指出其现有的成效以及面临的问题，最终得出缓解贫困地区医疗服务供给的不足是健康扶贫的有效途径。李静（2019）认为健康扶贫政策信息的有效传播对于改善农民健康状况、增强脱贫信心具有重要作用。给出健康扶贫工作的建议为：注重普及健康基本知识，培养公众健康素养、治病防病两手抓。贾清萍（2020）探究健康扶贫向常态化转型的优化策略。文章用博弈模型，通过模拟利益相关者博弈的演化路径、分析其稳定均衡状态以及影响纳什均衡实现的影响因素，得出确保健康扶贫的可持续发展与常态化转型，必须从常态化治理理念、监督与约束机制、积极脱贫的意识与文化三条路径对健康扶贫进行完善和优化。李昀燏（2021）通过对我国各地医疗保障扶贫政策及实践进行梳理、归纳，对医疗保障扶贫的模式层、止损层和保障层以及各个层面的扶贫措施与效果进行分析，认为医保扶贫效果虽然显著，但是如何长期有效避免脱贫人口返贫，以及保障医保扶贫效果的持续性和长久性是值得继续探究的问题。

（九）农业保险扶贫模式

农业保险扶贫是为降低农业生产过程风险，减少农业受灾损失，从而保障农户切身利益的一种保障性扶贫模式，是我国目前精准扶贫工作的重要举措之一。农业保险扶贫能有效缓解农村人口因自然灾害等问题出现的贫困与返贫现象，盘活农村金融环境，切实保障农民的生产活动。目前在我国尚属于探索起步阶段，但也是我国新兴的精准扶贫模式，随着该模式的成熟与稳定，将成为构建我国扶贫制度的重要组成部分。秦洪军（2019）农业保险作为减缓农民贫困的重要举措，不仅可以增加扶贫资本，还可以提升扶贫信心、放大扶贫效应。通过分析美国与印度等农业保险的发展模式，认为我国应该选择适合的发展模式、完善农业保险法律基础、健全农业保险财政补贴体系、建立专业的保险协调机构及创新产品设计，以确保农业保险助力精准扶贫工作取得实效。

郑军（2019）认为农业保险是贫困地区农户生产经营的一种基本保障制度以及贫困农户提高收入水平的一种重要手段。其在研究农业保险溢出效应时发现农业保险只有达到一定的程度，才能保障农户最大的收入水平，且揭示了农业保险扶贫的福利溢出效应，即为贫困农户提供兜底保障，从而使农户扩大生产，提高收入水平以实现脱贫。刘梦月（2019）总结了"两个全覆盖"、设施农业保险和天气指数保险和"政银企户保" 3 种农业保险扶贫模式，并提出"农业保险＋期货"的农业保险模式。王香兰（2019）根据农民在实际融资过程中无担保、无抵押物导致的贷款难问题，提出了"信贷＋保险"模式，即在农村信贷中引入保险机制为农户和合作社增信，切实解决农村融资难问题。张伟（2014）针对民族地区农村的贫困问题，提出应建立政策性的农业保险，并将拨付给民族地区的部分扶贫资金转化为保费补贴的方式发放，以发挥农业保险帮扶的杠杆效应。张建（2020）通过将保险精算理论与多重均衡模型有效结合，建立了基于农业风险—农业保险的多重均衡模型，量化农户在巨灾风险下的陷贫概率，讨论了农业保险的扶贫效果，对农业保险有效扶贫对象进行识别，在差异化农业保险补贴和多样化农业保险产品设计方面进行了数值模拟。刘汉成（2020）基于"中国家庭追踪调查"数据，采用固定效应模型，实证检验了倾斜性农业保险扶贫政策的减贫效应。研究表明，倾斜性农业保险扶贫政策能够显著提高农村贫困户的收入水平；倾斜性农业保险扶贫政策对贫困户的脱贫效应存在差异，财政保费补贴比例、自缴保费减免比例和农业保险理赔金额对贫困户脱贫具有显著正向影响。

（十）网络扶贫

2016 年 12 月 1 日，习近平总书记提出的网络扶贫专项行动把精准扶贫与互联网结合进行耦合思考，这为新时期精准扶贫拓展了新的思路。

网络扶贫是一种在当前中国特色扶贫开发实践中，以实现贫困农民健康生存与可持续发展为目标、以助力精准扶贫为取向、以信息网络服务体系为支柱、以特色农村电商为支撑、以政府、市场、社会、农户协同攻关为基础的系统性扶贫模式（王洪涛，2013）。高静（2019）以凉山彝族地区为例，指出网络扶贫由于具有高效率、生态化与溢出性的优点，成为该地区脱贫攻坚的有效选择，并提出"互联网+扶志""互联网+扶智""互联网+扶产"的网络扶贫逻辑思路，以期打赢脱贫攻坚的收官之战，为全球减贫事业贡献中国方案。杜永红（2019）在乡村振兴战略背景下，探索电子商务进农村与网络扶贫相吻合，并且电子商务进村对网络扶贫形成推进作用。陈浩天（2020）将教育扶贫与互联网结合在一起，具体表现为教育扶贫技术的嵌入贯穿政策清单编制的程序化过程、政策清单执行的公共性定位、政策清单信息的精细化管理三个方面，借助清单数字化信息共享平台，以实现教育扶贫政策清单"纵向到底，横向到边"的网络化赋权过程。赵京鹤（2020）认为"MCN+电商扶贫"是传统扶贫向产业扶贫转变的重要标志，而扶贫的目标也将不再局限于脱贫，更多的是通过互联网技术，用产业扶贫带动乡村振兴，使得原本的贫困户在经过MCN机构的孵化后走向致富的道路。

在中国互联联网经济得以迅速发展的今天，结合新媒介，开发与创新扶贫新思路，鼓励开展网络公益扶贫、互联网众筹扶贫等新型网络扶贫模式，不仅丰富了我国精准扶贫模式，而且该方式具有可复制性，能够在很多贫困地区开展实践。但是在实施网络扶贫的过程中，也要清醒认识网络的虚拟性以及风险性，需要当地政府帮助贫困户有效识别风险，充分发挥网络的便捷性和连通性，致富当地居民。

三、精准帮扶数据挖掘

Python是一种计算机程序设计语言，具有简洁性、易读性和扩展性的特点，能够便捷的收集网站信息，并从中抽取可用信息的新型方式，用少量的程序爬取复杂的网站，是一种非常有效的网络爬虫技术。本部分首先利用Python语言编写爬虫程序，爬取国家扶贫网站上的精准帮扶相关数据；其次对爬虫得到的数据进行整理分析，阐述精准帮扶现在的热点问题，勾画各个地区政策之间的联系；最后，对国家各个地区的精准帮扶措施提出相应的建议。

国务院扶贫开发领导小组开发办公室（http://www.cpad.gov.cn/）是目前较大的汇集国家各项扶贫相关政策以及各个省份扶贫信息的一个信息平台，国家扶贫相关政策通过该平台予以发布，给地方扶贫政策的制定提供全局性指导，所以此部分选取该网站关于"精准帮扶"的内容作为研究对象，选定样本之后，利用Python语言编写的网页爬虫程序，采集时间为2013年1月1日年到2021年4月30日，进行爬虫后最终得到8 831条结构化数据，主要包括的数据字段有报道的网址、标题、时间、内容简介。以下对这些数据做出整理与分析。

（一）精准帮扶报道类数量分析

精准扶贫由习近平总书记于 2013 年 11 月首次提出，即运用科学有效程序对扶贫对象实施精确识别、精确帮扶、精确管理的一种治贫方式。但是，早在 11 月之前，各地区已经下发了关于扶贫的文件。2014 年 1 月，中共中央办公厅详细规制了精准扶贫工作模式的顶层设计，推动了"精准扶贫"思想落地。由此，精准帮扶也逐渐成为研究和实践的热潮。从图 4-2 可以看出，国家关于精准帮扶报道的数量总体呈现逐年上升的趋势。2013 年是精准帮扶政策提出的当年，有关于扶贫的报道政策数较少。2014 年是精准帮扶政策提出后的第一年，报道数量较 2013 年相比呈直线增多的趋势，2014 年精准帮扶思想的落地带动了全国各地区对扶贫工作的热情，积极响应国家的号召。例如，山西省提出有山西特色的扶贫路子，针对村、户以及每个劳动力制定帮扶计划；内蒙古自治区全面启动"三到村到户"工程，从 2014 年起到 2017 年，对全区 2 834 个贫困嘎查（村）开展规划到村到户、项目到村到户、干部到村到户的精准帮扶工作；湖北省大力推行扶贫机制改革，建立贫困县脱贫退出机制，强调精准扶贫是此次改革的核心，要实现对象精准、目标精准、帮扶精准、政策精准、考核精准等报道。

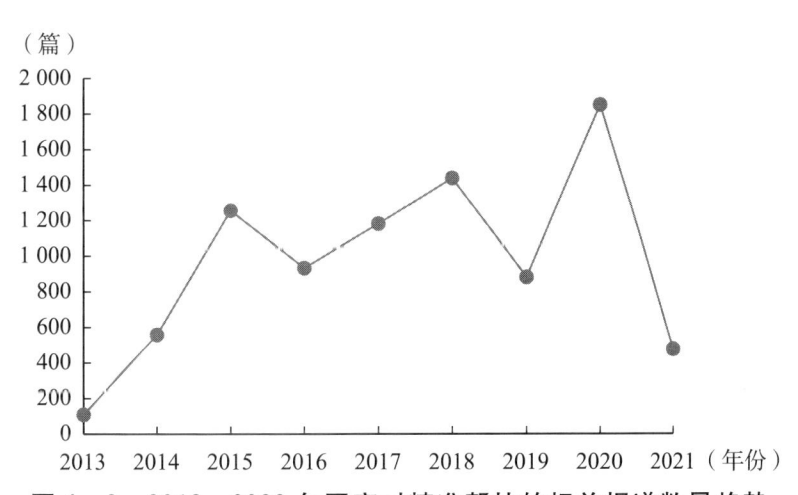

图 4-2　2013~2022 年国家对精准帮扶的相关报道数量趋势

2014 年之后，随着精准帮扶措施的不断完善，全国各地区逐渐摸索出精准帮扶发展经验，所以报道数量呈现出逐年递增的趋势，2015 年与 2016 年的报道数量稍有波动，2017 年是精准扶贫精准脱贫的深化之年，国务院扶贫办更加注重精准的落实落地，更加注重综合分类施策，因此 2017 年报道数量较 2016 年显著增加；2018 年是打好脱贫攻坚战的关键一年，也是全面建成小康社会的冲刺阶段，全国各方面共同努力，全年减少农村贫困人口 1 386 万人，280 个左右贫困县退出，全面完成年度任务，取得了显著成效，所以报道数量在目前达到高峰；2019 年是全面建成小康社会的关键一年，也是打赢脱贫攻坚战攻坚克难的关键一年，是紧紧围绕 2018 年"户脱贫、村出列、县摘帽"的总体目标，继续深入脱贫攻坚行动，许多贫困地区均纷纷脱贫，报道数量较 2018 年有所下降；2020 年将完成现有标准下贫困人口全部脱贫的任务，实现全面建成小康社会的目标。2020 年实现减贫的目标从绝对贫困转变为相对贫困，减贫的区域从单纯的农村减贫转向城乡统筹，在此基础上还要做好从精准扶贫转到乡村振兴的衔接，因此报道数量显著增多。数据搜集截至 2021 年 4 月，扶贫政策最终的目的是帮助贫困人民过上好日子，摆脱贫困的苦日子。虽然 2020 年是脱贫的最后一年，但是扶贫政策还得继续。让贫困人民在脱贫后有能力开展自己的事业，对美好生活有奔头、有希望，避免返贫才是扶贫工作的落脚点和基本点。

（二）精准帮扶报道关键点分析

利用 Python 爬虫得到国家精准帮扶报道中出现的高频词，如图 4-3 所示，依据年份对其整理分析得出："贫困""脱贫""扶贫""精准""帮扶"等这些词毫无疑问出现频次最高，另外，"产业"一词在每一年的出现频次均较高，"返贫"一词在 2020 年出现频次猛增。印证了我国目前的精准帮扶工作主要是以产业帮扶为主，辅助以电商帮扶、科技帮扶的现状。

在精准帮扶政策推行初期（2013 年），出现频次较高的有建档立卡、金融等关键词，其后几年里，出现频次仍然较高，说明建档立卡是精准扶贫政策落地实施的有效举措，为精准帮扶提供依据，处于重要地位。例如，"第一书记"一词在 2015 年以后的每一年均出现较多次，说明国家派机关优秀干部到村担任第一书记，是推动精准帮扶的重要举措，是我国干部工作特有的一道"风景线"。

2015 年开始出现了"生态"一词，以后每年都为高频关键词，生态扶贫成为新的扶贫方式。同时，"教育""技术""科技"等词汇在 2016 年以后成为高频词汇。总体来看，我国的扶贫工作从关注产业扶贫开始，逐渐向教育帮扶、科技帮扶等层面推进，细化了精准帮扶的相关路径和措施，促进精准帮扶工作全面发展。

由图 4-3 可以看出，产业、旅游、建档立卡、第一书记、金融、生态、教育、科技、返贫等关键词在最近两三年出现频次逐渐增加，以下对近几年高频关键词的关键点做出分析：

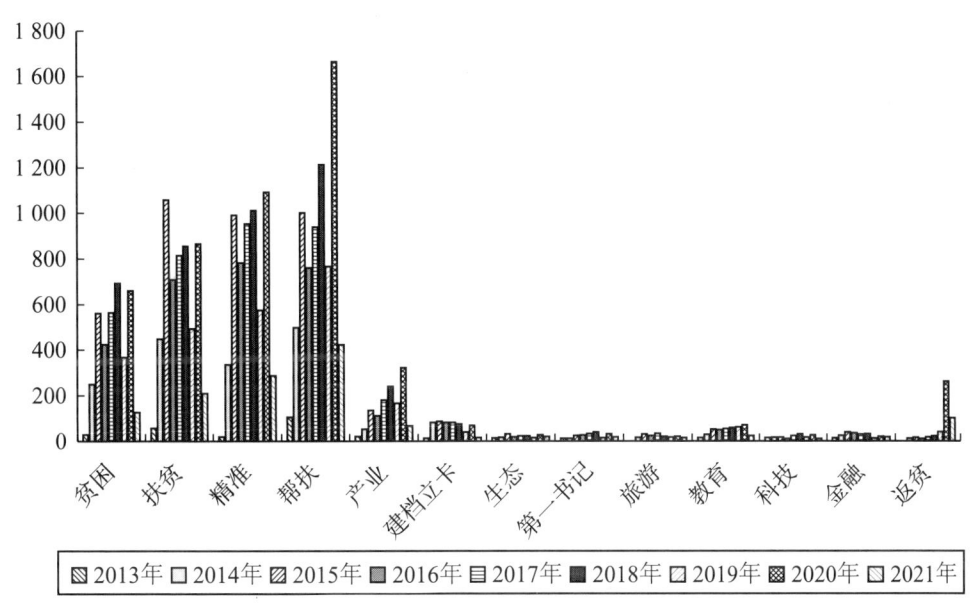

图 4-3 2013~2021 年精准帮扶政策提出后历年高频关键词统计

1. 产业帮扶是内生发展机制，具有发展活力

农林产业扶贫、电商扶贫、资产收益扶贫、科技扶贫等都是产业发展脱贫的重要内容，能够有效增加贫困地区造血能力，是帮助贫困地区人们实现脱贫的长远之计。各个地区立足当地特色，选取相应的帮扶模式，产业帮扶四种具体类型的简单介绍，如图 4-4 所示。

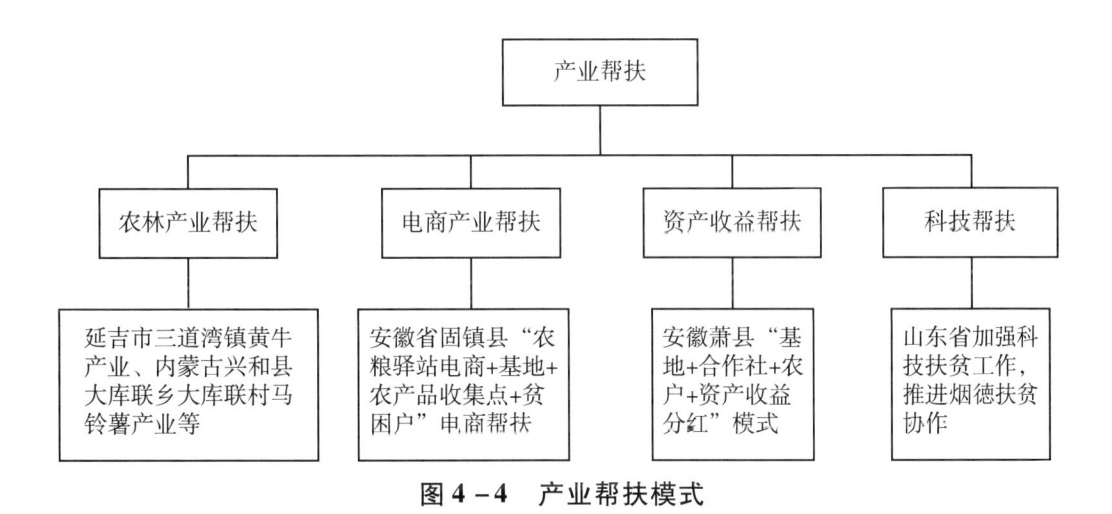

图 4-4 产业帮扶模式

依据爬虫结果，全国各个地区纷纷采用符合当地特色的帮扶措施，相关报道也层出不穷，例如，对于一些农林产业优势的贫困地区，往往会选择农林产业帮扶措施，发展当地农产品优势；同时，大数据时代，网络技术发展迅速，电商帮扶、科技帮扶

以及资产收益帮扶也逐渐被一些地区采用,以下为典型地区以不同帮扶措施并取得相关成效的列表,见表4-3。

表4-3　　　　　　　　　产业帮扶不同方式的成效

扶贫方式	地区	帮扶措施	成效
农林产业帮扶	延吉市	2017年成立黄牛养殖农民专业合作社、民俗文化扶贫产业园	以拉面、旅游等产业带动当地人民脱贫致富
	安徽无为县	将发展产业作为助脱贫、防返贫、促振兴的基础性工程	切实提高人民幸福感
	湖南衡阳	油茶产业扶贫亮相中央新闻联播,同时发展茶叶、黄花菜、黄贡椒等特色产业	以产业"造血"推动脱贫攻坚顺利推进
电商产业帮扶	内蒙古自治区兴和县大库联乡大库联村	以马铃薯产业推动发展,拓展销售渠道,建设物流网点,提升物流各环节能力	以电商产业助推脱贫事业
	安徽省固镇县	设立"农粮驿站"电商平台,并在陡沟村试点实行"农粮驿站电商+基地+农产品收集点+贫困户"的帮扶模式	电商产业帮扶实现脱贫
科技帮扶	山东省德州市	加强落实科技扶贫工作,及时调整科技扶贫工作领导小组,认真开展科技指导与服务,积极推进烟、德扶贫协作	加强了企业与贫困地区的合作,以科技帮扶实现脱贫
资产收益帮扶	安徽萧县	探索"基地+合作社+农户+资产收益分红"模式,在产业发展之后积极推进资产收益扶贫	顺利实现"户脱贫,村出列"的既定任务,取得显著成效

支持农业产业龙头企业发展带动贫困地区实现脱贫摘帽,可以称之为产业发展带动帮扶模式,同时,通过电商帮扶和科技帮扶直接支持贫困户进行产业生产活动,实现"扶真贫、真扶贫"的要求,可以称之为瞄准型产业帮扶模式,那么针对建档立卡户,利用产业扶贫资金开展资产收益帮扶的模式可以称之为救济式产业帮扶模式。因此,不同贫困地区可根据当地贫困现状,制定符合特色的产业帮扶模式。

纵观国家扶贫网站对精准帮扶的报道,对于各地区的产业帮扶报道居多,而像电商帮扶、资产收益帮扶等这些报道相对较少,同时,在报道中关于这些帮扶措施的报道主要集中于帮扶措施的有效性,带动贫困地区走出贫困,但是在取得成绩的同时,也会出现帮扶措施的失效,例如,铜陵市枞阳县在产业帮扶过程中,主要是小而散的养殖业,能具体发展到户的项目很少,而具有优势的旅游产业只能占到较低的比重,安徽省寿县的扶贫产业除部分太阳能光伏等高科技项目之外，其他大部分项目属于劳动密集型，如种植业、养殖业等农业产业，同时还出现了地方少数村干部利用经营模式的漏洞，套取扶贫资金牟私利的严重问题等，所以在看到产业帮扶举措实施有效的同时，也要关注帮扶过程中出现的问题，及时纠偏，才能保护和巩固我国多年来精准扶贫工作的成果。

2. 驻村第一书记是组织堡垒、是先进思想文化的引领者

习近平总书记多次指出"扶贫先扶志""第一书记"进驻贫困村，能够充分发挥组织堡垒作用，虽然不能从根本上消除贫困地区的落后思想意识，但可以通过引入先进的思想观念，使群众树立靠自身辛勤努力摆脱贫困的意识和信心。目前，全国各地均有派驻的第一书记，他们大多属于年轻一代，具有工作经验，具有较强的专业素质，能够创新性地帮助贫困地区引入特色产业，发展旅游业，制定个性化的脱贫措施，尤其是在当今的互联网时代，第一书记能够充分利用网络优势，建立物流平台，通过网络渠道将扶贫村的特色产品销售出去，帮助村民增收，所以第一书记这一驻村形式，能够一定程度给贫困村带来先进的思想文化，提高村民自我脱贫意识，利用自身优势带动村民走上脱贫之道。

驻村第一书记在精准帮扶过程中的一道干部"风景线"，但是在实施过程中，会出现过于依赖第一书记而没有发挥除第一书记之外的驻村工作队等的作用，例如，山西省吕梁山区临县存在着农村事务对第一书记过于依赖，其原因在于有些第一书记责任心强，为贫困村争取到许多项目，再加上乡镇党委负责第一书记考核，将大量本该由乡或村干部完成的工作分配给第一书记，导致第一书记几乎包揽村内一切事务，这样造成对第一书记和外部资源的依赖，弱化了村民和村干部自身的发展能力。另外，部分第一书记在刚开始驻村期间，与当地村民不熟悉，存在着利益冲突性问题，不能很好地履行职责，例如，贵溪市塘湾镇的驻村第一书记存在不称职的情况，到岗率较低，对村内事务关心较少。

3. 新型精准帮扶措施具有前沿性特征

目前，"互联网+扶贫"作为一种新型扶贫模式，广受关注，尤其是金融帮扶成为各地开展扶贫工作的重要举措之一。河北省针对贫困地区实际情况，依托阿里巴巴等互联网产企业，探索推广"互联网+金融扶贫"，组织金融机构开展对口精准帮扶工作。湖南省推动金融帮扶和产业帮扶精准对接，并建立金融精准扶贫服务站、农村电商服务站、助农取款服务点，创建金融精准帮扶示范区，发挥示范区带动作用。青海省海晏县让金融的"活水"浇到扶贫产业的"根上"，切实解决昔日贫困村"要发展、想发展、没有钱"的难题。同时，生态帮扶、科技帮扶以及大数据精准帮扶等，为我国产业帮扶措施为主的发展模式增加了活力，能够进一步带动贫困户走出贫困，造血能力进一步提升。

四、控制方法论

精准帮扶与公共项目过程控制的思想大致耦合，而质量管理是过程控制必不可少的一环，所以精准帮扶过程的质量控制是保证帮扶过程顺利进行的先决条件，是确保扶贫任务圆满完成的关键步骤。为了严密控制精准帮扶过程，借助 PDCA 质量管理方法，构建了基于 PDCA 循环的精准帮扶过程控制体系，如图 4-5 所示。

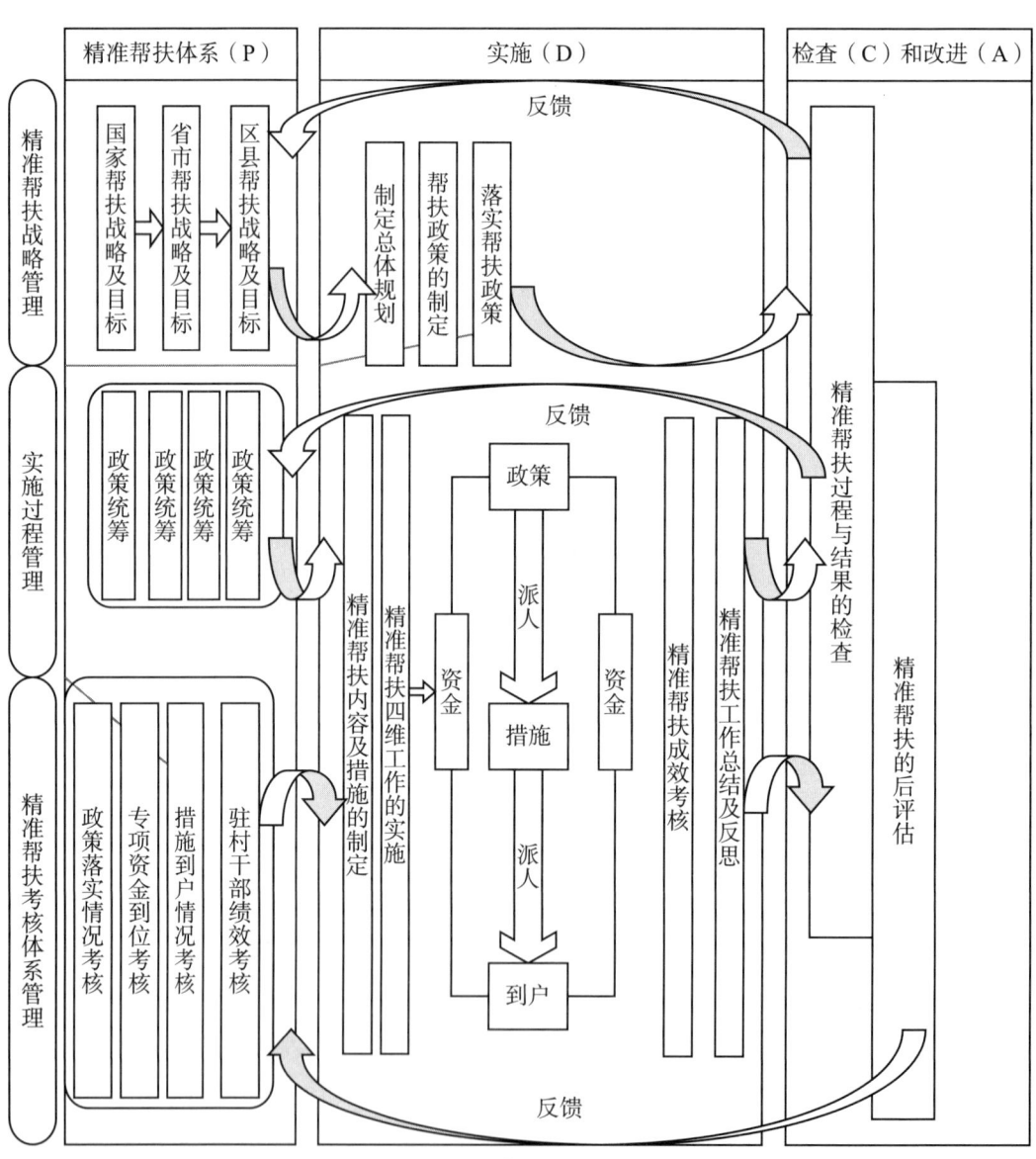

图 4-5 基于 PDCA 循环的精准帮扶过程控制体系

从图 4-5 可以看出，精准帮扶过程可以分为三个阶段：精准帮扶战略管理、实施过程管理和精准帮扶考核体系管理。依据 PDCA 质量管理体系，对精准帮扶全过程进行质量管理，严格控制帮扶成果的产出效率和质量。

（一）精准帮扶体系规划（plan）阶段

精准帮扶体系采取"层层下达，级级传递"的战略规划模式，首先制定国家帮扶战略及目标，以此为参照制定省市及区县的战略与目标，使得国家—省市—区县战略高度统一。

在实施过程管理中，计划体系涵盖了精准帮扶的帮扶内容，即政策落实、资金到位、措施到户和派人精准。精准帮扶实施过程管理要受到精准帮扶考核体系的监察控制。与实施过程管理内容相对应，精准帮扶考核体系管理对实施过程管理内容进一步控制，包括政策落实情况考核、专项资金到位考核、措施到户情况考核和驻村干部绩效考核。精准帮扶体系规划阶段对精准帮扶战略管理、实施过程管理以及考核体系管理的内容做出整体框架构建，能有效发挥其对精准帮扶实施阶段的总体指导意义。

（二）精准帮扶实施（do）阶段

在精准帮扶战略指导下，战略实施过程承接"国家—省市—区县"精准帮扶战略及目标，制定精准帮扶总体规划，并进一步制定帮扶政策，最后完成帮扶政策的实施过程战略管理。精准帮扶实施过程管理与考核体系管理在实施阶段为并行工程，依托实施过程管理内容和考核体系管理内容，进行精准帮扶内容以及措施的制定，保证精准帮扶四维工作的实施，即通过精准派人，在政策—措施—到户的帮扶流程中，实现帮扶措施到户和帮扶资金到户，以保障精准帮扶过程的流畅性和高质量。帮扶工作实施后要进行精准帮扶的成效考核，并对帮扶工作进行总结和反思。

（三）精准帮扶检查（check）阶段

精准帮扶检查阶段是对帮扶工作的全过程监控，以确保帮扶工作过程按照精准扶贫原则有序进行，同时严格把控帮扶战略管理、实施过程管理和考核体系管理三个部分，有效判定帮扶输出结果，以达到帮扶工作"节节高"的效果。检查阶段主要关注精准帮扶过程与结果的检查和精准帮扶的后评估，从而对精准帮扶的工作进行监控和对帮扶结果进行评价，有效判别脱贫户是否"再贫困"，以达到帮扶工作"帮到底，扶到底"的目标。

（四）精准帮扶改进（action）阶段

PDCA 的改进过程是质量管理中举足轻重的一环，完成了质量管理结果的分析与反馈任务，对下一轮质量管理循环过程的进行有指导意义。

精准帮扶的改进阶段是对帮扶工作顺利再展开的有力保障，该过程需要对检查阶段的结果进行深入剖析，总结检查阶段的问题并及时向上级反馈，从源头改进，针对结果反映出的问题，改进精准帮扶体系内容，以达到"工作效果一次比一次好，返贫人员一次比一次少"的目标。

第三节 内蒙古自治区精准帮扶的现状及存在问题

一、内蒙古精准帮扶的现状

本部分以内蒙古自治区扶贫开发办公室和内蒙古自治区政府门户网站上关于精准帮扶的报道为研究对象，利用Python语言编写的网页爬虫程序，采集时间为2013年1月1日到2021年4月30日，进行爬虫后最终得到8 881条结构化数据，主要包括的数据字段有报道的网址、标题、时间、内容简介，如图4-6所示。以下对这些数据做出整理与分析。

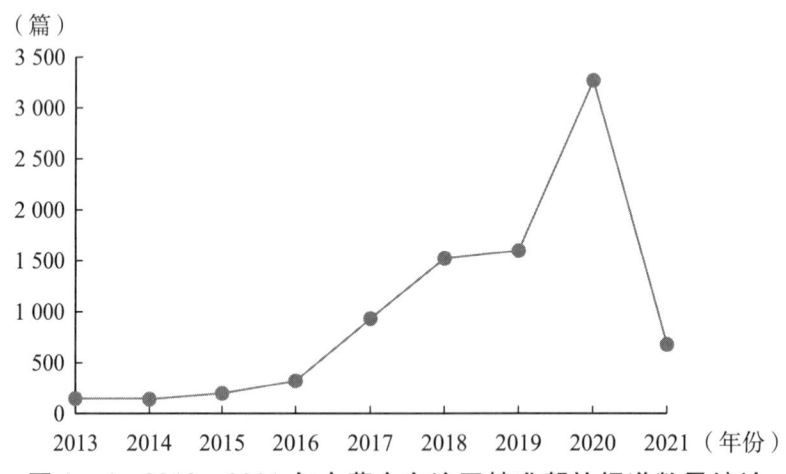

图4-6　2013~2021年内蒙古自治区精准帮扶报道数量统计

（一）精准帮扶报道类数量分析

内蒙古自治区的精准帮扶措施在积极响应国家扶贫政策的基础上，针对内蒙古特色民族特征，制定一系列的帮扶措施。从2015年起，内蒙古自治区关于精准帮扶的报道同样呈现逐年递增的趋势，2016年和2017年较前一年均有增长，2017年呈现大幅度增长，主要原因在于2017年内蒙古自治区各级党委和政府及各部门坚持把脱贫攻坚作为重大政治任务和第一民生工程，聚焦精准扶贫精准脱贫，层层压实工作责任，强化攻坚保障措施，坚决有力狠抓整改，推动全区脱贫攻坚工作取得了重大成果，反映在媒体上，则表现出比较集中的扶贫相关政策的报道。2020年是脱贫攻坚的关键一年，因此2019年的报道数量呈现大幅度增长。由于数据只统计到2021年4月，2021年数据未完全统计。可见，要强化新闻媒体的宣传效果，扩大典型帮扶措施的影响力对内蒙古自治区扶贫有一定成效。

总体上看来，内蒙古自治区关于精准帮扶报道的数量同国家一致，呈现出逐年增长的趋势，表明自治区积极响应国家扶贫政策，促进帮扶措施的逐步落实，促进内蒙古地区成为全国扶贫措施典范地区。

（二）精准帮扶报道关键点分析

与国家报道相似，利用Python爬虫得到内蒙古自治区精准帮扶报道中出现的高频词，如图4-7所示。依据年份对其整理分析得出："贫困""脱贫""扶贫""精准""帮扶"等这些词毫无疑问出现频次最高，除此之外，对于内蒙古自治区的报道，"产业"一词出现的频次仍然比较高，说明精准帮扶以产业帮扶为主，辅之以科技帮扶、电商帮扶等。"建档立卡"一词也是出现较高的次数，说明建档立卡在精准帮扶过程中的基础性作用，得到国家和地方政府的高度重视。"返贫"一词，2013~2015年未提及，自2016年"返贫"一词提到频率逐年递增。

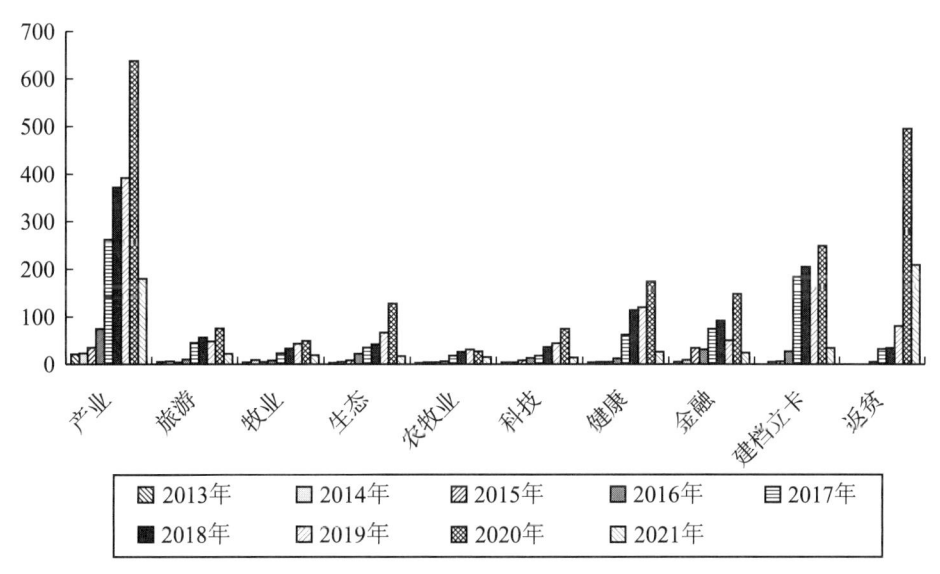

图4-7 2013~2021年内蒙古自治区精准帮扶措施提出后历年高频关键词统计

"金融"一词出现较高频次,说明内蒙古地区大力推进金融帮扶,内蒙古自治区"十三五"工业发展规划中明确指出金融机构要按照"一企一策"原则实施精准帮扶并落实差别化信贷政策。乌兰察布市召开银企对接金融帮扶座谈会,提出金融帮扶工作的具体要求,真正了解企业所困所需,进一步加大企业与金融机构的沟通和联系,加深彼此的了解和信任,构建精诚合作、良性互动、互利共赢、共同发展的新型银企关系。

与国家报道高频词不同的是,由于内蒙古地区地理位置的特殊性,报道中出现"牧业""农牧业"等高频词,表明内蒙古自治区立足于自治区特点,对农业牧业实施精准帮扶,阿拉善盟在《阿拉善盟二级及以上医疗卫生机构对口支援贫困旗区苏木镇卫生院实施方案》中,提出使得农牧民就近获得安全、有效、方便的医疗卫生服务,为减少因病致贫、因病返贫创造医疗条件。巴彦淖尔三道桥镇依托当地的俊峰牧业,促进当地企业与贫困户建立帮扶机制,实现当地贫困户正常持续脱贫,增强内生发展动力。可见,内蒙古自治区的贫困现象多发生在地理条件受限,生产方式单一的以农业、畜牧业为主的农区、牧区和农牧交错区,且贫困人口的集中连片现象明显。因此,将精准帮扶过程聚焦于各贫困旗县的农业和牧业优势,开展农牧产业帮扶,使得农牧地区早日脱贫摘帽,改善贫困现状,有重要的现实意义。

另一个值得关注的是,内蒙古自治区相比国家的"生态扶贫",更具有优势。内蒙古地域辽阔,地貌类型多,全区草原面积、森林面积均居全国首位,与东部发达地区相比,工业排污相对较少,具有良好的生态环境,所以在自治区扶贫脱贫的过程中,更应该注重将生态环境保护与扶贫工作相结合,注重生态帮扶。赤峰市林草局多点发力助推林业生态扶贫,满足贫困旗县贫困户的退耕建设需要,向贫困户倾斜,并设立护林工作岗位,为贫困户提供就业机会,对其进行生态帮扶。鄂尔多斯市准格尔旗同样通过造林实施精准帮扶措施,全面推广组建扶贫造林专业合作社,让贫困户全部参与生态建设。通辽市科左后旗"生态修复促扶贫"模式2019年成功入选首批全球最佳案例,其坚守"生态""发展""民生"三条底线,促进贫困人口在生态建设保护中增收致富,包头市固阳县积极推广"享受政策补贴+参与造林护林"的生态扶贫模式,对贫困人口进行生态帮扶。生态扶贫不仅是可持续发展的主要议题,也是内蒙古创新扶贫模式的有益尝试。

内蒙古自治区精准帮扶聚焦于地区特色,着眼于解决农区牧区以及农牧交错区集中连片贫困地区的脱贫攻坚问题,近年来各旗县均取得了一定的帮扶成效,但是发展过程仍然存在着一些欠缺的地方,以下对依据内蒙古自治区精准帮扶的关键点对其帮扶现状做出分析:

(1)内蒙古自治区精准帮扶主要以产业帮扶为主,辅之以金融帮扶、科技帮扶、健康帮扶等措施。但是在严格的目标管理体制下,产业帮扶的过程中也会出现干部对产业帮扶大包大揽,形成"干部干、群众看"的现象,导致贫困户并不能积极参与,脱贫内生性动力严重不足，不能真正实现造血式帮扶。

（2）对于贫困户的帮扶救助资金援助是主要方式；大多数情形下对贫困户的救助是发放资金救助，不能深入了解贫困户的真实需求以及资金救助是否能够达到真正的精准帮扶。

（3）内蒙古自治区个别领导干部对精准帮扶的主动性不足，部分干部停留在表层上的帮扶，只是任务式的每年给予贫困户一定的资金补助，并不能深入解决贫困户的真实困难。

（4）内蒙古自治区贫困户自身脱贫动力不足，存在着明显的"等靠"思想意识。

（5）对于贫困户的建档立卡信息系统不够完善，由于对大数据信息利用不充分的原因，内蒙古自治区目前存在着建档立卡信息更新不及时，不能够动态反映贫困户的脱贫现状。

二、内蒙古精准帮扶的问题

（一）帮扶对象脱贫的主观能动性不强

内蒙古自治区由于地理位置偏远，多以农区牧区为主，贫困地区农民的文化程度往往都比较低，同时，由于地区经济发展较慢，人口流动现象严重，大量青年外出务工，在农村基本上都留下一些老人和儿童，老龄化现象突出，导致帮扶对象对于具体的帮扶措施缺乏了解，参与感较弱；对于一些现有享受国家低保补贴的贫困户，可能会有不管参与还是不参与都不能彻底脱贫，还不如就这样享受低保的消极意识，这部分帮扶对象自身发展动力不足，存在着"等靠要"的思想。

（二）帮扶政策的差异化不明显

内蒙古地区的贫困现状突出表现在农牧业经济脆弱、生态保护压力大、少数民族人口多、边境地区广四个特点，并且贫困范围较广，程度深，存在着集中连片的特困区，所以在制定精准帮扶政策时，往往会出现忽视内蒙古地区贫困因素的多样性，将固有的模式简单的套用在所有的政策执行过程中，严重影响政策执行效果。

在精准扶贫中，内蒙古地区不同旗县由于致贫因素的多维化、贫困主体碎片化、每一户贫困户的需求多样性的独特，在瞄准机制建设方面有所欠缺，不能完全针对各旗县的特殊性制定相应的精准帮扶政策，采取"一刀切"的模式，将项目和资金进行捆绑，政策过于刚性和缺乏灵活性，使得精准扶贫政策在对接过程遇到障碍。例如，一些建档立卡的贫困户本身缺乏脱贫意愿和能力，而对于有意愿脱贫有能力脱贫的贫困户却因为不符合要求未能被纳入扶贫范围，政策的僵化使得现实情况不能灵活运用政策，不能充分发挥政策原有的效果。

(三) 专项资金扶贫来源单一，杠杆作用不明显

从扶贫资金角度上来看，内蒙古地区的经济发展一直得到党和国家的大力扶持，所以部分地区的资金筹措主要来源于国家财政，渠道来源单一，分解到个体贫困户来说，扶贫资金过于少，杯水车薪，未能够起到资金扶贫的杠杆作用。而对于贫困地区村干部来说，拿到的国家下发的扶贫资金有限，同时，人力、物力资源也非常有限，做不到每户贫困户都能有一项精准帮扶措施，有针对性的实现措施到户，贫困户有的也只是关心发钱的多少，而不是具体如何彻底脱贫，所以政策衔接效果较差，只能按照固有模式执行，未能创新性的纳入金融机构及社会组织来获取必要的扶贫资金，巧妙地将社会资源转化为扶贫资源，达到充分利用的效果，导致难以实现精准帮扶之"精准"。

(四) 驻村干部选派难以充分发挥能力之难

按照内蒙古武川县的规定，驻村干部实行队长负责制，坚持"五天四夜"工作制度，同时，每年的驻村时间不少于 200 天，并有严格的请假销假制度，这些制度在表面上保障了干部驻村，但是实际上却严重限制了驻村干部利用自身能力为贫困地区争取外部资源。严格的驻村管理制度会使得驻村干部束缚在贫困村内，对于贫困地区的脱贫，主要是通过引进扶贫项目、引进扶贫资金，真正解决贫困问题，而这些项目以及资金都需要驻村干部外出争取，只是一味地留在贫困村走访调查不可能从根源上解决贫困问题。所以在内蒙古地区，这些严格的驻村制度在一定程度上阻碍了精准帮扶的实施，尚需要从政策机制方法调动驻村干部的积极性和主动性。

第四节 精准帮扶 PDCA 方法论的具体实践

内蒙古地区分为农区、牧区、农牧交错区，各有特色，其扶贫方式也各有侧重。例如，内蒙古武川县是一个以农业发展为主的地区，其中燕麦农耕文化是该地区的特色农作物，引入龙头企业来发展燕麦文化，可以促进武川地区的经济发展并且取得了一定成绩；内蒙古鄂温克旗是中国三个少数民族自治旗之一，是一个典型的以牧区发展为主的地区，因地制宜地确定帮扶主导产业为"乳、肉、草、马、特色种植养殖"六大扶贫产业，为贫困户提供了稳定的收入来源，为牧区的可持续发展提供了示范；内蒙古敖汉旗是内蒙古自治区典型的以农牧交错区为主的地区，通过发挥"第一书记"带头落实帮扶措施，并着眼于"扶贫+健康帮扶"，立足于贫困户的特殊需求，

精准施策，造福当地居民。实践表明，通过"扶贫+健康帮扶"模式，对攻克因病致贫、因病返贫难题有显著成效。总之，不同精准帮扶体系的构建，通过不同方式的实施，为内蒙古不同地区脱贫提供了有效支撑，而后不断检查更新体系内容使之与当地扶贫特色更为衔接，加快内蒙古不同地区脱贫步伐，同时也为实现乡村振兴奠定了良好的发展基础。

一、内蒙古农区精准帮扶典型案例——武川县

（一）武川县概况

武川县位于内蒙古呼和浩特市北部，是内蒙古自治区典型的农区，行政区域土地面积4 682平方公里，北邻达茂旗与四子王旗，西邻固阳县，南邻土左旗与呼和浩特市等，是重要的交通枢纽区。地处阴山北麓农牧交错带的中段，全境以山地丘陵为主，占土地总面积的50.04%。截至2019年，全县耕地14.4789万公顷，主导产业主要为农耕，主要的特色农产品包括马铃薯、莜面等，全县辖6乡3镇，总人口16.9441万人，其中农业人口有13.1215万人，约占武川县人口总数的77%，农业在经济发展中占有重要的地位。地区生产总值为50.63亿元，人均生产总值为29 881元，低于呼和浩特市其他旗县，在全县从业人员中，第一产业从业人员137 950人，第二产业从业人员11 934人，第三产业从业人员19 557人，第一产业从业人员占到81.41%，证明武川县农业从事人员较多，主要靠农业支撑经济发展，且经济发展较为落后，全县设施农业种植占地面积509公顷。[①]

2012年武川县被列为国家级贫困县，93个行政村中有91个是贫困村，一般贫困村38个，重点贫困村53个。2013年国家实施精准扶贫战略以来，扶贫攻坚工作取得显著成效，2015年武川县贫困户数量减少为6 063贫困户，13 050人贫困人口，农村贫困发生率降为9.5%。截至2017年底，武川县贫困人口为3 970户、7 830人，其中未脱贫的国家级贫困人口有1 617户3 137人，贫困率降到4.7%，截至2019年5月底武川县享受扶贫政策建档立卡贫困户共计7 914人。其中，未脱贫92人，正常脱贫7 822人。[②]

武川县作为呼和浩特市唯一国家级贫困县，是自治区实现脱贫攻坚战的重要环节，近年来，武川县将脱贫攻坚作为头号民生工程来抓，实现从精准识别到帮扶，再到退出各个环节精准衔接，扶贫开发取得明显成效。2018年10月27日，呼和浩特市扶贫开发领导小组办公室指出，武川县贫困发生率低于3%，2018年上半年农民人均可支配收入增速高于国家和内蒙古自治区平均水平，群众满意度高于90%，各项

---

① 数据来源：2020年中国县域统计年鉴（县市卷）.
② 数据来源：内蒙古自治区扶贫开发办公室.

指标均符合贫困县退出标准。

(二) 武川县致贫原因分析

1. 自然条件脆弱、自然灾害频发，生态系统脆弱

武川县位于内蒙古阴山北麓，属干旱半干旱丘陵区，处于温带大陆性半干旱偏旱气候带，年降水量351mm，且分布不均，导致农耕地偏干旱，严重影响农作物产量，同时，病、虫、雹、冻等多种灾害时常发生，旱灾尤为严重，导致土地质量较差，突出表现为旱、薄、粗的问题。由于以往的耕作粗放，导致现在农耕地的自然灾害抵抗力很差，农业发展深受影响。旱地在武川县农业生产中占有主要地位，但是由于处于生态脆弱的农牧过渡带，旱地产量低而不稳，严重限制农业发展。因此，自然因素成为武川县发展农业生产的阻碍，同时，也是武川县处于贫困状态的主因之一。

2. 贫困人口年龄偏大，农村劳动力不足

武川县农村劳动力流失现象较为严重。随着农村富余劳动力的转移，大量的农村青壮年选择外出务工，在农村基本上留下老人、妇女、儿童，由此大致个别地方甚至出现耕地抛荒等现象，不仅限制了农业的发展，同时，使得土地这一稀缺资源利用率大大下降，大量青壮年劳动力的流失，导致武川县农村现有劳动力素质较差，一些先进的农业种植技术、农田水利建设以及田地开荒等技术性的活动无法开展，一些地区的农作物严重歉收。

3. 经济结构不合理，产业结构单一

武川县作为典型的农业地区，经济发展主要以农业为主，工业处于初步发展阶段，产业构成主要是以种植业和养殖业为主，缺乏经济发展活力，农业产业结构单一，主要靠传统的种养业，一方面由于自然条件的限制，农业发展基础薄弱；另一方面，农业技术水平较低，产业经营化水平和农民组织化程度较低，尤其是缺乏引领带动现代农业产业化发展的龙头企业，所以严重影响农民收入水平的提升，贫困问题难以彻底解决。

(三) PDCA 理论在"龙头企业+特色产业"这一帮扶模式下的具体实践

1. 计划（plan）

PDCA 模式即计划（plan）、实施（do）、检查（check）和总结提升（action）的循环过程，第一阶段为计划阶段，分析武川县扶贫工作的现状，发现存在的问题，坚持以问题为导向，制定了相应的方案。

武川县作为典型的农区，历来以粮食作物种植为传统，目前比较有优势的农产品有马铃薯、莜面等。燕麦历来就是武川县最为重要的主粮依赖，千百年来，武川人一年到头一日三餐几乎都有莜面。如今，勤劳勇敢的武川人，把绿油油的燕麦田变成了

农民致富的"金山银山"。所以,为因地制宜发展武川县的经济,其制定的方案为:(1)分类精准施策,实施"五个一批"工程;(2)整合资金,多措并举,增加投入。

2. 实施(do)

PDCA 循环的第二阶段是执行阶段,是确保计划阶段落实到位的关键环节。在走访了当地农民生活的现状和了解了致贫原因后,增加企业投入发展地区农业有利于脱贫。2019 年 5 月底在贵阳市召开的"中国国际大数据产业博览会"上,凭借一棵燕麦草在武川立业的龙头企业燕谷坊集团分享了"一对一帮扶"和"订单化帮扶"的精准帮扶模式,更是为其他贫困地区提供了值得借鉴的宝贵经验。

近年来,武川县进一步优化农业产业结构,转变农业发展方式,培育壮大特色优势燕麦产业,引导内蒙古燕谷坊生态农业发展(集团)有限公司等一批龙头企业,带动农民开展订单合作,探索出一条"企业+科研单位+基地+农户"的发展模式,将农民种植、收购和销售市场动态对接,产业效益显著提升,带领一大批农民脱贫致富。燕谷坊集团从市场需求出发,依靠"小微订单农业",扩大了武川县的整体燕麦种植面积,增加了燕麦产量,直接促进当地燕麦种植面积呈几何级增长。

3. 检查(check)

PDCA 循环的第三阶段是检查阶段,是确保计划阶段和实施阶段落实到位的重要环节。由扶贫办牵头,组织财政、审计、农牧等有关部门和相关乡镇进行联合验收,确保引入企业能给武川县带来收益。从 2015 年开始,燕谷坊集团实行燕麦订单种植,以每年高于市场价 30% 的订单(1.65 元/斤)收购价向农民收购燕麦原麦,订单种植农户由 118 户发展到 2 314 户,基地订单面积发展到 6.7 万亩,订单基地覆盖全县 9 个乡镇、73 个行政村、360 个自然村。企业对 533 户建档立卡贫困户实行帮扶"三到户",即种植订单到户、收割帮助到户、销售拉运到户。通过这种模式,订单农户户均年增收 2 000 多元,收益增幅达 30% 以上。

武川县全县有 53 个重点贫困村,燕谷坊集团以当地特色农产品燕麦为突破口,实行帮扶脱贫,与建档立卡贫困户签订燕麦订单 1 067 户,达到全县贫困户的 1/3,订单面积 0.21 万公顷,给予建档立卡贫困户每亩地 18 元收割补贴,为建档立卡贫困户发放种植补贴 60 元/吨,收割补贴 90 元/吨,拉运补贴 20 元/吨。同时,燕谷坊集团积极承担企业的社会责任,4 年来累计为 64 名建档立卡贫困户义务教育阶段的学生,每人每月资助 50 元,全年资助 600 元,共支出 3.84 万元;累计为 31 名贫困户大学生提供免息借款,每人每月可借款 500 元,全年可借款 6 000 元,大学毕业后三年内偿清,共支出经费 18.6 万元。从此,燕麦农户不愁劣种歉收,不愁种植技术盲点,不愁燕麦卖不出去,不愁价格卖不上去,反之还能获得种植补贴,让产业扶贫力量精准输送到户,使当地农户脱贫不返贫,燕谷坊集团在武川县脱贫贡献率占到 56%。2019 年,燕谷坊集团被认定为第七批自治区级扶贫龙头企业。至此,武川县"龙头企业+特色产业"这一帮扶模式初见成效。

4. 总结提升（action）

PDCA 循环的第四阶段是总结提升阶段，该阶段是分析，总结"计划，实施和检查"三个阶段的主要环节。武川县以燕麦农耕文化为基础，不断深入挖掘燕麦的文化内涵，推出了以燕麦为主题的地方文化节庆活动——"内蒙古·武川燕麦文化节"，吸引了大量区内外游客慕名前来品味乡土美食，欣赏田园美景。一批以莜面美食为主的餐饮企业渐渐兴起，为县域经济的发展增添了活力。

燕谷坊作为当地地方龙头企业，立足武川县域特色，瞄准地方燕麦种植优势，努力开辟出以订单农业拉动当地农业产业的"武川模式"，提高农民对原粮采收价格，有效拉动当地燕麦的市场价，增加燕麦种植户的收入，扩大燕麦种植面积，促进武川县种植业结构调整，以"龙头企业+特色产业"的扶贫模式真正发挥产业扶贫作用，丰富了精准扶贫帮扶模式的内容，具有可推广性。

（四）武川县精准帮扶工作成果总结

截至 2019 年，武川县燕麦种植面积从 1 万公顷扩展到 1.67 万公顷，其中订单种植面积达到 0.8 万公顷，产量也从 1.5 万吨提高到 2 万吨左右[①]，小小的燕麦粒迸发出产业扶贫的巨大力量。除此之外，京蒙协作项目逐步落实到位，2018 年北京门头沟区与武川县各级政府部门实现互访 52 次，签署对口帮扶协议 20 份，引导 9 个乡镇、5 个部门、6 所学校、1 座医院建立起"一对一"结对帮扶关系，聚焦重点，帮扶工作取得了实效。武川县人民在国家大好发展的形势下，努力奋斗，扎实苦干，攻坚克难，在走上共同富裕道路上摸索出适合的扶贫帮扶模式。"生态立县、绿色强县"的武川正在书写产业扶贫、精准脱贫的新画卷。经过 5 年的艰苦努力，武川县减贫 6 562 户 13 251 人，贫困发生率从 2014 年的 8.9% 下降到了 2019 年的 0.06%[②]。

武川县除了燕麦这一特色产业之外，还包括马铃薯、蒙中药材、食用菌、草原乌骨羊、黄芩茶等产业，逐渐形成"山地中药材、平川食用菌、沟壑经济林、坡地小杂粮、点上乌骨羊、面上优质薯"的特色产业促脱贫新格局，这些产业正如奔腾的快马，载着全县百姓奋力奔向美丽富饶的新武川。

武川县以产业扶贫作为脱贫攻坚战的主攻方向，集中力量发展当地五大特色农业，但是由于缺乏经验和市场开发不足，仍然需要借助于市场开拓能力、生产加工技术水平高、对农产品需求量大的龙头企业来带动当地特色农业的发展。另外，通过引进国内外先进的特色农产品加工企业，形成具有"武川特色"的产业园区，有效聚集当地特色

---

① 小燕麦迸发扶贫大力量［EB/OL］. http：//m. xinhuanet. com/nmg/2019 - 02/07/c_1124090624. htm，2019 - 02 - 07.
② 武川县京蒙扶贫协作项目 2019 年预计实施 20 个以上［EB/OL］. http：//inews. nmgnews. com. cn/system/2019/03/15/012671520. shtml，2019 - 03 - 15.

产业，共享公共资源，从而带动关联产业的发展，为武川永不返贫提供解决之道。

二、内蒙古牧区精准帮扶典型案例——鄂温克旗

（一）鄂温克旗概述

鄂温克旗是中国三个少数民族自治旗之一，是鄂温克民族实行民族区域自治的地方。鄂温克旗位于内蒙古自治区东北部，大兴安岭西侧、呼伦贝尔大草原东南部，其土地总面积为19 111平方公里，辖4镇1乡5个苏木。全旗生物资源丰富，可利用草场11 803.3平方公里，占土地面积的62%，牧草总蓄积量约46.5亿公斤，理论载牧量140万只羊单位，是内蒙古自治区的典型牧区[①]。

鄂温克旗因牧区畜牧业"靠地吃饭"的特点，居民生活水平相对较低，一直受到自治区党委、政府的极大关怀和照顾，2003年被确定为全区"千村扶贫开发工程"项目旗县（鄂温克族自治旗扶贫办，2003），在国家"十三五"脱贫攻坚战期间，被评定为内蒙古自治区级贫困县。鄂温克旗在脱贫路上表现突出，自2014年以来，鄂温克旗贫困人口由1 053户2 508人减少到106户268人，累计减贫947户2 240人，贫困发生率由11.5%降至1.47%，其中2017年减贫666户1 547人[②]。2018年，举全旗之力投入脱贫攻坚战，顺利完成了自治区贫困旗退出第三方专项评估，全旗综合贫困发生率下降到0.4%，15个贫困嘎查全部出列，已脱贫户人均收入达到14 459元。[③]

鄂温克旗辖有牧业人口1.8万人，随着改革开放和市场经济体制的逐步建立完善，鄂温克旗畜牧业经济现代化建设步伐加快，通过切实落实"主攻牧业产业"政策，大力调整畜牧业产业结构，努力实施资源转换战略，形成乳肉草叶同步发展的畜牧业产业化格局。

（二）鄂温克旗致贫原因分析

1. 养殖业风险成本高，个体抗风险能力差

养殖业是鄂温克旗牧民的主要收入来源产业，以生产和饲育牧畜和役畜为主，且多以个体户为经营单位。养殖业易受到瘟疫等天灾疾病的影响，受灾风险大，瘟疫的出现会致使分散的牧户家庭失去主要经济收入来源。畜牧业的个体经营和生产基础设施落后，使得产品不具备强劲的市场竞争力，无法形成稳定持续的收入，致使牧区牧民陷入贫困。

[①③] 鄂温克族自治旗人民政府网. https：//www.ewenke.gov.cn/Default.aspx.
[②] 鄂温克旗：脱贫攻坚决战时. http：//szb.northnews.cn/nmgrb/html/2018-10/19/content_10763_55946.htm，2018-10-19.

2. 旗县经济发展方式单一，牧民收入来源单一

鄂温克旗主要以养殖业为主，且畜牧养殖周期较长，价格易受到市场波动的影响，导致牲畜出栏时机的选择会严重影响牲畜价格。同时个体户的经营方式使得家庭收入仅依托于牲畜养殖，不利于风险防范，且牧民多因家庭成员就医或上学等问题临时出售牲畜，时常会面临"入不抵出"的情况，也会使牧民陷入贫困。

3. 国家环保政策影响牧民传统畜牧方式

畜牧业多依靠自然资源，过量放牧易导致草场退化，造成生态环境的破坏。国家出台了关于生态方面的政策（退耕还草等环保要求），政策中要求牧民有节制的放牧，并且要通过买草的形式来畜牧，草价的不稳定会严重影响牧民收入情况，加之收入来源单一，使得牧民难以掌控个体收入，致使贫困。

（三）鄂温克旗精准帮扶案例——政府发挥引导支持作用

根据当地区域优势，鄂温克旗具有扶贫增收潜力的优势产业为养殖业，所以确定帮扶主导产业为"乳、肉（肉牛、肉羊）、草（饲草、饲料）、马、特色种植养殖"几大扶贫产业。

在帮扶过程中，政府鼓励龙头企业和合作社承担规模化肉牛养殖场、肉羊养殖基地、饲草料基地投资建设和运营管理，引导贫困户以牲畜、草场、产业发展基金入股、参股到龙头企业和合作社，通过分红提高收入。对辐射带动贫困户明显的扶贫龙头企业、扶贫示范合作社等新型农牧业经营组织，在申报基础设施建设、补贴、技术服务等涉农、涉牧相关项目和金融支持上给予优先倾斜。

在草原畜牧业方面，选定 10 ~ 15 个从事畜牧业及相关产业的牧民专业合作社作为扶贫示范合作社，集中在项目、资金、棚圈（舍）、农机具和技术服务等方面给予扶持，壮大畜牧业主导产业，走转型升级发展道路。其中，以入社、托养等方式吸纳不低于30%的贫困户，确保每个贫困户年收入不低于 3 000 元，带动贫困户增收。责任部门要规范审批流程、强化项目管理和跟踪问效，确保资金项目的使用效益。

鄂温克旗坚持因人因地施策、因贫困原因施策、因贫困类型施策，集中推出 67 项精准扶贫措施，将扶贫项目编制为"菜单"，政府提供"菜单"、贫困户依据菜单"点菜"、帮扶干部进行"配菜"，探索出了一条"67 项菜单式"扶贫新模式，通过菜单式帮扶措施开辟了具有特色的扶贫帮扶之路。

（四）PDCA 理论在巴彦嵯岗苏木英伦合作联社的具体实践（微观）

1. 计划（plan）

PDCA 模式即：计划（plan）、实施（do）、检查（check）和总结提升（action）的循环过程，第一阶段为计划阶段，指出巴彦嵯岗苏木英伦合作联社脱贫攻坚工作中

存在的问题，安排部署下一阶段重点工作。巴彦嵯岗苏木位于内蒙古呼伦贝尔市鄂温克族自治旗，面积920.12平方公里，下辖莫和尔图、扎格达木丹、阿拉坦敖希特3个嘎查，总人口达1 320人，人均纯收入3 215元，标准化砖瓦房入住率达90%。因巴彦嵯岗地理位置和密集耕种的原因，常年受到自然灾害的影响，造成当地人民生活水平低下，"靠天畜牧"的生产方式并不能满足生活需求。自2013年脱贫攻坚战打响以来，内蒙古自治区加大对贫困地区涉农、涉牧专项资金的拨付，形成以英伦合作联社为核心的巴彦嵯岗帮扶工作单位。根据巴彦嵯岗苏木的实际情况，制定相应的计划：①要提高认识、增强责任感，切实做好精准脱贫各项工作。②要在精准上下功夫，做到选择措施要精准、内业档案要精准。③要加强政策宣传，做好与贫困户的沟通和交流。④要加强统筹协调与组织领导工作。

2. 实施（do）

PDCA循环的第二阶段是执行阶段，是确保计划阶段落实到位的关键环节。巴彦嵯岗苏木境内森林茂密，河流纵横，土质肥沃，草场丰美，矿产资源丰富。全旗拥有草原128.9万公顷，占全旗总面积的68.9%；林区面积112公顷，占全旗土地面积的58.9%；全旗降水总量为65.613亿立方米，地表水资源为10.716亿立方米。依据实际情况，当地政府创新精准帮扶模式，有效整合分散的牧民资源，以英伦合作联社为扶贫手段，政府主导抓龙头，联社帮带贫困户，取得了良好的帮扶效果。

2017年，巴彦嵯岗苏木因地制宜，积极培养龙头企业和调整产业结构，以畜牧业为基础产业，重点加快乳肉草业产业化进程。依托内蒙古英伦畜牧业牧民专业合作联合社，通过向联社注入扶贫资金帮带贫困牧民集中饲养优质基础母羊，实现建档立卡贫困户当年就能摘掉穷帽子。

阿拉坦敖希特嘎查牧民娜仁家是建档立卡贫困户，一家4口人，家里最大的开销就是供两个孩子念初中、上大学。去年遭受旱灾，为了减轻饲草压力，琪琪格把家里饲养的200多只羊出栏了一半儿，但由于价格不理想，100只羊也才卖出2.5万元，买草就花去2万元。这样算下来，传统养殖方式不仅辛苦，一年到头还所剩无几，维持家用都不够，脱贫更是显得很吃力。但是今年苏木实施的向英伦合作联合社注入扶贫资金，帮带贫困牧民集中饲养优质基础母羊的扶贫政策，有望让琪琪格一家摆脱这种困境。

巴彦嵯岗苏木草场资源丰富，肉羊养殖基础好，整合资源，改变单个牧民小打小闹散养的传统方式，进一步扩大现有牧民合作社规模，走集约化、现代化、高效畜牧业生产之路，成了苏木实现未来持续发展，打赢脱贫攻坚战的重要举措。2015年，在政府主导下，由内蒙古英伦畜牧业科技发展有限公司和巴彦嵯岗苏木七家牧民专业合作社共同发起的英伦畜牧业牧民专业合作联合社正式成立。联社注册资本50万元，英伦公司出资43万元，其余由七家牧民合作社各出资1万元，并以基础母羊入股。

合作联社建有现代化羊舍1万平方米，自有草场0.06万公顷，并配套饲料加工车间、饲料库、兽医室、办公楼等全套牧业生产设施，总资产1788万元。联社以羔羊为主导产品，采取全新的肉羊养殖模式，引进杜狐种公羊和澳洲自种公羊与呼伦贝尔本地羊杂交，生产繁殖率高、产肉率高、耐寒、适应在呼伦贝尔地区饲养的肉羊新品种，养殖规模最高可达7000只。预计今年合作联社接羔可达2000只，按照每只商品公羔羊600元，基础母羊每只1000元计算，2017年预计毛收入可达160万元。按照出资比例，牧民在每只基础母羊每年160元分红的基础上还可以得到一定比例的利润二次返还。这种集中科学饲养的方式，加上利益共享、风险共担的经营管理模式，不仅降低了饲养成本和风险系数，也大大提高了牧民的养殖效益。

巴彦嵯岗苏木依托联社集约高效的肉羊生产模式，将16户建档立卡贫困牧户纳入联社肉羊基地帮扶名单，将每户36600元"三到村到户"扶贫专项资金作为基金投放到联社，为每户贫困牧民购买45只基础母羊进行集中饲养，贫困户可以和联社其他牧民一样享受到每只每年160元的固定分红，条件允许的牧民还可以自己出资追加25只基础母羊放在联社集中饲养管理。这样一来，以70只基础母羊每只每年160元计算，被吸纳进联社的贫困牧户一年就可以获得11200元的固定收入，再加上利润分红的收益，以3口之家计算，年人均可收入4000元左右，当年就可以实现脱贫。

除建档立卡的16户贫困牧民外，巴彦嵯岗苏木还将在进一步争取扶贫项目资金的情况下，继续通过联社帮带贫困牧民集中饲养肉羊的形式，帮扶苏木其余45户非建档立卡贫困户陆续实现脱贫。

3. 检查（check）

PDCA循环的第三阶段是检查阶段，是确保计划阶段和实施阶段落实到位的重要环节。鄂温克旗实行精准帮扶工作以来，成果突出，成效显著，自2014年累计减少贫困人口2240人，通过紧抓产业帮扶，实现人均收入达14459元。截至2020年1月，巴彦嵯岗苏木脱贫攻坚工作中，以畜牧业为依托取得了非凡的成绩。苏木共有8户贫困户养殖生态鸡3750只，1户养殖生猪4头，6户发展柳蒿芽种植项目。2019年实施完成巴彦嵯岗苏木150万元木耳基地项目；扎格达木丹嘎查100万肉羊项目；阿拉坦敖希特嘎查150万肉牛项目，项目相关档案已经完成。2019年共为贫困户分红478482元，受益户96户。2019年度巴彦嵯岗苏木贫困户人均纯收入16818.5元，与上年同期相比，人均纯收入增长24%。

4. 总结提升（action）

PDCA循环的第四阶段是总结提升阶段，该阶段是分析，总结"计划，实施和检查"三个阶段的主要环节。鄂温克旗是典型的牧区代表，通过科学利用原生态草场，发掘特色产业模式，不仅能实现畜牧合作联合社的发展，也能充分调动扶贫专项资金，走适合鄂温克旗自身发展的特色产业帮扶道路实现了主导畜牧产业的发展，并带动旅游产业、种植产业的并行开发，形成"以主带辅，共同发展"的产业模式。该模式符合牧区特色，在维持生态的同时，能充分发掘牧区资源，实现牧区"靠天畜牧"传统生产方式的改造升级。该模式密切了企业与牧民的关系,通过合作联社运作,不仅解决了牧民对市场的不信任问题,同时也提高了牧民与市场的议价能力。

(五) 鄂温克旗精准帮扶工作成果总结

巴彦嵯岗苏木因地制宜,精准施策。在脱贫工作中,各组织巡视整改工作贯穿全年工作始终,以整改成效推动脱贫攻坚工作,同时开展了四轮动态调整工作,组织嘎查驻村工作队、嘎查两委、牧民代表入户核查。通过动态调整工作的开展,确保了贫困人口建档立卡准确度,实时监测返贫人口、边缘人口及脱贫监测人口的情况。

该模式不仅拓宽了精准帮扶的帮扶内容,为贫困户提供多样且稳定的收入来源,提高了当地牧民对抗自然风险的能力,充分带动旗县经济发展,同时也为牧区的可持续发展提供典范,为内蒙古自治区广大牧区持续脱贫、不返贫提供了新的发展思路。

三、内蒙古农牧交错区精准帮扶典型案例——敖汉旗

(一) 敖汉旗概述

敖汉旗位于内蒙古赤峰市东南部,是内蒙古自治区典型的农牧交错区,南与辽宁省毗邻,东与通辽市接壤,距锦州港130公里,是内蒙古距离出海口最近的旗县。全旗总土地面积8 300平方公里,辖16个乡镇苏木、2个街道办,总人口60万人,其中蒙古族人口3.3万人,是全区人口第一旗。敖汉旗是以农为主,农牧林结合的经济类型区。全旗现有耕地面积26.67万公顷,林地面积40万公顷,草地面积8.33万公顷,农牧林资源丰富[①]。

在自治区57个贫困旗县中,敖汉旗的贫困人口是最多的旗县之一,贫困发生率一度高达57.2%。1988年被列为国家级贫困县,2002年被列为国家扶贫工作重点县,2011年被确定为新一轮国家扶贫开发工作重点县。经过几年来脱贫攻坚工作持续推进,2017年敖汉旗被列入阿里巴巴全国首批"电商脱贫样板县",2018年被自治区商务厅和阿里巴巴农村淘宝联合授予"兴农扶贫敖汉旗品牌站"。截至2019年末,全旗已脱贫15 861户33 815人,脱贫户人均纯收入全部超过现行脱贫标准,稳定实现"两不愁、三保障",贫困发生率下降到0.61%,99个贫困嘎查村全部出列[②]。

---

① 敖汉旗人民政府网. http://ahq.gov.cn/.
② 赤峰市扶贫开发办公室. https://fpb.chifeng.gov.cn/.

（二）敖汉旗致贫原因分析

1. 自然灾害频发，农牧民抵抗能力不足

敖汉旗的自然灾害频繁表现在旱灾、冰雹、风霜等，当地流行着"敖汉敖汉，十年九旱，一年不旱大水漫灌"。敖汉旗大部分为黄土堆积，土地沙漠化和水土流失现象严重，大风经常将种子和沙子一起刮走，甚至将新长出的新苗连根刮走或者被沙土覆盖，所以传统的粮食种植品种单一、产量较低，同时严重的沙漠化，导致草地面积锐减，农牧民抵抗自然灾害的能力较差，难以改变靠天吃饭的局面。

2. 垦殖系数高，草场严重超载

敖汉旗多为坡耕地，而且垦殖系数过高，导致敖汉旗的农田陷入农作物产量低—大量开荒耕地—生态环境恶化—生活水平较低的恶性循环的情况。此外，畜牧业的发展多数是靠天养畜，没有实现对草地的合理利用，超载放牧的掠夺式经营使得草场面积逐渐减少，过度放牧现象导致草场退化现象严重。导致农牧民的生存环境较差，加剧了当地的贫困。

3. 生产经营意识落后，产业结构不合理

敖汉旗农牧民的收入主要来源于农业，农牧民对农牧业技术掌握不够，缺乏信息技术的支持，仍然是传统意义上的农牧业经营方式，土地利用结构和农牧业产业结构无法达到一致。敖汉旗的产业结构表现为第一产业所占比重较大，第二三产业发展不足，产业结构单一。同时，敖汉旗属于典型的农牧结合地区，但是林草地产出效率过低，没能有效利用和开发草场资源，导致农牧业结构不合理。

（三）PDCA 理论在敖汉旗的具体实践

1. 计划（plan）

PDCA 模式即：计划（plan）、实施（do）、检查（check）和总结提升（action）的循环过程，第一阶段为计划阶段，在广泛调研的基础上，找准致贫原因，以贫困群众发展意愿为切入点，以贫困地区在生产发展、生活改善等方面的需求入手。分析敖汉旗存在的问题，制定相应的解决方案：①在区、市扶贫办的悉心指导下，认真贯彻落实自治区扶贫办453挂图作战部署和旗委、政府提出的脱贫"4151"工程。②出台了《关于打好脱贫攻坚战的决定》明确了目标。③明确每个部门的具体责任，形成"1+N"的工作格局，有计划、有重点地把各类惠民政策、资金向贫困地区倾斜。④旗乡村分别依据实际情况制定贫困户分布图、脱贫产业规划图、"五个一批"分解图、脱贫进度图、致贫原因分析图、易地搬迁规划图、脱贫成效图。近年来，敖汉旗集中主要力量，全力攻克脱贫攻坚的重点难点问题，将第一书记帮扶和健康帮扶作为主要帮扶措施，坚持把健康扶贫和第一书记扶贫放在优先发展的战略地位，带领敖汉旗实现脱贫目标。

2. 实施（do）

PDCA 循环的第二阶段是执行阶段，是确保计划阶段落实到位的关键环节。为发挥驻村"第一书记"在建强基层组织、推进精准脱贫、联系服务群众、谋划长远发展中的应有作用，敖汉旗 232 名驻村第一书记全部进入乡镇苏木街道和嘎查村开展工作。在第一书记的带领下，敖汉旗的贫困人口由 2014 年的 7.57 万人减少到 2018 年的 2.66 万人。在脱贫攻坚的战役中，敖汉旗把驻村"第一书记"作为"精锐部队"，通过政策帮扶、产业扶贫、精神扶志等方式，成为服务群众、扶贫攻坚的重要生力军。

提起村里的第一书记，敖汉旗各村村民都竖起大拇指连连称道。2017 年 8 月，王某成了驻新惠镇三官营子村的第一书记。她积极与所在村委密切配合，充分发挥自身工作优势，调查摸底，为帮扶村出实招、办实事、解难题。

"王书记，太感谢您了！佳怡这才来康复中心一个多月，就能站起来了，有的时候还能走上几步。这边的护士还教孩子学说话，都会喊奶奶了，更没想到能学会数数。在这儿的治疗都是免费的，孩子他爸就负责我们娘俩的生活费，给我们家真是减轻了一个大的负担，孩子这以后算是有希望了！"佳怡奶奶说。

佳怡，只有 7 岁。脑瘫患者，建档立卡贫困户，口齿不清、不会走路，生活完全不能自理。父母结婚时不到法定年龄，没有办理结婚手续，孩子出生后，母亲离家出走，孩子至今没有户口、没有医保，治疗费用全部自费，并且孩子的爷爷是植物人，常年要求医。佳怡的父亲是家里唯一的劳动力，全家的日子艰难困苦。

2017 年，王书记了解佳怡的家庭情况后，穿针引线、多方协调，自出 1 500 多元给孩子上了户口，为孩子联系残联办理了残疾证、合作医疗，联系脑瘫康复中心为孩子免费康复治疗。目前，佳怡的康复治疗效果明显，康复中心将继续提供一年的免费治疗，加强对孩子的康复和技能培训。

敖汉旗医保局宋局长告诉记者，2015 年底敖汉旗 3.85 万贫困人口中，因病致（返）贫的有 1.66 万人，占比高达 43%。因此，大力开展健康扶贫，成了敖汉旗脱贫攻坚的重要措施。

敖汉旗动员社会各方力量献爱心，在全旗建立了大病扶贫爱心基金。公布了大病扶贫爱心基金的捐助账号、二维码和扶贫药品、器械的捐赠电话。捐助活动开展首日，就筹集资金 730 万元。"目前，全旗社会募集已筹措大病扶贫爱心基金 858 万元。"宋局长说，"除了社会募集，旗财政每年还注入 500 万元，并逐年扩大。同时引入社会基金，通过 13 只社会基金引入 200 万元，并从涉农非公益性财政投资中按 6% 的比例提取大病基金。此外，企业自愿入驻互联网'善行商城'，将商品销售价格或销售利润按一定比例捐赠。现已有 10 家企业入驻商城，募集资金 200 万元。旗里还利用民政医疗救助资金和大病基金为大病患者购买大病保险、商业保险，拓宽贫困群众医疗费用报销渠道。"

3. 检查（check）

PDCA 循环的第三阶段是检查阶段，是确保计划阶段和实施阶段落实到位的重要环节。敖汉旗的"第一书记"扶贫+健康扶贫模式给贫困人民带来了好处。据统计，2017 年，敖汉旗医疗救助贫困人口 4 054 人，救助资金 479 万元；临时救助贫困人口 2 454 人，救助资金 196 万元。16 个乡镇苏木卫生院、195 所卫生室标准化建设达标率 100%；有序实施"三个一批"分类救治，实施大病集中救治 5 449 人；慢病签约服务率 100%，提供上门服务 42 万人次，送药 11.64 万人次；25 种大病患者住院总费用兜底报销比例达到 90%；受到国家卫健委、国务院扶贫办通报表扬。敖汉旗新惠镇扎赛营子村村民高某告诉记者，去年她住院 13 次，发生总费用 98 379 元，通过统筹支付、精准扶贫等 4 个渠道，合计补偿 94 530 元，整体报销比例达到 96%。"这么多的治疗费我家只要掏几千元钱，这让我做梦也没想到。"

"看得起病"的同时，敖汉旗致力于让困难群众"看得好病"。由 521 名全科医师、乡村医生组建了 118 个健康服务队，与 9 400 户因病致贫、返贫群众签约，每月进行一次家庭健康服务随访，每年进行一次免费体检。全旗投资 187 万元，为 202 个嘎查级卫生室配备了健康一体机，做到了贫困群众 7 项基础检查不出村，实现了视频远程诊疗。

4. 总结提升（action）

PDCA 循环的第四阶段是总结提升阶段，该阶段是分析，总结"计划，实施和检查"三个阶段的主要环节。敖汉旗立足于当地实际现状，将"第一书记"作为"精锐部队"，充分发挥第一书记作用，积极开展帮扶工作，切实解决贫困户实际困难，同时，敖汉旗重点关注医联体建设、分级诊疗、基层服务能力建设、贫困人口大病救助、"一站式"结算等健康帮扶模式。2018 年将市级财政扶贫资金 1 500 万元用于敖汉旗健康扶贫工作，并继续实施医保政策倾斜，全民商业补充医疗保险与爱心基金联动报销、综合兜底政策。使得敖汉旗农村牧区贫困人口再也不用倾家荡产也能"看得起病，看得好病"。敖汉旗将继续坚持靶心不散、标准不降、力度不减、政策不变，一手抓精准扶贫精准脱贫，一手抓脱贫成果巩固提升。截至 2020 年 1 月，剩余未脱贫 1 458 户 3 262 人，敖汉旗应继续坚持围绕"两不愁三保障"标准，采取"一户一策、一人一策"进行帮扶，重点落实好保障兜底、健康扶贫、教育扶贫、资产收益等脱贫措施，保障贫困人口的基本生活。通过完善健全稳定的脱贫长效机制，继续强化精准帮扶，不断巩固提升脱贫质量，为全面建成小康社会奠定坚实基础。

（四）敖汉旗精准帮扶工作成果总结

敖汉旗通过发挥"第一书记"带头落实帮扶措施，并着眼于"健康帮扶"，立足于贫困户的特殊需求，精准施策。2019年，敖汉旗全年投入各类扶贫资金5.56亿元，其中旗本级投入资金0.8亿元。在第一书记的带领下，敖汉旗69个贫困嘎查村16 331人摆脱贫困，全旗贫困发生率下降到2.21%，完成1.19万人脱贫任务，巩固了2.6万人脱贫成果。同时，敖汉旗通过健康帮扶，攻克因病致贫、因病返贫的难题，2017年被国家列入创建国家健康扶贫工作示范县。2018年，敖汉旗健康扶贫工作示范县创建工作得到国家卫生健康委员会和国务院扶贫办的通报表扬。2018年，敖汉旗成功退出自治区贫困旗县，精准帮扶取得了显著成效。

第五节 内蒙古自治区精准扶贫的探索与特色——以金融扶贫为例

普惠金融是一种面向所有社会公众的金融服务工具，其服务对象主要是贫困地区、少数民族地区以及偏远地区人民群众，十八届三中全会将普惠金融确定为精准扶贫战略中重要配套实施策略，由此在精准扶贫工作中发展普惠金融逐渐成为热点，进一步促进精准扶贫工作的开展。普惠金融的发展，有利于提升民族地区经济活力、提高精准扶贫工作的"精准"性。

内蒙古自治区在如何构建自治区高质量发展体系上提出，提升金融服务效率和水平，通过健全多层次资本市场体系、加大普惠金融等手段，提升资本配置效率。自治区在普惠金融方面给予大力支持，提倡金融扶贫，坚持走出一条金融助力扶贫攻坚的新路子，并取得了一定的成效。2019年3月22日在北京举办的"2019年数字普惠金融大会"上，工商银行内蒙古分行自主创新设计的"重点项目+合作组织+贫困户"扶贫小额贷款方案荣获第四届中国数字普惠金融大会"金惠奖"。2018年，银联商务旗下"天天富"普惠金融服务平台成为内蒙古自治区政府部门开展精准扶贫工作的合作平台，推动当地乌审旗塔拉音乌素嘎查互助资金发展协会完成贷款申请发起、资质审核、贷款发放等全流程向"线上"平移，因此，内蒙古自治区积极搭上"互联网+普惠金融"的快车，在内蒙古自治区开展金融扶贫工作，推动自治区脱贫攻坚战的顺利实现。

一、内蒙古自治区普惠金融支持精准扶贫的现状分析

内蒙古自治区普惠金融支持精准扶贫的发展现状主要从以下两个方面具体阐述，一方面是金融机构的表现，另一方面是金融产品的应用。

（一）金融机构扶贫

近几年，内蒙古自治区银行业金融机构立足贫困旗县，不断加大金融支持产业发展力度。截至 2016 年 3 月底，农行内蒙古分行向全区 57 个贫困旗县投放"金融扶贫富民工程"贷款 171.3 亿元，覆盖了 415 个乡镇、4385 个行政村，支持了 32.7 万户（次）农牧民、118 户扶贫龙头企业[①]。截至 2017 年末，全区农村信用社累计发放金融精准扶贫贷款 81.04 亿元，建档立卡贫困户贷款 19.08 亿元，支持建档立卡贫困户 6.62 万人，通过个人产业带动贫困人口就业或发展生产 7.51 万人[②]。截至 2018 年 8 月底，邮储银行内蒙古分行与自治区 35 个贫困旗县开展金融扶贫项目合作，累计发放各类扶贫小额担保贷款近 15 亿元，支持贫困农牧户超过 2.7 万人次。截至 2020 年，内蒙古银行各分支机构和蒙银村镇银行累计发放扶贫贷款 29 亿元，支持建档立卡贫困户 1.7 万户[③]。

金融机构中的银行类金融机构的覆盖率为每万平方公里有大约 50 个营业网点，在农村地区银行营业网点的个数很少，尤其是大型商业银行的网点在很多县级地域都不设立网点，农村地区的人都得不到此类机构的金融服务。如果银行想要建立网点则要付出很大财力物力，增加很多成本；而且农村地区的人民没有信用意识或金融知识，会发生没有按时偿还贷款的情况但是自己却不重视，致使不良贷款率升高。

（二）金融产品扶贫

内蒙古农村信用社针对部分贫困客户缺乏抵质押物的实际问题，积极开办以土地和草牧场承包权、农牧民住房财产权、存栏活体牲畜、收购物、农牧民财政补贴为抵质押的"两权贷""兴畜贷""补贴贷"和"融通贷"等信贷产品，满足贫困地区多元化融资需求。

包商银行创新地推出"马上帮"App 产品扶贫。2016 年包商银行共出借资金总额 1166 万元，支持了 42 个借款项目，帮扶的贫困人口为 350 余人。

农发行通辽市分行根据实际情况，与扎鲁特旗政府合作实施中低产田改造项目，首创内蒙古的过桥扶贫贷款，为通辽市扶贫工作提供了合理的建议，也诞生了适合的解决方法。农发行总行推出扶贫过桥信贷产品，就是起到一个暂时扶持的作用，在国家或政府的资金到达之前起到一定作用，为项目提供一个过渡性的资金，以保证项目

---

① 内蒙古金融服务产业扶贫成效显著. http：//inews.nmgnews.com.cn/system/2016/05/03/011970339.shtml，2016-05-03.
② 内蒙古农村信用社在精准扶贫中彰显金融主力军作用. http：//www.zgncjr.com.cn/content/200000267/4010B048AD8841A487A9F2CEA29799F6/1.html，2018-03-07.
③ 内蒙古银行深入推进金融精准扶贫 切实助力自治区乡村振兴. https：//www.sohu.com/a/391228534_559959.html，2020-04-26.

的顺利进行。

二、内蒙古自治区普惠金融支持精准扶贫的模式分析

目前，我国现在实行的普惠金融支持精准扶贫的模式有很多种，对于内蒙古自治区而言，主要有财政金融精准扶贫、金融机构精准扶贫、产业金融精准扶贫、电商金融精准扶贫四种模式。

（一）财政金融精准扶贫

由财政部门牵头，其他的扶贫机构和财政管理部门一起协助完成。这种模式又分为两种，一种是财政扶贫贴息贷款，扶贫资金主要由政府财政部门拨付。金融机构向贫困户贷款，贷款中产生的利息一部分由政府付，另一部分由贷款人自己承担，减轻了贷款人的负担。另一种是中央银行的再贷款扶贫。金融机构发放涉农贷款，中央银行为鼓励这些金融机构，再向这些金融机构提供专项贷款，持续支持扶贫。

（二）金融机构精准扶贫

扮演主要角色的是金融机构，金融机构根据现实的情况，会开发出不同类型的信贷产品，以不同的抵押方式创新发展。主要有两种模式比较常见，一种是以互助金为保障。这种互助金是以村为单位建立的，由村民出钱组成这个互助金，然后把这个作为抵押，金融机构就会根据实际情况向村中的贫困户发放贷款。另一种是以农村的产权作为抵押，这种贷款模式是因为农村缺乏符合条件的抵押物。产权抵押是一种创新，农村的产权有农村土地承包权、林权、房屋所有权等。

（三）产业金融精准扶贫

着重点是贫困地区的优势产业，例如，有贫困地区的特色果蔬、稀有食品、特色旅游和畜牧业等。这种模式下就会引导在这些领域发展较好的公司，给予一定的金融扶贫政策，向这些贫困地区的特色产业提供支持。这种模式的一大优点就是能够激发贫困人口脱贫的动力，而不是趋于现状。贫困人口依靠自己的努力去创造财富，具有发展的可持续性。而且这样扶贫的效率更高，使产业发展越来越好，降低返贫率。

（四）电商金融精准扶贫

近年来，农村电子商务快速发展，于是贫困地区的政府部门探索发展农村电子商务。把电子商务与金融扶贫有机结合起来，开发出一种新的扶贫方式。在这种模式下，金融机构与电商平台合作，在农村地区推广使用第三方支付。金融机构与电商平

台相互利用自己的优势，为贫困户提供资金支持，帮助贫困户在电商平台上推广产品，提高产品销量。这种模式能够解决农村地区销售产品困难的问题，提高贫困户的经济能力。

2019年，自治区与中国银行签署战略合作协议，明确指出双方将在普惠金融和"互联网+"等方面开展全面战略合作。自治区普惠金融与精准扶贫相融合，积极用好普惠金融发展专项资金，进一步提高重点领域金融服务和普惠对象群体的可得性，取得了一系列的发展成效。

CHAPTER 5
第五章　内蒙古自治区精准扶贫后的评估

近年来，内蒙古自治区全面落实精准扶贫、精准脱贫基本方略，按照"六个精准""五个一批"要求，扎实推进脱贫攻坚工作，自治区脱贫攻坚工作成效显著，贫困发生率由10.6%下降到3%以下。为了能够准确了解自治区精准扶贫效果，有必要开展对扶贫的后评估工作，自治区通过对扶贫政策法规、精准帮扶、精准脱贫、精准扶贫可持续发展、扶贫对象满意度等维度进行总体评估分析，有利于从整体上把握自治区目前脱贫工作的成效以及不足之处，掌控精准扶贫工作的重点环节和关键领域，为以后精准扶贫工作提供良好的借鉴意义。

本部分主要从扶贫项目减贫效果、后评价理论、扶贫绩效评价指标体系三个方面阐述扶贫项目评价理论，并尝试分别构建农区、牧区、半农半牧区减贫效果后评价指标体系，选取科学合理的精准扶贫后评估指标。

第一节　扶贫项目评价文献综述

一、扶贫项目减贫效果的相关研究

扶贫项目减贫效果，即为衡量该扶贫项目是否可以提高贫困人口的人均收入和消费水平，是否会降低贫困人口数量，以此反映出精准扶贫项目的实施成效如何的绩效评价问题。通过对扶贫项目减贫效果的评价，可以显著得到该扶贫项目是否可以起到真正的减贫作用，扶贫项目开展过程中是否存在项目管理漏洞，是否达到预期规划目标以及减贫效果，是否真正了解贫困人口的发展需求、是否能够为政策决策者提供参考作用，学术界也对此展开了广泛的研究。

黑泽尔和斯若特（Fan Hazel & Throat, 2000）用印度国家数据建立了联立方程模型，估计了不同类型的政府支出对农村贫困和生产力增长的直接和间接影响，结果表明为了减少农村贫困，印度政府应该优先增加农村公路、农业研究投资以及教育投资。沃顿（Makdissi Wodun，2001）提出了一个检验的、简单的但理论上比较合理的程序来衡量项目的减贫效果，特别分析了当多个项目同时实施时，某个项目的瞄准绩效。皮亚扎（Piazza，2001）等对中国的贫困问题进行了研究，提出中国扶贫绩效提升的关键不在于资金投入的增加，而在于提高扶贫资金使用的效率，并提出应从资金的瞄准机制、资金的监管、资金投向教育等方面来提高资金的使用效率。权（Kwon，2005）通过经验分析的方法，验证了基础设施，如公路建设对减贫的直接作用和间接作用。

国内对于精准扶贫减贫效果的研究基本都是事前评估或者事中评估，张琦、陈伟伟（2014）结合多维动态评价理论和灰色关联分析法设计的综合评价模型，对片区扶贫开发成效的现状和增长两方面进行评价分析。段妍君（2016）通过对贵州省现行的精准扶贫政策实践的分析，确立了精准扶贫绩效的思路和流程，随之进行了指标体系的构建，创新加入了两个精准扶贫指标进行分析，然后确立了以因子分析与数据包络法结合的绩效方法，并以贵州省乌蒙山区和武陵山区的15个国家重点贫困县进行了实证绩效分析。田景鹃（2017）运用定性与定量、规范与实证相结合等研究方法，旨在探索民族地区整村精准扶贫绩效评价模式，构建民族地区整村精准扶贫绩效评价指标体系及其评价方法，并以贵州省务川仡佬族苗族自治县为例，进行案例分析，检验其绩效评价的实际效果。岑家峰等（2018）从资产收益角度，通过构建资产收益扶贫的减贫分析框架，结合对广西南部LN合作社的典型案例研究，发现资产收益扶贫对减贫具有如下效应：一是拓宽了贫困人口的增收渠道；二是促进了贫困地区资源的有效整合利用；三是提高了财政扶贫资金使用效率；四是增强了市场主体发展能力；五是提高了贫困户脱贫的积极性和主动性。周强等（2019）以多维贫困理论和测度方法为基础，构建一个多维资产贫困指数，结合中国家庭追踪调查数据（2012~2014年数据），通过实证研究分析得出：农村家庭的资产普遍存在缺乏现象，对于资产的积累都处于不理想的阶段，同时，农村非正规金融对家庭收入和资产积累产生了显著的逆向分配作用，其更多的偏向中高收入家庭，而对于低收入家庭的多维资产贫困的减缓具有不利影响，由此进一步扩大了农村中高收入，而忽略中低收入家庭多维资产贫困的不平等程度。赖小妹（2018）基于向量误差修正模型分析中央扶贫资金投入法人减贫效应，认为中央扶贫指出对农村贫困具有直接和间接的双向减贫作用，且均表现为长期效应，在短期内是无法显著体现减贫效果。

二、后评价理论及应用的相关研究

后评价工作最初起源于欧美发达国家，这些国家依据法律规定的程序和方法，通过专门的组织机构对国家层面的投资计划或项目进行后评价工作。目前，关于后评价的理论和实践研究已经取得了一定的成果，其评价结果也在越来越多的领域里形成了一套完整、高效、循环的管理和评价体系。

董弼椿（Dongphil Chun et al.，2016）利用数据包络分析模型（DEA）针对氢能源研发项目进行绩效后评估，研究发现项目研发类型、技术类型及投资方式是影响项目效果的主要因素，该项目各分项目之间的差距较大，相关性较低。金永所（So Young Kim et al.，2016）认为发展新兴技术项目的后评价模型对后开展的新兴项目有指导作用。与项目前评估只关注项目进行过程不同，后评价模型的建立应以专家建议为基础，在一定程度上确认已有项目的社会认可度、技术可行性和可持续性，为后续项目的紧急应对和项目选择提供依据。

我国的项目后评价工作起步于20世纪80年代中后期，虽起步较晚，但发展较为迅速，相关研究文献主要集中于工程类项目的后评估。如钱凯（2015）对电力工程项目进行后评价研究，从经济效益、项目影响及项目可持续性三个方面，建立电力工程项目后评价体系的数学评价模型，并以内蒙古地区某风电场工程项目进行实例验证，确定了从经济效益、项目影响及项目可持续性三方面建立电力项目后评价体系的实用性。王文浩等（2012）运用AHP法和模糊评级法对高标准农田水利工程环境影响后评价分析。何靖（2019）运用模糊综合评价法对节水灌溉工程项目进行后评价分析，石浩（2018）对企业项目投资进行后评价分析等，总体看来，关于项目后评价的文献大多采用层次分析法以及模糊评价分析法，通过建立项目指标体系，以期为工程项目提供参考价值。

随着精准扶贫进入攻城拔寨的攻关期，国内对于精准扶贫项目的后评价开始有所研究。郭猛超（2011）将开发式扶贫项目投入作为核心，以系统论为手段，充分依据管理学、社会学、经济学、生态学等理论深入分析区域反贫困模式，建立了基于中宏观视角的系统动力学模型，完善对开发式扶贫项目投入的广义后评价机制，从而实现对区域经济、社会、资源、环境系统的仿真及评价。王涛（2015）采用系统评价的方法建立易地扶贫搬迁工程后评价指标体系，从经济、社会、环境、特征四个方面进行评价分析，为开展易地扶贫搬迁工程后评价提供了基本的指标框架体系。刘楚杰等（2017）结合湖南省宁乡县2个村的土地整治项目，基于多级模糊综合评估法，构建了相应的综合效益后评估体系。

三、扶贫绩效评价指标体系的相关研究

国外研究者对扶贫的评价指标主要从影响人们的经济、社会、人文发展等因素出发，构建了较为全面的评价指标体系。20世纪60年代末期，美国经济学家I.阿德尔曼和C.T.莫里斯根据经济、政治和社会因素之间相互作用的方式来衡量发展，提出了40个变量体系。这40个变量指标包括总体经济特征（3个）、总体社会文化特征（9个）、政治指标（12个）和经济指标（16个）四类，详见附件及附录（附表4）。2000年联合国峰会上提出了包括8项指标的千年发展目标（MDGS），涵盖了消除贫困、普及教育、可持续发展等方面的指标，为设置评价扶贫开发绩效指标，提供了重

要的参考依据。联合国开发计划署在《2011年人类发展报告》中测算出109个发展中国家的多维度指数，包括教育、知识和体面生活水平3个维度的10项具体指标，为从多维度对扶贫进行绩效评价提供了重要的参考，推动了全球扶贫的进程。

国内很多学者也从不同层面构建了比较系统的评价指标体系。陈爱雪等（2017）在国家层面上，运用层次分析法建立了包括精准识别、精准帮扶、经济社会发展、基础设施建设、减贫成效等5个一级指标和15个二级指标的精准扶贫绩效评价体系，并逐层分析。焦克源等（2015）将《中国农村扶贫纲要》实施的2001~2011这十年作为研究区间，从贫困基础、人文发展和生产环境三个维度构建了少数民族贫困县扶贫开发绩效评价指标体系，并利用时序主成分分析法对扶贫效果进行了客观评价。马媛等（2017）以甘肃省为例，从减贫效益、经济效益、社会效益三个方面以贫困人口比例、贫困发生率、人均可支配收入、住房及家庭设施、基础设施、文化教育卫生等6个二级指标对甘肃省精准扶贫进行绩效分析评价。田晋等（2017）根据民族地区精准扶贫的实际情况，构建了以精准帮扶情况、精准脱贫情况、经济子系统、社会子系统、生态子系统、政治子系统等6个一级指标和25个二级指标的比较全面的村级精准扶贫绩效评价指标体系。钱力（2018）等构建包括社会发展水平、经济发展水平、生产生活水平和生态环境水平四个维度精准扶贫绩效评价指标体系，运用改进的模糊数学评价法，对安徽省大别山连片特困区及12个县域精准扶贫绩效进行多维评价。

通过以上文献梳理可以看出，国外学者更注重研究扶贫过程中存在的问题和解决对策，国内学者们对精准扶贫的评价基本都是事前评价或者事中评价指标体系的构建，这一方面说明我国的精准扶贫工作尚处于推进过程，各地区的贫困特点不同，究竟如何评估，学术界还处于探索阶段。"扶智与志"的扶贫理念虽然有很多学者结合区域特色进行了分析，但尚不成体系，也未见有针对内蒙古地区扶贫的研究。

关于指标体系，国家层面的扶贫减贫指标体系更多从教育、基础设施建设、可持续发展等宏观层面进行设置，部分学者结合当地特点进行了区域研究，如甘肃、贵州等地有学者结合当地情况进行了事前或者事中评价研究，但是内蒙古地区尚缺乏系统有效的绩效评价体系，尤其是在精准扶贫接近尾声的时刻，更应该关注对扶贫项目的后续跟踪观测，确保项目的长效可持续发展。

第二节 指标体系建立原则及依据

一、指标体系建立原则

科学、合理的指标体系构建，要以科学的原则为前提。内蒙古地区精准扶贫效果后评价指标体系的构建要以内蒙古地区贫困旗县扶贫的具体实际及发展规律为准绳，进行全方位、多视角的分析。围绕政策导向性、综合性与针对性原则、全面与科学性原则、可比性和可操作性原则来构建指标体系。

（一）以政策为导向原则

在选取评价指标时，充分学习了当前我国扶贫工作相关政策文件，以政策为导向，以马克思主义、毛泽东思想、邓小平理论、"三个代表"重要思想、习近平总书记精准扶贫和精准脱贫思想为指导，以相关扶贫政策为导向，从"以人为本"的核心要求出发，力求所选指标符合我国扶贫工作的关注重点。

（二）综合性和针对性原则

建立的指标体系应既具有综合性又具有针对性。基于半农半牧区的精准扶贫是一个综合性的概念，构建半农半牧区精准扶贫后评价指标体系要求所建立的指标体系要体现综合性，能以多维的角度构造出全面而综合的半农半牧区精准扶贫效果评价体系。

（三）全面性和科学性原则

精准扶贫评价指标体系力求全面反映系统性能，要着重抓主要因素，注意指标的代表性和系统的完整性，指标既不重复，又不遗漏，指标既相互补充又彼此独立，能够科学反映内部结构情况以及内部系统结构与外部环境之间的关系，既有直接效果，又能反映间接影响，实现评价效果的科学性和全面性。

（四）可比性和可操作性原则

精准扶贫是一项在全中国推行的创新型扶贫活动，设立相关绩评指标时，充分考虑了不同扶贫村进行横向比较的可能，以及扶贫村的纵向历史扶贫数据对比评价的要求。为此，这里都选择可以比较的指标统计口径，例如，基本上采用人均、比重等相对数，不用绝对数，同时，在指标的选择和确定方面尽可能地考虑一些通用的，特别是普遍所认可的指标。在精准扶贫项目评估指标体系的设计中，一是要从实际出发，指标体系简单可行，数据易于收集，操作方便，又能够反映事物的本质规律。二是要能够实现持续监测。指标间要避免相互包含关系和隐含关系。扶贫开发工作是需要政府长期重视和坚持的，评价指标所反映的各项工作也是长期的、可监测追踪的、可持续的。

二、指标体系建立依据

本书中指标体系建立主要以中共中央办公厅 国务院办公厅印发的《省级党委和

政府扶贫开发工作成效考核办法》为框架,结合内蒙古地区精准扶贫存在的问题以及内蒙古地区的实际情况,构建内蒙古地区精准扶贫减贫效果后评价指标体系。

2016年2月,中共中央办公厅 国务院办公厅印发了《省级党委和政府扶贫开发工作成效考核办法》(以下简称《办法》),并发出通知,要求各地区各部门结合实际认真贯彻执行,《办法》旨在确保到2020年现行标准下农村贫困人口实现脱贫,贫困县全部摘帽,解决区域性整体贫困,适用于中西部22个省(自治区、直辖市)党委和政府扶贫开发工作成效的考核。

我国贫困问题十分突出,贫困区域密集。目前,全国有14个集中连片特殊困难地区、592个国家扶贫开发工作重点县、12.8万个贫困村,贫困人口众多。截至2018年末,按照每人每年2 300元(2010年不变价)的农村贫困标准计算,年末农村贫困人口1 660万人,比上年末减少1 386万人;贫困发生率1.7%,比上年下降1.4个百分点。我国农村贫困分布呈现出区域不均衡的特点,贫困人口集中分布在中部和西部地区,深度贫困地区如期实现脱贫困难。截至2017年,中国东部、中部、西部农村贫困人口分别为300万、1 112万、1 634万,占全国农村贫困人口的比例分别为9.85%、36.51%、53.64%。若要在2020年实现我国贫困人口全部脱贫,时间非常紧迫、任务十分艰巨。考核内容包括以下几个方面:

(1)减贫成效。考核建档立卡贫困人口数量减少、贫困县退出、贫困地区农村居民收入增长情况。

(2)精准识别。考核建档立卡贫困人口识别、退出精准度。

(3)精准帮扶。考核对驻村工作队和帮扶责任人帮扶工作的满意度。

(4)扶贫资金。依据财政专项扶贫资金绩效考评办法,见表5-1,重点考核各省(自治区、直辖市)扶贫资金安排、使用、监管和成效等。

表5-1 省级党委和政府扶贫开发工作成效考核办法

	考核内容	考核指标	数据来源
1. 减贫成效	建档立卡贫困人口减少	计划完成情况	扶贫开发信息系统
	贫困县退出	计划完成情况	各省提供(退出计划、完成情况)
	贫困地区农村居民收入增长	贫困地区农村居民人均可支配收入增长率(%)	全国农村贫困监测
2. 精准识别	贫困人口识别	准确率(%)	第三方评估
	贫困人口退出		
3. 精准帮扶	因村因户帮扶工作	群众满意度(%)	第三方评估
4. 扶贫资金	使用管理成效	绩效考核结果	财政部、扶贫办

本书中的减贫效果后评价指标体系主要以上述考核内容为框架而构建的内蒙古地区精准扶贫减贫效果后评价指标体系。

本部分将以《办法》为主要框架，构建一级指标为扶贫政策法规、精准帮扶、精准脱贫、精准扶贫可持续发展、扶贫对象满意度的农区、牧区、半农半牧区减贫效果后评价体系，根据农区、牧区、半农半牧区不同的贫困特点，构建二级指标体系，提高精准扶贫考核的精准性。

第三节 农区减贫效果后评价指标体系构建

一、农区减贫效果后评价指标体系

根据农区贫困特点以及指标体系构建原则，在《考核办法》的基础之上，从扶贫政策法规、精准帮扶、精准脱贫、精准扶贫可持续发展、扶贫对象满意度五个方面构建农区精准扶贫减贫效果后评价指标体系，见表5-2。

表5-2　　　　农区精准扶贫减贫效果后评价指标体系

目标层（A）	准则层（B）	指标层（C）	指标层说明
内蒙古农区精准扶贫减贫效果	扶贫政策法规（B_1）	(1) 政策体系完备性（C_{11}） (2) 扶贫政策精准度（C_{12}） (3) 扶贫政策的可持续性（C_{13}）	
	精准帮扶（B_2）	(1) 驻村精准帮扶比例（C_{21}） (2) 扶贫资金到位率（C_{22}） (3) 种植技术培训比例（C_{23}）	
	精准脱贫（B_3）	(1) 农民纯收入达标率（C_{31}） (2) 返贫比例（C_{32}） (3) 贫困人数减少率（C_{33}） (4) 循环考核制度完善性（C_{34}）	
	精准扶贫可持续发展（B_4）	(1) 退耕还林改善比例（C_{41}） (2) 农区基础设施建设（C_{42}） (3) 种植业扶贫措施完善性（C_{43}） (4) 社会发展文明程度（C_{44}）	农区基础设施建设包含由旗县修建主干路覆盖率、危房改造比例、农业机械化设施建设等情况。 社会发展文明程度包含民族文化、教育制度完善性、医疗条件改善等情况

续表

目标层（A）	准则层（B）	指标层（C）	指标层说明
内蒙古农区精准扶贫减贫效果	扶贫对象满意度（B_5）	（1）精准识别满意度（C_{51}） （2）帮扶措施满意度（C_{52}） （3）帮扶责任人满意度（C_{53}）	

农区精准扶贫指标体系包含扶贫政策法规、精准帮扶、精准脱贫、精准扶贫可持续发展、扶贫对象满意度5个一级指标体系以及17个二级指标体系，各项指标体系解释如下：

（1）扶贫政策法规，扶贫政策法规的制定是建立精准扶贫长效机制的重要基础，因此在指标体系中把扶贫政策法规放在首位。国内学者在精准扶贫绩效评价的研究中，把政策配套、政策落实精准性、扶贫政策精准率等指标作为二级指标对精准扶贫效果进行评价。本研究构建的扶贫政策法规作为一级指标体系，包含政策体系完备性、扶贫政策精准度、扶贫政策的可持续性3个二级指标体系，其中政策体系完备性是指其地区扶贫政策是否全面，能否帮助到该地区每一户贫困家庭，此指标数据由专家打分获得；扶贫政策精准度指扶贫政策是否符合当地实际贫困现状，是否聚焦于解决当地实际贫困问题；扶贫政策的可持续性是指贫困旗县的扶贫政策是否连续，能否给贫困户提供稳定脱贫的政策保障，此项数据指标由专家打分获得。

（2）精准帮扶，在《考核办法》中，精准帮扶是指对驻村工作队和帮扶责任人的满意度。国内学者田晋等（2017）用扶贫对象的选择方式、扶贫项目低保救济户所占比例、扶贫项目贫困户比例、帮扶资金使用时效、帮扶对象满意度等定性和定量相结合的指标来体现精准帮扶；陈骏兰（2018）用贫困人口识别率、建档立卡普及率、驻村工作帮扶率、扶贫资金使用率等来体现精准帮扶；部分学者分别从绩效评价视角和贫困户满意度视角，用帮扶对策的多样性、农户参与程度、扶贫资金运用的灵活性和基础设施扶贫、水利工程扶贫、医疗精准扶贫、产业精准扶贫、教育精准扶贫、社会精准扶贫、金融精准扶贫、旅游精准扶贫等指标来体现精准扶贫。多数学者都是从扶贫政策情况、贫困户满意度以及扶贫资金这三个方面来体现满意度。本研究中精准帮扶主要指对精准扶贫中的扶持资金、扶贫干部以及技术培训情况的考察。

在农区减贫效果后评价指标体系中，采用驻村精准帮扶比例、扶贫资金到位率以及种植技术培训农户比例作为衡量指标。指标解释如下：驻村精准帮扶比例是指实际开展驻村精准帮扶的村干部数量与计划需要驻村帮扶村干部数量的比例；扶贫资金到位率，在一定的考核周期内，扶贫资金实际使用的扶贫项目数量与计划扶贫项目数量的比例；种植技术培训农户比例，种植技术培训的农户数量与全旗县农户数量的比例。

（3）精准脱贫。精准脱贫是精准扶贫要追求的目标，因此也是减贫效果后评价的重要指标，大多数国内学者用贫困发生率、贫困人口减少率、返贫率来体现精准脱贫的减贫成效。本报告中的精准脱贫以构建精准扶贫长效机制为出发点，运用农民纯收入达标率、返贫比例、贫困人数减少率、循环考核制度完善性等后评价指标来体现精准脱贫。指标解释如下：农民纯收入达标率，农民人均收入达到内蒙古自治区规定的脱贫人口标准（2600元）的贫困人口数与全旗县贫困人口数量的比例；返贫比例，旗县中返贫人口数与脱贫人口数的比例；贫困人口减少率，指脱贫人口数与全旗县贫困人口数量的比例；循环考核制度的完善性，指防止脱贫人口返贫的考核制度的完善程度，此项指标通过专家打分来获得。

（4）精准扶贫可持续发展。精准扶贫可持续发展是构建精准扶贫长效机制的重要指标体现，精准扶贫可持续发展包含生态环境问题、基础设施建设、自然灾害损失减少率、社会发展等具有可持续发展性的指标。指标解释如下：生态环境问题。近年国内学者在精准扶贫绩效评价体系中对生态环境问题越来越重视，钱力（2018）等学者运用人工造林面积、除涝面积来体现安徽省大别山连片贫困区的生态环境水平；殷丽梅（2018）等用退耕还林、沼气和光伏等生态环境保护和建设项目的实施程度，来体现生态环境和保护建设等指标体现生态环境保护和建设。本研究中对于农区而言，在生态平衡方面用退耕还林改善比例来体现，退耕还林改善比例是指退耕还林面积改善的比例。基础设施建设。对于精准扶贫政策而言，基础设施建设是必不可少的一个环节，国内很多学者对精准扶贫绩效展开评价时，都会对基础设施建设情况进行评价，本报告中基础设施建设是包含旗县修建公路公里数、自来水覆盖率、危房改造比例等情况，由专家打分判断获得数据。种植业扶贫措施完善性。对农区来说，种植业是农民的主要经济来源，推动种植业产业链条的完善，是保证农民收入增加的主要方式。社会发展文明程度。社会发展包含民族文化、教育制度完善性、医疗条件等地区发展的方方面面，本指标通过发放调查问卷获得数据。

（5）扶贫对象满意度。扶贫对象满意度是一个典型的后评价指标，大多数学者将扶贫对象满意度的指标放在二级指标体系下。刘智勇（2017）等在常德市农村精准扶贫项目绩效评价研究中，将扶贫对象满意度放在扶贫项目管理一级指标体系下；熊丽（2017）在江西省精准扶贫政策体系及其优化研究中，将扶贫对象满意度放在精准帮扶一级指标体系下。刘雪芳（2018）等学者以四川省岳池县为例，直接从贫困户满意度视角，对精准扶贫落实效果进行评价，包含了精准识别满意度、精准帮扶满意度、精准管理满意度等一级指标；本书中扶贫对象满意度包含了精准识别满意度、帮扶措施满意度、帮扶责任人满意度，分别指扶贫对象对精准识别体系的满意度、对帮扶措施的满意度以及对帮扶责任人的满意度，上述三项指标数据均通过对农户的调查问卷获得。

二、农区减贫效果后评价指标体系权重的确定

本书中,农区指标体系采用层次分析法来确定权重。采用专家打分法构建判断矩阵,专家共计11人,其中自治区扶贫办工作人员2人、农区旗县扶贫办干部及工作人员4人、农区乡镇干部3人、相关领域专家2人。11名专家学历都在本科以上,工作年限都在10年以上。课题组将农区扶贫减贫效果评价量表通过面交或电子邮件的方式发给专家。专家打分后,课题组将打分表进行汇总,剔除1个专家的异常打分。以10位专家打分表的平均得分来构造判断矩阵,并将该得分转换为与之相近的量表值,采用层次分析法算出权重,并对权重结果进行一致性检验。具体指标权重计算过程如下:

1. 构造判断矩阵

根据10位专家按照1~9标准打分法打的平均分,得到各层指标体系权重见表5-3~表5-4。

表5-3　　　　　　　　第二层级判断矩阵

A	B_1	B_2	B_3	B_4	B_5
B_1	1.00	1.07	0.74	0.80	0.31
B_2	1.29	1.00	0.74	0.44	0.36
B_3	1.71	1.93	1.00	1.00	0.27
B_4	1.71	2.43	1.00	1.00	0.46
B_5	3.43	3.00	3.86	2.57	1.00

表5-4（a）　　　　　　　第三层判断矩阵 B_1

B_1	C_{11}	C_{12}	C_{13}
C_{11}	1.00	0.57	1.00
C_{12}	2.14	1.00	1.71
C_{13}	1.00	0.64	1.00

表5-4（b）　　　　　　　第三层判断矩阵 B_2

B_2	C_{21}	C_{22}	C_{23}
C_{21}	1.00	0.93	0.71
C_{22}	1.14	1.00	1.14
C_{23}	1.57	0.93	1.00

表 5-4（c） 　　　　　　　第三层判断矩阵 B_3

B_3	C_{31}	C_{32}	C_{33}	C_{34}
C_{31}	1.00	1.14	1.05	2.71
C_{32}	0.93	1.00	1.00	2.29
C_{33}	1.21	1.00	1.00	2.43
C_{34}	0.38	0.62	0.48	1.00

表 5-4（d） 　　　　　　　第三层判断矩阵 B_4

B_4	C_{41}	C_{42}	C_{43}	C_{44}
C_{41}	1.00	0.81	0.64	1.00
C_{42}	1.57	1.00	0.60	1.14
C_{43}	2.00	2.00	1.00	1.86
C_{44}	1.00	0.93	0.67	1.00

表 5-4（e） 　　　　　　　第三层判断矩阵 B_5

B_5	C_{51}	C_{52}	C_{53}
C_{51}	1.00	1.71	2.57
C_{52}	0.69	1.00	2.57
C_{53}	0.40	0.40	1.00

2. 计算特征向量

根据上述判断矩阵，运用几何平均法，计算判断矩阵特征向量，矩阵 A 的特征向量计算过程如下：

$$A = \begin{pmatrix} 1 & 1.07 & 0.74 & 0.80 & 0.31 \\ 1.29 & 1 & 0.74 & 0.44 & 0.36 \\ 1.71 & 1.93 & 1 & 1 & 0.27 \\ 1.71 & 2.43 & 1 & 1 & 0.46 \\ 3.43 & 3.00 & 3.86 & 2.57 & 1.00 \end{pmatrix}$$

$$M_i = \begin{cases} 1*1.07*0.74*0.80*0.31 = 0.2 \\ 1.29*1*0.74*0.44*0.36 = 0.15 \\ M_i = 1.71*1.93*1*1*0.27 = 0.88 \\ 1.71*2.43*1*1*0.46 = 1.93 \\ 3.43*3.00*3.86*2.57*1.00 = 102.02 \end{cases}$$

$$\overline{W_l} = \begin{cases} \sqrt[5]{M1} = \sqrt[5]{0.2} = 0.7213 \\ \sqrt[5]{M2} = \sqrt[5]{0.15} = 0.6836 \\ \sqrt[5]{M3} = \sqrt[5]{0.88} = 0.9751 \\ \sqrt[5]{M4} = \sqrt[5]{1.93} = 1.1409 \\ \sqrt[5]{M5} = \sqrt[5]{102.02} = 2.5219 \end{cases}$$

$$\begin{cases} \overline{W1} / \sum_{i=1}^{5} \overline{W_l} = 0.119363436 \\ \overline{W2} / \sum_{i=1}^{5} \overline{W_l} = 0.113126025 \\ \overline{W3} / \sum_{i=1}^{5} \overline{W_l} = 0.161367402 \\ \overline{W4} / \sum_{i=1}^{5} \overline{W_l} = 0.188800071 \\ \overline{W5} / \sum_{i=1}^{5} \overline{W_l} = 0.417343065 \end{cases}$$

所以，矩阵 A 的特征向量为 $WA = (W1, W2, W3, W4, W5)$
= (0.119363436　0.113126025　0.161367402　0.188800071　0.417343065)
以此类推，可以得到第三层判断矩阵的特征向量如下所示：

W_{B1} = (0.25644733　0.476836699　0.266715971)
W_{B2} = (0.28137168　0.352678719　0.365949601)
W_{B3} = (0.302392117　0.271842313　0.295138377　0.130627192)
W_{B4} = (0.192853849　0.230880159　0.374859577　0.201406415)
W_{B5} = (0.482572701　0.35638377　0.16104353)

3. 一致性检验

运用前面提到的判断矩阵一致性检验步骤，对第二层判断矩阵进行一致性检验，计算过程如下：

$$AWi = \begin{pmatrix} 1 & 1.07 & 0.74 & 0.80 & 0.31 \\ 1.29 & 1 & 0.74 & 0.44 & 0.36 \\ 1.71 & 1.93 & 1 & 1 & 0.27 \\ 1.71 & 2.43 & 1 & 1 & 0.46 \\ 3.43 & 3.00 & 3.86 & 2.57 & 1.00 \end{pmatrix} \begin{pmatrix} 0.119363436 \\ 0.113126025 \\ 0.161367402 \\ 0.188800071 \\ 0.417343065 \end{pmatrix}$$

= (0.639442551　0.617910842　0.884253611　1.023291563　2.273870227)，

$$\lambda_{max} = \sum_{i=1}^{5} \frac{AWi}{5Wi} = \frac{0.639442551}{5*0.119363436} + \frac{0.617910842}{5*0.113126025} + \frac{0.884253611}{5*0.161367402} + \frac{1.023291563}{5*0.188800071} + \frac{2.273870227}{5*0.417343065} = 5.433484686,$$

$$CI = \frac{\lambda_{\max} - n}{n - 1} = \frac{5.433484686 - 5}{5 - 1} = 0.108371172,$$

$$CR = \frac{CI}{RI} = \frac{0.108371172}{1.12} = 0.096759975$$

由于 $CR < 0.1$，说明第二层指标判断矩阵具有满意的一致性，以此类推得到第三层判断矩阵一致性检验结果见表 5-5。

表 5-5　　　　　　农区第三层判断矩阵一致性检验结果

判断矩阵	$\lambda_{\max}$	n	CI	RI	CR	一致性检验
B_1	3.108227486	3	0.054113743	0.58	0.093299557	通过
B_2	3.097892253	3	0.048946126	0.58	0.084389873	通过
B_3	4.233850585	4	0.077950195	0.9	0.086611328	通过
B_4	4.265107414	4	0.088369138	0.9	0.098187931	通过
B_5	3.109899758	3	0.054949879	0.58	0.094741171	通过

通过上述计算，得到农区精准扶贫减贫效果后评价指标体系权重结果见表 5-6。

表 5-6　　　　　　农区精准扶贫减贫效果后评价指标体系权重

目标层	准则层	权重 W	指标层	权重 W
内蒙古农区精准扶贫减贫效果	扶贫政策法规	0.1193634	政策体系完备性	0.25644733
			扶贫政策精准度	0.476836699
			扶贫政策的可持续性	0.266715971
	精准帮扶	0.1131260	驻村精准帮扶比例	0.28137168
			扶贫资金到位率	0.352678719
			种植技术培训比例	0.365949601
	精准脱贫	0.1613674	农民纯收入达标率	0.302392117
			返贫比例	0.271842313
			贫困人数减少率	0.295138377
			循环考核制度完备性	0.130627192
	精准扶贫可持续发展	0.1888001	退耕还林改善比例	0.192853849
			农区基础设施建设	0.230880159
			种植业扶贫措施完善性	0.374859577
			社会发展文明程度	0.201406415
	扶贫对象满意度	0.4173431	精准识别满意度	0.482572701
			帮扶措施满意度	0.35638377
			帮扶责任人满意度	0.16104353

在农区减贫效果后评价指标体系中，一级指标体系精准扶贫可持续发展与扶贫对象满意度相对较为重要，二级指标体系中，扶贫政策精准度、种植技术培训比例、农民收入达标率、种植业扶贫措施完善性、精准识别满意度相对较为重要，这些指标大多是针对精准扶贫的精准性以及可持续性的指标，农区的主要收入来源就是种植业，因此若要保证脱贫的可持续性，就必须加大对种植业的扶持力度，同时依托地区特色种植业，引进大中型工业企业，引导农业产业集群的建设与发展。

第四节 牧区减贫效果后评价指标体系构建

一、牧区减贫效果后评价指标体系

根据牧区贫困特点以及指标体系构建原则，在《省级党委和政府扶贫开发工作成效考核办法》的基础之上，从扶贫政策法规、精准帮扶、精准脱贫、精准扶贫可持续发展、扶贫对象满意度五个方面构建牧区精准扶贫减贫效果后评价指标体系，见表5-7。

表5-7　　　　　牧区精准扶贫减贫效果后评价指标体系

目标层	准则层	指标层	指标层说明
内蒙古牧区精准扶贫减贫效果	1. 扶贫政策法规	(1) 政策体系完备性； (2) 扶贫政策精准度； (3) 扶贫政策的可持续性	
	2. 精准帮扶	(1) 驻村精准帮扶比例； (2) 扶贫资金到位率； (3) 养殖技术培训比例	
	3. 精准脱贫	(1) 牧民纯收入达标率； (2) 返贫比例； (3) 贫困人数减少率； (4) 循环考核制度完善性	
	4. 精准扶贫可持续发展	(1) 草场沙漠化改善比例； (2) 牧区基础设施建设； (3) 畜牧业扶贫措施完善性； (4) 社会发展文明程度	基础设施建设包含旗县修建公路情况、自来水覆盖情况、牧区养殖场建设等情况。社会发展文明程度包含民族文化、教育制度完善性、医疗条件等情况

续表

目标层	准则层	指标层	指标层说明
内蒙古牧区精准扶贫减贫效果	5. 扶贫对象满意度	（1）精准识别满意度； （2）帮扶措施满意度； （3）帮扶责任人满意度	

牧区精准扶贫减贫效果指标体系与农区精准扶贫减贫效果后评价指标体系一级指标相同，包含扶贫政策法规、精准帮扶、精准脱贫、精准扶贫可持续发展、扶贫对象满意度5个一级指标体系以及17个二级指标体系，其中扶贫政策法规、扶贫对象满意度与农区精准扶贫减贫效果后评价体系的二级指标体系相同，因此指标解释同上。其余各项指标解释如下：

（1）精准帮扶，根据牧区的贫困状况以及实际情况，牧区的主要经济来源就是畜牧业的养殖，因此牧区对于养殖技术更加重视，在牧区减贫效果后评价指标体系中采用驻村精准帮扶比例、扶贫资金到位率以及养殖技术培训牧户比例。其中驻村精准帮扶比例与扶贫资金到位率与农区指标体系中的相同。养殖技术培训比例是指，养殖技术培训的牧户数量与全旗县牧户数量的比例。

（2）精准脱贫，牧区精准扶贫减贫效果后评价指标体系中，精准脱贫包含牧民纯收入达标率、返贫比例、贫困人数减少率、循环考核制度完善性，其中返贫比例、循环考核制度完善性、贫困人数减少率与农区指标体系相同，指标解释同上。根据内蒙古自治区调整的贫困标准，农区农民的年人均纯收入由原来的1 560元上调为2 600元，牧区牧民的年人均纯收入由原来的1 800元上调为3 100元[①]，因此牧民纯收入达标率是指，牧民人均收入达到3 100元以上的贫困人口数与全旗县贫困人口数量的比例。

（3）精准扶贫可持续发展，牧区精准扶贫减贫效果后评价指标体系中，精准扶贫可持续发展包含草场沙漠化改善比例、牧区基础设施建设、畜牧业扶贫措施完善性、社会发展文明程度，其中社会发展文明程度与农区指标体系相同，指标解释同上。

近年来，牧区草场沙漠化严重，导致牧区生态环境恶化以及畜牧业收入下降，因此在牧区指标体系中用草场沙漠化改善情况来体现生态环境改善。草场沙漠化改善情况是指改善草场的面积与草场沙漠化总面积的比例；牧区基础设施建设，在牧区精准扶贫减贫效果后评价指标体系中，牧区基础设施建设是旗县修建公路情况、自来水覆盖情况、牧区养殖场建设比例等指标体现，由实际调研与专家打分获得数据。畜牧业扶贫措施完善性，对牧民来说，家庭经济收入的主要来源是养殖业，保证牧民畜牧业

---

① 内蒙古自治区农村牧区扶贫开发工作情况的报告. http://www.nmgrd.gov.cn/jdgz/fljd/201504/t20150420_116836.html，2014 - 11 - 21.

的主要收入,是实现扶贫可持续发展的重要因素。

二、牧区减贫效果后评价指标体系权重的确定

牧区减贫效果后评价指标体系确定权重与农区相同,采用层次分析法确定权重。选取相关领域专家共计10人进行打分构造判断矩阵,其中自治区扶贫办工作人员2人、牧区旗县扶贫办干部及工作人员3人、牧区乡镇干部3人、相关领域专家2人。10名专家学历都在本科以上,工作年限都在10年以上。课题组将牧区减贫效果评价量表通过面交或电子邮件的方式发给专家。专家打分后,由本人将打分表进行汇总,以10位专家打分表的平均得分来构造判断矩阵,并将该得分转换为与之相近的量表值,并采用层次分析法算出权重,并对权重结果进行一致性检验。

按照农区精准扶贫减贫效果后评价指标体系计算权重及一致性检验步骤,对牧区精准扶贫减贫效果后评价指标计算权重并进行一致性检验,检验结果见表5-8。

牧区各层指标特征向量如下:

$W_A = (0.10456052 \quad 0.117903026 \quad 0.234834439 \quad 0.178365424 \quad 0.364336591)$

$W_{B1} = (0.267276846 \quad 0.461063942 \quad 0.271659212)$

$W_{B2} = (0.321603246 \quad 0.358451285 \quad 0.319945468)$

$W_{B3} = (0.295158581 \quad 0.294607738 \quad 0.306319438 \quad 0.103914243)$

$W_{B4} = (0.248666528 \quad 0.176193128 \quad 0.33304622 \quad 0.242094124)$

$W_{B5} = (0.434381565 \quad 0.388295216 \quad 0.177323219)$

表5-8　　　　　　　　牧区各层指标一致性检验结果

判断矩阵	λ_{max}	n	CI	RI	CR	一致性检验
A	5.429493598	5	0.107373399	1.12	0.095869107	通过
B_1	3.102100924	3	0.051050462	0.58	0.088018038	通过
B_2	3.111980221	3	0.05599011	0.58	0.096534673	通过
B_3	4.256366098	4	0.085455366	0.9	0.094950407	通过
B_4	4.2551469	4	0.085048967	0.9	0.094498852	通过
B_5	3.114001007	3	0.057000504	0.58	0.09827673	通过

通过上述计算得到牧区精准扶贫减贫效果后评价指标体系权重见表5-9。

表 5-9　　　牧区精准扶贫减贫效果后评价指标体系权重

目标层	准则层	权重	指标层	权重
内蒙古农区精准扶贫减贫效果	扶贫政策法规	0.1045605	政策体系完备性	0.267276846
			扶贫政策精准度	0.461063942
			扶贫政策的可持续性	0.271659212
	精准帮扶	0.1179032	驻村精准帮扶比例	0.321603246
			扶贫资金到位率	0.318451285
			养殖技术培训牧户比例	0.359945468
	精准脱贫	0.2348344	牧民纯收入达标率	0.295158581
			返贫比例	0.294607738
			贫困人数减少率	0.306319438
			循环考核制度完善性	0.103914243
	精准扶贫可持续发展	0.1783654	草场沙漠化改善比例	0.248666528
			牧区基础设施建设	0.176193128
			畜牧业扶贫措施完善性	0.33304622
			社会发展文明程度	0.242094124
	扶贫对象满意度	0.3643366	精准识别满意度	0.434381565
			帮扶措施满意度	0.388295216
			帮扶责任人满意度	0.177323219

在牧区减贫效果后评价指标体系中，一级指标体系扶贫对象满意度以及精准脱贫所占比重相对较高，二级指标体系扶贫政策精准度、养殖技术培训牧户比例、畜牧业扶贫措施完善性、精准识别满意度所占比重较高，在精准脱贫下的二级指标体系所占比重基本相同。与农区相似，牧区主要收入来源为畜牧业，因此相对于其他指标而言，对畜牧业及关联产业扶贫的措施相对较为重要。

第五节　半农半牧区减贫效果后评价指标体系构建

一、半农半牧区减贫效果后评价指标体系

根据半农半牧区贫困特点以及指标体系构建原则，在《省级党委和政府扶贫开发工作成效考核办法》的基础之上，从扶贫政策法规、精准帮扶、精准脱贫、精准扶贫

可持续发展、扶贫对象满意度等五个方面，构建半农半牧区精准扶贫减贫效果后评价指标体系，见表5-10。

表5-10　半农半牧区精准扶贫减贫效果后评价指标体系

目标层	准则层	指标层	指标层说明
内蒙古半农半牧区精准扶贫减贫效果	1. 扶贫政策法规	（1）政策体系完备性； （2）扶贫政策精准度； （3）扶贫政策的可持续性	
	2. 精准帮扶	（1）驻村精准帮扶比例； （2）扶贫资金到位率； （3）农牧民技术培训比例	
	3. 精准脱贫	（1）农牧民纯收入达标率； （2）返贫比例； （3）贫困人数减少率； （4）循环考核制度完善性	
	4. 精准扶贫可持续发展	（1）生态环境改善； （2）基础设施建设； （3）社会发展文明程度	其中生态环境改善由退耕还草（林）情况、土地沙漠化减少情况以及环境保护政策情况来体现。 基础设施建设包含旗县修建公路情况、自来水覆盖情况、危房改造比例情况、农牧业基础设施情况。 社会发展文明程度包含民族文化、教育制度完善性、医疗条件等情况
	5. 扶贫对象满意度	（1）精准识别满意度； （2）帮扶措施满意度； （3）帮扶责任人满意度	

半农半牧区精准扶贫指标体系与农区精准扶贫减贫效果后评价指标体系一级指标相同，包含扶贫政策法规、精准帮扶、精准脱贫、精准扶贫可持续发展、扶贫对象满意度5个一级指标体系以及16个二级指标体系，其中扶贫政策法规、扶贫对象满意度与农区指标体系相同，指标解释同上。其余各项指标体系解释如下：

（1）精准帮扶。半农半牧区减贫效果后评价指标体系中，精准帮扶包含驻村精准帮扶比例、扶贫资金到位率以及农牧民技术培训比例三个二级指标。其中驻村精准帮扶比例与扶贫资金到位率与农区指标体系相同，指标解释同上。在半农半牧区农牧民的经济来源既有农业，又有畜牧业，因此给农牧民培训时，要根据每个家庭的主导产业，开展有针对性的培训。牧民技术培训牧户比例，技术培训的家庭数量与全旗县家庭数量的比例。

（2）精准脱贫。半农半牧区精准扶贫减贫效果后评价体系中，精准脱贫包含农牧民纯收入达标率、返贫比例、循环考核制度完善性、贫困人数减少率，其中返贫比例、循环考核制度完善性、贫困人数减少率与农区指标体系中精准脱贫相同，指标体系解释同上。在半农半牧区，农牧民纯收入达标率，农牧民人均收入达到内蒙古自治区规定的牧区脱贫人口标准（农牧民人均纯收入达到2 800元）的贫困人口数与全旗县贫困人口数量的比例。

（3）精准扶贫可持续发展。半农半牧区精准扶贫减贫效果后评价指标体系中，精准扶贫可持续发展包含生态环境改善、基础设施建设、社会发展文明程度。其中社会发展文明程度与农区指标体系中精准扶贫可持续发展相同，指标解释同上。在半农半牧区精准扶贫减贫效果后评价指标体系中，半农半牧区更多要承担着环境保护的社会责任，因此生态环境改善由退耕还草（林）情况、土地沙漠化减少情况以及环境保护政策情况来体现，此项数据由调研和专家打分获得；基础设施建设包含旗县修建公路情况、自来水覆盖情况、危房改造情况、农牧业设施建设情况等，本部分由课题组调研和专家打分获得数据。

二、半农半牧区减贫效果后评价指标体系权重的确定

半农半牧区减贫效果后评价指标体系确定权重与农区相同，采用层次分析法确定权重。采用专家打分法构建判断矩阵，专家共计10人，其中自治区扶贫办工作人员3人、半农半牧区旗县扶贫办干部及工作人员3人、半农半牧区乡镇干部2人、相关领域专家2人。10名专家学历都在本科以上，工作年限都在10年以上。课题组将半农半牧区减贫效果评价量表通过面交或电子邮件的方式发给专家。专家打分后，由课题组将打分表进行汇总，以10位专家打分表的平均得分，来构造判断矩阵，并将该得分转换为与之相近的量表值，采用层次分析法算出权重，并对权重结果进行一致性检验，见表5–11。

半农半牧区各层指标特征向量如下：

$W_A = (0.107512518\quad 0.112617168\quad 0.12573167\quad 0.238408981\quad 0.415729662)$

$W_{B1} = (0.168964689\quad 0.492403375\quad 0.338631936)$

$W_{B2} = (0.303708938\quad 0.364825289\quad 0.331465773)$

$W_{B3} = (0.23362101\quad 0.256870635\quad 0.27231958\quad 0.237188775)$

$W_{B4} = (0.633953253\quad 0.129599404\quad 0.236447343)$

$W_{B5} = (0.663064285\quad 0.215104488\quad 0.121831228)$

表 5-11　　　　　　　半农半牧区各层指标一致性检验结果

判断矩阵	λ_{max}	n	CI	RI	CR	一致性检验
A	5.439775378	5	0.109943845	1.12	0.098164147	通过
B_1	3.105639385	3	0.052819693	0.58	0.091068435	通过
B_2	3.09842919	3	0.049214595	0.58	0.08485275	通过
B_3	4.264972317	4	0.088324106	0.9	0.098137895	通过
B_4	3.112203598	3	0.056101799	0.58	0.09672724	通过
B_5	3.110144603	3	0.055072301	0.58	0.094952244	通过

根据上述计算结果得到半农半牧区精准扶贫减贫效果后评价具体指标权重计算结果，见表 5-12。

表 5-12　　　　　半农半牧区精准扶贫减贫效果后评价指标体系权重

目标层	准则层	权重	指标层	权重
内蒙古农区精准扶贫减贫效果	扶贫政策法规	0.1075125	政策体系完备性	0.168964689
			扶贫政策精准度	0.492403375
			扶贫政策的可持续性	0.338631936
	精准帮扶	0.1126172	驻村精准帮扶比例	0.303708938
			扶贫资金到位率	0.364825289
			农牧民技术培训比例	0.331465773
	精准脱贫	0.125732	农牧民纯收入达标率	0.23362101
			返贫比例	0.256870635
			贫困人数减少率	0.27231958
			循环考核制度完善性	0.237188775
	精准扶贫可持续发展	0.2384090	生态环境改善	0.633953253
			基础设施建设	0.129599404
			社会发展文明程度	0.236447343
	扶贫对象满意度	0.4157297	精准识别满意度	0.663064285
			帮扶措施满意度	0.215104488
			帮扶责任人满意度	0.121831228

在半农半牧区减贫效果后评价指标体系中，一级指标体系扶贫对象满意度与精准扶贫可持续发展相对较为重要，二级指标体系扶贫政策精准度、扶贫资金到位率、贫困人口减少率、生态环境改善、精准识别满意度较为重要，其中生态环境改善和精准识别满意度尤为重要，半农半牧区的生态环境破坏较为严重，因此若要保证扶贫的长

效性，就必须重视生态环境的可持续发展问题。精准识别是扶贫精准性的重要前提，因此对于减贫效果后评价来说精准识别满意度也相对较为重要。

第六节 典型旗县精准减贫后评估

考虑到扶贫减贫效果研究的精准性以及时间的有限性，本书对典型旗县做针对性的研究，从而找出问题的共性以及差异性。根据查阅相关资料以及实地调研情况，分别在农区、牧区、半农半牧区选取乌兰浩特市、鄂温克旗、敖汉旗三个旗县进行减贫效果后评价。

一、农区典型——乌兰浩特市

乌兰浩特市是自治区级贫困旗县，位于内蒙古自治区东北部，兴安盟东南部，截至2017年，乌兰浩特市64个单位、58名驻村第一书记、2 700名干部倾心倾力帮扶，举全市之力稳定脱贫5 108人，全面完善水、电、路、讯、房等基础设施，建成设施农业日光温室3 619栋，有效调减玉米种植面积5 333.33公顷，水稻增至0.98万公顷，新增经济作物0.18万公顷，建成标准化养殖小区55个，培育市级以上农村专业合作社47家，打造庭院经济示范村35个、示范户8 000户，完成造林绿化0.88万公顷，森林覆盖率达32.4%[①]。2018年，根据自治区核查和第三方评估，乌兰浩特市已达到贫困县退出标准，正式退出自治区贫困县。并且乌兰浩特市推出的"积分制"管理方式，增加激励制度，将"扶智"与"扶志"与精准扶贫相结合，极大地激励了贫困户脱贫的积极性，因此选择乌兰浩特市作为内蒙古自治区农区精准扶贫后评估的典型旗县进行分析。

（一）乌兰浩特市精准扶贫后评价数据来源

乌兰浩特市精准扶贫的相关数据来自实地调研、专家打分以及调查问卷。根据前面农区减贫效果后评价指标体系，整理数据见表5-13，其中政策体系完备性、扶贫政策精准度、扶贫政策的可持续性、循环考核制度完善性、农区基础设施建设、种植业扶贫措施完善性是由五位专家打分的平均分而得；驻村精准帮扶比例、扶贫资金到位率、种植技术培训牧户比例、农民纯收入达标率、返贫比例、贫困人数减少率、退

---

① 乌兰浩特市人民政府网. http://www.wlht.gov.cn/wlht/zwgk/cyzw/zcfg78/1706492/index.html.

耕还林改善比例是由实地调研而得；社会发展文明程度、精准识别满意度、帮扶措施满意度、帮扶责任人满意度是通过向鄂温克旗县牧户发放调查问卷而得，共发放143份问卷，有效问卷140份，其中建档立卡农户数为18户，占比12.86%，汉族居民较多，大约占77.86%，农民文化程度基本在小学水平，占比67.86%。

表5-13　　　　　　　　乌兰浩特市精准扶贫调研数据

目标层	准则层	指标层	数据
内蒙古牧区精准扶贫减贫效果	扶贫政策法规	政策体系完备性	91.6
		扶贫政策精准度	92.2
		扶贫政策的可持续性	85.8
	精准帮扶	驻村精准帮扶比例	100%
		扶贫资金到位率	100%
		种植技术培训农户比例	76.8%
	精准脱贫	农民纯收入达标率	89.9%
		返贫比例	3.7%
		贫困人数减少率	96%
		循环考核制度完善性	95
	精准扶贫可持续发展	退耕还林改善比例	98%
		农区基础设施建设	91.8
		种植业扶贫措施完善性	92
		社会发展文明程度	83.18666
	扶贫对象满意度	精准识别满意度	88.03507
		帮扶措施满意度	87.92775
		帮扶责任人满意度	88.3571

（二）乌兰浩特市减贫效果模糊综合评价

1. 农区减贫效果后评价评语集

通过阅读相关文献以及咨询专家，确定农区减贫效果模糊综合评价评语集 $V = \{v1$（优），$v2$（良），$v3$（一般），$v4$（差）$\}$，评级分值为：优为100~90，良为90~75，一般为75~60，差为60以下，其对应的等级值为 $V = \{95, 80, 65, 50\}$。

2. 确定乌兰浩特市减贫效果后评价隶属度

整理和计算实地调研、专家打分以及调查问卷获得的数据，得到乌兰浩特市减贫效果后评价指标体系隶属度。其中实地调研和专家打分隶属度由式2-2-2-5计算而得；调查问卷获得数据的隶属度，采取民主主观评价获取数据计算其比例所得，评价等级度从高到低依次划分为一级、二级、三级、四级，而农区减贫效果后评价指标评价等级一级到四级——对应评语集 $V = \{v1（优），v2（良），v3（一般），v4（差）\}$。经计算乌兰浩特市减贫效果后评价指标隶属度，如表 5-14 所示。

表 5-14　　　　　乌兰浩特市减贫效果后评价指标体系隶属度

准则层（B）	指标层（C）	优	良	一般	差
B_1	C_{11}	0.773333	0.226667	0	0
	C_{12}	0.813333	0.186667	0	0
	C_{13}	0.386667	0.613333	0	0
B_2	C_{21}	1	0	0	0
	C_{22}	1	0	0	0
	C_{23}	0	0.7867	0.2133	0
B_3	C_{31}	0.66	0.34	0	0
	C_{32}	1	0	0	0
	C_{33}	1	0	0	0
	C_{34}	1	0	0	0
B_4	C_{41}	1	0	0	0
	C_{42}	0.786667	0.213333	0	0
	C_{43}	0.8	0.2	0	0
	C_{44}	0.535714	0.20027	0.204762	0.059254
B_5	C_{51}	0.67857	0.21428	0.071428	0.035714
	C_{52}	0.66428	0.22857	0.07857	0.02857
	C_{53}	0.7	0.2	0.05714	0.04286

3. 乌兰浩特市减贫效果模糊综合评价

根据农区减贫效果后评价指标体系权重（W）以及乌兰浩特市减贫效果后评价指标体系隶属度（R），计算乌兰浩特市减贫效果模糊综合评价值 H（II-WR），B 层因素及模糊综合评价矩阵，见表 5-15。

表 5-15　　　　　乌兰浩特市 B 层模糊综合评价矩阵

准则层（B）	综合评价矩阵 H_B			
	优	良	一般	差
扶贫政策法规 B_1	0.68927647	0.31072353	0	0
精准帮扶 B_2	0.634050399	0.28789255	0.07805705	0
精准脱贫 B_3	0.89718668	0.10281332	0	0
精准扶贫可持续发展 B_4	0.782263549	0.18464819	0.04124038	0.011934136
扶贫对象满意度 B_5	0.676928439	0.21707302	0.071672303	0.034318811

由此可以得到乌兰浩特市减贫效果后评价综合值 H，

$$H = W \cdot R = (0.119363436 \quad 0.113126025 \quad 0.161367402 \quad 0.188800071 \quad 0.417343065)^T \cdot$$

$$\begin{pmatrix} 0.68927647 & 0.31072353 & 0 & 0 \\ 0.634050399 & 0.28789255 & 0.07805705 & 0 \\ 0.89718668 & 0.10281332 & 0 & 0 \\ 0.782263549 & 0.18464819 & 0.04124038 & 0.011934136 \\ 0.676928439 & 0.21707302 & 0.071672303 & 0.034318811 \end{pmatrix}$$

$$H = (0.728981496 \quad 0.2117034 \quad 0.046528409 \quad 0.016575884)$$

根据牧区减贫效果后评价模糊评语集以及评价等级值得到乌兰浩特市减贫效果后评价综合得分 S。

$$S = (0.728981496 \quad 0.2117034 \quad 0.046528409 \quad 0.016575884) \cdot$$
$$(95 \quad 80 \quad 65 \quad 50)^T = 90.04265493$$

由此，乌兰浩特市精准扶贫减贫效果后评价为优，该旗已经退出贫困旗县，在扶贫的各个方面，乌兰浩特市已经达到一定的效果。但是对于已经退出贫困旗县的地区，在调研和数据分析的过程中，还是发现很多问题，这直接影响到我区精准扶贫的长效机制。

（三）评价结果及调研分析

乌兰浩特市精准扶贫减贫效果后评价处于上等水平，贫困户基本脱贫，各项扶贫措施也比较完善，但依然存在以下两方面的问题：第一，持续发展动力不足，扶贫政策的可持续性有待提高，从调研中发现，贫困户的自我发展能力较弱，如果精准扶贫工作就此结束，可能还会出现一定的返贫现象，这不利于我区精准扶贫长效机制的建设。第二，扶贫工作对民族文化的重视程度不高，乌兰浩特市在扶贫政策中，实行了一把抓政策，尚未充分重视民族文化在经济发展中的重要作用，忽略了对少数民族文化传承和发展的研究。

1. 扶贫政策法规

扶贫政策法规反映扶贫政策体系的完备性、精准性以及是否具有可持续发展性。乌兰浩特市扶贫政策法规的模糊评价结果为（0.68927647　0.31072353　0　0），综合评分为90分，评价等级为优，从专家打分的评分来看，乌兰浩特市扶贫政策的完备性达到优的水平，需要提高的是扶贫政策的精准性以及可持续性。自2014年精准扶贫政策实施以来，乌兰浩特市分别对基础设施建设、易地搬迁、金融扶贫、教育扶贫、电商扶贫、旅游扶贫做出相关举措，也推出了"托管式"和"菜单式"扶贫模式，保证每一个贫困户都能得到帮扶，提高贫困户脱贫的参与度。这些扶贫政策目前已经帮助大部分贫困户脱贫，但对于精准扶贫政策结束后，政策措施的后续发展并没有一个完善的政策体系。

2. 精准帮扶

精准帮扶反映扶贫措施对贫困户的帮扶程度。乌兰浩特市精准帮扶的模糊评价结果为（0.634050399　0.28789255　0.07805705　0），综合评分为88分，评价等级为良。从调研数据来看，乌兰浩特市精准帮扶的驻村精准帮扶比例以及扶贫资金到位率均为100%，但种植业技术培训比例比较低，究其原因可能为乌兰浩特注重种植业产业的发展，很少从如何提高农作物的产量角度来提高农民的种植业收入。

3. 精准脱贫

精准脱贫反映脱贫效果。乌兰浩特市精准脱贫的模糊评价结果为（0.89718668　0.10281332　0　0），综合评分为93分，评价等级为优。乌兰浩特市精准脱贫的农民收入达标率并不高，尽管截至2017年乌兰浩特农民平均收入达到7 803元，但是仍有一部分贫困户纯收入未达到2 600元。乌兰浩特的贫困人口减少率、返贫比例以及循环考核制度的完善性达到了优等级，但仍然存在一定的贫困户返贫。从调研情况来看，大部分贫困户是因病返贫。此外乌兰浩特市动态管理方案很完善，但对于贫困动态的实时更新并没有达到预期效果。

4. 精准扶贫可持续发展

精准扶贫可持续发展指扶贫举措中能够带来长期效果的政策实施情况。乌兰浩特市精准扶贫可持续发展的模糊综合评价结果为（0.782263549　0.18464819　0.04124038　0.011934136），综合评分为92分，评价等级为优。在精准扶贫可持续发展的指标体系中退耕还林比例、农区基础设施建设以及种植业扶贫措施完善性都达到优等级，但是社会发展文明程度的评价等级不高。乌兰浩特市社会发展文明程度包含了政府对民族文化、教育发展以及医疗条件的重视，从调查问卷的情况来看，农民对于民族文化的不满意程度较高。

5. 扶贫对象满意度

扶贫对象满意度是指扶贫人口对帮扶的满意程度。扶贫对象满意度模糊综合评价结果为（0.676928439　0.21707302　0.071672303　0.034318811），综合评分88分，评价等级为良，也接近优，精准识别满意度、帮扶措施满意度以及帮扶责任人满意度的等级均为良，通过对乌兰浩特市的调研了解到，由于乌兰浩特市推进"积分制"管理制度，当前乌兰浩特市贫困户脱贫积极性较高，但也会存在一部分贫困户不愿意脱贫的思想，因此乌兰浩特市可以有针对性地进行培训和走访，了解贫困户不想脱贫的真实想法，提高贫困户脱贫的积极性。

根据上述分析，乌兰浩特市精准扶贫工作可以从以下三方面加强：

（1）构建乌兰浩特市精准扶贫长效机制，对乌兰浩特市产业扶贫、教育扶贫、健康扶贫、金融扶贫等扶贫模式进行统筹规划，完善种植业产业链，从而增加精准扶贫的可持续性。

（2）加强民族文化建设，重视民族特色工艺品的产业扶贫，定期举办民族特色文化活动，增强民族凝聚力，还要加强农民技术培训力度，增加农民自我发展能力，使贫困户持续脱贫。

（3）充分研究不同民族和民族文化对精准扶贫产生的效果和差异，为我区乃至全国精准扶贫提供民族信息支撑。

二、牧区典型——鄂温克旗

鄂温克自治旗是自治区级贫困县，也是我国三个少数民族自治旗之一，全旗共有25个民族，其中少数民族人口约占总人口的43.5%，是典型的民族地区、边疆地区、生态地区。2014年以来，全旗累计减贫947户2 240人，贫困发生率由11.5%下降至1.47%，截至2017年底，全旗未脱贫贫困户106户268人[①]。鄂温克旗在实施精准扶贫以来，充分考虑了地区资源、民族特色以及区域协调发展，制定一系列产业扶贫措施，不断壮大主导产业，培育提升特色产业，每个贫困嘎查都有主导产业和集体经济，把"输血"往"自主造血"转变，为贫困户的持续增收奠定了基础，因此以鄂温克旗作为内蒙古自治区牧区精准扶贫后评估的典型旗县进行分析。

（一）鄂温克旗减贫效果定性评价

鄂温克旗精准扶贫效果显著，但由于其地理位置及生产方式的原因，易受自然灾害等外界因素的影响，致使脱贫人口返贫。返贫不仅造成前期扶贫投入资源的浪费，也易使贫苦户产生消极心理，生产积极性下降。做好精准扶贫后评估工作是稳定扶贫效果，使扶贫效果最大化的关键点。鄂温克旗精准扶贫后评估工作目前以定性评价为主，结构清晰，成效明显，鄂温克旗精准扶贫后评估流程如图5-1所示。

精准扶贫后评估的第一步是要对现有的帮扶工作做整体总结。针对鄂温克旗现有的12个合作社，开展资产资源基本情况、牲畜养殖品种规模情况、生产管理情况、防疫情况、养殖治污情况以及产业发展意向等摸底，以便做到"六清楚"。即对合作社运行状态清楚、产业定位清楚、帮扶措施清楚、帮扶项目清楚、帮扶责任人清楚、年内脱贫收入清楚。

在了解了合作社大概情况后，依据走访调研结构，整合产业创新机制，开发适应合作社特色的扶贫模式。新的扶贫模式需要经过组织开展的创业思路交流座谈会进行讨论，以确定其是否符合当地发展情况。交流会的大致流程为：由旗畜牧业脱贫推进组通报重点合作社基本信息基本情况、合作社代表人陈述合作社发展思路与设计、提交问题，所辖战区苏木乡镇政府补充发言、与会人员发表意见建议，热议焦点问题，形成解决对策。

---

① 鄂温克族自治旗人民政府网．https：//www.ewenke.gov.cn/Item/35759.aspx.

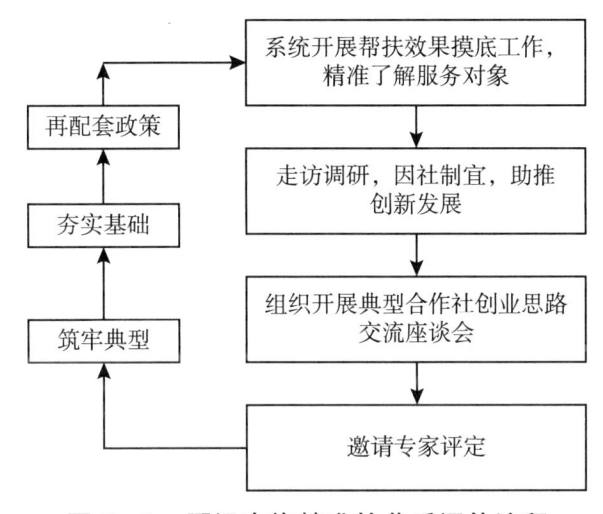

```
┌─────────┐      ┌──────────────────┐
│ 再配套政策 │◄────│系统开展帮扶效果摸底工作,│
└────▲────┘      │  精准了解服务对象   │
     │           └─────────┬────────┘
┌────┴────┐                ▼
│ 夯实基础 │      ┌──────────────────┐
└────▲────┘      │走访调研,因社制宜,助推│
     │           │    创新发展        │
┌────┴────┐      └─────────┬────────┘
│ 筑牢典型 │                ▼
└────▲────┘      ┌──────────────────┐
     │           │组织开展典型合作社创业思路│
     │           │    交流座谈会      │
     │           └─────────┬────────┘
     │                     ▼
     │           ┌──────────────────┐
     └───────────│  邀请专家评定     │
                 └──────────────────┘
```

图 5-1　鄂温克旗精准扶贫后评估流程

经交流座谈会讨论决议后,再送审特邀专家,并邀请专家进入各苏木合作社组织文化扶贫、科技扶贫工作,从而实现当地贫困户可持续脱贫任务。

精准扶贫的最后成果需要落实到政策层,即通过贫困户的现实情况向上层传达,以深入落实配套政策,夯实基础,筑牢典型。

(二) 鄂温克旗精准扶贫后评价数据来源

鄂温克旗数据分别为实地调研、专家打分以及调查问卷收集而来,根据前面牧区减贫效果后评价指标体系整理数据见表 5-16,其中政策体系完备性、扶贫政策精准度、扶贫政策的可持续性、循环考核制度完善性、牧区基础设施建设、畜牧业扶贫措施完善性是由五位专家打分的平均分而得;驻村精准帮扶比例、扶贫资金到位率、养殖技术培训牧户比例、牧民纯收入达标率、返贫比例、贫困人数减少率、草场沙漠化改善比例是由实地调研而得;社会发展文明程度、精准识别满意度、帮扶措施满意度、帮扶责任人满意度是通过向鄂温克旗县牧户发放调查问卷而得,共发放 162 份问卷,有效问卷 158 份,其中建档立卡牧户数为 26 户,占比 16%,少数民族居多,大约占 87.5%,牧民文化程度基本在小学、高中和中专水平。

表 5-16　　　　　　　　鄂温克旗精准扶贫调研数据

目标层	准则层	指标层	数据
内蒙古牧区精准扶贫减贫效果	扶贫政策法规	政策体系完备性	93.2
		扶贫政策精准度	93.8
		扶贫政策的可持续性	82.4

续表

目标层	准则层	指标层	数据
内蒙古牧区精准扶贫减贫效果	精准帮扶	驻村精准帮扶比例	100%
		扶贫资金到位率	100%
		养殖技术培训牧户比例	67%
	精准脱贫	牧民纯收入达标率	100%
		返贫比例	0.32%
		贫困人数减少率	53.4%
		循环考核制度完善性	87.2
	精准扶贫可持续发展	草场沙漠化改善比例	87%
		牧区基础设施建设	89.2
		畜牧业扶贫措施完善性	92.2
		社会发展文明程度	83.749
	扶贫对象满意度	精准识别满意度	73.544
		帮扶措施满意度	76.3925
		帮扶责任人满意度	80

（三）对牧区减贫效果进行模糊综合评价

1. 牧区减贫效果后评价评语集

牧区减贫效果后评价评语集与农区相同，评语集为 $V = \{v1（优），v2（良），v3（一般），v4（差）\}$，评级分值为：优为 100~90，良为 90~75，一般为 75~60，差为 60 以下，其对应的等级值为 $V = \{95, 80, 65, 50\}$。

2. 确定鄂温克旗县减贫效果后评价指标隶属度

以与农区同样的方法，整理和计算实地调研、专家打分以及调查问卷获得的数据，得到鄂温克旗减贫效果后评价指标体系隶属度。经计算鄂温克旗减贫效果后评价指标隶属度见表 5-17。

表 5-17　　　　鄂温克旗减贫效果后评价指标体系隶属度

准则层（B）	指标层（C）	优	良	一般	差
B_1	C_{11}	0.88	0.12	0	0
	C_{12}	0.9	0.1	0	0
	C_{13}	0.16	0.84	0	0

续表

准则层（B）	指标层（C）	等级			
		优	良	一般	差
B₂	C₂₁	1	0	0	0
	C₂₂	1	0	0	0
	C₂₃	0	0.0013	0.9987	0
B₃	C₃₁	1	0	0	0
	C₃₂	0.18	0.82	0	0
	C₃₃	0	0	0.2267	0.7733
	C₃₄	0.48	0.52	0	0
B₄	C₄₁	0.8667	0.1333	0	0
	C₄₂	0.6133	0.3867	0	0
	C₄₃	0.8133	0.1867	0	0
	C₄₄	0.45833	0.375	0.125	0.04167
B₅	C₅₁	0.1519	0.3924	0.3291	0.1266
	C₅₂	0.2848	0.3038	0.2975	0.1139
	C₅₃	0.2595	0.519	0.1835	0.038

3. 鄂温克旗减贫效果模糊综合评价

根据牧区减贫效果后评价指标体系权重（W）以及鄂温克旗减贫效果后评价指标体系隶属度（R），计算鄂温克旗减贫效果模糊综合评价值 H（H = WR），B 层因素及模糊综合评价矩阵见表 5 – 18。

表 5 – 18　　　　　　鄂温克旗 B 层模糊综合评价矩阵

准则层（B）	综合评价矩阵 H_B			
	优	良	一般	差
扶贫政策法规 B₁	0.693626646	0.30637335	0	0
精准帮扶 B₂	0.680054532	0.00041593	0.319529539	0
精准脱贫 B₃	0.398066811	0.29561375	0.069442616	0.236876821
精准扶贫可持续发展 B₄	0.605937405	0.35371277	0.030261766	0.010088062
扶贫对象满意度 B₅	0.222584413	0.38044616	0.29101161	0.105957814

由此可以得到鄂温克旗减贫效果后评价综合值 H，

$H = W \cdot R = (0.10456052 \quad 0.117903026 \quad 0.234834439 \quad 0.178365424 \quad 0.364336591)^T \cdot$

$$\begin{pmatrix} 0.693626646 & 0.306373354 & 0 & 0 \\ 0.680054532 & 0.000415929 & 0.319529539 & 0 \\ 0.398066811 & 0.295613752 & 0.069442616 & 0.236876821 \\ 0.605937405 & 0.35371277 & 0.030261766 & 0.010088062 \\ 0.222584413 & 0.380446163 & 0.29101161 & 0.105957814 \end{pmatrix}$$

$$H = (0.435360174 \quad 0.303204472 \quad 0.165404848 \quad 0.096030505)$$

根据牧区减贫效果后评价模糊评语集以及评价等级值得到鄂温克旗减贫效果后评价综合得分 S。

$$S = (0.435360174 \quad 0.303204472 \quad 0.165404848 \quad 0.096030505) \cdot \\ (95 \quad 80 \quad 65 \quad 50)^T = 81.16841472$$

由此，鄂温克旗精准扶贫减贫效果后评价为良，该旗精准扶贫减贫效果并没有达到理想的状态，距离优等级还存在一定的差距，还需要对鄂温克旗扶贫减贫效果后评价指标体系进行详细的分析，以找出影响减贫效果的因素和在扶贫工作中存在的问题。

（四）评价结果及调研分析

鄂温克旗精准扶贫减贫效果后评价在中上等水平，扶贫政策相对完善、精准，扶贫措施对贫困户的帮扶程度很高，脱贫效果显著，但是鄂温克旗在精准扶贫工作中仍然存在一定的不足：第一，缺乏统筹规划的长效机制，扶贫工作是一个系统工程，包括经济、社会、生态环境各个方面的协调发展，必须将其统筹规划，构建具有可持续发展的扶贫长效机制。第二，健康扶贫体系不完善，贫困人数减少率较低，从调查问卷中发现，在剩余的贫困人口中，因病致贫的比例较大。第三，贫困户内生动力不足，自身发展能力较弱，"等、靠、要"的思想严重，大多数贫困户不愿意脱贫，认为脱贫以后政府就不会有资金扶持。

1. 扶贫政策法规

鄂温克旗扶贫政策法规的模糊综合评价结果为（0.693626646　0.306373354　0　0），综合评分为90分，评价等级为优，根据专家打分结果可以看出，鄂温克旗在制定扶贫政策的精准性和完善性比较高，扶贫政策比较全面，符合当地的实际情况，但在政策各个方面的统筹规划并不是很完善，扶贫政策的可持续性有待加强。

2. 精准帮扶

鄂温克旗精准帮扶的模糊综合评价结果为（0.680055　0.000416　0.319530），综合评分为86分，评价等级为良，接近优等级，说明鄂温克旗精准扶贫的扶贫措施对贫困户的帮扶力度较大。从调研的数据来看，鄂温克旗村干部的驻村比例达到100%，能保证每个贫困户的帮扶都能实现责任到人，扶贫资金也能及时拨付，但养殖业培训比例不高，根据对鄂温克旗实际状况的了解，存在一些贫困户通过旅游扶贫、民族特色产业扶贫等其他扶贫渠道脱贫，因此养殖技术培训可认为已经达到预期效果。

3. 精准脱贫

鄂温克旗精准脱贫的模糊综合评价结果为（0.398066811 0.295613752 0.069442616 0.236876821），综合评分为78分，评价等级为良。结合调研数据来看，贫困人口减少率较低，是影响鄂温克旗精准脱贫指标的主要因素，根据鄂温克旗实际情况，牧民收入达标率达到100%，但贫困户因病因残致贫户数较多，尽管2017年鄂温克旗大力推进健康扶贫，由于政策的初步推行，体系并不完善，仍然存在因病因残致贫人口，也存在家中上学孩子较多而导致贫困，因此导致贫困人口减少率较低。

4. 精准扶贫可持续发展

鄂温克旗精准扶贫可持续发展的模糊综合评价为（0.605937405 0.353712768 0.030261766 0.010088062），综合评分为88分，评价等级为良。在鄂温克旗精准扶贫可持续发展指标体系中，社会发展文明程度得分最低，此指标包含民族文化重视程度、教育制度完善性、医疗条件水平这三方面，从调查问卷统计中发现，贫困户对于医疗水平的扶贫效果的满意程度不高；鄂温克旗比较亮眼的指标是生态补偿，为区域可持续发展做出重要贡献。在2017年鄂温克旗实施草原生态补偿奖政策，发放补助奖资金5 426万元，并完成人工种草12.7万亩，已达到草原沙漠化改善的预期目标。

5. 扶贫对象满意度

鄂温克旗贫困户对其扶贫工作的满意程度的模糊综合评价结果（0.222584413 0.38044616 0.29101161 0.105957814），综合评分为75分，评价等级为良，是鄂温克旗精准扶贫减贫效果后评价指标中得分最低的指标。贫困户对帮扶责任人的满意程度能达到中上等水平，但是对精准识别以及帮扶措施的满意程度很低。从实际情况来看，鄂温克旗识别程序很完善，帮扶措施也很全面，可能的原因是贫困户不想脱贫的想法严重，贫困户内生动力不足，导致贫困户不愿意脱贫。

6. 对策建议

根据上述分析，对鄂温克旗在精准扶贫工作提出以下对策建议：

（1）将生态环境建设、社会发展、经济建设统筹规划，制定精准扶贫长效机制，保证贫困户脱贫的可持续性。

（2）加强牧民养殖技术培训力度，加大扶贫政策宣传力度，将扶智、扶志与扶贫相结合，增加贫困户内生动力。

（3）创新健康扶贫模式，加强乡村诊所医疗设备、医疗条件的改善，定期做健康知识宣传，定期请专家到旗县医院会诊，给牧民创造健康的生活方式。

（4）坚持绿水青山就是金山银山的发展理念，坚信绿草青山就是致富之源的理念，将生态环境建设贯彻到底，为打造中国北方亮丽的风景线做出贡献。

三、半农半牧区典型——敖汉旗

敖汉旗位于内蒙古赤峰市东南部,全旗总土地面积 8 300 平方公里,辖 16 个乡镇苏木、2 个街道办,总人口 60 万,其中蒙古族人口 3.3 万,是全区人口第一旗。敖汉旗是国家级贫困县,全旗的贫困人口是 38 500 人,占自治区的 4.9%,占赤峰市的 15.8%。自精准扶贫政策实施以来,敖汉旗城乡面貌焕然一新,生态环境持续改善,贫困人口大幅度减少,截至 2017 年末,未脱贫人口为 24 609 人,贫困发生率为 4.56%。敖汉旗是国家级贫困旗县,贫困人口众多,贫困程度较深,截至 2017 年初,在所有的贫困人口之中,敖汉旗因病返贫的人口占 42%,有 16 000 多人,因此 2017 年敖汉旗大力发展健康扶贫模式,取得了很大的效果,在 2017 年底返贫人口大幅度减少,因此选择敖汉旗作为内蒙古自治区半农半牧区精准扶贫后评估的典型旗县进行分析。

(一) 半农半牧区典型旗县——敖汉旗减贫数据来源

敖汉旗数据分别为实地调研、专家打分以及调查问卷收集而来,根据前面半农半牧区减贫效果后评价指标体系整理数据见表 5-7,其中政策体系完备性、扶贫政策精准度、扶贫政策的可持续性、循环考核制度完善性、基础设施建设是由五位专家打分的平均分而得;驻村精准帮扶比例、扶贫资金到位率、养殖技术培训牧户比例、牧民纯收入达标率、返贫比例、贫困人数减少率、生态环境改善是由实地调研而得;社会发展文明程度、精准识别满意度、帮扶措施满意度、帮扶责任人满意度是通过向鄂温克旗县牧户发放调查问卷而得,共发放 164 份问卷,有效问卷 160 份,其中建档立卡牧户数为 29 户,占比 18%,农牧民文化程度基本在小学水平。

(二) 对半农半牧区减贫效果进行模糊综合评价

1. 半农半牧区减贫效果后评价各项指标评分标准

半农半牧区减贫效果后评价评语集确定方法与农区相同,评语集为 $V=\{v1$(优),$v2$(良),$v3$(一般),$v4$(差)$\}$,评级分值优为 100~90,良为 90~75,一般为 75~60,差为 60 以下,其对应的等级值为 $V=\{95,80,65,50\}$。

2. 确定敖汉旗减贫效果后评价指标隶属度

以与农区同样的方法,整理和计算实地调研、专家打分以及调查问卷获得的数据,得到敖汉旗减贫效果后评价指标体系隶属度。经计算敖汉旗减贫效果后评价指标隶属度,见表 5-19。

表 5-19　　　　　　　敖汉旗减贫效果后评价指标体系隶属度

准则层（B）	指标层（C）	等级			
		优	良	一般	差
B₁	C₁₁	0.6533	0.3467	0	0
	C₁₂	0.5467	0.4533	0	0
	C₁₃	0.0133	0.9867	0	0
B₂	C₂₁	1	0	0	0
	C₂₂	1	0	0	0
	C₂₃	0	0	0.8667	0.1333
B₃	C₃₁	1	0	0	0
	C₃₂	0.76	0.24	0	0
	C₃₃	0	0.2433	0.7567	0
	C₃₄	0.2267	0.7733	0	0
B₄	C₄₁	0	0.9467	0.0533	0
	C₄₂	0.6933	0.3067	0	0
	C₄₃	0.3959	0.3188	0.1792	0.1061
B₅	C₅₁	0.1333	0.3481	0.4184	0.1037
	C₅₂	0.175	0.25	0.4375	0.1375
	C₅₃	0.3063	0.3	0.2813	0.1125

3. 敖汉旗减贫效果模糊综合评价

根据半农半牧区减贫效果后评价指标体系权重（W）以及敖汉旗减贫效果后评价指标体系隶属度（R），计算敖汉旗减贫效果模糊综合评价值 H（H = WR），B 层因素及模糊综合评价矩阵，见表 5-20。

表 5-20　　　　　　　敖汉旗 B 层模糊综合评价矩阵

准则层（B）	综合评价矩阵 H_B			
	优	良	一般	差
扶贫政策法规 B₁	0.384085361	0.615914639	0	0
精准帮扶 B₂	0.668534227	0	0	0.331465773
精准脱贫 B₃	0.482613388	0.311322386	0.206064227	0
精准扶贫可持续发展 B₄	0.18346077	0.715291095	0.076161072	0.025087063
扶贫对象满意度 B₅	0.16334666	0.321138168	0.405805434	0.112042646

由此可以得到敖汉旗减贫效果后评价综合值 H，

$$H = W \cdot R = (0.107512518 \quad 0.112617168 \quad 0.12573167 \quad 0.238408981 \quad 0.415729662)^T \cdot$$

$$\begin{pmatrix} 0.384085361 & 0.615914639 & 0 & 0 \\ 0.668534227 & 0 & 0 & 0.331465773 \\ 0.482613388 & 0.311322386 & 0.206064227 & 0 \\ 0.18346077 & 0.715291095 & 0.076161072 & 0.025087063 \\ 0.16334666 & 0.321138168 & 0.405805434 & 0.112042646 \end{pmatrix}$$

$$H = (0.28890895 \quad 0.4094001 \quad 0.212771639 \quad 0.08988917)$$

根据半农半牧区减贫效果后评价模糊评语集以及评价等级值得到敖汉旗减贫效果后评价综合得分 S。

$$S = (0.28890895 \quad 0.4094001 \quad 0.212771639 \quad 0.08988917) \cdot$$
$$(95 \quad 80 \quad 65 \quad 50)^T = 78.52297331$$

由此，敖汉旗精准扶贫减贫效果后评价为良，已经快要接近一般水平，该旗精准扶贫减贫效果并没有达到理想的状态，距离优等级还存在一定的差距，还需要对敖汉旗扶贫减贫效果后评价指标体系进行详细的分析，以找出影响减贫效果的因素和在扶贫工作中存在的问题。

(三) 评价结果及调研分析

敖汉旗在精准扶贫减贫效果后评价体系中，得分在中等水平，与其他两个旗县相比，敖汉旗减贫效果得分并不高，因此敖汉旗在精准扶贫工作中还存在一定的问题：第一，扶贫政策的可持续发展性不足，补贴性政策较多，农牧民自身发展能力较弱，农牧业产业链条不完善，缺乏农牧业产业扶贫的完善机制。第二，生态环境建设制度不完善，对于半农半牧区而言，生态环境改善力度不够。第三，贫困户内生动力不足，很多贫困户不愿脱贫，自身脱贫的意愿不足。

1. 扶贫政策法规

敖汉旗扶贫政策法规的模糊综合评价结果为 (0.384085361　0.615914639　0　0)，综合评分为 86 分，评价等级为良，接近优水平。从专家打分的情况来看，对比扶贫政策的完善性和精准性，扶贫政策的可持续性得分较低，敖汉旗补贴的扶贫政策较多，要贫困人口做到真正脱贫的可持续性政策较少。

2. 精准帮扶

敖汉旗精准帮扶的模糊综合评价结果为 (0.668534227　0　0.287281385　0.044184388)，综合评分为 80 分，评价等级为良。从调研数据来看，敖汉旗驻村精准帮扶比例和扶贫资金到位率均为 100%，都达到优等级，但是农牧民技术培训比例并不高，敖汉旗对于农牧民技术的培训大多是基于某一项扶贫项目而言，例如，种植辣椒项目，会有技术员定期为种植辣椒的农户进行培训指导，因此培训的比例并不高。技术培训力度不够也是导致农牧民自身发展能力较弱的主要原因之一。

3. 精准脱贫

敖汉旗精准脱贫的模糊综合评价结果为（0.482613388　0.311322386　0.206064227 0），综合评分为84分，评价等级为良。从调研数据来看，贫困人口减少率较低是影响精准脱贫指标评分较低的主要原因。在2017年初，敖汉旗返贫人口中有42%是因病因残致贫，尽管2017年大力推进创新健康扶贫模式，但是有一大部分人口仍然未脱贫成功，因此2017年贫困人口减少率并不高。

4. 精准扶贫可持续发展

敖汉旗精准扶贫可持续发展模糊综合评价结果为（0.18346077　0.715291095　0.076161072　0.025087063），综合评分为81分，评价等级为良，接近优等级。在精准扶贫可持续发展中，基础设施建设得分较高，已经达到优等级，但生态环境改善状况的评分并不理想。对于半农半牧区而言，最重要的是如何平衡耕地和草场面积，使得其生态环境达到可持续发展，还能保证农牧民的基本收入。此外，社会发展文明程度得分较低，社会发展文明程度包含民族文化的重视程度、教育扶贫情况以及乡村医疗条件，从调查问卷情况来看，农牧民认为教育制度扶贫没有达到很好的效果，对乡村医疗条件也并不太满意，有些偏远的地区都没有乡村卫生室。

5. 扶贫对象满意度

敖汉旗扶贫对象满意度的模糊综合评价结果为（0.16334666　0.321138168　0.405805434　0.112042646），综合评分为73分，评价等级为一般，这是敖汉旗精准扶贫减贫效果后评价体系中得分最低的一级指标。从调查问卷数据来看，农牧民对帮扶责任人的满意度评价较高，达到良的水平，通过走访敖汉旗贫困户得知，许多贫困户并不愿意脱贫，并且有些农户认为自己也应该是贫困户，都希望能得到政府的补贴，因此这可能是造成扶贫对象满意度较低的主要原因。

6. 对策建议

通过以上总结分析，对于敖汉旗精准扶贫工作提出一下对策建议：

（1）构建敖汉旗精准扶贫长效机制，做好各个方面扶贫工作的统筹规划，使贫困户、贫困县脱贫变得具有针对性、长久性和持续性，实现精准扶贫的可持续发展。

（2）通过下乡调查研究找出贫困户不愿意脱贫的根本原因，有针对性地宣传教育，增加技术培训力度，提升农牧民自身发展能力，鼓励农牧民摒弃"不愿脱贫"的思想。

（3）加强生态文明建设力度，通过激励补贴的方式让农民自愿退耕还林、退耕还牧，增强生态保护意识，保护森林和草场的植被。此外还要掌握好耕地面积与草场面积的平衡关系，增强生态环境可持续发展。

第六章 构建内蒙古自治区扶贫长效机制

第一节 内蒙古自治区建立扶贫长效机制的概念模型

内蒙古的精准扶贫已经到了攻坚拔寨的冲刺阶段。一方面,是我们的精准扶贫工作已经取得巨大成效,贫困人口大幅减少,全区57个贫困旗县(31个国贫县,26个自治区贫困县)全部摘帽脱贫;另一方面,精准扶贫的成果仍需巩固。作为少数民族自治区,历史上贫困程度较深,贫困原因复杂,贫困范围广泛位于偏远边疆地区,脱贫后仍然面临基础设施落后,经济发展缓慢,缺乏工业支撑,生态环境恶劣和恶化的问题,贫困户返贫的风险仍然很大。如何从不同层面发现问题,改进措施,结合内蒙古各地区实际状况,建立可持续的扶贫长效机制,成为我们接下来面临的核心问题。我们以区域发展理论和可持续发展理论为指导,构建内蒙古地区精准扶贫长效机制分析框架(如图6-1所示),其中宏观调控机制与微观调控机制主要解决扶贫与扶智、扶志的关系。宏观调控机制为扶贫攻坚提供了制度保障,重点解决贫困的基本生存需求。微观调控机制则是精准扶贫中的治本之策,旨在提升贫困户的内生动力机制建设,以实现"精神脱贫"。中观调控机制指具体扶贫路径,通过宏观调控机制的制度环境优化,为完善外部市场机制奠定了基础,筑巢引凤,更多企业、社会团体、学校积极参与到扶贫攻坚中来。在整个长效扶贫体系中,三种调控机制相辅相成,紧密连接。基于此分析长效扶贫机制对内蒙古地区精准扶贫工作提出相应的对策建议。

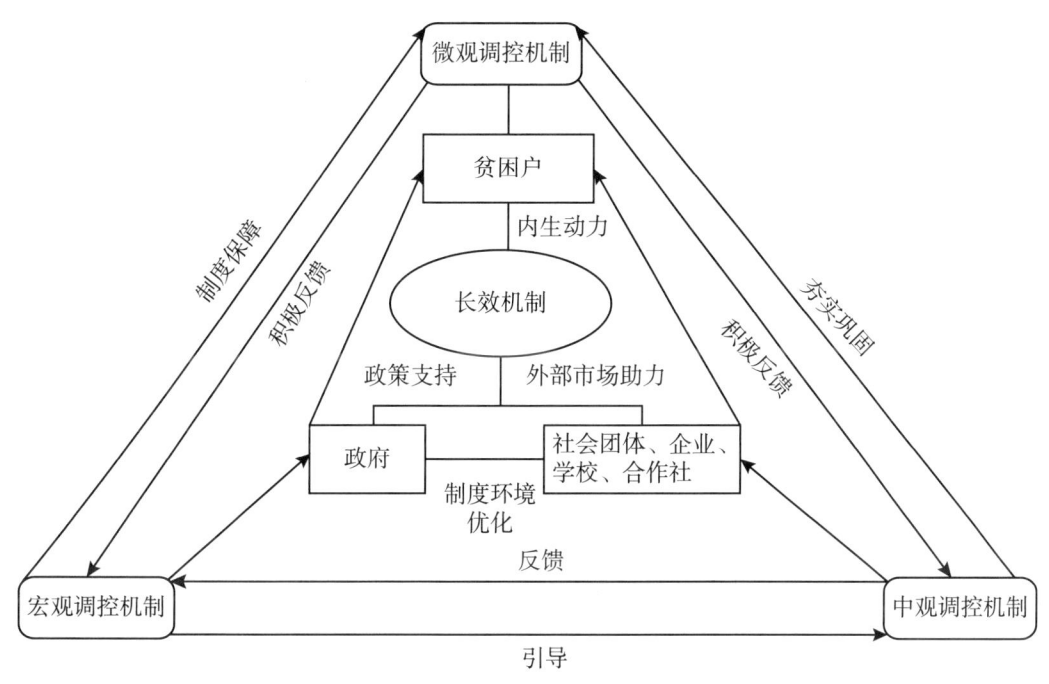

图 6-1 内蒙古精准扶贫长效机制

一、宏观调控机制

宏观调控机制在整个脱贫长效体系构建中,指对制度环境优化。通过相关政策构建对长效扶贫体系起到保障与支撑作用。不同贫困区域、差异化致贫机理通过宏观政策的实施推动扶贫攻坚工作初步开展,也为基层扶贫工作人员指引工作方向。

后扶贫时期,政府要系统统筹扶贫攻坚工作,充分发挥政府宏观调控引导作用,突出特色、强调落地效果。内蒙古自治区尤其要根据多民族、多地貌交叉的贫困特点,从农区、牧区、农牧交错区的实际贫困特征出发,总结出一套符合自身区域发展实际的宏观政策,以更精准匹配我区的后扶贫工作。本书根据对内蒙古地区进行精准扶贫的评价结果,对构建宏观政策调控机制提出以下四方面对策建议。

(一)构建并落实差异化精准扶贫体系

农区、牧区、半农半牧区有着不同的贫困特点、成因、生产生活方式和地理环境,因此,套用惯有的方法体系难以有效发挥扶贫与乡村振兴的有效结合。因此政府要结合我区具体情况和特点,分别制定有针对性的精准扶贫开发策略。一方面,要根据其贫困特点、贫困原因、居民生产生活方式差异,对农区、牧区、半农半牧区区别制定具体的精准识别、精准帮扶方案,并构建层次分明、能够充分体现当地贫困特色和扶贫效果的后评估体系,将生态扶贫、教育扶贫、科技扶贫和尊重少数民族发展特色的观念，融入可持续脱贫、奔小康的宗旨中，不仅要贯彻落实"绿水青山就是金山银山"的号召，还要让当地群众切实感受到可持续发展的甜头。另一方面，又要总结同类旗县的共性，有典型，有带动，实现经验分享，提高精准扶贫效率和效益。

（二）重视全生命周期评估体系

精准扶贫进入后扶贫阶段，相对贫困人口的识别和扶持难度会更大，这就要求建立高效的全生命周期评估体系，精准识别→精准帮扶→精准后评估，要在全区上下形成"花钱必问效，无效必问责"的评估意识。这是建立扶贫长效机制的方法推进和制度保障，也是及时发现问题，调整工作重心的有效方法。

（三）加强生态文明建设，发挥生态补偿作用

生态扶贫是将生态保护与扶贫开发相结合的一种扶贫工作模式。通过实施重大生态工程建设、加大生态补偿力度、大力发展生态产业、创新生态扶贫方式等，加大对贫困地区、贫困人口的支持力度，以达到推动贫困地区扶贫开发与生态保护相协调、脱贫致富与可持续发展相促进的扶贫模式，最终实现脱贫攻坚与生态文明建设"双赢"。

在对57个贫困旗县，特别是31个国家级贫困县进行调查分析的基础上，我们深刻认识到，对于内蒙古这样面积广阔，生态条件复杂的区域，脱贫致富固然重要，但是生态环境保护也刻不容缓。内蒙古自治区的生态和经济协调发展，不仅关系到我国北疆的生态稳定，也是探索我国农牧协同发展的试验田，因此要特别重视生态保护和生态修复对当地农牧民生产生活的影响，农区、牧区、半农半牧区要分别研究制定有针对性的经济和环保协同发展的机制。

农区要充分发挥内蒙古农田可连片经营的优势，创新和规范农田规模化耕种，科学引导粮食作物与经济作物轮耕，对于引进企业规模化耕种土地，要有合理有效的机制和规范，在保障当地群众收入的情况下，重点要求环境的可持续发展，这是为子孙后代留存发展空间的重要举措。鼓励发展生态循环农业，推进畜禽粪污、秸秆、农膜等农业废弃物资源化利用，实现畜牧养殖大县粪污资源化利用整县治理全覆盖，下大力气治理白色污染，继续推广退耕还林还草。

牧区要大力推进草场沙漠化治理，增加草场改善面积，巩固生态屏障。创新落实草原生态保护补偿政策，加大对偷牧及超载放牧等违法行为的监督和处罚力度，引导牧民充分理解"绿水青山就是金山银山"的可持续发展理念。

半农半牧区除了要重视上述两点举措，还要着重掌握好耕地面积与草场面积的平衡。在半农半牧区中，生态环境的可持续发展是扶贫长效机制中的一项重要内容，因此政府在制定扶贫长效机制时，应将生态环境建设放在第一位，应根据各自区域内的人口结构、土壤环境，规划本地区的耕地面积和草场面积，掌握好两者之间平衡，同时

又能确保农牧民的基本收入。规划区域种植业与畜牧业产业结构,整合产业扶贫项目。

(四) 创新健康扶贫模式,注重健康扶贫机制

从对宁城县、兴和县、鄂伦春自治县、苏尼特右旗、正镶白旗、林西、敖汉旗等农村、牧区以及半农半牧区典型代表旗县的调研来看,无论是农区、牧区还是半农半牧区,因病因残致贫是贫困户困难的主要原因之一。因此解决好贫困地区的医疗健康问题,是解决贫困户脱贫问题的主要手段。目前大多数旗县都通过提高地方、市级新农村合作医疗的报销比例、免费为贫困人口下乡体检、重大疾病补贴的方式助力健康扶贫,但是地方市级的医疗条件有限,有些疾病无法得到根治,一些农民可能会到其他城市去治疗,高昂的医疗费用可能会导致一个原本不贫困的家庭陷入贫困。因此在健康扶贫中应该加强地方医院的医疗条件、医疗团队的水平,或者定期邀请专家到医院会诊,此外还要经常下乡宣传预防疾病的医疗知识,从多方面加强健康扶贫机制。此外在提高医疗报销比例的同时,也可考虑进行医疗保险投入和引导,用市场机制缓解贫困。

二、中观调控机制

中观层面的调控,主要是创新完善产业化经营模式。主要帮扶主体包括社会团体、扶贫企业、合作社等。上述描述主体主要是致力于改善"三农"的经济组织与农民互助组织。发挥农业、牧业等中介组织纽带作用,有效连接农民、农产品与市场沟通。主要实施路径有:电商扶贫、旅游扶贫、金融扶贫、产业扶贫等。上述帮扶主体通过自身的辐射作用,有效组织地方农业、牧业生产,并帮助贫困地区搭建一套完整的农牧品特色产业链条,扶贫产销一体化,打通产业扶贫最后一公里。

内蒙古地区主要以第一产业为主,农牧业生产为主要收入来源,因此需完善与外部市场机制链接,大力发展农牧业特色产业,并不断拓展旅游、电商、金融对内蒙古扶贫攻坚助力提升,发挥产业扶贫中市场的作用、调节产业结构,与市场接轨,从而增加农牧民人均收入,本研究对内蒙古地区外部市场机制从以下四方面提出对策建议。

(一) 加快基础设施建设,改善农牧民生产生活条件

加快基础设施建设,改善贫困地区生产生活条件。基础设施是贫困人群能力建设的基础,是生产生活的必要条件。基础设施改善是提升贫困人群自我发展能力的前提条件,无论是贫困人群自身素质的提升,还是与外界的通联及资源的获取等都离不开基础条件的改善。必须加快农村牧区基础设施建设。一是加大力度改善贫困人群的基

本生产生活条件，为其能力提升奠定物质基础。加强交通扶贫力度，加强村庄与县城及周边城镇的综合运输通道建设，巩固提高通村公路成果，将水泥路（油路）延伸到村组、自然湾，解决好群众出行难的问题。二是加快农村牧区能源建设，抓好农村牧区电网改造，解决好不通电建制村、自然村的用电问题。三是加强村庄整体改造和环境治理，尤其是要解决农户的居住环境。四是加快农村牧区通信网络建设，力争建制村基本通宽带，自然村和交通沿线通信信号基本覆盖，解决好贫困山区群众与外界联系沟通不畅的问题。

（二）构建现代产业体系，发挥农牧业优势

在调研中发现，农区和牧区产业扶贫中农畜产品产业链条不完善，因此应该有效利用扶贫资金政策的各类资源，不断深化扶贫各项改革，以新的发展理念因地制宜构筑现代产业体系。大力发展农畜产品深加工业，布局绿色农畜产品基地，打造形成企业、集体经济和农户多赢的产业链，逐渐培养新型经营主体，扩大规模养殖和种植，特别注重发展农畜产品收购仓储、物流环节和下游深加工业，延长产业链，提高绿色农畜产品市场竞争力。发展优势特色农牧业产业，支持贫困地区因地制宜发展增收作用明显的种养业，围绕肉牛、肉羊、玉米、马铃薯等优势主导产业，中蒙药材、食用菌、甜菜等区域特色产业，扶持建设一批种养殖标准化生产基地和良种繁育基地，可以根据市场需求变化和资源禀赋的特点，按照高产、优质、高效、生态、安全的要求，科学确定农畜产品区域布局，充分发挥农牧业优势。

农牧业产业体系方面，通过调整和优化内蒙古的农牧业产业结构，整合多种要素参与到农牧业产业的发展之中，探索农牧业与其他产业相结合的特色发展之路。一是统筹农牧林渔业相结合，种养加为一体，一二三产业深度融合发展的模式。例如，依托现代农业产业园、科技园，建设了特色农产品优势区，推动一二三产业深度融合发展。二是发展农牧业与多种要素相结合的产业，如农牧业与人文文化、自然景观、生态旅游等要素相结合，依靠现代特色农业发展文化旅游业。可以从体现民俗风情，充分体现人与自然的相互融合，拓展农牧业生态旅游功能，提升农牧业经济的竞争力。

农牧业生产体系方面，内蒙古的农牧业生产体系需加强完备，农牧业生产的基础设施设备较落后，生产力水平不高，需加大技术的引进与创新、设备的改造与维护、人才的引进与培养。培育综合性的高原农牧业特色生态基地，将先进的生产技术融入生产体系中，发展各类高原生态有机品牌，提升生产水平。

农牧业经营体系方面，发展形式多样的经营模式，积极培育新型农牧业经营主体，加快农牧业社会化服务体系的建设，加大销售型人才和企业的培育，通过提升网络信息服务，开展电子商务培训，借鉴国外与发达地区现代科学经营管理的先进经验，运用到农牧业的经营体系中，提升农牧业经营体系的水平与效率。

（三）调整产业结构，促进传统及新兴产业发展

内蒙古绝大部分农村牧区主要以第一产业为主要收入来源，收入来源单一，如果发生自然灾害或者瘟疫灾害，会造成部分农牧民返贫，因此要实现内蒙古地区的整体发展，必须融入到更大的格局里，引进相邻发达城市的科技、人才、产业转移等优势，实现传统产业的升级，借助区位优势，根据当地的实际情况，因地制宜，发展第二产业，做强第三产业，拓展物流商贸、云计算、物联网、电子商务等新兴产业。

支持发展特色产业。依托当地资源优势、文化与民族特色，发掘贫困地区的资源优势、景观优势和民族文化底蕴，开发有独特优势的特色产品，支持贫困地区打造特色产品品牌。

支持发展小微企业。在产业扶贫的大潮中，小微企业扮演着小、快、准的扶贫角色。通过对贫困村闲置宅基地、学校、工厂等进行改造，建设扶贫微工厂、扶贫车间，对接原料与市场两端，精心布局微工厂，帮助加工企业和贫困村建立合作关系，实现农村留守妇女、不完全劳动力等弱势就业群体就业顾家两不误，实现弱劳动力稳定持续脱贫，并能有效增加村集体收入。

支持发展新兴产业。以科技创新为核心，大力发展物流商贸、云计算、物联网、电子商务等新兴产业。以新兴产业的发展为带动，为贫困地区经济发展注入新鲜活力。

（四）加强社会参与度，引导产业与市场接轨

加强社会参与度，充分利用扶贫协作进行产业合作是通过政策扶持、资金支持、人才技术支撑、机制平台建设等多种途径，吸引企业参与贫困地区产业发展，围绕产业链整合、价值链提升，促进扶贫产业集群化发展，探索多种形式的利益联结机制，实现精准扶贫到户，有效提升贫困群众参与市场竞争和抵御市场风险的能力。引导企业在贫困地区投资兴业，通过雇用就业和建立利益联结机制带动贫困群众增收脱贫，促进受援地区充分发挥比较优势，因地制宜、多种形式地发展产业。大力吸引龙头企业以及社会各界的关注，引导龙头企业建基地。积极推行"公司＋基地＋合作社＋农户"的产业发展模式，引导农牧民以代养、订单、流转、劳务、带资入股等模式，以增加农牧民收入，同时加快落实扶贫政策，加大产销各个环节的培训力度，引导其标准化生产和规模化经营，使农牧民慢慢与市场接轨。在措施上，拓宽产业发展思路，集成推广一批特色产业增产增效技术、绿色环保技术，创新推进第一、第二、第三产业融合，从而带动贫困户致富。依托贫困地区的资源优势，引导龙头企业与贫困地区合作创建标准化基地，带动贫困户进入大市场。

建立健全新型产业经营主体与贫困户之间的利益联结机制，找准产业项目与贫困户增收的结合点，让尽可能多的贫困群众参与产业项目建设，将贫困群众纳入区域扶

贫产业体系，提高贫困群众在产业发展中的参与度和受益度。着力打造一批联结贫困村产业发展的新型经营主体，支持新型经营主体向贫困群众提供全产业链服务，提高产业组织能力和价值增值能力；着力打造一批产业扶贫示范基地，完善提升基地服务功能，吸引贫困群众就业创业；着力打造一批产业特色品牌，提升贫困地区扶贫产业市场影响力和竞争力。

三、微观调控机制

微观调控机制主要指促进贫困户内生动力的提升。宏观与中观最终是通过作用贫困户才能发挥调节稳定作用。微观调控机制中贫困户主观意愿的改变起到基础性作用，对于长效机制而言也是如此。微观调控机制特别注重对贫苦区域贫困户的教育，强化基层人员"扶智与扶志"脱贫攻坚思路，让贫困户增强主动脱贫意愿，由被动"输血式"扶贫改为主动参与"造血式"扶贫，促进内生发展动力机制的完善。

进入后扶贫时代，基于宏观政策调控机制扶贫带来的边际收益将逐步递减，扶贫长效机制主要依靠贫困人群的内生动力。主要路径是改变贫困户的思维方式，强化贫困户的获得感体验，增强脱贫为荣的理念。而改变其思维方式的瓶颈在于以下五个方面：

（1）贫困群众缺乏正确的信息来源；

（2）贫困群众肩负生活的多种逆境；

（3）像"拼多多"这样服务下沉市场的市场环境不发达；

（4）贫困群众往往因短视和成见，放弃长远规划；

（5）贫困群众的自我控制更难实现，并生活在观念稀缺的更大压力中。

为有效解除上述瓶颈，本课题从"扶智与扶志"的角度，提出以下两点：

（一）加强教育培训，提高农牧民自我发展能力

贫困的真正含义是贫困人口创造收入能力和机会的贫困，通过调研我们发现，目前内蒙古无论是农区、牧区、半农半牧区贫困户，都存在自身发展能力较弱，受教育水平低，创造收入能力和机会贫乏的问题。因此实施免费教育和培训，提高农牧民自我发展能力，是后扶贫时期和乡村振兴的重要手段和内容。

一是大力发展农村牧区教育文化事业，加强人力资本投资。教育是提高贫困人口素质、培养贫困人口能力的根本途径，也是阻止贫困代际传递的重要途径。要优先抓好贫困地区的基础教育，降低农村牧区人口文盲半文盲率，提升人口的文化素质，严格执行现行计划生育政策和政府支持贫困家庭最少要培养一个中专（高中）以上学历的家庭成员。坚决执行适龄儿童、少年完成九年义务教育，逐步普及高中教育，扫

除青壮年文盲，防止再出现新的文盲、半文盲劳动力。

二是要发展贫困农村牧区职业技术教育，提高成人文化素质和生存技能。贫困农村牧区职业技术教育发展，一方面应与农村牧区发展项目相结合，与当地经济发展需求相结合，与农牧民人口素质相适应，提供适应农村牧区需求的实用技术培训内容，培养适应现代农业发展的有文化、懂技术、会经营的新型职业农牧民和农村牧区实用人才带头人。另一方面应依据劳动力市场需求，根据二、三产业的技能要求，有目的地进行适岗定训。积极探索"培训+就业"模式，大力推广"订单式"培训，推动农村牧区剩余劳动力的转移就业由体力型向技能型转变，力争把接受培训的农村牧区劳动力"送出去"。同时，启动技能人才教育培训工程，推行集中连片特困地区贫困县免费中等职业教育。

三是要加强教育资源的倾斜力度。在扶贫资金的安排上，一方面，要将义务教育作为重要因素进行考虑，加大对贫困地区贫困学生的补助，确保学生不因贫失学。另一方面，要从体制机制上形成有利于贫困地区教育发展的良好环境，给予在贫困地区工作的教师高于全省教师平均工资的报酬，稳定教师队伍，促进贫困地区教育事业发展。

四是要继续推行科技特派员制度，加强涉农部门科技下乡力度，大力普及科学知识，强化农业科技培训，推广成功有效技术，通过远程教育、绿证培训、阳光工程、普法宣传等多种方式，以行政村为单位开展地毯式科技培训，提高贫困人口的自主创新能力。

（二）突出文化扶贫和民族扶贫特色

文化扶贫同样是扶智与扶志的有效举措，尤其是对于少数民族地区，更是要在充分了解尊重历史文化和民族传承的基础上，进一步加强贫困地区的文化设施建设，培育贫困人群的发展意愿，塑造良好的文化环境，让少数民族与广大汉族人民一起感受到国家发展的红利。文化部门要为贫困地区安排一定的文化设施建设，以多种多样形式改善群众文化生活。在贫困地区建设一批电视差转台，扩大电视收视率和有线广播覆盖范围，让贫困人口能够充分了解外面的世界。

第二节 内蒙古自治区建立扶贫长效机制的路径研究

通过内蒙古扶贫长效机制概念模型的构建，可以看到不同层面协调对长效扶贫机制构建发挥起到不同程度作用，主要表现在：宏观调控机制是政策导向，注重对贫困户"两不愁,三保障"的完善,中观协调机制是夯实扶贫攻坚成效的主抓手,微观调控机制是动力基础。同时扶贫攻坚作为对接乡村振兴的重要战略方针,迫切需要各方统筹把握、科学规划、做好人群治理、分类施策,各主体凝心聚力谋发展,才能顺利推进两大战略任务交接,未来工作主要涉及人群治理衔接、经济发展衔接、政策创新衔接等。因此建立健全长效扶贫机制对于内蒙古扶贫攻坚与乡村振兴的衔接是十分必要的。我们结合内蒙古贫困现状,重点围绕"生态、医疗、产业、教育、金融"五位一体的思路,给出内蒙古建立扶贫长效机制的路径。

一、内蒙古长效机制建立路径一——产业扶贫

精准扶贫"五个一批"工程中,产业扶贫被列为首个一批,并被认为是帮助农户实现可持续性增收的根本措施。从脱贫攻坚的"产业扶贫"到乡村振兴的"产业兴旺",折射出扶贫产业可持续发展对于实施乡村振兴战略的根本性作用。产业扶贫在减少贫困人口、降低贫困发生率中起到了关键的作用。

深度贫困地区要改善经济发展方式,重点发展贫困人口能够受益的产业。通过产业扶贫帮助农户实现可持续性增收,因而是我国目前采取的扶贫方式中最具生命力和持续力的扶贫方式。内蒙古作为民族贫困地区,其产业扶贫的成效关系到产业结构调整和区域经济的协调发展。

(一)内蒙古产业扶贫主要举措

1. 特色农牧业种植

根据资源优势特色,选择扶贫产业,改变靠天吃饭、零散养殖的现状。支持引导农牧业龙头企业和农畜产品加工企业通过"企业+基地+贫困户"的发展模式减贫带贫。政府提供低息信贷资金,支持贫困户扩大养殖规模,针对养殖出现的技术问题,举办培训班或选派产业指导员上门进行一对一的专门指导培训,及时传授养殖经验,确保养殖方式科学合理。政府另外发放养殖补贴,或聘任为专业保洁员等给予工资补贴。内蒙古已确定肉羊、肉牛、生猪、家禽、玉米、饲草料、蔬菜、马铃薯8大扶贫优势特色产业。

(1)"菜单"式扶贫。

政府将扶贫项目编制为"菜单",政府配菜,贫困户"按单点菜",选择符合自己需要、适合自己发展的脱贫措施。地方政府立足贫困地区优势资源,按照"宜农则农、宜牧则牧、宜林则林、宜商则商、宜游则游"的原则,挖掘优势产业,优先扶持带动作用强、适合以贫困家庭为单元进行生产经营的项目,围绕主导产业和各地优势特色产业制定补贴目录给予贫困户相应补贴。贫困户发展产业资金由企业与合作社贷

款、农牧户贷款等扶贫小额贷款、贫困户产业发展贴息贷款、产业发展金融扶贫贷款等构成，解决贫困户发展产业资金。采用"龙头企业+贫困户""种养殖大户+贫困户"等运行方式，重点扶持贫困人口参与度高的乳、肉、瓜果、蔬菜、林草等特色产业，培育主导产业示范合作社，在此基础上积极拓展旅游扶贫、金融扶贫、电商扶贫等新的扶贫渠道，做到项目跟着扶贫对象走、资金跟着项目走，提高贫困人口收入水平。各地根据贫困户的生产能力、产业发展特点，纷纷出台优先扶持带动作用强、适合以贫困家庭为单元进行生产经营的项目。

（2）企业带动扶持。

政府引导鼓励龙头企业参与扶贫开发，规范推动合作社带动减贫，通过订单收购、提供全产业链服务、务工就业、土地流转、联合经营等方式，形成"基地+合作社+贫困户""企业+基地+贫困户"产业扶贫模式，逐步建立贫困户与扶贫龙头企业、农牧民专业合作社利益联结机制，通过龙头企业扩大企业带贫抑贫的覆盖度。使贫困群众通过直接或间接参与产业发展，获得稳定收益，实现了企业发展与贫困户脱贫致富的双赢效益，同时促进特色产业发展。

（3）资产收益扶持。

针对无劳动能力的贫困人口推行资产收益扶贫，尝试采取"政府+龙头企业+合作社+贫困户"或"政府+合作社+贫困户"产业经营方式，扶贫资金、贫困村集体资产、贫困群众自有资源资产化，投入到设施农业生产、加工、光伏、乡村旅游等项目，由经济实体以市场化的方式经营，形成的资产及获得收益归苏木乡镇或嘎查村集体所有，对无劳动能力的贫困人口进行帮扶，使其获得收入。从而达到持久稳定脱贫的目标。

2. 旅游扶贫

旅游扶贫是产业扶贫的重要力量。依托优越的生态自然景观，独特的民族民俗资源，帮助过去从事耕作、放牧的农牧民进入第三产业实现脱贫。内蒙古探索形成"旅游+扶贫"模式，"景区+农牧户""旅游企业带农牧户""合作社+农牧户""带头人+农牧户"产生明显效应，简单体验服务发展到了休闲度假、文化体验、康体养生等高端服务。

（1）直接从事旅游经营脱贫方式。

鼓励支持有条件、有能力的贫困户和贫困群众，依托旅游城镇、景区和乡村独特的自然风光、浓郁的民族文化特色，直接建设精品农庄、农家乐、乡村客栈、民居旅馆、购物商店、文化娱乐设施等，开发民族文化演艺、民族风情体验活动等，成为旅游文化经营的业主。以通过增加非农经营收入而实现脱贫和增收致富，并带动周边贫困群众脱贫致富。

（2）参与旅游接待服务脱贫方式。

对于不具备独立从事旅游经营，而具有一定劳动能力的贫困农户和贫困群众，可引导他们积极参与到旅游企业、乡村经营户中的旅游接待服务，成为旅游企业的服务人员，以通过获取非农劳动收入，而带动贫困户和贫困群众实现脱贫和增收致富。

（3）开发旅游文化商品脱贫方式。

推进旅游与传统加工业融合，充分利用丰富的农产品、土特产品、民族传统文化产品等优势，鼓励支持有条件、有能力的贫困户和贫困群众，开办传统工艺品、农副产品、土特产品等加工基地或工坊，成为旅游商品加工经营户，增加非农经营收入而实现脱贫和增收致富，并通过"公司＋农户""基地＋农户"等方式，带动周边贫困群众脱贫致富。

（4）出售农副土特产品脱贫方式。

推进旅游与特色农业融合，引导支持有条件、有能力的贫困户和贫困群众，围绕旅游产业发展需要，结合本乡本土条件，积极发展绿色、生态特色种植业和养殖业，形成产业化、规模化发展，并通过向游客出售自家的农副产品、土特产品而获得收入，既拓展了农副产品的销售渠道，提高了销售价格和价值，又实现带动贫困群众脱贫致富。

（5）资产入股参与旅游脱贫方式。

通过成立乡村旅游合作社，或引资共建乡村旅游发展公司，以"公司＋农户""基地＋农户"等方式，引导既没有旅游经营开发能力，又没有旅游服务能力的贫困群众，尤其是丧失劳动力的贫困户和贫困群众，以自有的土地、房屋、资金等作为股权投入，参与到乡村旅游合作社、旅游企业的经营开发建设中，通过获取股权分红，从而带动这部分贫困群众脱贫致富。

（6）发展旅游信息服务脱贫方式。

以现代信息化建设为依托，以推进科技运用和智慧旅游发展为重点，采取科技创新型旅游扶贫方式，积极引导有条件、有能力的贫困户和贫困群众，充分利用互联网、微博微信、直播平台等，传播旅游产品信息，接受旅游预订服务，发展网上旅游商务等，不断提高贫困群众的科技应用能力和水平。

3. 电商扶贫

电商扶贫不仅将现代生产力注入贫困乡村，同时也更新了落后生产方式和传统生产关系。要使电商扶贫在助力脱贫攻坚中发挥更大作用、取得更多成效，需要形成政府、市场的合力，发挥各自优势，打造持续机制。

（1）农产品品牌建设。

推进农业品牌建设是落实党中央国务院高度重视农业现代化建设的具体举措，是改善农业供给结构、提高供给质量和效率的过程。农产品品牌建设契合当下互联网新零售模式的需求，以"兴安盟大米"为例，"十三五"期间，兴安盟电商扶贫凭借互联网新零售模式，不断加强"兴安盟大米"的品牌建设和营销推广，发挥电商撬动销售的杠杆作用，把"兴安盟大米"从"好米"打造成了"名米"。其间，兴安盟全盟引进和自建各类电商平台，入驻淘宝、天猫、京东、美团、携程、斗鱼、抖音、快手等全国知名综合型电商平台，形成多平台、多网络、多渠道的销售模式。兴安盟充分发挥"内蒙古优质稻米之乡"和"中国草原生态稻米之都"的品牌效应，采取领导代言、名人代言、网红代言等方式，有效提升了农产品的线上流量。

（2）内蒙古农村电商实现"商流—物流"一体化。

物流是电商扶贫的关键。自治区已基本形成覆盖盟市、旗县、苏木乡镇、嘎查村的四级快递物流网络体系，"网货快递下乡、农畜产品进城"的双向通道进一步畅通。

2020年以来，自治区邮政管理局将提升农村牧区邮政快递服务水平作为坚持为民办实事的出发点和落脚点，引导寄递企业持续提升农牧区基础能力建设。截至10月底，全区11 094个建制村已有5 838个建制村实现快递服务覆盖，快递服务建制村覆盖率达52.62%，农村公共取送点共建立3 543个，较2019年末增加1 273个，农村牧区寄递基础设施及网络的不断完善保障了农牧民及时寄递需求。截至2020年11月，全区建成快递物流园区19处，建成旗县快递集散中心55个，776个乡镇基本设立了快递服务网点，全区11 094个建制村全部实现通邮[1]。

（3）以服务搭建电商扶贫生态。

扶贫既有自上而下的政策扶持，也有自下而上的民间创举，电商扶贫是其中之一，但这离不开政府提供的打造电商扶贫生态圈的支持。以内蒙古卓资县为例，内蒙古卓资县自2018年承接建设国家电子商务进农村综合示范项目伊始，依据全县电商扶贫对象特征，以贫困户为核心重点分析研究融资难、销售难、市场销售资质不健全、电商运营技术匮乏、学习渠道少，以及贫困人群文化低、老龄化、不会做、不愿做、特困残疾等制约电商扶贫发展的瓶颈难题，将电商扶贫纳入全县脱贫攻坚总体部署和工作体系，依托卓资县产业基础，从本地资源优势出发，围绕精准帮扶深入实施电子商务进农村综合示范建设，形成了独具特色的电商扶贫"五维模式"。卓资县推行无公害、绿色、有机和地理标志农产品生产标准化建设；选本地7类10款特色产品开展质量安全追溯，累计投放溯源二维码标签20万枚；发挥电商公共服务中心和电商扶贫中心综合服务功能，引进、召回电商人才1 000余人，电商中心引进入驻企业38家，2019年全县电商交易额3.5亿元，同比增长99%；建成村级电商服务站70个，帮助农民开展快递收发、代存代缴、代购代销、政策宣传、农技服务、上传信息等相关服务；电商仓储物流中心整合本地商贸企业12家、快递企业11家，投入自有物流配送车2辆，面向乡村统一配送物流快递；组织开展电商销售培训，鼓励贫困户开设网店，发展网红直播带货[2]。

---

[1] 我区基本形成四级快递物流网络体系. http：//k.sina.com.cn/article_1655444627_62ac149302001y478.html，2020 - 11 - 09.

[2] 自治区商务厅对卓资县国家电子商务进农村综合示范项目进行评估验收. http：//www.zhuozi.gov.cn/information/zzzf11635/msg2728058179477.html，2020 - 06 - 06.

(二) 内蒙古产业扶贫存在的问题

少数民族地区的贫困问题相对全国而言更为突出，内蒙古地区的贫困人口依然不少，是扶贫攻坚的重点区域。2020年现有扶贫标准下贫困人口全部脱贫目标的完成并不意味着贫困问题的终结，必须建立防返贫的长效机制。当前，内蒙古地区产业扶贫存在的问题主要包括以下几个方面：

1. 产业布局不合理，特色优势产业发展不足

产业扶贫是从输血到造血转变的主要途径，且能强化贫困户获得感提升，因而贫困地区产业选择就尤为重要。受地方地理位置和自然环境的限制和影响，内蒙古扶贫项目以种植业、养殖业等产业居多，但是缺乏科学规划，出现了一些贫困地区出现产业基地过于密集，一些区域又难以形成产业化发展。例如，肉牛养殖业出现东西不平衡的现象，设备健全、生产线先进的规范化肉牛加工企业过度集中在内蒙古东部盟市。就某一贫困地区而言，产业布局上不合理的现象就更为突出，且缺少龙头企业，无法形成规模效应，很难持续稳定地带动贫困农牧户脱贫增收。

2. 扶贫产业结构单一，产业融合程度不高

就内蒙古目前情况来看，政府主导产业扶贫的方式使得其挤占了市场机制配置资源的作用，扶贫产业集中于传统种养业，产业结构单一。农牧业经济的脆弱性及传统农牧产品收入与价格的低弹性，促使产业扶贫项目追求规模效应，容易导致出现"谷贱伤农"，造成贫困人口收入不稳定、波动大。分散经营的种养业则由于生产效率与竞争能力低下，脱贫、减贫效应不佳。缺乏资金与发展基础，也使得产业扶贫往往集中在生产环节开展帮扶，精深加工水平不高，完整完善的产业链、价值链依然缺位，一二三产业之间联通不足，无法实现经济效益的最大化。产业扶贫并未有效解决产销对接不畅的问题，形成产业供给与需求脱节，导致扶贫产业发展低端并缺乏竞争力。

地处较为恶劣或偏远的深度贫困地区，尽管自然资源、红色资源较为丰富，但是特色优势产业发展困难较大，仍以农牧业为主，第二、三产业难以集聚发展要素、吸引投资。企业主要聚集在深度贫困地区周边从事生产、加工活动，对贫困人口帮扶作用有限。贫困人口无法获得规模效益，捕捉市场信息、抵御市场风险能力低下。且深度贫困的贫困户多为中老弱病残人口，劳动能力较弱或完全丧失，扶贫项目成效慢，采用"输血式"的帮扶方式，容易因病因灾出现返贫现象。

3. 利益联结机制不健全

产业扶贫对贫困户、农牧区经济组织、企业、政府的职责尚未明确界定，相互之间的利益联结机制缺乏深度和广度扩展的合作方式。新型农牧业经营主体机制不完善，运行不规范，经营理念落后，管理水平不高，与贫困户之间的关系普遍比较单一、松散，无法形成有效、稳定的利益联结机制。贫困农牧户缺乏符合龙头企业要求的产前、产

中、产后的标准化指导和服务，加上贫困户基本上是分散小规模经营，生产过程难以实现标准化、规模化，导致产品种类不一，质量参差不齐，且缺乏品牌支撑扶贫加工，导致企业拒绝进行收购，引发扶贫企业与贫困农牧户之间出现利益矛盾。企业和农牧民之间的合作不规范，企业与农牧民之间的合作较为松散随机，原料充足企业则压榨农牧民，原料需求较大时农牧民也抬高价格。合作社管理松懈、不规范，对于农牧民的利益考虑不够周全，并没有使贫困户加入产业生产及经营的环节。这种在利益联结上缺乏深度和广度扩展的合作方式，并不能使贫困户持久受益。

4. 旅游营销模式传统

现阶段内蒙古自治区产业经营依赖于与企业合作，通过电视媒体、传统互联网网站或者门户类 App 等进行扶贫产业宣传。然而移动互联网时代，产业营销模式也正加速更新。以旅游产业扶贫为例，《2018 中国旅游行业发展报告》指出，"截至 2018 年底，移动旅游用户渗透率已达到 42.6%，移动端成为重要销售渠道。根据 2020 上半年度中国旅游行业发展分析报告，2020 上半年度旅游决策传统入口类（如 OTA、旅行社区、搜索引擎）使用率大幅降低；生活方式社区、短视频平台这类新入口对旅游决策制定的影响占比增加。"显然内蒙古地区的旅游产业传统营销模式无法达到预期的宣传力度和效果，限制了内蒙古地区旅游产业的推广和旅游产业增收。

5. 电商发展中出现无序混乱，基础设施建设较差

贫困旗县大部分地理位置偏僻、基础设施落后，导致教育资源匮乏，居民受教育水平低下，法制观念淡薄。一方面，在商品经济快速发展的条件下，一部分贫困地区的居民无法抵御利益的诱惑，使电商平台中出现了盲目无序发展的现象。一部分农村电商在进行"直播带货""直播宣传"过程中，肆意盲目夸大产品，进行虚假宣传甚至以次充好欺骗消费者。在电商贸易过程中，给消费者发货时缺斤短两、货不对板，直接伤害了消费者的心理，损害了农村的经济形象，导致消费者对农村电商失去信任，不利于农村贫困地区的长远发展。另一方面，由于某些电商平台对于农村贫困地区电商的资质审核要求低，农村地区电商呈现良莠不齐的情况，不符资质的电商在电商平台上发布各类型质量参差不齐的产品，损害了消费者的利益，使得消费者难以维权。部分电商在直播中发布不良内容，污染了社会风气。农村电商发展中存在的盲目无序发展问题亟待解决。

6. 政府扶贫角色错位，扶贫效果不彰

内蒙古的产业扶贫工作，政府扮演着举足轻重的角色，资源分配权均由地方政府实际掌握，产业扶贫项目由政府"牵线搭桥"引进，政府联系企业、确定贫困户资格、为农牧户小额贷款提供担保和风险保证服务。政府在产业扶贫中承担多重角色，并且直接决定了扶贫资金的利用率。政府主导是内蒙古扶贫工作取得成绩的重要经验之一，但政府的推力仅能作为扶贫开发的外在动力，政府主导的产业扶贫的非市场性的特点在很大程度上制约着扶贫产业的发展，造成市场主体发育不良、参与各方主体利益联结断裂、产业链衔接不畅、产销环节对接不健全。政府主导的产业扶贫呈现边际收益递减的

趋势。而随着产业扶贫工作的进一步推进，多元参与的产业扶贫机制将逐渐克服贫困地区发展市场经济积累性不足的弱点。

（三）内蒙古产业扶贫典型案例——"玛拉沁艾力"养牛合作社

东萨拉嘎查农牧民以饲养母牛、自繁自育为主要生计，并且多为各家各户散养，饲养管理方式落后，优质饲草饲料不足，饲料配合不科学，圈舍建设改造滞后。加之牧区动物防疫基础设施不健全，牲畜防疫难度大，农牧民遭受的风险大、损失高，产、供、销、加工发展落后，农牧民只能进行活牛交易，肉牛多以活畜外销、活牛宰杀上市，产业链短，产品附加值低，分散的养殖户处于价值链的最底端。

"玛拉沁艾力"养牛专业合作社是此环境下，为打破粗放型养殖模式的弊端、保障和增加牧民的经济利益，为更好地发挥党支部的带动作用，为更好地建设新牧区，依托当地资源优势，因地制宜，发展质量效益型畜牧业，在嘎查吴书记的带领下，按照"入社自愿、退社自由、地位平等、民主管理、风险共担、利益共享"的原则，实行集中管理和分散经营有机结合，把控育肥全环节，统一原料生产和供应、统一产品加工和销售，形成"种、养、加、销"为一体的农牧民养殖专业合作社，见表6-1。

表6-1　2015~2019年中央和地方政府投资"玛拉沁艾力"养牛专业合作社情况表

年份	基础设施类	专项基金类	奖金类
2015	支持农民专业合作社项目50万元	—	—
2016	—	草原生态保护后续产业发展项目60万元	—
2017	—	—	内贸流通补助资金5万元
2018	支持农民专业合作社项目200万元	少数民族地区经济发展项目40万元，科技应用推广项目38.8万元	内贸流通补助资金6万元
2019	现代畜牧业示范点建设项目496万元	—	产业标准化生产奖励资金6万元
小计	746万元	138.8万元	17万元
总计		901.8万元	

"玛拉沁艾力"养牛专业合作社基地位于扎鲁特旗巴彦塔拉苏木东萨拉嘎查，于2014年1月注册成立，注册资金550万元人民币。东萨拉嘎查共有234户，1 072人，其中207户，986人以现金、土地、牲畜入股的形式入股"玛拉沁艾力"养牛专业合作社，嘎查村民入股率达到了88.5%，实现了农村牧区由小户分散经营向合作化规模经营的转变。目前合作社集中经营牛总数960头，订单式合作经营3 200头牛。截至2018年末，合作社养殖基地建筑面积占4.67公顷，7座高标准牛舍8 400平方米、简易牛舍7 600平方米，2座饲草料库2 200平方米，标准化青贮窖4 500立方米，青饲料种植基地133.33公顷。截至2019年12月末，合作社总资产达到5 000万元，六年共分红750万元，嘎查农牧民收入人均增收4 300元。除了帮扶东萨拉嘎查77户建档立卡贫困户全部脱贫外，还带动周边21个嘎查的55户贫困户实现了脱贫[①]。

（1）组织形式。

从合作社带头人角度来看，"玛拉沁艾力"养牛专业合作社属于嘎查干部带动型组织；从牧区合作社经营服务内容来看，"玛拉沁艾力"养牛专业合作社属于产销一体化和生产服务为主的组织；从其经营模式进行划分，"玛拉沁艾力"养牛专业合作社的经营模式为生产型合作组织。从牧区合作社组织模式来看，"玛拉沁艾力"养牛专业合作社是"党支部或嘎查委员会+合作社+基地+牧户"的组织模式。

（2）组织机构。

"玛拉沁艾力"养牛专业合作社是依据合作经济组织的基本原则，按照《合作社法》等相关规定建立的由东萨拉嘎查农牧民结成的利益共同体，是农牧民进行自我服务的组织。组织机构由成员代表大会、理事会、监事会组成。

（3）社员入股方式。

2017年修订的《农民合作社法》规定了农民专业合作社成员可以用货币出资与可以依法转让的非货币财产的出资方式，"玛拉沁艾力"养牛专业合作社的社员入股形式主要有土地入股、现金入股和牲畜入股等三种形式。

（4）分红方式。

"玛拉沁艾力"养牛专业合作社初始与牧民签订合同时规定每年分配本金15%，即无论以土地、现金和牲畜哪种形式入股，其分红形式均以本金的15%进行分红，入股基数越大，年末得到的利润越高。

（5）产业链运行情况（见图6-2）。

---

① 邮快合作下乡进村，让"玛拉沁艾力"的小康路越走越宽. https：//baijiahao.baidu.com/s? id = 1683495926082117329&wfr = spider&for = pc，2020 – 11 – 16.

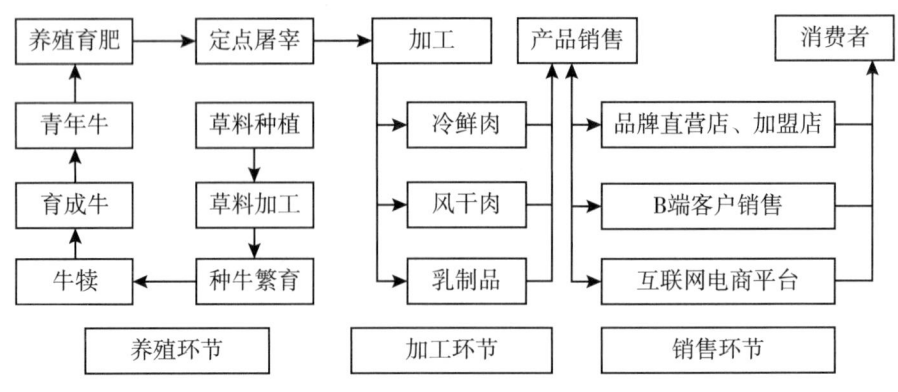

图 6-2 产业链运行路线

(6)"玛拉沁艾力"养牛专业合作社发展成效(见表 6-2)。

表 6-2　　　　　2010~2019 年东萨拉嘎查人均纯收入　　　　　单位:元

年份	2010	2011	2012	2013	2014	2015	2016	2017	2018	2019
人均收入	3 400	3 700	4 800	5 600	6 400	8 400	9 600	11 000	13 400	15 800

促进农牧民生活富裕,实现贫困人口稳定脱贫。2017 年起,合作社每年共计投入 55.6 万元精准扶贫资金,对 132 户贫困户(本嘎查 77 户,苏木其他嘎查村 55 户建档立卡贫困户)进行帮扶,成功实现了贫困户定期稳定脱贫。合作社 5 年间共计资助来自贫困家庭的大学生及入伍青年 40 余人,帮扶救助孤寡老人 6 人,帮扶 7 户困难户进行房屋建造,累计扶持资金达到 17 800 元。实现了"输血型"扶贫向"造血型"扶贫转变。

促进畜牧业产业链融合。在延长畜牧业产业链方面,"玛拉沁艾力"养牛专业合作以农畜产品终端消费需求为导向,加快推动畜牧业产业"接二连三",以优势农畜产品的精加工为依托,向农畜产品销售、流通和餐饮一体化等环节延伸,促进了农畜产品从牧场到餐桌、从初级产品到终端消费无缝对接的畜牧业产业链的延伸融合。

促进乡风文明建设,促进民族传统文化的传承与保护。"玛拉沁艾力"养牛专业合作依托地方特色传统文化建设山地草原观光景区,承办敖包祭祀等活动,通过深入发掘民族特色文化,将蒙古族优秀传统文化融入休闲旅游牧业发展的全过程,不仅促进了牧民收入增加和乡村繁荣,也在很大程度上促进了农村牧区民族传统文化的保护与传承。

（四）对内蒙古产业扶贫的建议

1. 发挥区域和资源优势，推动特色产业集群发展

各地区应围绕地方区域特色、资源优势，严格按照国家重点生态功能区产业准入事宜适用负面清单相关规定选择特色优势产业，重点支持和推动农民合作社、龙头企业等新型经营主体开发深度贫困地区优势特色产业，优化特色产业布局，规划特色产业发展空间。重点发展地方具有比较优势的产业板块，形成具备一定规模效应的产业集群基地。重点发展特色产业，形成产业集聚效应；加大现代农业产业园和农产品优势区建设力度，打造特色优势产区；大力发展优势产业，推进可持续发展试验示范区和全国农业绿色发展先导区建设。

（1）推动特色品牌建设，激发地方特色农产品商业品牌价值，提高地理标志农产品的品牌知名度，实现品牌农产品的经济效益和社会效益。

（2）发展新兴产业，培育特色产业。依托地方特色小镇建设，坚持市场导向，逐步扩大产业规模，不断延长产业链条，建设产业科技示范园区，打造生物育种、良种繁育、标准化种植、精细加工于一体的高效生态农牧业标准化基地，形成高端市场领导品牌。

（3）实施品牌战略，做响特色优势产业。以"做优品质，做强企业，做响品牌"为思路，立足区域资源优势和环境条件，开展优势产区布局建设。形成一批具有较强竞争力的农牧产品加工基地和产业集聚区。打造地理标志品牌，带动生产向规模化、标准化、品牌化、纵深化发展，提升农牧产品的市场竞争力。

（4）强化绿色经济意识，牢固树立绿色新观念，增强深度贫困地区农业竞争力和实现可持续发展以及农业产业结构优化升级都应从农业的绿色化改造开始塑造，并通过产业生态化和生态产业化来构筑农业产业体系，使生态农业成为引领深度贫困地区高质量发展的主力军。

2. 扶贫产业结构，促进一、二、三产业融合

对于自然条件和生产条件相对较好的地区，如巴盟，积极引导发展优势种植养殖业，匹配多重因素，组合多种生产要素，以龙头企业、农民专业合作社、种养大户为核心培育壮大优势支柱农牧业产业，以"公司+基地+农户"等模式，形成产供销一条龙、贸工农一体化，培育并牢固产业链。科学规划，实现农林牧渔统筹、种养加一体、一、二、三产融合发展。

从生产端、供给侧入手，引导和支持农牧民专业合作社、家庭农牧场、农牧业产业化龙头企业充分开展市场调研，增加特色农畜产品有效供给。推动深度贫困地区农业生产方式变革与调整，促使农产品"种养加供销"更加紧密地联系在一起和融合发展。

3. 完善扶贫利益联结机制，增强贫困户内生动力

政府引导龙头企业与贫困农牧户的合作，完善企业与贫困农牧户的利益联结机制，注重整体共同利益的获取。改变单一的订单式扶贫为技术入股、土地入股扶贫等多元扶贫。强化贫困户与企业、合作社的利益联结机制，让贫困户更多地分享种植业、养殖业产业链和价值链增值效益。鼓励企业吸纳广大贫困农牧户参与产业化经营，在企业与农户之间建成比较紧密的产供销链条，建立起有效的保障体系。通过政策、项目、资金等方面支持龙头企业发展，鼓励企业通过赊购、技术培训服务、限价收购等形式保障贫困农牧户的利益；积极沟通引导，鼓励农民运用先进的技术进行生产，提高生产效率，帮助贫困户改变落后意识，激发内生动力不足的贫困户，加强企业和贫困户之间的紧密协同合作，真正激发起贫困户的内生动力。

4. 依托大数据，采取精准营销模式

移动互联网时代，传统营销模式很难起到旅游推广的作用，基于大数据算法的精准营销模式正在不断的兴起和迭代。为使内蒙古地区的特色旅游实现跨越式发展、农牧民增收和地区脱贫，依托大数据，采取精准营销，从而突破以往传统的宣传营销模式迫在眉睫。现在居民在进行旅游决策时会考虑多方面因素，更加注重旅游体验，内容消费引发的消费决策增多。根据2020年上半年中国旅游行业发展分析报告，小红书、携程、去哪儿、马蜂窝等网络平台和App成为用户出行消费决策的主要信息来源。用户会将自己发现的优质旅游资源和旅行体验通过上述平台推荐出去，成为其他消费者了解信息、计划行程、进行旅游消费的重要信息依据。借助于算法推荐内容的小红书、抖音、快手等新兴营销方式，其内容展示方式也很多样，可以通过短视频、图片的形式提供多元化的出行需要信息，包含特色民宿、网红店铺、景区景点、拍照姿势等，不再是单一的景点信息。通过有吸引力的短内容进行信息推送，引发人们的旅行需求。因此，内蒙古自治区旅游业经营单位应加强与携程、去哪儿、小红书、抖音、快手等平台的合作来加强内蒙古地区的旅游宣传力度，依托互联网、大数据、云计算等现代技术，强化旅游营销，实现旅游资源与多样化市场需求的高效对接。通过有吸引力的短视频展现地区旅游特色，以提升内蒙古特色旅游的知名度，形成精准营销带动内蒙古旅游产业高速发展的新格局，从而更好地发挥旅游产业带动精准脱贫的作用。

5. 完善各旗县基础设施建设，以点带面形成电商系统

在精准扶贫政策下，加强农村的交通、通信、仓储物流等配套设施系统的建设，采用以点带面的形式，形成良好的农村电商系统。农村电商的发展离不开政策的支持，要想实现农村电商精准扶贫，相关政府部门需要做好农村电商的顶层设计，这是农村电商发展的一个关键组成部分。首先，政府应该对本地的农村电商发展有一个明确的标准，进而能准确地把控农村电商发展的各个阶段。我国扶贫工作重要力量在于政府，是落实精准扶贫政策的主体，要为各贫困旗县构建电商基层网点设备，完善硬件与软件装置，并提供宽带网络补助，派遣相关技术人员进行技术援助，解决贫困旗

县电子商务发展存在的技术问题。其次，需要确认电子商务产业发展各环节作业内容，解决产品运输以及工业品下乡等问题，电子商务工程建设是一项系统性作业，所以会因为地方基础建设以及资源等问题形成极大的难度，在工作前必须要明确贫困旗县电子商务建设存在的难题，并设计解决预案。

6. 政府积极调整自身角色定位，以市场化手段构建产业帮扶长效机制

政府要重新审视自身角色功能，实现职能转变和角色转型，坚持市场竞争为主的资源要素配置原则，为自己松绑，充任引导者、资源筹集者和协调者的角色，制定规则、传导信息、提供公共产品。政府应尊重市场逻辑，针对产业效率低下的问题，依靠市场完成扶贫项目的选择与瞄准，通过市场机制激发贫困户的内生动力，培育贫困地区产业发展的内生动力。

内蒙古应充分结合政府的宏观调控职能和市场的优势，推进贫困地区产业扶贫市场化。一是政府投入培训资金，开展针对贫困户的技术培训、市场知识培训，树立贫困户的现代市场经营意识，提高贫困户的议价能力和抵御市场风险的能力。二是着眼于市场需求，充分挖掘培育地方特色产业，规划资金利用，做长产业链，促进产品多样化和农畜产品深加工，提高产品附加值，并建立风险预警及防范机制。三是完善市场对接方式，通过培育地方龙头企业、搭建平台引入社会资本，推广订单生产模式，完善产销对接方式，实现产业扶贫"最后一公里"。

二、内蒙古扶贫长效机制建立路径二——教育扶贫

《"十三五"脱贫攻坚规划》明确提出，"到2020年，贫困地区基础教育能力明显增强，职业教育体系更加完善，高等教育服务能力明显提升，教育总体质量显著提高，基本公共教育服务水平接近全国平均水平。"作为贫困地区脱贫治本之策的教育扶贫，是顺利实现脱贫攻坚的重要保障，是贫困人口脱贫的基本要求，更是实现稳定脱贫的前提条件。

（一）内蒙古教育扶贫主要举措

1. 基金会助力基层教育发展

利用自治区福彩专项金和社会捐助资金，重点开展6个专项资助活动，促进贫困地区教育质量提升。主要包括：专项资助贫困地区义务教育阶段学校"同频互动"教室建设，将资助不少于20所学校的"同频互动"教室建设，每校资助6万元，并将有重点地对1～2个贫困旗县学校进行监控设备配置和升级改造，资助学校50个以上。2020年，基金会将进一步通过多渠道募集教育基金，有重点地开展教育民生公益项目和尊师重教工作，做好中央福彩基金的"润雨计划项目"，完成对突泉县、兴

和县等 2 个国贫县项目学校的建设改造任务。

2. 京蒙协作教育平台

扶贫与"扶志""扶智"相结合，是习近平总书记扶贫重要论述的深刻内涵。当前为了有效缓解脱贫攻坚过程中的难题，必须激发贫困主体的内生动力，形成可持续发展动力，发挥教育在扶贫开发中的关键性作用，把"外部推动"和"内生动力"有效结合，实现"输血"式扶贫向"造血"式扶贫的转变，这样才能真正增强扶贫脱贫的动力源泉。因此，国家明确了教育优先的战略定位，贫困地区的教育发展和教育扶贫是优先中的优先，得到了国家政策的大力支持，这也是教育扶贫的特殊优势。

（1）合作培训——完善长效师资发展机制。

教育扶贫除了完善基础设施之外，更重要在于师资质量的提升。以锡林郭勒盟太仆寺旗为例，自京蒙协作启动以来，昌平区与太仆寺旗不断推进教育扶贫合作深度与广度，积极推动两地师资交流沟通。践行"将优秀师资请进家门，将本地师资送出去"原则，保障师资队伍教育教学质量的提升。2018 年京城教委选派优秀教师深入太仆寺旗组织实施"同课异构"，一方面为本地带来教育发达地区先进教学理念，另一方面也给本地教师带来师风师德、教育技术应用方面的培训。借着平台便利，太仆寺每年会选派不同教育阶段优秀师资赴京对口学校深入培训，着力打造一支充满活力、综合素质高且能长久扎稳基层的师资队伍。

（2）校际结对帮扶全覆盖，人才交流不断深化。

当前，我国的国民教育体系主要由普通教育、职业教育和成人教育三大板块组成。要想充分发挥教育扶贫的辐射作用，需健全教育网络机制体制，基于人群治理，瞄准不同需求型人才建设，因此不同板块教育一个都不能少。以职业教育为例，在《国务院关于加快发展现代职业教育的决定》和《技工教育"十三五"规划》中，都把职业教育的培养目标定性为"高素质劳动者和技术技能人才"，在《教育部关于深化职业教育教学改革全面提高人才培养质量的若干意见》中，又强调"以增强学生就业创业能力为核心，加强思想道德、人文素养教育和技术技能培养"。

伴随着京蒙交流的不断深入，截至目前全旗各类学校包括中学、小学、幼儿园、职业教育及教师进修所在内的 13 所学校与昌平地区定点帮扶学校结成帮扶对子，不断促进两地人才交流，深化融合，互助提升，溢出优质教育资源惠及落后地区，师资队伍建设、教育水平教育质量得到稳步提升，有效缓解当地教育贫困问题。

（二）内蒙古教育扶贫存在问题

1. 硬件设施不健全

农牧区由于经济薄弱，远离市区地处偏僻，办学条件相对较差。尤其是在县级以下，符合办学条件的很少，学校一般设在乡或镇，教学楼比较简陋，卫生环境堪忧，校医院或卫生室缺乏，娱乐设施不健全，学校操场较小，对于中小学阶段的孩子来说，德智体美中的"体"并未得到完全彰显。学校图书馆、阅览室并未全面覆盖，有的只是象征性地开设了图书馆，但并未真正得到应用。除此之外，许多学校由于缺乏相应的资金，多媒体教学还未实现，这在我国大多数农村来说是一个"通病"，尤其是在牧区更加明显，这些地区地处偏僻，信息闭塞，教学设备落后，还未实现网络在线授课，信息化教学对于这些地区来说仍然存在问题，孩子们需要离家很远才到学校，这需要花费很长时间，尤其是2020年由于"新冠疫情"的暴发，很多学校都是在线授课，而对于那些贫困地区的孩子来说无疑加大了难度。

2. 教师队伍不充足

通过调研发现，农牧区由于其交通不便，道路崎岖不平以及环境因素，许多年轻教师不愿投身到当地进行教学活动。这些贫困地区的教师年龄结构老化，缺乏新鲜血液，教师工资低，教学环境差，地理位置偏僻等是阻碍年轻教师投身当地教学的重要因素。仅仅依靠当地教师进行教学活动是不足的，教师资源短缺，教学质量的好坏都是关键因素。

3. 对教育的重视度不够高

农牧区由于其经济薄弱，信息闭塞，许多家长对于孩子的教育重视度不够高，尤其是在很多人心中的"读书无用论"，他们认为即使读书也很难改变家庭现状，而且前期教育投资较多，对于他们来说，无疑又加大了一笔日常开销。辍学现象很常见，许多孩子中学未读完就跟着父母进行劳动。在一些地区"留守儿童"现象非常普遍，父母外出工作，孩子一般跟着爷爷奶奶生活，在学习上遇到的问题，家长也很少关心，重视度不够高。

（三）内蒙古教育扶贫典型案例——乌兰察布市

为充分发挥教育事业在精准扶贫工作中的重要作用，让更多孩子享受到公平教育，乌兰察布市教育局积极落实资助政策、强化控辍保学、开展挂牌督战，教育扶贫工作有序推进。

强化控辍保学工作。及时转发教育厅《关于巩固控辍保学基础强化义务教育保障工作的通知》，要求各地教育行政部门对控辍保学工作进行再动员、再部署、再排查，实行控辍保学周报制。截至目前，全市义务教育阶段学生零辍学失学。

开展易地扶贫集中安置点义务教育学校配套建设排查工作。经排查全市510个易地扶贫搬迁集中安置点涉及在校生4 143户、4 762人，其中学前教育332人、小学1 510人、初中901人、高中（中职）1 017人、大专以上1 002人，除卓资县外其他旗县现有学校完全可以满足易地扶贫搬迁后学龄人口上学需要。

积极落实资助政策。2014～2019年共资助建档立卡贫困家庭学生74 480人次，累计发放资助资金37 710.1万元，发放助学贷款3 756.7万元（其中四子王旗共资助学生

4 794 人次、累计发放资助资金 2 539.3 万元、发放助学贷款 333.8 万元)。截至 2020 年,已下达各类资助资金 24 953 万元,其中义务教育阶段资助资金 3 611 万元、普通高中(中职)资助资金 9 408 万元、高等教育资助资金 11 934 万元,已全部拨付到位。[①]

开展挂牌督战工作。制定《乌兰察布市教育脱贫攻坚挂牌督战工作方案》,成立由局领导任组长的四个脱贫攻坚挂牌督战工作组,工作组按月分解督战任务,深入包片旗县督促指导教育脱贫攻坚工作。

开展消费扶贫工作。乌兰察布市教育局组织召开市直学校及驻地高校消费扶贫推进会,及时与乌兰察布市消费扶贫集中采购平台沟通,确保采购渠道的稳定,使"农校对接"成为贫困农牧民稳定增收的有效途径。

(四) 对内蒙古教育扶贫的建议

1. 加大对农牧区教育投资,提升办学条件

根据相关研究表明,在贫困地区的各项帮扶举措中,教育扶贫举措减贫效果名列前茅,且影响深远。内蒙古农牧区国贫旗县由于历史发展水平低下、生态环境贫瘠导致资金缺乏,相关设施不健全,教学环境较差。仅仅依靠地方单一经济投入难以实现教育扶贫的可持续发展,因此于政府而言不断加大对于贫困地区教育资金的投入,提升办学条件是当前亟待解决的问题。首先,应充分发挥政府在教育扶贫中的核心领导作用,拉动非政府组织积极投身教育扶贫攻坚,扩大教育投资来源,发挥非政府组织在扶贫攻坚的辅助作用。其次,注重办学条件提升。完善教学环境,尤其是教学楼的建设。除此之外应加大对于体育馆、图书馆以及娱乐设施的建设,让孩子们在学习之余能有一个放松的环境,进行体育锻炼,德智体美全面发展;加大图书馆的开放,而不只是一种摆设,让孩子们能够接触到更多知识,也是学校的一种义务所在。再其次,加大信息化建设,尤其是多媒体教学设备,网络授课的运用,使网络化全覆盖。

2. 推动教师队伍建设

教育扶贫作为长效扶贫机制基本之策,能促进乡村扶贫与乡村振兴的总目标"质效"双升。为了实现靶向制导,关键在于"核心角色"教师整体素养的与时俱进。因此自治区应坚持"走出去,引进来,强发展"战略方针,优化教师队伍,培养一批持续"放能",持久"扎根"的高质量教师队伍。同时为了能够吸引更多的教师,加大对当地教师的补助政策,施以各种补贴优惠政策,尤其是要加大对于特岗,乡村教师的招聘力度,不断增加特岗教师人数,同时为了能够留住更多的教师,政府要提高对特岗教师的政策补贴,使他们享受到与城市教师同等的对待。除此之外,加大对于乡村教师的培训力度,不断组织他们到外地进修,提升自我教学素养,同时要定期

---

① 我市教育扶贫工作进展顺利. http://www.wulanchabu.gov.cn/information/wlcbzfw11632/msg34558161924.html, 2020 – 05 – 07.

组织城乡教师进行交流，提升教师专业水平。

3. 加大政策宣传力度

我国深度贫困地区由于历史发展水平较低与生态环境脆弱，仅仅依靠经济投入难以改善贫困地区现有的教育硬软件水平，更需要更多惠及民生的政策支持，一方面通过优惠政策吸引优秀的文化资源和人才引进，以此来不断引领多元贫困地区教育发展。另一方面，政府部门要加大对于贫困生帮扶政策的宣传，通过广播，电视广告，入户走访等方式，除此之外，政府还可以制作《政策帮扶解读卡》等向人们解读政策，使政策帮扶宣传深入人心。为贫困家庭的孩子排除因资金缺乏而辍学的情况，使更多的孩子有学可上，上得起学。

4. 点面聚焦，完善贫困地区学校治理体系建设

学校是教育扶贫的载体。作为扶贫攻坚中的重要力量，贫困地区要充分发挥教育的辐射作用，坚持贯彻以学校为中心点，由点及面，实现贫困地区学校治理科学化，以此来夯实教育扶贫。一是提升贫困地区学校治理的开放化。贫困地区学校治理不仅关乎学校自身发展，更是事关贫困地区脱贫致富的大事，需要社区组织，公民参与，形成人人参与，共建共享的贫困地区学校治理局面；二是提升贫困地区学校治理的民主化，这要求对学校治理内部结构进行变革，落实党组织领导下的校长负责制。同时，学校应健全监督体系，逐步完善教职工代表大会制度，激发教职工参与学校治理的积极性；三是贫苦地区学校治理的科学化，学校需要改变传统的管理模式，并逐步向现代化科学治理模式转变，从治理理念、目标定位、组织制度等多维层面落实体系建设，推进贫困地区校园治理进程。

5. 坚持政府统筹，多元主体参与

政府是教育扶贫治理最为核心的帮扶主体，推动教育扶贫发展必须毫不动摇坚持政府统筹，充分发挥政府"核心元治理"的作用。各级政府在落实地区教育扶贫发展中要深入贯彻落实"放、管、服"原则，即简政放权要做到横纵结合统筹把握。纵向简政放权指教育扶贫"权""力"自上而下层级传递，"权"指权力下放基层教育扶贫主体，"力"指激活基层主体投入更高的活力与动力。横向简政放权指政府将权利主体扩散，并逐步转移至市场、社会等多元主体。教育作为相对独立社会子系统，其贫困治理及可持续发展除了学校内部积极参与之外，更需要社会主体的参与。促进教育扶贫高质高效进阶，也离不开社会企业、志愿团体、个人等民间团体的参与，以此集聚社会多元主体合力，助力教育扶贫快速发展。主要表现在：加大社会企业对于贫困地区学生的资助，志愿团体开展慰问活动，牵起爱心线，让更多的贫困学生感受到温暖；同时开展学习进万家公益活动，让更多的家长了解到知识的重要性，解读政府政策，发挥多元主体的作用。

三、内蒙古扶贫长效机制建立路径三——生态扶贫

2019年3月5日,习近平总书记在参加十三届全国人大二次会议内蒙古代表团的审议时强调,内蒙古生态状况如何,不仅关系全区各族群众生存和发展,而且关系华北、东北、西北乃至全国生态安全。把内蒙古建成我国北方重要生态安全屏障,是立足全国发展大局确立的战略定位,也是内蒙古必须自觉担负起的重大责任。

传统扶贫模式缺少绿色发展的理念,使得我国在扶贫道路出现经济效益与生态环境保护二者间矛盾逐渐凸显。经济发展与绿色环保并非"零和博弈",二者不是矛盾对立关系,而是互利共赢互利共生纽带关系。盲目追求短线经济利益忽视客观发展规律,不利于实现长效发展。这使得我国探索符合地区经济增速与绿色可持续发展之声愈演愈烈,一种基于生态保护与经济发展的扶贫新模式生态扶贫便应运而生。生态扶贫旨在实现自然资源贫瘠、生态环境恶劣地区生态与经济实现同步发展。

(一)内蒙古生态扶贫主要举措

1. 生态工程建设

(1)"天保工程"。

"天保工程"即天然林资源保护工程,于1998年在内蒙古开启试点,并于2000年正式在全区施行。内蒙古也成为自东北之后第二个全国范围内由天保工程实施范围的省域。该项工程共覆盖岭南8个次生林林业局工程区、黄河上中游工程区以及内蒙古大兴安岭森工集团工程区。天保工程开展至今,已历经了两期项目开展。第一期项目至2010年结束,第二期项目自2011年开始,实施单位持续不断增加,涉及自治区9个盟市75个旗县,工程实施至今,中央累计投入资金多达486.76亿元(2017年数据),成效斐然。20年时间,有超过1/3的内蒙古已被该项工程所覆盖,工程区总面积高达6.1亿亩,森林覆盖率提高7.56个百分点,生态状况恶化态势以有所好转并朝向逐步改善目标不断增速。

(2)"京津风沙源治理"工程。

京津风沙源治理工程设立的目的是固土防沙,最大限度减少京津地区受沙尘天气影响程度。该项工程西起内蒙古达茂旗,北至内蒙古东乌珠穆沁旗,涉及人口接近2 000万人,面积多达45.8万平方公里。内蒙古地区沙土广袤,自治区内辖"五大沙地"与"五大沙漠",占自治区土地面积21.4%,是我国荒漠化和沙土化最为严重的地区之一。可以说内蒙古地区治沙成效如何,也决定整个工程进度推进。相关数据表明,"十三五"期间,内蒙古承担防沙治沙任务占全国40%。仅2016~2017年两年,自治区共完成防沙治沙面积达到133.33万公顷(2018年资料),沙化程度得到

有效缓解，浑善达克沙地南部已经筑起长达400公里的天然防护带，有效阻隔京津地区风沙侵蚀。

2. 立足生态修复着力点－生态补偿

生态修复与生态补偿是当前我国涉及面最广、实施力度最大的生态扶贫项目，也是内蒙古守卫祖国边疆生态实施的最富有成效举措之一。以通辽为例，当地农牧民的经济发展十分依赖于传统的农牧产业以及丰富矿产资源，然而由于过度开发，盲目追求短线利益，致使一些地区发展陷入瓶颈，水土资源逐年恶化，草牧场荒漠化和半荒漠化严重，已经不适合传统农牧产业发展。党的十八大以来，通辽市精准扶贫领导班子因地制宜，探索出"生态+林产业+贫困户"林业生态扶贫模式，全市90%以上林业生态建设工程任务集中向重点贫困地区倾斜，优先向贫困旗县安排"三北"防护林工程、新一轮退耕还林工程建设资金1.79亿元，完成自治区下达通辽市"三北"防护林工程任务46.1万亩，占总任务的92.2%，贫困人口人均年收入达到2 300元以上。同时，在4个国贫旗建档立卡贫困户中选聘生态护林员1 500名，每人每年工资性收入1万元，家庭人均增收3 235元。并进一步结合生态补偿政策基于"谁参与，谁受益"的原则，带动贫困户减贫脱贫。健全公益林补偿标准动态调整机制，严格落实补偿政策，对国有公益林每亩补助5.75元、集体和个人公益林每亩补助14.75元；落实草原生态补奖政策，禁牧每亩6元、草畜平衡每亩2.31元、牧民生产资料补贴每户800元。通过健全生态补偿机制，充分激发贫困群体参与生态保护的积极性，以实现"绿色存量"释放"经济"增量，让贫困群众切实受惠。

3. 生态转移+多措并举惠民生

由于部分贫困地区生态极其脆弱，贫困原因与生态境况高度耦合，导致农牧民难以维系日常基本生存需求，为修复当地生态环境，需要将群众转移至适宜其自身生存发展的环境中。"十三五"规划以来，内蒙古12.49万建档立卡贫困人口的易地扶贫搬迁建设任务，占据内蒙古贫困人口总数1/10，于2019年9月底全部完成，共建成1 213个集中安置点、5.33万套安置住房，2020年春节前已全部搬迁入住。

以阿拉善左旗为例，阿左旗是内蒙古自治区19个少数民族边境旗县之一，东与宁夏交界，西、南与甘肃毗邻，北与蒙古国接壤，2011年被内蒙古自治区人民政府确定为省级贫困旗县。旗内农牧民人口众多，占全旗人口总数的39.36%，面对农牧民难以为继的生计以及荒漠化日趋严重的生态环境，当地政府审时度势，坚持生态惠民、生态利民、生态为民，保持加强生态文明建设的战略定力，顺应时代发展及农牧民对美好家园的渴求，奠定生态优先、易地搬迁移民、绿色发展扶贫总格局。自精准扶贫政策提出至今，全旗累计投入生态补偿和易地扶贫资金29.37亿元，积极推动城乡协调发展，统筹规划，坚持新型城镇化与乡村振兴两手抓，科学合理布局城镇各类空间，引导人口、生产要素向城市、乡镇、人口集中的行政村有序集中。当地立足骆驼、肉牛等特色养殖，陆续投入易地搬迁后续产业扶持资金377.77亿元。为阿拉善左旗各年度扶贫搬迁资金投入及分项来源所得，随着扶贫资金拨付力度的加大、易地扶贫资金来源的多元化，有效缓解了地方政府"巧妇难为无米之炊"的境况，移民的幸福感也与日俱增。

（二）内蒙古生态扶贫存在问题

1. 主体绿色生态意识薄弱

生态扶贫的实施离不开多方主体参与，"政府＋社会＋贫困户"的多元联动是构建扶贫长效机制的关键。然而，现实情况却往往事与愿违，政府的"狂热"与贫困户、社会主体的消极参与形成了鲜明的对比，单一财政支持或补贴难以实现效益最大化，在政绩短期与长期的对立取舍中，选择追求短期效应只能治标不治本，不能根本上解决问题。多元主体的缺位阻碍了地方生态扶贫推进，其中最主要的原因在于环保教育的缺失，可持续发展理念尚未形成，传统以牺牲生态追求短期经济增量的理念根深蒂固，因此对于夯实扶贫成果，实现长效发展，需加强对多元主体的环保教育。

2. 生态移民新区成为贫困高发区，后扶贫时代移民生计及心理问题

当前地方在实施生态移民后存在着"移民新址"演变为新贫困高发区，贫困的"地理转移"说明当前生态移民机制尚存在不足，未能统筹考虑移民前后扶贫工作的精准开展。导致政策前后脱节的原因在于以下几点：

（1）移民选址不科学。

移民选址规划应综合研判，不但要考虑新址距原址的距离、新址的经济发展及资源状况，也要考虑贫困户融入能力、生存能力。选址不可过远或者过近，过于近则面临着与原址生存环境趋于一致的生存条件，过远则意味着贫困户可能需改变原有的生存技能去面对未知环境的挑战。这对于贫困户来说无疑是一个无法逃避的现实困境，也导致部分地区存在着贫困户无法适应新址生活，移民新址入住率不高，安置地只是"暂住地"而不是幸福生活起航地。

（2）移民资金有限。

部分地区存在移民资金有限，移民自筹占比较高的现状。移民不减负反而加剧移民贫困程度的现状成为生态移民脱贫的掣肘。有限的政府补助资金统一均等分配给贫困程度不一的移民这本身就违反精准分配到户的原则，也极易造成移民为了"争夺"有限扶贫资金而"明争暗斗"，致使邻里关系不和谐，各地频出上访户现象更是让基层扶贫人员叫苦不迭，扶贫资金有限，资金分配标准不一分配指向不明难以发挥生态移民的最大效用。

（3）移民心理转变。

贫困户迁入新址面临着"身份"和"环境"双重转变，传统依赖农牧过活的贫

困户面对迁入的新址面临着转变传统农牧技能以维系生存的可能，这种落差以及受教育程度差异化过大使得贫困户难以在新址内维系正常生活；另一方面，新址的迁入需要贫困户适应全新的邻里关系以及贫困户的标签一时间难以摘除，这些均不利于激发群众内生动力，甚至出现政民关系恶化，也不利于扶贫工作的可持续发展。

3. 生态扶贫产业单一制约区域经济发展

以生态产业促进区域经济发展是巩固生态扶贫成果的关键。生态产业扶贫是多民族聚集区、资源广袤的省域较为常见扶贫方式。"生态修复+产业扶贫"作为扶贫攻坚的新思路、新模式对区域经济的推动富有成效，而在实际扶贫开发工作中，部分地区更倾向于急功近利的做法，以单一生态扶贫产业促进经济短期增长，比较常见的有以生态旅游、大力推广区域特色产品等推进地区扶贫，尚未能有效挖掘区域人文资源、特色产业集群对扶贫开发的有利影响。

4. 科技手段、人才引进率低

生态扶贫的精准性离不开科技成果的有效利用，因地制宜，精准选择科技手段是生态修复的关键，同时科技成果的有效利用、技术成果转化率提升离不开科技人才的支持。当前部分扶贫地区生活条件艰巨，生态环境极其脆弱，因此难以吸引科技人才以及科技型企业助力扶贫事业的发展，科学技术的滞后极大制约地方经济的发展。

（三）内蒙古生态扶贫典型案例——科左中旗

位于科尔沁草原腹地的科左中旗是自治区蒙古族最多的镇域，自扶贫攻坚之初该地便因黄沙遍地、生态环境脆弱、土壤贫瘠、盐碱度较高等天然恶劣环境被列为国贫办工作重点旗。彼时的科左中旗，旗内贫困农牧民多达13.5万人，常年过着面朝黄土背朝天的生活，给扶贫工作的开展带来巨大的挑战。

近年来，科左中旗采取"林促农，以林促经、靠林脱贫、兴林惠民"的新模式，结合无立木林地恢复、退耕还林、残次林改造，将生态林果产业与造林绿化和脱贫攻坚相融合，倾力打造"中国沙棘之乡"和"中国海棠之乡"，实现了生态效益、经济效益和贫困群众持续增收多赢。

1. 科技破荒让"沙棘之乡""海棠之乡"美名扬

区域地缘劣势，使得在盐碱地种植日常农作物成为一种奢望，被盐碱地覆盖的科左中旗苏木白音塔拉嘎查脱贫工作异常艰巨。2019年袁隆平院士专家工作站在该旗培育耐盐碱水稻的成功种植让这片土地荒漠重新燃起绿色希望，基层干部带领农民在这片曾经寸草不生的土地上成功种养的水稻亩产均达508.8公斤，一时间稻田飘香四溢。科技破荒坚定了科左中旗走绿色发展之路。为解决贫困户销路难问题，作为中宣部定点帮扶的国贫县，依靠中宣部牵线搭桥，引进阿里巴巴集团共建区域合作，共建3万亩淘乡甜数字农场水稻基地，借助电商平台优势，有效实现农民增收，成为贫困户稳定收入重要保障。此外,科左中旗为彻底拔除穷根,积极探索多元化产业发展模式推进生态扶贫进程,逐步形成了"林促农,以林促经、靠林脱贫、兴林惠民"的新模式,结合生态修复多重举措,将生态林果产业与造林绿化和脱贫攻坚相融合,倾力打造"中国沙棘之乡"和"中国海棠之乡",要将绿色转型进行到底。

2. 重建草原生态体系+特色产品产业链

科左中旗大力宣传保护生态重要性,规定每年禁牧期,同时多重举措并行,退耕还林、退牧还草、封山禁牧(发放禁牧补贴),积极推动生态治理,并逐步探索出"牧改圈"扶贫致富之路。科左中旗的巴彦茫哈苏木哈吐布其嘎查施行"稳羊增牛"政策,鼓励群众肉牛养殖,并给予一头牛1万元的补贴激励(2019年补贴标准为5 000元/头,并增加农机购置补贴),大力提倡农业合作化发展,引进国内知名肉牛龙头企业,推动农户—合作社—企业的三方合作,实现传统经营模式的转变,同时积极构建肉牛生态全产业链的建设,这不但解决了居民的技术需求问题,同时也实现了农户"畅销"。

(四)对内蒙古生态扶贫的建议

1. 强化生态优先与个人价值塑造的扶贫理念

首先,加强农牧民的思想教育,根本上斩断穷根,通过多维举措并举,提升农牧民生存技能,培育契合时代发展的新型农牧民。授之以鱼,不如授之以渔,对迁移新址的贫困户无偿提供技能的培训,加强校企民三方合作,提高贫困户的生存技能。具体可通过政府牵头,校企结合,点对点,定点帮扶贫困户,使农牧民从粗放式经营向科学集约化转变;加大民族地区青壮年的劳动力语言培训,普及汉语及就业技能培训,加大深度贫困区人口流动比率,无论是外出务工、就地创业等,扩大脱贫选择面,多渠道提升贫困户整体收入。

其次,织紧政—企—民"互联网",加强三主体沟通机制构建与完善,建立健全贫困户获取资源、技术帮扶、信息整合能力,确保贫困户"问有及时应",基层干部要做到"耐心听,仔细问,及时解"。切实保障扶贫攻坚过程中,扶贫主体与帮扶对象在全流程中的互通有无的便利。

2. 重视人文发展

(1)打造宜居环境,保障居民身心健康。

完善生态补偿机制,加大基层公共基础设施、公共服务的投入力度,落实每笔资金真正落入实处,推进农区、牧区、半农半牧区环境修复,用活易地扶贫搬迁工程,建设新型宜居嘎扎村。加速推进贫困地区医疗体系完善,因地制宜,探索契合时代发展的扶贫新模式。

(2)深化基层主体权利。

贫困户享有追求美好生活的权利，扶贫不是施舍，不能奢求贫困户对政府政策抱有感恩之心，基层扶贫人员亦不能抱有奉献即得到对等收获的心态去服务。不同地区不同权重权利分配存在差异，部分群众教育水平低，难以依靠自身维护自主合理权益，因此需要借助外部力量弥补当前不足，保障自身合法权益，实现"扶真贫"到"真扶贫"的跨越。

3. 培育生态产业，将资源优势转化为经济优势

合理调整生态扶贫地区产业结构，促进多元产业融合，建立健全符合地方特色产品产业链，狠抓特色创亮点，提高产品知名度，点亮更多内蒙古产业品牌，具体可结合承办区域性旅游文化节、承办综合性体育赛事以及加大自媒体宣传力度等。

大力发展生态旅游业。旅游业辐射产业广，具备极强的经济拉动力。张呼高铁、京呼高铁的开通以及即将开通的喀赤高铁意味着内蒙古自治区旅游业迎来了经济增长新契机，一定程度上会促进区域辐射力的提升，"高铁旅游"将成为今后发展的新亮点。因此地区旅游业、文化产业要抓住这次机遇，落实沿线城市及地区的基础设施建设，以高铁旅游带动"自助游""短途游""农家乐"的发展，以旅游业持续发展结合特色产业夯实长效扶贫机制，减少返贫率的发生，激发群众内生动力。充分利用民族特色文化资源，提升旅游发展内涵，延伸旅游、特色产品产业链。

4. 坚持地域特色文化与乡村振兴相结合

筑牢乡村振兴的文化基石，培养民族文化传播人。内蒙古少数民族分布众多，以文化产业发展来推动文化传承，结合金融扶贫加大对农贸民品等小微企业发展扶持力度，并考虑形成产业集聚的可能；扶持民族文化产业，建立民族文化创业园区与文化产品创业园区，政策与资金应多向此倾斜；考虑现代产品与少数民族文化的兼容性，推动地域特色产品与现代理念的融合，以传统手工业并考虑依托地方浓郁文化特色产品建设"扶贫餐厅"（"美食"扶贫）发展带动脱贫一批，考虑自媒体与电商融合发展扶贫模式，畅享"移动"营销新时代，推动民族文化产业新发展。

5. 创新生态治理模式

创新治理模式，不断促进生态治理的现代化与综合性的提升。生态扶贫治理模式不是一个通用型的固化模式，不应该以一个范式去规范约束各地生态扶贫的开展。各地要不断深入挖掘，创新生态治理模式。随着科技的不断发展，这也给生态扶贫提供了一个新的契机。新兴数据科技被广泛应用于各个领域，未来的生态扶贫治理应敢于突破零散点状包络覆盖，基于大数据平台共建共享共治，科学评判生态扶贫成效。通过评估反馈，精准规化未来治理方向，在不断提升地方生态治理"两效"的同时，逐步健全包含全国各地生态扶贫治理大数据体系。同时不断拓展多元主体参与生态扶贫攻坚，积极推进外来人才引进与地区人才回流，优化政策环境，激发更多企业投入生态扶贫攻坚，扩大扶贫网络，不断外延凝聚生态治理新兴力量。

四、内蒙古扶贫长效机制建立路径四——健康扶贫

没有全民健康就没有全面小康。根据国贫办 2015 年底的调查显示,全国贫困户中,因病致贫的贫困户占据总体贫困户四成以上,结合 2013 年的"中国城乡困难家庭社会政策支持系统建设"调研数据综合分析可知摆在农村贫困户脱贫面前的两大难题是"家庭主要劳动力无劳动能力"以及"繁重的疾病承载压力"。其中有六成的贫困家庭认为基层医疗保健体系不完善,接近八成的贫困户认为"医疗费用高,难以负担,看不起病"是司空见惯的问题,因此有效解决"因病致贫,因病返贫"是推动扶贫进程、夯实扶贫成效的关键,而这一切离不开健康扶贫精准制导。

(一)内蒙古健康扶贫主要举措

1. 加强医疗机构管理

加强医疗机构管理,严格管控基本医疗保险支付范围外费用比例。建档立卡户贫困人口就医,定点医疗机构原则上应优先选择使用基本医疗保险支付范围内的药品、诊疗项目和医疗服务设施等,确需使用基本医疗保险支付范围内的药品、治疗项目和医疗服务等,确需使用基本医疗保险支付范围外的严格控制使用比例,二级医院控制在 5% 以内,三级医院控制在 10% 以内。

2. 加大医疗救助力度

对报销后自付费用仍有困难的贫困患者要及时落实相关救助政策。开展因病致贫的建档立卡户参加大病住院补贴险、慢性病补助保险给予保费补贴试点,支持盟市、旗县建立大病救助基金,解决因病致贫返贫问题。积极引导临时救助和社会慈善基金对贫困患者予以帮助;完善城乡居民医疗保险、大病保险、医疗救助、健康商业扶贫商业保险制度的衔接机制,对建档立卡的贫困人口形成医疗保障合力。

3. "三个一批"+分级治疗

实施"三个一批"行动计划,即大病集中救治一批、慢病签约服务管理一批、重病兜底保障一批。以旗县为单位,为贫困人口开展免费健康体检,根据体检结果分批分类救治,对于一次性能治愈的患者,就近选择医疗机构治疗;对于病情较重或者慢性患者需要长期治疗的贫困患者,由医院和基层医疗卫生机构建立家庭医生签约服务,提供长期治疗与服务。

加快贫困地区分级诊疗制度,坚持基层首诊,双向转诊,急慢分治,组家庭医生签约团队,优先为贫困户提供立体化、连续性的健康管理和基本医疗服务。

4. 人才不断档,加强贫困地区人才综合培养

优先在贫困地区开展住院医师规范化培训、助理全科医生培训、订单定向免费培

养、全科医生和专科医生特岗计划等工作，至 2020 年实现每万名人口拥有 2 名全科医生的目标。优先面向贫困地区开展免费医学生培养计划，为嘎查村卫生室培养中专学历人才。落实乡村医生待遇，稳定乡村医生队伍，提升服务能力。（自治区卫生计委牵头，自治区人力资源社会保障厅、教育厅、财政厅配合）

（二）内蒙古健康扶贫存在问题

1. 健康扶贫助长"钉子户"

随着健康扶贫不断发展，部分地区存在贫困患者过度诊疗，追求医疗高精端服务现象，表现为贫困户竞相争当"赖床户"，享受优质医疗资源不走成"钉子户"。早在 2016 年、2017 年国家卫计委考核要求就指出各地实际报销比例应达到 80% 以上，而内蒙古地区这一比例实际已然达到 90%，此外自治区部分地区还设立了封顶线外全部补助报销政策（即不管贫困户前期产生多少医疗费用，其封顶消费不会超过 5 000 元，维持在 3 000～5 000 元范围内），另有个别地区对兜底政策实施前住院贫困户进行了回补政策，健康扶贫兜底保障政策大大减轻了贫困人口医疗费用支出负担，无疑这极大缓解了贫困患者生活压力，也过多透支一方财政资源，同时由于贫困患者本人只负担 10% 甚至更少比例的医疗费用，导致出现患者"小病大治，赖床不出院"等"钉子户"现象，违背健康扶贫初衷，造成人力、财力资源的极大浪费。

2. 健康意识薄弱，主动参与意识不强

"以天为被，以地为床"的豁达本性，使得生活在农牧区的人民习惯了传统的生活方式，对于健康的生活理念以及正确的医疗认知知之甚少，这也造就了当地人们健康生活理念普遍不强，良好的卫生习惯缺乏现象十分突出，这为身心安全埋下了隐患。久而久之，患病概率大大提升，表现为小病不治，人病听之任之靠个人硬扛，恶病放弃治疗，进而出现小病演变为大病趋势陡增现象。同时由于基层扶贫人员政策宣讲覆盖面窄加之贫困户普遍存在受教育水平低下，不同贫困户之间认知水平参差不齐，导致贫困户难以全面理解健康扶贫这一政策优惠，容易错过最佳政策享受红利期，也因此错过最佳治愈时机。

3. 医疗市场混乱，医疗费用偏高

根据项目组调研得知，部分旗县医院存在住院流程烦琐，收费项目较多的现象，当前医药市场价格居高不下，虽然经过市场内生机制与外部政策干预有过多次价格下调，实际费用仍然很高，对于贫困户而言仍是一座难以逾越的大山，使得本不富裕的贫困户"望价止步"，普遍存在"生不起病，不敢生病"的心理，当小病发生在自己身上，大多数贫困户一般会秉持"硬扛到底"的思想，久而久之，小病发展成为大病，彻底治愈所需医疗费用更高。随着健康扶贫政策持续推进，保障力度逐渐提高，但依然存在农户看不起病的现象，一些"不良"的医疗机构往往着眼于自身利益，

"上有政策，下有对策"通过变相提高医药产品、医疗服务的价格去缓冲政策优惠带来的利益冲击。

4. 贫困户贫困属性动态更迭，数据更新慢

疾病的不可预见性是摆在健康扶贫面前的一道难题，如何有效解决因病返贫问题是健康扶贫下一步工作的重心。当前健康扶贫主要针对群体是建档立卡户，非贫困户以及边缘贫困户不在优惠政策覆盖范围内，一旦该类人群患上重大疾病，其抵御疾病风险的能力是微不足道的，因为无法享受健康扶贫的带来的政策优惠，其往往会通过变卖家中值当的财产（房、地等）或者通过狭窄的人际关系筹措医疗费用，无疑这加剧了边缘户以及非贫困户因病致贫的风险，同时由于相应的贫困信息动态反馈机制并不健全，未能及时关切到该类人群的既得政策优惠，很可能导致该类人群对已享有政策优惠贫困户的不满，抱怨基层扶贫人员工作不力，为后续健康扶贫工作的开展带来极大的隐患。

（三）内蒙古健康扶贫典型案例——鄂伦春旗"三箭齐发"

1. 一站式结算

为确保贫困人口看得上病、看得起病，看得好病，切实解决贫困户的后顾之忧，遏制因病产生的贫困连锁反应，减少贫困代际传递发生，鄂伦春自治旗以政策为主抓手，创新推出了一系列惠民健康扶贫医疗保障政策，针对因精准扶贫建档立卡贫困人口以及边缘贫困户等致贫潜在对象从降低住院起付线、提高报销比例、先诊疗后付费一站式结算等多方面予以保障，真正让贫困户享受政策红利带来的好处，以更坚定的信念与一往无前的动力描绘属于自己的脱贫蓝图。

2. 关口前移

以行动播种希望，以扶贫政策暖人心。为实现健康扶贫政策全面普及，让老百姓明晰政策的优渥性，该旗在开展健康扶贫工作中，采取自上而下，层层递进策略，注重将关口前移，深入基层，瞄准帮扶主体，发起了"村村行、户户进、人人懂"的地毯式健康宣讲攻势，以贫困户为中心，全面解读最新健康扶贫政策，力求实现政策宣传全面覆盖。为便于政策推广，该旗还利用健康巡诊、上门签约、农村小讲堂等多种方式深入贫困腹地，积极开展健康扶贫政策宣教。

3. 京蒙帮扶

为实现小病不出村，常见病就近治疗的目标。该旗在健康扶贫管理中采取"软硬兼施"的管理策略。为提升旗内医疗"辐射"水平与设备标准化，近五年来，该旗累计投入3 280万资金新建5家乡镇卫生院购置彩超、远程医疗等高端设备，极大满足了基层的医疗保障需求，筑牢地基，扎实推进健康扶贫第一步。为力求实现基层医务人员的服务水平，提升"硬件实力"，以京蒙帮扶、三级医院对口帮扶为契机，该

旗加强了旗内医疗服务人员的相关培训,旨在达到全面标准化。

(四) 对内蒙古健康扶贫的建议

1. 立足健康大格局,多级联动,完善健康扶贫系统建设

以健康扶贫医疗项目为总抓手,以旗县级卫生主管部门为"扶贫战役"最前线,充分发挥旗县医院在区域性健康扶贫中的龙头作用,盟市级卫生部门做好总指挥工作,帮助基层完善信息化平台建设,动态更新农户公共医疗情况,及时反馈,并积极健全卫生部门基础设施建设,同时各级部门应鼓励引导社会力量参与健康扶贫,具体可借鉴"凉山模式",中国平安"入驻"凉山,创新开拓"产业—健康"闭环驱动的扶贫新思路,充分依托自身强大的资源优势联通区域卫生部门,共建"三化"扶贫新格局,以数字化、保障化、精准化打通健康扶贫最后一公里,赶走横亘在扶贫攻坚上最大的拦路虎。真正实现全民健康,一个不能少的目标。

2. 完善重大疾病医疗保障救助制度

与其让非贫困户与边缘户得了大病承受巨大压力后导致因病致贫后再进行保障救助这种"事后补偿",不如"事先决策",通过全面施行畅通大病保障无力支付救助渠道,可以避免有更多的非贫困户因病致贫。不患寡而患不均,各级部门要完善医疗资金管理制度,公开化、透明化,确保医保资源的公平合理分配,医保资金发放要落到实处,切实保障所有参保人的基本权益。通过医疗保障局、社会保险局、医疗保险局等部门成立及职能协调,自上而下,因地施策,合理调整区域医保政策,以人民群众利益为出发点,合理提升大病医保报销比例,避免出现因病返贫发生率一再提升。完善救助制度,打通多元化救助渠道,具体可通过加大政府投入、创新互联网救助平台建设、增加募捐渠道,完善基金会发展,拓宽社会救助资金来源,对救助对象应施行"简化申请,严格审核"标准,真正为需要的人送来一份健康与温暖。

3. 完善宣传监督管理机制,促进医保事业良性发展

对于扶贫不扶懒,贫困户不良医疗消费之风,各级部门应通过积极宣传引导,予以剔除,敦促形成理性就医观念。此外卫计委、医保部门应合理管控医疗资金,减少不合理的健康扶贫资金支出的增长,各级物价局联同药监局同向发力、同频共振,严格管控药品乱定价、医疗服务乱收费之风,同时严格把控药品质量,启动不良医院、药店黑名单制度,杜绝"小病大治"无故延长贫困患者住院诊疗日等"过度诊疗"之风,医保部门应改革传统付费方式,可按病种、病级对付费模式进行革新。同时结合实际调整医保报销比例,合理设计贫困患者门诊用药保险比例,避免贫困患者滋生小病不报转而办理入院的"显性奢侈"行为,从而造成医院服务与医保金的浪费。

4. 加大健康教育宣传力度,拓宽宣传途径

针对偏远贫困地区接收信息渠道难,健康扶贫开展进度慢问题,可通过人群传播

(村两委定期宣讲、扶贫下乡医疗对口帮扶)、电视传播、墙体广告政策宣传、广播等载体,通过通俗易懂的方式,不断向下渗透宣传健康教育知识、扶贫政策,使政策扎根于农村,根植于贫苦户心中,以促进个体健康教育体系完善。同时依托乡村振兴,不断改善基层地区环境卫生状况,力求营造良好宜居环境,降低贫困户患病率。因人施策,对于抵触宣讲健康教育的贫困户或是接受程度差的贫困户,基层帮扶主体应主动增加健康随访与指导次数,提高贫困户疾病预防能力。

五、内蒙古扶贫长效机制建立路径五——金融扶贫

(一)内蒙古金融扶贫主要举措

金融扶贫是指金融机构通过向农牧区贫困户和扶贫项目提供资金或服务支持,以保证基本生产经营和可持续发展的一项政治性金融服务,是国家扶贫开发事业的重要组成部分。在我国,主要贫困人口集中于中西部以及农村牧区等地。这些地区土地贫瘠,地方财政收入较少,往往入不敷出,更无法划拨大量资金用于扶贫,此时的金融扶贫作为一种新型融资扶贫措施应运而生,在精准扶贫和打赢脱贫攻坚战中发挥着重要作用。

1. 小额信贷扶持

近年来,内蒙古自治区创新金融扶贫机制,由自治区本级财政安排资金作为风险补偿金,与农业银行合作,按照1∶10的比例撬动扶贫信贷资金,重点支持贫困村、贫困户"一村一品、一乡一业"产业发展。同时,自治区与人民银行、国开行、农发行合作发放扶贫再贷款和政策性专项贷款。截至2017年10月,参与扶贫的金融机构达到9家,内蒙古103个旗县市区中的81个被覆盖[1]。

2. 企业担保扶持

作为企业担保扶持的典型代表,"景堂模式"起源于内蒙古科右前旗永进村刘景堂发展的一种合作模式。"景堂模式"以科右前旗俊伟养殖专业合作社为依托。当地的养殖大户刘景堂发起建立了专门的养殖合作社,并吸引当地20名贫困户加入了合作社。为获得金融扶贫贷款,合作社成员将全部土地承包权抵押,刘景堂将个人养殖产品抵押,同时政府补贴了部分风险赔偿金,从而获得了"金穗富农贷"。该笔贷款由刘景堂个人全程全额担保,统一购羊、统一管理、统一销售,20名贫困户则每年可分得合作社经营利润的30%,一年一结,一贷三年,从而实现了产业支撑、项目带动、大户示范的扶贫富民理念。

截至2016年2月,永进村合作社共获得贷款530万元,经济效益大幅增长,

---

[1] 内蒙古:发挥杠杆效应、激活内生动力. http://www.nongcun5.com/news/20171030/55519.html, 2017-10-30.

2013年合作社销售总额达到800万元，2014年提高到1 500万元，肥羊数量达到1.4万只。到2015年，出栏育肥羊总数达到1.5万只，销售总额为1 300万元。同时合作社棚圈面积不断扩大，带动周边13户贫困户年均收入提高2万多元。到2016年，这一合作模式在永进村获得推广，全村有130多户人家参加了合作社，创造的直接经济效益超过了500万元。（贾曼莉，2019）

3. 农险扶贫

金融扶贫，保险先行。足以显现保险扶贫在脱贫攻坚中的重要性，通过保险扶贫，可以促进农业稳产增收。首先，农业保险的存在有效保障了农户生产因灾损失，保证了农业生产趋于稳定，农民可以毫无顾虑地投入生产活动中，促进了粮食稳产增收，对于扶贫工作有着一定的辅助作用。其次，通过保险扶贫可以建立健全农村金融有关的制度，令其体系更为完备。在农村金融体系中，农业保险是较为关键的构成部分，它可以有效解决金融风险，令服务水平得以提升，农民以及牧民贷款的准入条件因为农业保险加信贷的缘故而大大降低，信贷资金得到有效利用，农牧民更容易获得生产投入资金，促进了农村金融体系高效、稳健发展，有助于提升农户的经济收入。最后，保险转移贷款风险。我国农业生产本身具有的较强弱质性，使得农民面对着巨大风险，难以维持稳定的生产性收益，而且没有预防性储蓄，进而陷入贷款难的困境中。保险可帮助农民抵抗自然灾害，平滑生产性收入，进而增加农村金融供给和需求。

内蒙古是农牧业大区，但即便是现如今许多地区依旧存在"靠天吃饭"的现象。在2005年，人保财险首次在内蒙古地区推出商业性奶牛保险，这掀开了内蒙古地区农业保险的新篇章。2006年，中华联合保险正式在开鲁县开展"保险村"试点工作，为保险业参与社会主义新农村新牧区建设、支持"三农"经济发展做出了有益的尝试；同年7月4日，伊利集团第七牧场与安华农业保险股份有限公司内蒙古分公司签订了奶牛保险协议。当日，安华农业保险股份有限公司内蒙古分公司正式开业，内蒙古自治区第一家涉农保险公司正式成立。自此之后，安华农业保险股份有限公司目前已在呼和浩特、包头、鄂尔多斯、通辽、赤峰、巴彦淖尔、兴安盟、乌海、呼伦贝尔、乌兰察布10个盟市设立中心支公司，拥有43家旗县级机构。大力开拓农业保险、农村人寿险、农村财产险等"三农"保险市场，发展至今涉及多种农业保险类别。

4. 补位扶贫

补位扶贫，旨在针对国家扶贫开发体系难以覆盖的盲区，抓住政府行政扶贫手段难以奏效的痛点，自觉补漏、主动出击，以创新思维完善保险扶贫作用。当前，自治区补位扶贫主战场主要集中在农房保险、家庭失独、小额人身等领域。以察右中旗为例，自2018年以来，中华联合保险就深入贫困腹地与察右中旗开展结对帮扶活动，充分依托行业自身优势，聚焦协同优势、业务优势、机构优势积极开拓扶贫保险新领域，并向当地群众捐赠了农房保险、意外伤害保险等，为当地贫苦户注入一针强心剂，为脱贫致富增添一笔幸福的砝码。通过持续不断的资金投入（累计投入1 000余万元），保险扶贫正逐步覆盖察右中旗产业扶贫、消费扶贫等领域，呈现出全方位"大跃进"之势。

（二）内蒙古金融扶贫存在问题

1. 金融资源承接能力偏弱

尽管内蒙古各级党委政府等相关部门大力开展精准扶贫工作并取得了阶段性的成果，但是在金融扶贫工作上宣传导向工作不够，导致一些贫困户仍然固守着依靠政府救助的旧观念，依然存在"小额扶贫贷款只是扶贫资金、民间救助资金、社会救助资金等，可以不按时还款"的误导思想，为及时收回扶贫小额贷款埋下了隐患。产业扶贫需要资金投入，所以增加金融供给极为重要。

小额信贷扶贫的责任主体比较集中，金融扶贫力量显得脆弱。内蒙古实施扶贫小额信贷的主体是中央银行及政策性银行对内蒙古地方的扶贫工作专项财政支持和补助。金融监管和信贷政策不完善，贫困地区和贫困家庭的财税扶持政策不到位，其他金融机构不愿将资金用于贫困地区和贫困家庭，因此很难调动他们参与金融精准扶贫的积极性。

2. 困难群众保险认知有限，激励措施不足，主体参与度不高

目前自治区贫困人口多位于边远地区，贫困跨度大，致贫原因多维。这些地区的基础设施及相关服务机构配套十分贫瘠，是保险行业的"荒漠区"。一方面，贫困户传统思想根深蒂固，难以取缔，对于外来事物接受程度普遍较低，长久以来，习惯于自担风险，导致保险这一"新兴事物"难以融入贫困户生活，保险意识落后、保险观念淡薄。当遭遇自然灾害、大病来袭时贫困户往往只有两种选择，要么自我主动承担，要么寻求政府帮助。最终结果往往事态会愈发恶化，贫困程度不断加深。原因在于，贫困户的认知局限，相较于购买保险的小额支出，保险的杠杆作用是巨大的，因未能明晰保险实效所带来的缓冲作用，对于保险购买所承担的"小额支出"贫困户存在强烈抵触心理。另一方面，对于基层扶贫工作机构而言，保险功能认知也存在一定局限，不重视保险工具转移风险作用，因此对于保险扶贫工作的开展较为缓慢。

对于影响保险扶贫发挥的核心主体——保险机构，当前普遍的情形是保险机构主动参与意识不强，政策激励与配套措施尚需完善。一方面相关激励机制不健全。尽管对于保险机构而言，助力扶贫攻坚是体现其社会责任的一种表现，有助于营造良好声誉，但是这并未改变其商业性质企业的逐利本质，以利益为导向却要涉足投入资金多、周期长、收益少的脱贫攻坚事业使得保险行业纷纷对扶贫"敬"而远之。另一方面，配套政策补位缺失。扶持地方特色产业可持续发展，增强其再造血功能，是保险扶贫帮助一方顺利脱贫的良策。而配套补位不及时，使得保险机构难以针对贫困地

区优势农产品开发特色保险产品,同时由于地方财政紧张,造成资金的相对缺失这也是造成保险扶贫发展缓慢的关键因素之一。

3. 农户保险购买能力不足,补贴品种结构单一,保障水平低下

(1) 内蒙古农民的收入较低构成了对农业保险的购买能力不足的现象。内蒙古近几年农牧民的人均收入及人均支出见表6-3,从表6-3可以看出内蒙古农牧民人均收入较低,人均生活消费支出所占的比例较大。对于没有政策性补贴的险种,农业保险制定的保险费率相对于保户的农业收入而言是很高的。而农牧民家庭90%的收入来自农业收入,这就意味着投保农业保险,无论是否出现险情,相当比例保户的农业收入都有可能降低。

表6-3　　　　内蒙古农牧民人均收入与人均生活消费支出的对比表　　　　单位:元

年份	人均收入	人均支出
2018	13 803	12 661
2017	12 584	12 184
2016	11 609	11 609
2015	10 776	10 637
2014	9 976	9 972
2013	8 985	9 080
2012	7 956	6 623

资料来源:《内蒙古统计年鉴》(2012~2018年)。

(2) 险种单一也是制约内蒙古保险扶贫正外部性扩散的主要因素。当前,虽然内蒙古农业保险市场上的保险产品数量不少,但是真正让农户认可并能为保险公司带来效益的补贴品种并不多,这些补贴品种大多都缺乏个性、系统性和针对性。

(3) 低保障水平的农业保险对农业生产的补偿作用不明显。这种不足主要体现在理赔上,由于人力、资源、技术等因素的限制,使得按户、按亩的据实赔付难以实现,以村为单位的平均赔付在很大程度上限制了农业保险扶贫精准性作用的发挥。

4. 保险机构网点覆盖率低

当前保险机构的主战场仍然在大中小城市,对于农村保险市场的开拓仍然进展缓慢,覆盖率低是当前我国各地开展保险扶贫的共同问题,人口分布分散、农险利润低,使得在基层徒增众多营业网点会得不偿失,加重自身经营风险,这也导致保险机构难以有效针对农村地区开发特有农险品种。一方面,覆盖率低导致贫困户接收保险信息渠道变少,导致有意愿投保的贫困户难以获得可靠的保险信息,保险知识普及率低不言而喻;另一方面,覆盖率低会影响保险服务能力扩散,这也会造成贫困化参保率低下,难以有效开展一方的保险扶贫工作。

(三) 内蒙古金融扶贫典型案例——"平安"助力扶贫攻坚

1. "平安"入"驻",保险先行

2018 年,中国平安保险(集团)股份有限公司以"智慧扶贫"为核心,以"精准帮扶,创新举措"为原则,正式启动"三村工程",重点面向"村官、村医、村教"的三个方向。该工程旨在通过对贫困村的深入调研,探究致贫原因,从不同方向进行针对性的精准帮扶,进而实现脱贫任务。

在国家制定的区域扶贫战略指导下,由中国平安保险集团指导,中国平安人寿保险股份有限公司内蒙古分公司把对内蒙古自治区的扶贫工作作为首要的攻坚任务,积极调动集团扶贫资源,结合已有的扶贫经验,充分落实精华智能扶贫战略规划。经充分考察,中国平安人寿保险公司在内蒙古自治区乌兰察布市察哈尔右翼中旗和察哈尔右翼后旗打响了保险扶贫的第一枪,全面推进实施"三村工程"扶贫计划。截至 2020 年 10 月,平安集团已拨款超过 9 300 万元的免抵押、免息的贷款金额用于乌兰察布地区经济建设,同时提供转向资金 7 283 万元用于协助销售当地扶贫产品。此外,在改善民生,发展农户、牧民基本生活设施建设方面,投入 2 459.09 万元专项资金,累计整体扶贫金额 2.4 亿元[①]。

2. 企业联动,普惠于民

为丰富保险扶贫实施方案,以最大化发挥保险扶贫精准制导作用,中国平安人寿保险公司还积极推动动察哈尔右翼中旗优秀龙头扶贫企业阴山优麦与土牧尔台镇燕麦种植项目以更好地完成精准扶贫工作。在对乌兰察布市察哈尔右翼中旗和察哈尔右翼后旗实地考察后,通过中国平安人寿保险公司的协调,阴山优麦企业在该地区落实了燕麦种植项目。一方面,为当地农民、牧民创造了就业机会,增加了收入,另一方面,改变了当地的产业结构,为脱贫致富提供了新渠道。同时,在后续中国平安人寿保险公司调拨专项资金,购买技术,聘请专家,指导当地贫困人口种植燕麦,加大了对土牧尔台燕麦种植基地的保障力度,调动了农户、牧民种植燕麦的积极性,还为种植燕麦的农民、牧民提供了灾害赔偿等保险服务,全力扶持、保障保障燕麦种植产业与种植户的利益。

3. 带货直播,助力消费扶贫

2020 年 9 月,在第三个中国农民丰收节期间,平安人寿为进一步提高贫困地区农牧民收入,实现决胜精准扶贫的目标,以为"约惠乌兰察布,决胜脱贫攻坚"为主题,主办了一场规模盛大的带货直播。平安人寿的高层、当地政企领导以及农户、牧民代表均出席了直播间,通过网络向全国网友、深入贫困一线的扶贫干部,以及其他贫困人口一起分享脱贫致富的经验以及取得傲人成绩的喜悦。值得一提的是,直播

---

① 一路风雪一路歌!平安集团乌兰察布扶贫项目考察记. https://www.sohu.com/a/435394193_120209946, 2020-11-30.

的每一份收入都将对当地贫困户起到直接的助力作用,决胜脱贫攻坚。

为促进产销融合,中国平安人寿保险公司"身体力行"通过消费扶贫,带动产销两旺,线上线下同步并行。线上,利用平安集团的网络资源,搭建"精准扶贫专区"平台,通过O2O互联网电商平台将销售网络覆盖全国,同时线下也有扶贫协销产品的实体销售;线下,在乌兰察布等贫困地区举办扶贫协销产品鉴赏会、扶贫协销产品促销会。这对阴山优麦的销售起到了极为巨大的促进作用,产品品牌影响力也不断提升。在多方助力与当地农户、牧民的努力下,阴山优麦企业得以迅速发展,广为人知,旗下产品类型得以不断发展与丰富,单品种类已由最初的十几种初加工产品演化到目前的近七十种。在亚洲举办的第十四届品牌展览会上,阴山优麦企业获得广大好评,被授予"中国(行业)品牌年度创新企业"称号,是带动贫苦地区经济发展,促进贫苦地区农牧民收入的标杆企业。

(四)对内蒙古保险扶贫的建议

1. 完善扶贫组织体系,建立扶贫信用机制

完善金融扶贫组织体系需要建立集农村金融扶贫、市场主体、金融机构工作服务于一体的多层次的综合统计评价体系。第一,要建立数据共享平台,实现政府、金融机构、金融扶贫对象的数据实时流转、共享,提高工作效率,降低金融扶贫的风险。第二,建立贫困地区市场主体信用体系,实现贫困地区市场参与者信用可控化、可视化,降低金融机构贷款的信用风险。第三,农村基层党组织在金融扶贫活动中具有坚实堡垒作用,要健全村级金融服务工作体系,构建"村两委+合作社+金融扶贫+产业扶贫+贫困户"的扶贫发展模式,进一步发挥基层党组织在基层工作中的引领和指导作用。

2. 因地制宜,因人施策,合理设计农险险种

首先,新险种的设计应充分考虑到城市和农村市场的区别,因地制宜,因人施策,以适应农村经济需求为前提,注意研究农民的付费能力,避免保险金额过低,保费少,不能满足农业保险的保障要求;保险金额人高,又超过农民的经济承受能力的问题。在此基础上不断扩大服务领域,提供与农民缴费能力相匹配的保障水平的农业保险。其次,权力下移,当前险种设计的主导权力在于保险机构总部,各地分支机构难以"施展拳脚",导致各地险种同质化严重,因此于保险机构而言,更应注重权力下移,才有利于信息的层级传递,为开发配套农险产品培育丰沃"土壤"。

3. 开拓保险新市场,推进保险业务全面开花

有计划地增加农业保险主体,支持各类农业保险机构发展。内蒙古有101个旗县(旗52个、县17个、盟〈市〉辖县级市11个、区21个),对于农业保险来说,主要是健全县域保险服务组织体系,通过设立支公司、营销服务部,完善县域农村保险服务机构,使保险服务延伸到广大农村和农户,这样才能有效地推动农业保险业务的

发展，此外农村保险网点的覆盖率增加可通过创新服务载体的模式提升保险服务的受众数。具体来说，分类施策，根据基层各地区人口分布、经济实力不同等现状，保险机构网点设置优先选择在人口密集、潜力巨大的各乡镇一级或行政村一级分布，对于人口分散的区域，可通过政府牵头、友好协商的方式在基层农信社、农商行等机构开设营业窗口，代办保险业务。

4. 农险要实地调研，对接市场需求，科学定价

了解需求，量身定做是赢得保险扶贫的关键要义。为精准对接不同区域对保险产品的需求，需深入基层，通过实地调研，获得影响产品推广因素，在此基础上，各基层保险网点可通过试点设计一批契合农户生产生活需求险种（天气指数保险、蔬菜价格险、收入保险、扶贫小额意外险、信用保证等保险产品），通过试点，总结不足为后续稳步开展奠定基础，待到经验积累充沛，贫困户切实感受到新型险种的优惠时，再广而告之，推行优秀经验。此外，产品的合理定价也是影响保险购买率，造成保险扶贫推广率低下的又一关键因素。目前占比最高的成本保险既存在定价上的缺陷，也不能满足市场的需求，因此可根据科学定价，以价格低廉与险种多元化这一特性，为农民提供多层次的保险体系，刺激保险需求，保障农户基本利益。关键时刻发挥各类险种的多元联动，助力贫困户摆脱风险。

5. 探索"金融+""保险+"扶贫模式

一方面，积极为贫困地区争取中央和地方各级财政保费补贴。另一方面，探讨将一部分预防灾害的财政转移支付转化为保费补贴，扩大自然灾害保险的保障范围。一是通过各级财政投入的示范作用和帮扶作用机制，带动农户增加农业保险投入。二是积极推广"保险+信贷"模式，向贫困户和贫困地区产业扶贫项目提供农业贷款保证保险产品。将农业贷款保证保险作为贫困农户贷款的授信要素，使得保险手段成为农村信贷提供缓冲带，降低农户贷款门槛，解决贫困农户和乡村企业融资难问题，三是积极推广"保险+基金会"模式，与爱心公益基金会开展扶贫济困合作，积极动员社会各界力量凝心聚力共襄扶贫事业，通过为贫困户购买各类保险方式参与扶贫战役，书写扶贫新格局。

第三节 乡村振兴助力扶贫攻坚巩固脱贫成果

一、精准扶贫与乡村振兴的逻辑一致性

(一) 精准扶贫

精准扶贫最早是习近平总书记在湖南湘西州花垣县排碧乡十八洞村考察时提出

的，习总书记强调，"扶贫要实事求是，因地制宜。要精准扶贫，切忌喊口号，也不要定好高骛远的目标①。"

党的十八大以来，习近平总书记多次对精准扶贫、精准脱贫作出重要指示。他强调，"扶贫开发贵在精准，重在精准，成败之举在于精准。关键是要找准路子、构建好的体制机制，在精准施策上出实招、在精准推进上下实功、在精准落地上见实效②。"党的十八届五中全会把精准扶贫作为打赢脱贫攻坚战的基本方略。2015年11月，习近平总书记在中央扶贫开发工作会议上发表重要讲话，系统阐述了精准扶贫精准脱贫基本方略。

精准扶贫就是要做到"六个精准"，实施"五个一批"，解决"四个问题"。做到扶持对象精准、项目安排精准、资金使用精准、措施到户精准、因村派人精准、脱贫成效精准等"六个精准"，这是精准扶贫的基本要求；实施"五个一批"，即发展生产脱贫一批、易地搬迁脱贫一批、生态补偿脱贫一批、发展教育脱贫一批、社会保障兜底一批，这是精准扶贫的实现途径；解决好扶持谁、谁来扶、怎么扶、如何退等"四个问题"，这是精准扶贫的关键环节。

习近平总书记的精准脱贫系列重要论述可以概括为五个方面：①脱贫目标。精准脱贫的近期目标是到2020年消除现有贫困标准下的绝对贫困人口、全面建成小康社会。脱贫目标的实现与否，完成的效率和效果直接影响我国进入第二个百年目标的状态，也影响着建设社会主义现代化强国的进程。②脱贫重点。更加关注深度贫困地区和特殊贫困群体，更加强调共同富裕的大目标，全面建成小康社会，最艰巨最繁重的任务在农村、特别是在贫困地区。没有农村的小康，特别是没有贫困地区的小康，就没有全面建成小康社会。扶贫实践需要更加关注深度贫困地区、贫困的边缘人口及特殊的贫困群体，了解他们的诉求，实现精准脱贫一个都不掉队。③脱贫路径。脱贫路径要适时、适事，走更加精准、科学、合理的道路。"以更加明确的目标、更加有力的举措、更加有效的行动，深入实施精准扶贫、精准脱贫，项目安排和资金使用都要提高精准度，扶到点上、根上，让贫困群众真正得到实惠"，通过"扶持对象精准、项目安排精准、资金使用精准、措施到户精准、因村派人精准、脱贫成效精准"，以"发展生产脱贫一批、易地扶贫搬迁脱贫一批、生态补偿脱贫一批，发展教育脱贫一批、社会保障兜底一批"为路径，分类施策，靶向发力，不留锅底，实现真脱贫、脱真贫。④脱贫效果。携手贫困群众走出贫困的窘境、奔向共同富裕的生活之路是脱贫工作的最终目标。脱贫工作的成效直接反映精准扶贫、精准脱贫的有效性和科学性，也直接反映出广大人民群众对中央政策最直观的感受。这就要求脱贫效果要切实考虑

---

① 习近平：扶贫切忌喊口号 也不要定好高骛远目标. https://finance.qq.com/a/20131103/006164.htm, 2013-11-03.

② 习近平谈扶贫. http://theory.people.com.cn/n1/2016/0901/c49150-28682345.html, 2016-09-01.

群众的感受和意见,把群众的意见和诉求作为是否真正脱贫的重要评判参考,适时纠偏,提高人民的幸福感和对扶贫政策的满意度。⑤脱贫手段。要尊重实际,统筹科学脱贫、内源脱贫、社会脱贫、阳光脱贫和生态脱贫五个手段,从实际出发。不搞形式主义和"一刀切",走出一条真正适合贫困地区的具有中国特色的脱贫之路。

精准扶贫、精准脱贫思想坚持把党实事求是的思想路线同反贫困理论相结合,深刻揭示了扶贫脱贫工作的基本方法和科学规律,明确了扶贫开发的战略导向和实践路径,是指导我国扶贫工作的重要方针,紧扣"六个精准"和"五个一批"有序推进,取得了显著成效。但脱贫攻坚进入新阶段,仍存在很多未攻克的难题,时间紧,任务重,习近平总书记强调要靶心不变,焦点不散,抓紧时间,"聚焦深度贫困地区和特殊贫困群体,确保不漏一村,不落一人",实现如期脱贫。

(二) 乡村振兴

习近平总书记在中国共产党第十九次全国代表大会上的报告中提出要实施乡村振兴战略。农业农村农民问题是关系国计民生的根本性问题,必须始终把解决好"三农"问题作为全党工作重中之重。要坚持农业农村优先发展,按照产业兴旺、生态宜居、乡风文明、治理有效、生活富裕的总要求,建立健全城乡融合发展体制机制和政策体系,加快推进农业农村现代化。农业强不强、农村美不美、农民富不富,决定着全面小康社会的成色和社会主义现代化的质量。实施乡村振兴战略,要推动乡村产业振兴,推动乡村人才振兴,推动乡村文化振兴,推动乡村生态振兴,推动乡村组织振兴,统筹兼顾,科学推进。

(三) 精准扶贫与乡村振兴的一致性

精准扶贫和乡村振兴是我们国家全面建成小康社会、实现全面均衡发展和建成社会主义现代化强国的重要支撑。两者都是在新时代,解决发展不平衡,实现全面小康社会的重要制度安排,在科学内涵、战略目标和参与主体上,有高度的内在一致性。

1. 精准扶贫与乡村振兴在逻辑上是一致的

(1) 科学内涵的一致性。

一方面,缩小城乡差距是二者的实践导向。众所周知,全面建成小康社会,最艰巨、最繁重的任务在农村,最大的潜力和发展后劲也在农村,城乡之间的巨大差距一直以来是我国社会关注的热点问题。农村贫困问题是我国处于并将长期处于社会主义初级阶段的重要原因,也是发展不平衡不充分问题的集中体现;精准扶贫致力于解决农村贫困问题,提高贫困人口生活水平,是缩小城乡差距,推动城乡一体化发展的重要举措。乡村振兴战略则以"坚持农业农村优先发展""坚持城乡融合发展"为基本原则，推动农村公共基础设施建设和人居环境改善，建立健全城乡融合发展体制机制，构建良好的新型工农城乡关系，显著缩小城乡差距。另一方面，实现生活富裕是二者的根本目标。习近平总书记强调，"消除贫困、改善民生、逐步实现共同富裕，是社会主义的本质要求，是我们党的重要使命"。精准脱贫攻坚战是决胜全面建成小康社会的三大攻坚战之一，是实现共同富裕、体现社会主义制度优越性的重大战略举措，没有贫困地区的全面脱贫，就谈不上全面建成小康社会，更谈不上共同富裕。乡村振兴是维护农民群众根本利益，实现农业农村现代化，做好新时代"三农"工作的总抓手，更是实现中华民族伟大复兴中国梦的必然要求。实施乡村振兴战略，不断发展壮大新型农业产业，拓宽农民增收渠道，改善农村生态人居环境，促进农民全面发展和农村整体提升，体现了共同富裕的本质要求。

精准扶贫包含了提高贫困人口收入，提升教育文化水平，保护生态环境，完善社会保障等多个维度的脱贫路径，具有多维贫困治理的特点。这一特性使得精准脱贫能够有效促进贫困人口的全面发展和农村地区的整体提升，契合了乡村振兴战略的内在要求。党的十九大报告提出乡村振兴战略的总体要求是"产业兴旺、生态宜居、乡风文明、治理有效、生活富裕"，从精准脱贫的实施路径和作用机理来看，发展生产脱贫能有效推动农村产业兴旺，易地搬迁和生态补偿脱贫有利于农村生态宜居建设，发展教育在促进农村人才培养的同时能显著推动乡风文明建设，社保兜底脱贫能提高深度贫困户的抗风险能力和生活水平，最终推动实现贫困地区的共同富裕。可以看出，精准脱贫和乡村振兴在科学内涵上具有内在的紧密逻辑。

（2）时间上的连续性。

2020年是中国全面脱贫的决战决胜期，同时也是乡村振兴的起步阶段，两大战略在时间安排上紧密相连。打赢脱贫攻坚战是党在全面建成小康社会的决战决胜阶段发起的关键一役，其目标是到2020年确保现行标准下的农村贫困人口全部脱贫，贫困县全部摘帽，解决农村绝对贫困问题，为实施乡村振兴战略奠定坚实基础。2017年党的十九大从顶层设计的角度，把实施乡村振兴战略确立为国家重大战略。乡村振兴战略是面向建设社会主义现代化强国、实现第二个百年奋斗目标而作出的重大战略决策。2018年中央一号文件设定了乡村振兴的目标任务，即到2020年，乡村振兴取得重要进展，制度框架和政策体系基本形成，到2035年，乡村振兴取得决定性进展，农业农村现代化基本实现，到2050年，乡村全面振兴，农业强、农村美、农民富全面实现。2020年以前，要以脱贫攻坚为重心，将乡村振兴举措全面融入脱贫攻坚行动之中，做好脱贫攻坚与乡村振兴有机衔接。全面建成小康社会以后，要把农村减贫纳入乡村振兴战略，并将"三农"工作重点转移到乡村振兴上来，实现国家减贫战略和工作体系平稳转型。脱贫攻坚是攻坚之战，必须限时打赢。脱贫攻坚是乡村振兴的基础，乡村振兴是脱贫攻坚的动力，二者并不是相互独立的，而是相融共进、相辅相成。

(3) 战略目标的一致性。

打赢精准脱贫攻坚战，旨在稳定实现"两不愁、三保障"，确保到 2020 年我国现行标准下农村贫困人口全部脱贫，贫困县全部摘帽，解决区域性整体贫困问题。实施乡村振兴战略旨在从根本上解决"三农"问题，建立现代农业体系，实现农业农村现代化，最终实现农业强、农村美、农民富，乡村全面振兴。从战略目标来看，精准脱贫与乡村振兴具有内在关系的一致性，最根本的目的都是维护广大人民群众的根本利益，致力于"耕者有其田，居者有其屋"，从产业、生态、文化、社会等多个维度推动实现农村产业兴旺、人居环境改善、农民生活富裕和乡村治理体系完善，最终全面建成小康社会，解决好"三农"问题，实现"两个一百年"奋斗目标和中华民族伟大复兴的中国梦。

(4) 参与主体的一致性。

精准脱贫与乡村振兴两者都要求构建政府、市场、社会三位一体，协同推进的参与机制。首先，政府在两大工作实施过程中处于主导地位。由于具有强大的政治动员能力和资源调配能力，政府在精准脱贫和乡村振兴战略推进过程中扮演着"主导者"的角色，在政策制定、资源整合及宣传动员方面拥有充分的话语权。其次，市场发挥着不可或缺的作用。利用市场机制参与精准扶贫和乡村振兴，能够不断释放广大农村地区的市场活力，促进农村资源的转化，提升贫困地区的内生增长动力，弥补政府在推进精准脱贫和乡村振兴的过程中可能出现的低效率缺陷。最后，社会扮演着重要角色。社会力量作为我国社会主义现代化建设的重要成员，在精准脱贫和乡村振兴战略推进过程中能够灵活对接政府和市场，满足农村地区的多样化需求，凝聚各方力量，激发全社会参与建设的热情，构筑全社会扶贫与乡村建设的强大合力。推动政府、市场、社会三者在精准脱贫与乡村振兴战略实施中良性互动、协同推进，有助于加快实现农村地区高质量脱贫和全面振兴。

2. 精准脱贫是乡村振兴的首要前提

实现我国乡村的全面振兴，打赢精准脱贫攻坚战是首要前提。精准扶贫、精准脱贫实施以来，不仅有效改善了农村面貌，提高了农村人口的生活水平，还极大地促进了农业强，农村美和农民富，为实施乡村振兴战略夯实了物质基础。

精准脱贫是乡村振兴的优先任务。从时间来看，精准脱贫是到 2020 年必须打赢的攻坚战，乡村振兴是到 2050 年实现乡村全面振兴必须贯彻落实的长期战略任务。中共中央、国务院印发的《乡村振兴规划（2018~2022 年）》强调，把"打好准脱贫攻坚战作为实施乡村振兴战略的优先任务"，并将精准扶贫列为 2020 年乡村振兴的十大目标和任务之一。可见，精准脱贫是乡村振兴的首场硬仗，是现阶段乡村振兴工作必须完成的重要目标任务，未来两年将是精准脱贫和乡村振兴的历史交汇期，精准脱贫与乡村振兴可以说是一个发展阶段的两个过程。从内容上看，要实现乡村的全面振兴，解决好乡村贫困问题，实现贫困地区"两不愁、三保障"是首要前提。只有解决了贫困地区的温饱问题，满足了贫困人口的基本需求，才能从更高层面对乡村建设提出要求，从而实现乡村在产业、人才、文化、生态、组织方面的全面振兴。现阶段，我国发展最大的不平衡不充分在农村，习近平总书记多次强调，"没有农村的小康，特别是没有贫困地区的小康，就没有全面建成小康社会。要实现城乡融合发展，打破城乡二元结构壁垒，关键在于化解"三农"问题，而精准扶贫则是初步实现乡村振兴的破题之举。"

精准脱贫为乡村振兴奠定了深厚基础。党的十八大以来，我国取得了减贫史上的最好成绩。据国家统计局全国农村贫困监测调查，按现行国家农村贫困标准测算，2018年末，全国农村贫困人口1 660万人，比上年末减少1 386万人；贫困发生率1.7%，比上年下降1.4个百分点。精准脱贫从产业、生态、教育、医疗、社会保障等多方面不断提高贫困地区、贫困群众的生活水平，有效改善了农村居住条件，夯实了产业发展基础，在打好脱贫攻坚战的同时，为乡村振兴奠定了深厚基础。例如，产业扶贫推动了贫困地区特色产业的培育壮大，拓宽了贫困户的增收渠道，大幅提高了贫困县的地区生产总值，为贫困地区发展提供了长效内生动力也为产业振兴打下了牢固基础。生态扶贫通过保护生态环境、建设生态修复工程、发展生态产业等，显著改善了农村地区的生态环境和人居环境，有利于乡村生态振兴。此外，驻村干部在贫困村开展扶贫工作培训能有效提升基层组织干部的个人素养和工作能力，有利于现代乡村治理体系的建设，助力组织振兴。可以看出，精准脱贫攻坚战的突出成就从产业、生态、组织等多方面为乡村振兴战略的实施夯实了发展基础。

精准脱贫为乡村振兴提供了理论参考和实践经验。精准扶贫、精准脱贫方略实施以来，全国涌现了各具特色的理论成果和实践样本，为我国实施乡村振兴战略提供了理论参考和实践经验。一方面，在精准脱贫攻坚战中形成的精准施策、分批分类、系统辩证等思维方式为乡村振兴提供了理论参考。我国乡村面积辽阔，形态丰富多样，资源禀赋差异巨大，这决定了决策者在实施乡村振兴战略的过程中必须因地制宜、精准施策，根据乡村差异化特点合理制定乡村振兴发展规划，这既是新时代推动乡村发展应遵循的指导思想，也是实现乡村全面振兴的应有之义。另一方面，精准脱贫实践中的体制机制探索创新为乡村振兴提供了实践经验参考。

3. 乡村振兴是贫困地区精准脱贫的必然结果

乡村振兴涵盖范围广，时间跨度长，实施难度大，对我国乡村的产业、生态、文化、人才和组织都提出了更高层次的建设要求和目标任务，它的提出是打赢精准脱贫攻坚战，全面建成小康社会的必然结果，为我国实现全面脱贫后的乡村提供了发展方向指引和建设行动指南。

精准脱贫是乡村振兴的应有之义。"三农"问题是关系国计民生的根本性问题，是阻碍我国经济社会均衡发展的短板，是全党工作的重中之重。精准脱贫针对"三农"问题中的农民问题。通过"分批分类""精准施策"等科学理念开展扶贫工作，拔穷根、摘穷帽、挪穷窝，致力于实现"农民腰包鼓起来"。乡村振兴是党和国家针对我国"三农"问题作出的重大战略部署，其目标不仅在于实现农民富，更致力于实现农业强和农村美。从一定意义上来说，乡村振兴相较于精准脱贫，其涵盖范围更广、实施时间更长、任务更艰巨，是我国如期实现精准脱贫后必须长期执行的重大历史任务。

乡村振兴为精准脱贫提供政策支持。党的十九大提出乡村振兴战略，远景目标是实现农业强、农村美和农民富的全面振兴，是我国必须长期贯彻落实的一项重大战略任务。2018年是打赢精准脱贫攻坚战的关键年，也是乡村振兴战略的启动年，为加快推动乡村振兴战略的落实落地，中共中央、国务院先后出台了《中共中央 国务院关于实施乡村振兴战略的意见 乡村振兴战略规划（2018~2022年）》，地方政府也相继出台乡村振兴战略的阶段性规划，对乡村振兴战略的总体要求、发展目标和实施内容做出详尽安排。随着乡村振兴战略的逐步推进，相关法律法规将不断完善，政策文本也会持续推陈出新，精准脱贫作为乡村振兴的一项阶段性任务，将在党和国家制定的乡村振兴政策文本中占据重要位置，二者的衔接机制、深度贫困的攻克难题、2020年的减贫问题等也有了相应的政策保证，能从政策上确保精准脱贫工作的顺利完成以及脱贫后的可持续发展问题。

乡村振兴为精准脱贫提供后续支持。一方面，乡村振兴战略助力未脱贫地区实现脱贫目标。目前我国尚未实现脱贫的地区多集中在"三区三州"等深度贫困地区。精准脱贫攻坚期内，深度贫困地区乡村振兴的主要任务是脱贫攻坚，乡村振兴战略的实施带动了大量的资源与政策优先用于发展农业农村，促使精准脱贫工作更具综合性、全面性和科学性。例如，乡村振兴通过优化乡村地区产业布局结构，培育壮大优势特色产业，挖掘农业多功能性，延长农业产业链等，为精准脱贫提供了良好产业发展基础。此外，乡村振兴强调发展新型集体经济，促进小农户与现代农业的有机衔接，从而有效带动小农户发展，实现增收致富，从根本上保证农民平等享有改革发展红利，这有利于激发贫困地区农户的生产积极性，构建长效稳定的脱贫机制。另一方面，乡村振兴战略对已经脱贫地区提供后续保障。虽然我国扶贫工作已经取得巨大成效，但是多数脱贫地区还面临很大的返贫风险。伴随着大量扶贫资源的撤离，本来就不稳固的产业基础面临巨大的风险，农民的可持续发展能力还较为脆弱，乡村振兴战略的实施为已经脱贫的地区提供了稳固持续的政策和资源支持，能有效巩固精准扶贫的成果，防止返贫现象出现，促进农户可持续脱贫能力的提升，巩固精准脱贫的持续性和稳定性。

二、精准扶贫与乡村振兴衔接的意义

(一) 做好精准扶贫与乡村振兴有机衔接的重要意义

脱贫攻坚是党的十九大明确提出的决胜全面建成小康社会的三大攻坚战之一,是促进全体人民共享改革发展成果、实现共同富裕的重大举措。实施乡村振兴战略是党的十九大做出的重大决策部署,是决胜全面建成小康社会、全面建设社会主义现代化国家的重大历史任务,是新时代"三农"工作的总抓手。当前正处于两大战略的历史交汇期,《乡村振兴战略规划(2018–2022年)》提出要推动脱贫攻坚与乡村振兴有机结合、相互促进,2018年和2019年的中央一号文件都明确要求做好脱贫攻坚与乡村振兴衔接。

1. 贫困地区精准扶贫与乡村振兴有机衔接是巩固脱贫攻坚成效的迫切需要

精准扶贫是乡村振兴的前提和基础,实施乡村振兴战略可以为脱贫攻坚提供新的动力和保障。当前正处于脱贫攻坚与实施乡村振兴战略交汇的历史时期。贫困地区全面完成脱贫攻坚目标任务后,都要全面实施乡村振兴战略。中央已经明确将实施乡村振兴战略作为新时代"三农"工作的总抓手,出台了《乡村振兴战略规划(2018~2022年)》,贫困地区在实践中如何将脱贫攻坚的经验用于乡村振兴,针对如何利用乡村振兴战略的政策措施巩固脱贫攻坚成果,还面临一些困难和问题,还没有形成清晰的思路和做法,迫切需要中央对脱贫攻坚与乡村振兴在政策支持、工作机制、组织保障等方面,针对如何做好有机衔接进行顶层设计,提供制度和政策指导。

2. 贫困地区精准扶贫与乡村振兴有机衔接是长远发展的客观要求

脱贫攻坚是实施乡村振兴战略的优先任务,只有实现现行标准下贫困人口如期脱贫,才能为实施乡村振兴战略,实现全面建成小康社会打下坚实基础。贫困地区实现脱贫后,还要持续发展,还要与全国其他地区一起,按照产业兴旺、生态宜居、乡风文明、治理有效、生活富裕的总要求,加快推进农业农村现代化,走中国特色社会主义乡村振兴道路,实现农业强、农村美、农民富的长期目标。在发展阶段和发展战略转换过程中,搞好顶层设计,调整和完善相关政策措施,适应贫困地区长期发展和实现乡村振兴总目标的要求,做好贫困地区脱贫攻坚与乡村振兴有机衔接,是贫困地区长远发展的客观要求。

3. 贫困地区精准扶贫与乡村振兴有机衔接是促进区域协调发展的必然选择

打赢脱贫攻坚战与实施乡村振兴战略,都是为了改善民生,实现共同富裕,都是为了全面建成小康社会,实现第一个百年奋斗目标。党的十九大做出了我国社会主要矛盾已经转化为人民日益增长的美好生活需要和不平衡不充分的发展之间的矛盾的重大论断。当前，贫困地区农村居民人均可支配收入仅相当于全国农村居民人均可支配收入的71%，深度贫困地区农村居民人均可支配收入只相当于全国农村居民人均可支配收入的66%，贫困地区依然是我国经济社会发展的短板，经济发展、基础设施和公共服务、农民收入与生活、社会面貌等各方面都明显落后于全国其他地区。2020年贫困县整体脱贫摘帽后，贫困地区发展基础依然薄弱，总体发展水平仍然滞后，仍是我国经济社会发展不平衡、不充分表现最集中的区域。促进区域协调发展，实现共同富裕，是实施乡村振兴战略的重要任务。贫困地区既是实施乡村振兴战略的薄弱地区，也是需要重点推进的区域，做好贫困地区脱贫攻坚与乡村振兴有机衔接，是促进区域协调发展的必然选择。

（二）做好精准扶贫与乡村振兴有机衔接面临的矛盾和问题[①]

当前正处于脱贫攻坚与实施乡村振兴战略的历史交汇期，在脱贫攻坚与乡村振兴有机衔接工作中，还面临一些突出的矛盾和问题。

1. 财政资金整合衔接问题

资金投入是贫困地区脱贫攻坚和乡村振兴的基本保障。但当前资金投入及整合仍存在一些突出问题。一是资金投入缺口大。贫困地区基础设施与公共服务仍然比较落后，无论是脱贫攻坚还是乡村振兴，都需要大量的资金投入。贫困地区财力普遍不足，县级财政负担重，需要中央财政转移支付才能维持运转，一些扶贫项目及公共基础设施项目需要县级配置资金投入，要补齐脱贫攻坚和乡村振兴的短板还存在较大的资金缺口。尤其像内蒙古这样的民族地区，地广人稀，生活垃圾、污水处理困难多，资金需求量大，目前的投入远不能满足需要。山区贫困村工程性缺水和季节性缺水问题突出，工程建设难度大，运行成本高，要全面解决问题还需大量投入。深度贫困地区基本集中了所有财力推进脱贫攻坚，在没有专项资金支持的情况下，乡村振兴难以快速推进。二是财政资金整合不足。国家支持贫困县统筹整合使用财政涉农资金，资金整合范围逐步扩大，整合力度不断加大，并取得了很好的效果。贫困地区普遍反映，财政资金使用限制仍然较多，统筹整合难度大。怀安县反映，目前涉农资金使用渠道限制过严，有些项目无经费保障，不利于脱贫攻坚和乡村振兴有机衔接。扶贫整合资金在投入对象和方向上有明确要求与规定，一些乡村振兴项目在现行管理体制下不能使用扶贫整合资金。很多涉农资金需专款专用。三是出现悬崖效应问题。许多地方反映，整合财政资金大多只能投向贫困村、贫困户，不能用于非贫困村基础设施建设，造成贫困村与非贫困村、贫困户与非贫困户之间出现了悬崖效应，引发了一些矛

[①] 宋洪远等. 决胜全面小康：从脱贫攻坚到乡村振兴. 北京：科学出版社，2020.

盾。一方面，村庄之间发展不平衡，非贫困村基础设施建设明显滞后于贫困村。村级基础设施也需要改造，但因资金限制，非贫困村基础设施比贫困村滞后较多，当地又无法依靠自身财力补齐非贫困村基础设施的短板。一些农牧民反映，"现在的路比以前的土路是好多了，但是硬化路都坏了，坑坑洼洼的，比贫困村的路差多了。"另一方面，对非贫困户投入力度滞后于贫困户，容易引发新的矛盾。脱贫攻坚中财政涉农整合资金绝大部分都不能用于非贫困户。通常，我们对非贫困户的扶持仅有危房改造、饮水安全等少数普惠政策，一些非贫困户特别是边缘户对此有意见，尤其在医保报销、教育减免贷补等方面差距大，容易引起矛盾。其他贫困地区的情况也基本类似。地方政府也在想办法加大对边缘贫困人口的扶持力度，但财力不足，能投入的资金有限。

2. 产业发展衔接问题

贫困地区在产业扶贫与产业振兴衔接上还存在一些问题，不利于乡村产业持续发展。一是产业规划衔接不畅。尽管各地开始启动乡村振兴规划编制，但与脱贫攻坚规划衔接仍有较大难度，特别是村庄发展规划如何编制落实难度大。如何根据村情编制简单实用、易于村民广泛参与的村庄发展规划，面临很大挑战。二是三产融合发展水平较低。贫困地区经济基础薄弱，乡村产业发展多处于初级阶段，产业链条短，质量与品牌建设滞后，新型经营主体发育不足，带动农民增收能力较弱。现有产业扶贫项目大多存在着产业同质化、产销衔接差、加工能力弱、物流系统建设明显滞后、新型经营主体缺乏等问题，市场风险较大。大多数贫困乡村区位偏远，交通不便，农业自然条件差，耕地少，市场发育滞后，缺乏龙头企业带动，农产品生产成本高、附加值低，产业扶贫带动贫困户增收效果不明显。一些乡镇产业发展缺乏规划，规模小，同质化严重。当地农业产业发展最薄弱的环节是农产品就地商品化处理不足，特别是缺乏冷链物流仓储等设施，快递物流不能到村，产销难以衔接，农民的鲜活农产品既无法快速顺畅销售，也无法获得较好的增值收益，还要面临较大的市场风险。三是产业项目短期化倾向明显。贫困地区普遍反映产业扶贫周期长、见效慢、风险大，存在一定的畏难情绪。现有产业扶贫项目大多重视短平快，对长期受益、稳定增收、全面振兴考虑欠缺，且多依赖企业等外部主体，农户参与度不高，有些仍需要财政连续支持才能维持。四是产业发展资源环境约束趋紧。贫困地区经济尚未发展起来，却面临与其他地区同样的资源环境约束。此外，一些工业污染源正逐渐向农村转移渗透，贫困地区土壤污染防治面临的挑战加大。五是易地搬迁的后续产业扶持不足。目前，易地扶贫搬迁中反映的突出问题是搬迁后的产业发展问题，搬迁后农民有了房子，但如何就业，怎么增收，以及如何融入当地社区，困难很大。

3. 基础设施落后问题

加快补上农村基础设施和公共服务短板内蒙古农村牧区基础设施、公共服务历史欠账多，建设水平滞后，同满足群众的美好生活需要还有很大差距。从自治区总体情况来看，农村牧区基础设施建设、公共服务、社会保障等方面的短板还比较多。在村庄建设方面，一半的旗县还没有完成村庄分类和布局规划；在供水保障方面，一些边境牧区的群众吃水困难，水源难找、拉水距离远，个别地区水质不达标；在教育方面，中小学教师结构性短缺，特别是艰苦边远地区招不到老师；在牧区特别是边远牧区，仍然面临着孩子受教育和老人养老就医的一系列难题。个别乡村甚至出现"空心化""荒芜化"的现象，农村牧区社会结构在发生着变化。因此，我们仍需加大农村牧区公共基础设施建设力度，提高农村教育质量、基层医疗卫生服务和公共文化服务水平，完善社会保障体系。扎实搞好农村牧区人居环境整治，治理农村生态环境突出问题。按照三年行动方案，学习推广浙江"千万工程"经验，实施好自治区的"十县百乡千村"示范行动，抓好厕所革命，搞好生活垃圾污水治理。

4. 督查考核衔接问题

实行严格的督查考核，是确保打赢脱贫攻坚战的必要措施。推进实施乡村振兴战略，同样需要建立完善的监督考核制度。当前贫困地区在脱贫攻坚监督考核中存在的一些突出问题，需要在实施乡村振兴战略中加以解决。一是监督考核过多。部分贫困地区反映，脱贫攻坚需要应对各种各样的监督考核，包括各级部门的督查、联合督查、交叉评估、第三方评估、审计、财政监督检查和项目稽查、巡视等。二是存在形式主义。一些贫困地区反映，监督考核的指标过多、过细，需要填写的表格过多，基层干部把大量的时间用在填写各种表格、应付考核评估上。一些地方监督考核过于频繁，形式化的东西过多，时间要求紧、任务急。基层政府和干部疲于应付，把过多的时间和精力用于应付督查考核，影响了正常精准脱贫工作的开展和为群众办实事的效果。地方干部反映，迎接考核工作的难度远远超过扶贫工作本身。

5. 干部人才队伍衔接问题

打赢脱贫攻坚战，离不开干部人才队伍建设。在脱贫攻坚与乡村振兴的交汇期，干部人才队伍的衔接主要存在以下问题。一是驻村工作队伍的持续稳定问题。向贫困村派驻第一书记和驻村工作队，是精准脱贫工作的重要举措，也发挥了重要的作用。既促进了贫困地区的产业发展和基础设施改善，又提升了贫困人口和贫困村的发展能力，既广泛宣传了党的扶贫政策，又有效增进了干群关系，切实提高了党在群众中的威望。但是大量党政干部长期驻村帮扶是脱贫攻坚时期的一项特殊政策，只能是短期的。长期抽调大量干部骨干驻村扶贫会影响原单位工作正常开展。长期选派大量驻村工作人员，会造成原单位人手不足。也容易弱化贫困村和贫困户的内生发展动力。个别贫困村的干部和群众出现了"等、靠、要"思想，什么事情都找驻村干部，村组织的战斗力在一定程度上受到了影响。有的驻村工作队和村委会各干各的，无法整合到一起，甚至产生矛盾。二是贫困地区产业发展和基层治理人才短缺问题严重。贫困地区经济社会发展相对滞后，工资水平和人文环境对人才的吸引力都不足，在与其他地区特别是东部发达地区的人才竞争中处于劣势，导致人才流失严重，农村以留守人口居多，年轻人少，空心村现象较多，乡村产业发展和村干部选拔的人才严重短缺。在乡村振兴中最短缺的是人才，最大的问题也是人才。随着乡村社会结构的转型和农牧民的多元分化，农牧民的思想观念也发生了很大变化，许多基层干部埋怨农民不好管，不听话，但其实是出现了"本领恐慌"。特别是在完成脱贫攻坚任务的时候，许多村（嘎查）两委干部没有发展经济的路子，工作方法不当，无法带领困难群众脱贫致富，出现了"不愿为，不能为，不敢为"的现象。农村基层党组织是党在农村全部工作和战斗力的基础。要选优配强嘎查村"两委班子"。

6. 工作机制衔接问题

五级书记一起抓的工作机制为脱贫攻坚提供了坚强的政治保证，得到了广大基层干部的一致拥护，是脱贫攻坚取得巨大成就的一条基本经验。中央明确要求，乡村振兴也要实行领导责任制，坚持五级书记抓乡村振兴。调研中，市、县、乡、村各级干部都一致表示，非常支持将五级书记抓脱贫攻坚的工作机制应用到乡村振兴战略实施的工作中。当前脱贫攻坚工作机制中还存在一些问题，需要在乡村振兴中加以完善。一是县级党政一把手正常调整机制被冻结。有的地方反映，贫困地区在脱贫攻坚期基本停止了县级党政一把手的正常调整，这虽然是为了脱贫攻坚期内压实责任、激发干劲，保持工作连续性和稳定性，但县级党政一把手不能调动和调整，基层其他各级干部的正常调整都会受到很大影响，不利于调动各级干部的积极性。二是贫困地区农村基层党支部书记的待遇明显偏低。村民富不富，关键看支部；村子强不强，关键看支书，村级工作的关键在村书记。当前，农村劳动力和人才资源流失严重，而村干部的工资待遇偏低，很多贫困村存在干部难选、好干部难找的问题。村干部在身份上和普通农民一样，不能购买城市居民的养老保险，离岗后没有退休工资，缺乏生活保障，进一步抑制了村干部的工作积极性。

三、现有精准扶贫与乡村振兴的有机衔接的政策梳理

（一）国家乡村振兴相关政策

近年来，随着精准扶贫工作的顺利收尾，乡村振兴被越来越多提上议程，中共中央委员会、国务院，以及各部委都先后出台了相关政策，见表6-4。

表 6-4　　　　党中央和国务院乡村振兴主要相关政策梳理

时间	印发单位	政策文件名称	主要内容
2018年1月2日	中国共产党中央委员会 国务院	《中共中央 国务院关于实施乡村振兴战略的意见》	文件就实施乡村振兴战略从坚持农业农村优先发展，按照产业兴旺、生态宜居、乡风文明、治理有效、生活富裕的总要求等提出详细意见的阐述
2018年8月7日	科学技术部	《中共科学技术部党组关于创新驱动乡村振兴发展的意见》	为深入贯彻落实创新驱动发展战略和乡村振兴战略，现就创新驱动乡村振兴发展，就建设国家农业农村科技创新体系、强化农业农村科技创新供给、统筹农业农村科技创新基地建设、加强科技特派员等农业农村科技人才队伍建设等主要任务做出详细阐述
2018年9月6日	中国共产党中央委员会 国务院	中共中央 国务院印发《乡村振兴战略规划（2018～2022年)》	以习近平总书记关于"三农"工作的重要论述为指导，按照产业兴旺、生态宜居、乡风文明、治理有效、生活富裕的总要求，对实施乡村振兴战略作出阶段性谋划，分别明确至2020年全面建成小康社会和2022年召开党的二十大时的目标任务，细化实化工作重点和政策措施，部署重大工程、重大计划、重大行动
2019年2月2日	共青团中央	《关于深入开展乡村振兴青春建功行动的意见》	文件结合共青团和青年工作实际，聚焦团的主责主业，以服务、凝聚、培养青年人才为切入点，组织动员广大青年投身乡村振兴战略实施，分别从以培育本土人才兴乡、服务在外人才返乡、动员社会人才下乡为重点，大力培养、凝聚、举荐一批在乡村大施所能、大展才华、大显身手的青年人才等主要任务提出详细意见
2020年9月23日	中共中央办公厅 国务院办公厅	《关于调整完善土地出让收入使用范围优先支持乡村振兴的意见》	文件为深入贯彻习近平总书记关于把土地增值收益更多用于"三农"的重要指示精神，落实党中央、国务院有关决策部署，拓宽实施乡村振兴战略资金来源，就调整完善土地出让收入使用范围优先支持乡村振兴提出相关措施意见
2020年12月16日	中国共产党中央委员会 国务院	《中共中央 国务院关于实现巩固拓展脱贫攻坚成果同乡村振兴有效衔接的意见》	文件对进一步巩固拓展脱贫攻坚成果，实现巩固拓展脱贫攻坚成果同乡村振兴有效衔接，从建立健全巩固拓展脱贫攻坚成果长效机制、聚力做好脱贫地区巩固拓展脱贫攻坚成果同乡村振兴有效衔接重点工作、健全农村低收入人口常态化帮扶机制等方面做出详细说明

续表

时间	印发单位	政策文件名称	主要内容
2021年1月4日	中国共产党中央委员会 国务院	《中共中央 国务院关于全面推进乡村振兴加快农业农村现代化的意见》	文件对新发展阶段优先发展农业农村、全面推进乡村振兴作出总体部署，为做好当前和今后一个时期"三农"工作，从实现巩固拓展脱贫攻坚成果同乡村振兴有效衔接、加快推进农业现代化、大力实施乡村建设行动等指明了方向
2021年5月22日	国务院办公厅	《国务院办公厅转发国家乡村振兴局 中央农办 财政部关于加强扶贫项目资产后续管理指导意见的通知》	为加强扶贫项目资产后续管理，确保扶贫项目在巩固拓展脱贫攻坚成果、接续全面推进乡村振兴中持续发挥效益，就摸清扶贫项目资产底数、有序推进确权登记、落实后续管理责任、规范后续管护运营、规范收益分配使用、严格项目资产处置措施做出详细阐述

实施乡村振兴战略，是以习近平同志为核心的党中央从党和国家事业全局出发，深刻把握现代化建设规律和城乡关系变化特征，着眼于实现"两个一百年"奋斗目标，顺应亿万农民对美好生活的向往作出的重大决策，是新时代"三农"工作的新旗帜和总抓手。实施乡村振兴战略，是党的十九大作出的重大决策部署，是决胜全面建成小康社会、全面建设社会主义现代化国家的重大历史任务，是新时代"三农"工作的总抓手。党中央和国务院就乡村振兴战略制定了相关政策，加速乡村振兴目标的实现（见表6-4）。实施乡村振兴战略的目标任务是，到2020年，乡村振兴取得重要进展，制度框架和政策体系基本形成。农业综合生产能力稳步提升，农业供给体系质量明显提高，农村一二三产业融合发展水平进一步提升；农民增收渠道进一步拓宽，城乡居民生活水平差距持续缩小；现行标准下农村贫困人口实现脱贫，贫困县全部摘帽，解决区域性整体贫困；农村基础设施建设深入推进，农村人居环境明显改善，美丽宜居乡村建设扎实推进；城乡基本公共服务均等化水平进一步提高，城乡融合发展体制机制初步建立；农村对人才吸引力逐步增强；农村生态环境明显好转，农业生态服务能力进一步提高；以党组织为核心的农村基层组织建设进一步加强，乡村治理体系进一步完善；党的农村工作领导体制机制进一步健全；各地区各部门推进乡村振兴的思路举措得以确立。到2035年，乡村振兴取得决定性进展，农业农村现代化基本实现。农业结构得到根本性改善，农民就业质量显著提高，相对贫困进一步缓解，共同富裕迈出坚实步伐；城乡基本公共服务均等化基本实现，城乡融合发展体制机制更加完善；乡风文明达到新高度，乡村治理体系更加完善；农村生态环境根本好转，美丽宜居乡村基本实现。到2050年，乡村全面振兴，农业强、农村美、农民富

全面实现。

(二) 内蒙古乡村振兴相关政策

党的十八大以来，我区农牧业农村牧区发展取得了重大成就，"三农三牧"工作积累了丰富经验，为实施乡村振兴战略奠定了良好基础。同时也要看到，我区欠发达的基本区情尚未根本改变，发展不平衡不充分的一些突出问题尚未解决，特别是"三农三牧"领域还有不少短板，农牧业结构性矛盾突出，农村牧区社会事业发展滞后，农牧民收入水平不高，脱贫攻坚任务艰巨。必须切实增强责任感使命感紧迫感，以更大的决心、更明确的目标、更有力的决策，加快推进农牧业农村牧区现代化。

内蒙古自治区深入贯彻习近平总书记考察内蒙古重要讲话精神，加强党对"三农三牧"工作的领导，坚持稳中求进工作总基调，牢固树立新发展理念，落实高质量发展的要求，统筹推进"五位一体"总体布局和协调推进"四个全面"战略布局，坚持"三农三牧"重中之重的战略地位，坚持农牧业农村牧区优先发展，按照产业兴旺、生态宜居、乡风文明、治理有效、生活富裕的总要求，建立健全城乡融合发展体制机制和政策体系，加快推进乡村治理体系和治理能力现代化，加快推进农牧业农村牧区现代化，走中国特色社会主义乡村振兴道路，推动农牧业全面升级、农村牧区全面进步、农牧民全面发展，让美丽乡村成为亮丽内蒙古的鲜明底色。

2018年2月13日《内蒙古自治区党委自治区人民政府关于实施乡村振兴战略的意见》根据《中共中央 国务院关于实施乡村振兴战略的意见》精神，结合自治区实际，阐述了深化农牧业供给侧结构性改革，大力提升农牧业发展质量；着力推进乡村绿色发展，实现人与自然和谐共生；繁荣兴盛乡村文化，提高乡村社会文明程度；创新乡村治理体系，实现乡村善治；提高农村牧区民生保障水平，建设幸福美丽家园；全力打好精准脱贫攻坚战，提高脱贫质量等相关实施乡村振兴的意见。

2018年7月11日，内蒙古自治区农牧厅出台《关于做好乡村振兴投资需求摸底和2019年中央农牧业建设投资计划草案编报工作的通知》，就做好乡村振兴投资需求摸底和2019年中央农牧业建设投资计划草案编报工作做出通知，"高度重视摸底和编报工作，确保高质量完成任务；全面强化沟通衔接，提高工作质量和效率。要结合现行投资管理方式，主动与发展改革、财政等部门衔接，协调落实地方配套投资，为项目落实创造有利条件；按时报送有关材料。"

2018年8月20日，内蒙古自治区农牧业厅发布《关于进一步做好乡村振兴人居环境整治有关情况报送工作的通知》，为全面贯彻落实党中央国务院、自治区党委政府关于对全区乡村振兴人居环境整治工作部署，加快推进新时代新农村建设，按照自治区乡村振兴战略规划和农村牧区人居环境整治三年行动方案确定的具体要求，由自治区农牧业厅牵头推进乡村振兴人居环境整治工作。就及时了解和掌握各盟市、旗县

（市区）乡村振兴人居环境整治工作的基本情况、牵头部门、责任部门、各项工作进展等方面的情况，加强部门之间协调配合、信息互通、资源共享、工作联动；加强自治区有关部门和盟市（市区）政府和部门之间沟通协调；加强对乡村振兴人居环境整治工作有关情况的调度，对各盟市农牧业局认真做好本次基本情况摸底核实上报工作提出了相关要求。

2018年10月15日，内蒙古自治区人民政府《内蒙古自治区人民政府办公厅关于金融支持乡村振兴战略的指导意见》，为贯彻落实党的十九大和中央农村工作会议、全国实施乡村振兴战略工作推进会议精神，推动自治区金融机构积极创新金融产品、提升服务能力，切实解决农村牧区金融服务不平衡、不充分问题，根据《中共中央 国务院关于实施乡村振兴战略的意见》和《内蒙古自治区党委 自治区人民政府关于实施乡村振兴战略的意见》，经自治区人民政府同意，就金融支持乡村振兴战略提出健全多层次广覆盖的金融服务体系、支持农牧业供给侧结构性改革、加大对重点领域和薄弱环节的支持力度、大力推进金融产品和服务方式创新、支持深度贫困地区脱贫、拓宽农村牧区多元化融资渠道、加快推进农村牧区金融基础设施建设、积极发挥金融、财政政策合力作用等方面的意见。

2021年5月14日，自治区民政厅《全区乡村振兴和社区"我帮你"志愿服务活动实施方案》，进一步巩固脱贫攻坚成果，助力实施乡村振兴发展战略，加强和创新基层社会治理，动员引导公益慈善力量和广大志愿者参与城乡社区志愿服务，自治区民政厅、文明办决定在全区开展乡村振兴和社区"我帮你"志愿服务活动，制定具体实施方案。

四、做好精准扶贫与乡村振兴有机衔接的政策建议

（一）明确贫困地区持续减贫与乡村振兴工作的职责

2020年全面脱贫后，贫困地区将进入以乡村全面振兴为目标的新阶段，但依然面临防止返贫和减缓相对贫困的任务。为适应新形势、新要求，扶贫部门需要重点聚集兜底贫困人口和边缘贫困人口，有步骤地退出一些容易引起非贫困户与贫困户之间不平衡的扶持政策，进一步完善以就业帮扶和社会帮扶为重点的扶持政策，构建适应新形势、新要求的监督考核体系。

一是做好贫困人口的监测和动态调整。扶贫部门应与统计部门加强协调，强化贫困人口的监测和动态调整职责，逐步将农村边缘贫困人口纳入监测范围，及时应对可能的返贫情况，确保贫困人口切实享受国家政策的帮扶。

二是完善扶贫政策顶层设计。完善中央扶贫资金分配方案，鼓励和支持地方政府在贫困线调整和扶贫方式完善等方面进行探索，在总结实践经验的基础上，进一步完

善国家层面的扶贫政策设计，包括完善社会力量参与扶贫的政策体系等。三是将持续减贫工作纳入乡村振兴考核体系。乡村振兴工作的相关部门需要全面统筹推进，坚持共同富裕，逐步实现城乡公共服务一体化，应建立完善的乡村振兴考核指标体系，明确各部门在实施乡村振兴战略中的职责，将持续减贫工作纳入乡村振兴考核体系，统筹推进贫困地区持续减贫和乡村振兴。

（二）做好脱贫攻坚与乡村振兴资金衔接

一是对贫困地区的资金投入和扶持政策保持稳定。贫困县摘帽后，扶贫资金要继续用于支持贫困地区的乡村振兴，确保资金规模不减、投入力度不减。逐步将脱贫攻坚专项资金纳入乡村振兴专项资金，扶贫资金统筹整合政策改为乡村振兴资金统筹整合政策，实现贫困地区乡村振兴资金持续投入与管理的制度化、规范化。要加大而不是减少对贫困地区的财政帮扶力度，确保财政投入与乡村振兴目标任务相匹配，教育、卫生、生态补偿等项目资金都应优先向贫困地区倾斜。

二是进一步加强财政资金统筹整合。加大统筹整合力度，提高普惠程度，切实改善贫困地区基础设施与公共服务。贫困县脱贫摘帽后，给予贫困县更大的自主权，在做好脱贫攻坚巩固提升工作的基础上，逐步将扶贫资金由到村到户到人的精准帮扶转向普惠性政策和项目，用于支持乡村振兴，允许将非贫困村的基础设施和公共服务、非贫困户扶持政策等方面支出纳入财政涉农统筹整合资金支出范围内。在教育、医疗、养老、就业培训等社会保障和补助政策方面，分门别类地研究制定相应的调整完善办法，更加突出资金使用的普惠性。

三是拓宽贫困地区投融资渠道。对贫困地区拓宽投融资渠道给予政策倾斜。强化金融机构在贫困地区乡村振兴中的责任，加大对深度贫困县的低息或贴息中长期贷款支持。鼓励支持社会资本合法合规参与发起设立乡村振兴基金。支持乡村金融服务站和小额信贷转型支持乡村振兴，扶贫再贷款改造成乡村振兴再贷款，设立风险补偿金。支持贫困地区加大土地制度改革试点力度，稳妥推进撤屯并村，构建城乡统一的建设用地市场，允许贫困地区通过土地增减挂钩和占补平衡等方式为乡村振兴筹集发展资金。

四是加强对贫困地区低收入群体的兜底保障。进一步加大农村教育、文化、医疗卫生、社会保障等方面的投入，提高社会保障标准，推进城乡社会保障一体化，特别是要落实困难群体的普惠政策，提高重病、重残人口的医疗保障政策标准。加强扶贫标准与低保标准的衔接，推进两线合一，健全社会救助与福利保障体系，整合民政、医疗、慈善、保险等政策资源，全面构建社会安全保障网，充分发挥其在防贫、减贫中的兜底保障作用。

（三）加大对贫困地区产业发展扶持力度

一是制订 2020 年后贫困地区乡村振兴专项规划。因地制宜发展产业，紧贴当地特色，按照农区、牧区、半农半牧区的不同特点，明确旗县主导产业，发展特色产业，注重规划的前瞻性和实用性。科学编制县域、乡村发展规划，以人口集聚为引导，注重发挥农民主体作用，打造美丽乡村。

二是扶持贫困地区培育发展新产业、新业态。扶持贫困地区农产品加工业发展，在土地、金融、税收等方面制定优惠政策，鼓励贫困地区引进先进农产品加工等企业。加大对贫困地区农业多功能性、传统村落、优秀传统文化的挖掘、保护和开发力度，鼓励贫困地区适度开发生态旅游资源，发展观光旅游业、休闲农业和其他新业态。整合县、乡、村三级电商服务平台，组建农产品电子商务公共销售平台，实现农村电商服务站覆盖所有乡村。

三是支持贫困地区新型农牧业经营主体发展。扶持贫困地区培育规范的农牧民专业合作社，提高农牧业生产组织化程度。提高龙头企业与合作社的辐射带动能力。加大新型职业农民/牧民培训力度，加强农村牧区人才队伍建设。培养一批专业人才，扶持一批乡村工匠。

四是扶持贫困地区提高农牧产品产后商品化处理能力。加强贫困地区农产品和畜牧业产品的质量和品牌建设，提高农牧民综合效益。加大对贫困地区农产品粗加工和冷链物流等商品化处理设施建设的扶持力度，完善市场体系，降低物流成本，促进农牧产品产销衔接。

五是加大对贫困地区绿色环保产业的扶持力度。在生物质能开发利用、畜禽粪污处理、土壤污染防治与修复、草原生态修复、耕地休耕轮作等方面，给予贫困地区更大的资金和技术扶持。疏堵结合，促进贫困地区乡村绿色环保产业持续发展。

（四）完善乡村振兴干部队伍管理机制

一是脱贫摘帽后不能随意撤回驻村工作队。脱贫摘帽后，驻村工作队不能一下子全部撤回，对于一些已巩固脱贫攻坚效果，实现稳定脱贫的地区，可视情况有计划、分步骤地逐步退出。

二是实施乡村振兴战略不宜长期派驻村工作队。脱贫攻坚时期派驻村工作队是特殊时期的非常规措施，运行成本高，牵扯面较广，乡村振兴是长期性的发展战略，实现这一长期目标不宜采取长期大面积派驻村工作队的做法。

三是部分贫困地区可继续实行定点帮扶机制。对于基层组织软弱涣散、经济发展落后、集体经济薄弱的贫困村及深度贫困地区，脱贫摘帽后依然需要长期帮扶，继续实行定点联系帮扶。

四是脱贫摘帽后驻村工作机制可灵活多样。贫困县脱贫摘帽后，为不影响原单位的正常工作，驻村干部队伍的人员数量可以减一点，时间要求可以松一点，驻村方式可以灵活多样。对驻村干部的考核要注重实效，避免走形式，考核内容要更多体现在干事情上，而不只是强调在驻村时间上，保障发挥帮扶实效。应明确驻村干部的主要职责是帮扶而不是主体，更不能包办村内事务，要把提升乡村的自我发展能力和内生动力作为对驻村干部的重要考核内容。

五是采取向贫困地区倾斜的人才政策。进一步加大转移支付力度，提高贫困地区县级可用财力和工薪人员工资标准，支持贫困地区在户口、工资待遇、养老保险等方面采取更为灵活的人才引进政策。打破地域、行业、身份等限制，建立乡村建设项目库，支持企业家和返乡人员投资兴业，鼓励城市离退休干部和专业技术人才下乡，多方面吸引人才参与乡村振兴。

附 录

附表1　　内蒙古农村居民消费支出表（2001~2017年）　　单位：元

年份	总支出	食品	衣着	居住	生活	交通	教育	医疗	其他
2001	1 554.59	678.88	109.31	237.76	60.41	113.20	99.57	213.65	41.80
2002	1 647.0	714.96	115.48	245.54	64.82	116.82	117.51	229.63	42.29
2003	1 770.6	731.1	121.8	246.9	65.7	124.4	192.0	256.2	32.5
2004	2 082.57	889.05	133.54	266.43	69.91	154.51	241.90	291.98	35.24
2005	2 446.17	1 054.26	150.01	334.69	84.41	293.32	309.4	176.44	43.64
2006	2 771.97	1 082.07	184.6	352.85	98.02	361.83	398.47	232.76	61.38
2007	3 256.15	1 280.05	228.4	473.98	117.64	375.58	423.75	281.46	75.29
2008	3 618.11	1 483.61	239.96	569.6	128.8	406.74	399.35	320.62	69.43
2009	3 968.42	1 578.57	271.88	609.29	148.03	466.34	390.85	416.87	86.59
2010	4 460.83	1 675.04	317.71	751.99	177.91	598.61	374.19	467.97	97.41
2011	5 507.72	2 067.03	395.21	880.26	243.27	728.94	525.89	534.18	132.92
2012	6 381.97	2 379.759	481.753	1 078.97	268.9828	912.2474	513.9667	588.8663	157.4244
2013	7 268.31	2 583.475	564.6878	1 111.62	302.2753	1 106.535	555.2417	831.1935	213.2818
2014	9 972.2	3 039	728.1	1 675.7	427.9	1 467.5	1 318	1 114.4	201.5
2015	10 646.5	3 132	765.1	1 817.1	475	1 646.8	1 457.7	1 117.7	235.1
2016	11 462.7	3 362.9	814	1 995.9	506.8	1 790.3	1 553	1 187.7	252.1
2017	12 166.4	3 384.7	824.3	2 194.3	522.1	2 055.6	1 638.6	1 288.4	258.4

附表2　　内蒙古农村牧民人均可支配收入与支出五等份数据　　单位：元

年份	可支配收入	SP	YZ	JZ	SH	JT	JY	YL	QT
	954.89	1 826.01	419.07	1 607.25	208.86	800.97	660.81	898.74	71.96
	4 765.09	2 031.53	382	526.5	216.39	653.69	623.28	572.65	87.38
2013	7 597.87	2 119.18	482.06	1 101.14	296.91	863.66	933.4	629.23	129.28
	11 444.29	2 398.63	531.24	1 408.24	298.95	987.2	968.44	573.62	109.71
	21 294.87	3 088.7	842.76	1 883.88	422.44	1 250.83	1 046.15	904.39	189.65

续表

年份	可支配收入	SP	YZ	JZ	SH	JT	JY	YL	QT
2014	84.65	2 559.16	546.02	1 312.63	344.97	1 312.42	1 277.84	1 044.64	159.48
	5 695.08	2 552.81	564.36	1 329.99	366.76	1 029.51	942.38	785.39	162.41
	8 629.4	2 941	679.59	1 603.79	401.87	1 317.9	1 359.58	1 211.15	190.65
	12 555.14	3 195.16	739.98	1 708.03	425.61	1 366.93	1 467.14	1 220.6	185.83
	24 834.43	4 071.92	1 158.88	2 519.8	621.86	2 401.1	1 577.53	1 339.09	321.31
2015	898.34	2 598.53	628.1	1 491.66	356.04	1 291.12	1 649.93	781.69	205.68
	6 089.98	2 613.52	570.83	1 479.21	360.84	1 468.95	1 242.5	795.46	158.35
	9 341.66	2 909.95	661.23	1 584.87	423.4	1 528.99	1 309.44	990.89	216.63
	13 753.36	3 276.28	841.25	2 006.05	493.99	1 704.16	1 411.01	1 095.96	249.94
	26 086.42	4 402.64	1 184.38	2 641.62	784.94	2 339.58	1 706.16	2 058.18	263.92
2016	1 540.24	2 806.88	671.48	1 316.68	422.53	1 408.63	1 331.85	1 014.21	176.11
	7 320.62	2 760.16	668.3	1 713.61	435.74	1 486.91	1 397.63	835.82	177.56
	10 260.65	3 033.8	738.6	1 704.34	419.34	1 583.11	1 780.5	1 086.4	212.22
	14 664.69	3 802.69	917.6	2 356.75	607.06	2 021.14	1 565.83	1 110.35	329.18
	26 506.67	4 615.96	1 124.47	3 059.08	680.81	2 576.78	1 808.69	1 998.17	389.96
2017	1 804.77	2 895.72	705.54	1 508.17	409.21	1 447.36	1 272.62	1 010.85	174.5
	7 341.9	2 921.29	611.21	1 588.48	451.55	1 811.86	1 617.39	1 064.17	196.26
	10 616.18	3 077.77	774.62	1 921.89	449.74	1 928.23	1 650.55	1 159.75	250.27
	15 251.71	3 665.71	924.6	2 620.85	564.15	2 012.98	1 876.61	1 287.82	288.65
	30 575.68	4 528	1 256.07	3 531	771.43	3 248.85	1 808.69	2 023.7	404.41

附表3　　内蒙古城镇人均可支配收入与支出五等份数据　　单位：元

年份	可支配收入	SP	YZ	JZ	SH	JT	JY	YL	QT
2013	9 329.24	3 019.81	1 104.55	1 702.49	430.73	1 107.56	1 205.23	850.51	187.25
	16 995.84	4 208.88	1 681.58	2 486.91	739.49	1 516.15	1 571.51	855.58	287.58
	23 727.33	5 524.36	2 331.34	3 357.29	1 121.03	2 033.52	1 906.17	1 322.65	740.36
	32 570.96	6 488.00	2 914.50	4 310.27	1 648.18	3 100.42	2 436.30	1 350.13	652.98
	56 656.68	9 449.30	4 602.09	6 268.82	2 495.13	5 823.98	3 909.92	2 246.66	1 549.19
2014	10 302.26	3 475.22	1 002.73	2 066.13	655.54	1 425.21	1 197.34	1 017.08	205.45
	18 972.08	4 506.58	1 625.84	2 675.60	914.27	1 677.70	1 740.66	907.92	430.69
	25 701.99	5 929.37	2 095.45	3 605.06	1 283.31	2 373.28	2 077.68	1 581.84	584.29
	34 437.88	7 418.23	3 009.65	4 151.58	1 801.39	3 917.44	2 477.45	1 674.14	813.12
	60 391.88	9 772.37	4 876.15	6 297.05	2 907.96	7 040.45	3 808.39	2 437.89	1 630.37

续表

年份	可支配收入	SP	YZ	JZ	SH	JT	JY	YL	QT
2015	11 194.00	3 760.39	1 055.48	2 058.96	555.30	1 290.14	1 438.34	944.76	223.80
	20 488.00	5 040.47	1 753.62	2 773.61	955.31	2 078.88	2 132.23	1 179.41	351.97
	28 264.00	6 375.07	2 214.13	3 599.24	1 274.80	2 376.36	2 269.24	1 311.31	567.27
	37 298.00	7 220.45	3 338.56	4 386.33	1 789.42	4 027.85	2 879.94	1 962.01	995.40
	65 041.00	9 693.16	4 649.06	6 519.29	3 003.85	7 454.74	4 278.54	2 816.23	1 855.02
2016	12 078.79	3 578.97	1 058.31	2 226.16	678.74	1 394.35	1 499.59	1 060.41	254.49
	22 574.17	5 317.51	1 869.25	3 081.85	1 052.96	2 187.43	2 097.60	1 231.46	411.53
	31 382.31	6 603.72	2 385.33	4 128.05	1 308.70	2 368.12	2 514.84	1 453.82	581.43
	40 709.17	7 908.05	3 213.17	4 562.24	1 959.48	3 563.14	2 860.10	2 202.87	906.07
	66 014.05	9 746.45	4 728.45	6 696.61	3 196.03	6 424.66	4 443.66	3 628.01	1 534.48
2017	12 403.39	3 613.84	1 056.79	2 308.95	655.66	1 579.97	1 646.47	1 094.27	22.59
	24 120.88	5 090.36	1 793.90	3 294.58	1 258.04	2 375.37	2 161.08	1 466.96	483.96
	33 606.58	6 540.36	2 447.65	3 984.30	1 445.40	2 957.40	2 261.60	1 777.16	614.59
	43 829.93	7 820.81	3 239.39	5 062.45	2 093.24	3 732.39	3 019.81	2 154.04	969.58
	71 302.63	10 078.05	4 796.88	6 393.00	3 191.63	7 568.57	4 408.14	3 298.93	1 672.36

附表4　美国经济学家 I. 阿德尔曼和 C. T. 莫里斯提出的40个变量体系

四类指标	具体指标体系
总体经济特征（3个）	传统农业部门的大小
	二元结构的程度
	城市化的程度
总体社会文化特征（9个）	基本社会组织的特点
	当地中产阶级的地位
	社会流动性的程度
	识字率
	大众传播媒介的水平
	文化与种族的同质程度
	社会紧张程度
	自然人口生育率
	观念现代化程度

续表

四类指标	具体指标体系
政治指标（12个）	国家一体化程度
	政治权利集中程度
	民主制度的力量
	政治上的反对派与出版自由
	政党竞争程度
	政党制度的主要基础
	工人运动的实力
	传统的上层人物的政治力量
	武装力量的政治力量
	政府机关的效率
	领导层对经济发展（改革）的支持程度
	政治稳定程度
经济指标（16个）	1961年人均国民生产总值
	1950/1951~1963/1964年度人均国民生产总值增长率
	自然资源的蕴藏量大小
	总投资率
	工业现代化水平
	1950年以来工业化程度的变化
	农业组织的特点
	农业技术现代化水平
	1950年以来农业劳动生产率提高程度
	物质资本的充足程度
	1950年以来物质资本增加程度
	税收制度的有效性
	1950年以来税收制度的改进程度
	财政制度的有效性
	人力资源的改善程度
	对外贸易的结构

参 考 文 献

[1] 阿尔柯克. 认识贫困 [M]. 伦敦：麦克米伦出版社，1993：34.

[2] 阿马蒂亚·森. 以自由看待发展 [M]. 北京：人民文学出版社，2002：85，98.

[3] 安超. 中国农村低保精准识别的内在困境——贫困可见性与瞄准偏误及其解决思路 [J]. 公共行政评论，2019，12（6）：125-142，201-202.

[4] 安琼，刘小鹏，裴银宝，等. 集中连片特困地区村域贫困指数测度分析——以宁夏隆德县为例 [J]. 宁夏大学学报（自然科学版），2018：71-78.

[5] 白晓梅. 新时代民族地区文化扶贫与压茬推进乡村振兴——基于内蒙古阿古拉嘎查的考察 [J]. 北方民族大学学报，2020（6）：27-33.

[6] 白重恩，唐燕华，张琼. 中国隐性收入规模估计——基于扩展消费支出模型及数据的解读 [J]. 经济研究，2015，50（6）：4-18.

[7] 曹长婷，王瑞馨. 基于互联网+下的金寨产业扶贫研究 [J]. 中国市场，2020（31）：60-61.

[8] 岑家峰，李东升. 精准扶贫视域下资产收益扶贫的减贫效应——基于桂南LN养殖合作社的考察 [J]. 开发研究，2018（2）：20-26.

[9] 曾旭晖，李志慧，郭晓鸣. 中国金融精准扶贫的实践与创新 [J]. 当代经济管理，2021（4）：12.

[10] 陈爱雪，刘艳. 层次分析法的我国精准扶贫实施绩效评价研究 [J]. 华侨大学学报（哲学社会科学版），2017（1）：116-129.

[11] 陈恩. 产业扶贫为什么容易失败？——基于贫困户增能的结构性困境分析 [J]. 西北农林科技大学学报（社会科学版），2019，19（4）：87-95.

[12] 陈凡，杨越. 中国扶贫资金投入对缓解贫困的作用 [J]. 农业技术经济，2003（6）.

[13] 陈浩天. 技术赋权：后扶贫时代教育扶贫政策清单的网络化治理 [J]. 教育发展研究，2020（20）：7-13.

[14] 陈辉，张全红. 基于Alkire-Foster模型的多维贫困测度影响因素敏感性研究——基于粤北山区农村家庭的调查数据 [J]. 数学的实践与认识，2016，46（11）：91-98.

[15] 陈辉，张全红. 基于多维贫困测度的贫困精准识别及精准扶贫对策——以

粤北山区为例 [J]. 广东财经大学学报, 2016 (3): 64-71.

[16] 陈健生. 生态脆弱地区农村慢性贫困研究 [D]. 成都: 西南财经大学, 2008.

[17] 陈骏兰. 贫困县精准扶贫绩效评价研究——以金寨县为例 [J]. 山西农经, 2018 (6): 18-21.

[18] 陈立中. 转型时期我国多维度贫困测算及其分解 [J]. 经济评论, 2008 (5): 5-10.

[19] 陈南岳. 我国农村生态贫困研究 [J]. 科学·经济·社会, 2002 (1): 3-7.

[20] 陈能先. 四步曲打响产业扶贫冲锋号——石城县木兰乡精准扶贫产业帮扶工作札记 [J]. 老区建设, 2017 (1): 37-39.

[21] 陈小娟. 互联网+文化扶贫的现实挑战与创新路径 [J]. 行政管理改革, 2020 (12): 50-56.

[22] 陈岩. 基于精准扶贫背景下的偏远地区文化扶贫现状及优化研究——以鞍子山村为例 [J]. 时代金融, 2019 (14): 28-29.

[23] 陈忠言. 产业扶贫典型模式的比较研究——基于云南深度贫困地区产业扶贫的实践 [J]. 兰州学刊, 2019 (5): 161-175.

[24] 成升魁, 丁贤忠. 贫困本质与贫困地区发展 [J]. 资源科学, 1996, 18 (2): 29-34.

[25] 成卓, 朱艳玲. 陕西省商南县农村脱贫攻坚的路径选择研究 [J]. 2019 (17): 248-249, 245.

[26] 戴维. 社会学 [M]. 李强, 等译. 北京: 中国人民大学出版社, 1999: 77.

[27] 邓大松, 仙蜜花. 基于ELES模型的湖北省城市居民最低生活保障标准评估 [D]. 武汉: 武汉理工大学.

[28] 邓小海. 旅游扶贫精准帮扶探析 [J]. 新疆大学学报 (哲学·人文社会科学版), 2015, 43 (6): 21-27.

[29] 邓小平. 邓小平文选 (第3卷) [M]. 北京: 人民出版社, 1993: 155.

[30] 邓新华, 袁伦渠. 中国城镇贫困陷阱问题研究 [J]. 北京交通大学学报 (社会科学版), 2007 (4): 90-94.

[31] 邓永超. 预见式行动视角下精准扶贫的机制优化 [J]. 社会科学, 2019 (8): 16-22.

[32] 迪帕, 罗伯特, 米拉, 帕蒂. 穷人的呼声 [M]. 北京: 中国人民大学出版社, 2003: 36.

[33] 丁传磊. 贫困村村民行为对扶贫工作的影响 [J]. 合作经济与科技, 2017 (12): 175-176.

[34] 董帅鹏. 关系嵌入与精准偏离：基层扶贫治理策略及影响机制研究 [J]. 中国农村观察, 2020 (4)：23-35.

[35] 豆红玉, 韩旭峰. 甘肃省农村低保标准实证分析及对策研究 [J]. 社会保障研究, 2016 (5)：55-62.

[36] 杜永红. 乡村振兴战略背景下网络扶贫与电子商务进农村研究 [J]. 求实, 2019 (3)：97-108, 112.

[37] 段小虎, 张惠君, 万行明. 政府购买公共文化服务制度安排与项目制文化扶贫研究 [J]. 图书馆论坛, 2016, 36 (4)：5-12.

[38] 段妍珺. 贵州省精准扶贫绩效研究 [D]. 贵州：贵州大学, 2016.

[39] 段阳, 吴春宝. 西藏农牧业特色产业精准帮扶模式与经验研究 [J]. 西藏发展论坛, 2017 (2)：29-32.

[40] 冯景. 河南省农村贫困指数的测度——基于GQ模型和农村居民收入分组数据的分析 [J]. 现代经济信息, 2018 (21)：469-474.

[41] 符科宗. 养殖业产业脱贫攻坚精准帮扶工作的调研报告 [J]. 中国畜牧兽医文摘, 2017, 33 (5)：13.

[42] 付桂军. 内蒙古半农半牧区可持续发展评价 [J]. 干旱区资源与环境, 2009 (6)：35-40.

[43] 付民主. 中国政府消除贫困行为 [M]. 武汉：湖北科学技术出版社, 1996：141.

[44] 高博发, 李聪, 李树茁, 等. 生态脆弱地区易地扶贫搬迁农户福利状况及影响因素研究 [J]. 干旱区资源与环境, 2020 (38)：88-95.

[45] 高风. 体现科学发展观要求的牧区经济社会发展综合评价指标体系研究——以内蒙古自治区为例 [J]. 内蒙古财经学院学报, 2008 (4)：25-31.

[46] 高静, 武彤, 王志章. 网络扶贫的逻辑进路与现实鉴证——以凉山彝族自治州为例 [J]. 农村经济, 2019 (6), 83-90.

[47] 高明. 什么样的农户更容易贫困——家庭结构视角下的多维贫困精准识别研究 [J]. 现代经济探讨, 2018 (2)：100-107.

[48] 葛志军, 邢成举. 精准扶贫：内涵、实践困境及其原因阐释——基于宁夏银川两个村庄的调查 [J]. 贵州社会科学, 2015 (5)：157-163.

[49] 郭丛笑, 熊海峰, 张春河. 乡村振兴战略下嵌入式公共文化扶贫的路径探析 [J]. 出版广角, 2020 (12)：6-9.

[50] 郭黎霞. 贫困恶性循环理论视角下福建精准扶贫的思考 [J]. 宁德师范学院学报（哲学社会科学版）, 2017 (4)：7-10, 67.

[51] 郭利华, 葛宇航, 李佳珉. 民族地区深度贫困问题的金融破解：政策与方向 [J]. 中央民族大学学报（哲学社会科学版）, 2018, 45 (6)：118-125.

[52] 郭猛超. 基于SD-AHP的开发式扶贫项目仿真及其评价 [D]. 合肥: 华中科技大学, 2011.

[53] 韩旭东, 杨慧莲, 王若男, 等. 精准扶贫实践中的不公平: 现象、产生原因及改进 [J]. 干旱区资源与环境, 2020, 34 (4): 72-79.

[54] 何超. 多维贫困视角下农村贫困精准识别研究 [D]. 重庆: 西南大学, 2017.

[55] 何芳. 儿童发展账户: 新加坡、英国与韩国的实践与经验——兼谈对我国教育扶贫政策转型的启示 [J]. 比较教育研究, 2020, 42 (10): 26-33.

[56] 何靖. 模糊综合评价在节水灌溉工程项目后评价中的应用 [J]. 绿色科技, 2019 (6): 231-234.

[57] 何仁伟, 张海朋, 李立娜. 非特色型产业扶贫模式及其对乡村振兴的启示 [J]. 中国沙漠, 2021 (3): 81-91.

[58] 何欣, 朱可涵. 农户信息水平、精英俘获与农村低保瞄准 [J]. 经济研究, 2019, 54 (12): 150-164.

[59] 何志婵. 从产业扶贫到产业兴旺的财政政策研究——以广西为例 [J]. 地方财政研究, 2020 (12): 91-97.

[60] 贺岚. 农村科技特派员制度下科技兴农的运行框架与主要模式 [J]. 科技管理研究, 2020 (24): 222-228.

[61] 贺立龙, 郑怡君, 胡闻涛, 等. 易地搬迁破解深度贫困的精准性及施策成效 [J]. 西北农林科技大学学报 (社会科学版), 2017, 17 (6): 9-17.

[62] 贺林波, 谢美娟. 产业精准扶贫的剩余控制权冲突及治理 [J/OL]. 华南农业大学学报 (社会科学版), 2019 (4): 1-9.

[63] 贺雪峰, 刘锐. 熟人社会的治理——以贵州湄潭县聚合村调查为例 [J]. 中国农业大学学报 (社会科学版), 2009, 26 (20): 111-117.

[64] 洪银兴, 龙翠红. 论劳动力流动背景下人力资本对三农的反哺 [J]. 江海学刊, 2009 (1): 79-85, 238.

[65] 胡冠男. 构建社会公益力量参与扶贫工作的对策建议 [J]. 老区建设, 2017 (16): 20-23.

[66] 胡联, 汪三贵. 我国建档立卡面临精英俘获的挑战吗? [J]. 管理世界, 2017 (1): 89-98.

[67] 黄承伟, 覃志敏. 论精准扶贫与国家扶贫治理体系建构 [J]. 中国延安干部学院学报, 2015, 8 (1): 131-136.

[68] 黄承伟, 覃志敏. 我国农村贫困治理体系演进与精准扶贫 [J]. 开发研究, 2015 (2): 56-59.

[69] 黄国武, 仇雨临, 肖喻心. 深度贫困地区健康扶贫研究: 以四川凉山州分级

诊疗为例 [J]. 中央民族大学学报（哲学社会科学版），2018，45（5）：121-129.

[70] 黄宏伟，潘小庆. 脱贫质量提升：对象精准识别与标准动态调整——以农村老年人为例 [J]. 宏观质量研究，2021，9（2）：16-28.

[71] 黄辉. 精准脱贫战略下的图书馆文化扶贫精准识别、帮扶与机制创新研究 [J]. 图书情报知识，2017（1）：49-55.

[72] 黄坤. 多维贫困精准识别方法及应用研究 [D]. 兰州：西北师范大学，2017.

[73] 纪陆. 政策动向 [J]. 经济管理，2015，37（7）：11.

[74] 贾曼莉，高鸿雁. 内蒙古金融扶贫创新机制 [J]. 北方经济，2019（1）：78-80.

[75] 贾清萍，李丹. 健康扶贫常态化转型的优化策略：基于核心利益相关者的博弈分析 [J]. 中国卫生经济，2020（39）：5-11.

[76] 简冠群，邓首华. 产业扶贫、声誉与企业风险——基于乡村振兴战略背景下的关系机制研究 [J]. 商业经济，2021（4）：115-127.

[77] 江星玲，谢治菊. 协同学视域下东西部教育扶贫协作研究 [J]. 民族教育研究，2020（6）：5-12.

[78] 姜爱华. 我国政府开发式扶贫资金投放效果的实证分析 [J]. 中央财经大学学报，2008（2）：13-18.

[79] 蒋翠侠，许启发，李亚琴. 中国家庭多维贫困的统计测度 [J]. 统计与决策，2011（22）：92-95.

[80] 焦晶. 当前扶贫工作中精准识别的问题与对策研究 [J]. 统计与管理，2016（12）：92-93.

[81] 焦克源，徐彦平. 少数民族贫困县扶贫开发绩效评价的实证研究——基于叶序主成分分析法的应用 [J]. 西北人口，2015，36（1）：91-96.

[82] 孔祥利，邓国胜. 公益慈善组织参与扶贫：制度困境与发展建议——基于广东省的实证研究 [J]. 新视野，2013（1）：73-76.

[83] 赖小妹，徐明. 中央扶贫资金投入的减贫效应与益贫机制研究 [J]. 统计与决策，2018（24）：129-133.

[84] 郎亮明，陆迁. 农户感知视角下的科技扶贫减贫绩效 [J]. 华南农业大学学报（社会科学版），2021（1）：22-37.

[85] 郎友兴，何包钢. 村民会议和村民代表会议——村级民主完善之尝试 [J]. 政治学研究，2000（3）：54-60.

[86] 朗特里. 贫困与进步：对约克镇的第二次社会调查 [M]. 伦敦：朗曼出版公司，1941：102-103.

[87] 雷乐瑶. 关于电商产业扶贫的探索与思考——以江西省宜春市奉新县宋埠镇马管家蔬菜电商扶贫基地为例 [J]. 经济观察，2021（36）：14-15.

[88] 雷诺兹. 微观经济学 [M]. 北京：商务印书馆，1993：430-431.

[89] 黎洁，本清松. 产业扶贫缘何难以为继：目标嵌入与行动脱嵌——基于一个地方案例 [J]. 天津行政学院学报，2021 (2)：86-95.

[90] 李博，左停. 谁是贫困户？精准扶贫中精准识别的国家逻辑与乡土困境 [J]. 西北农林科技大学学报（社会科学版），2017，17 (4)：1-7.

[91] 李冬慧. 基于治理资源视角的产业扶贫与贫困治理——以陕西省延长县X村为例 [J]. 广西大学学报（哲学社会科学版），2018，40 (6)：52-58.

[92] 李国平，刘健. 统筹区域发展与缩小贫富差距 [J]. 探索与争鸣，2004 (9)：34-35.

[93] 李静. 贫困地区健康扶贫政策信息传播机制研究 [J]. 图书馆，2019 (5)：28-32.

[94] 李开林，李玉洪. 铜仁市易地扶贫搬迁的经验、问题与策略选择 [J]. 中国集体经济，2018 (15)：10-11.

[95] 李良艳，王旭. 中国农村贫困识别指标体系构建及应用——基于剥夺和需求的视角 [J]. 河北经贸大学学报，2019，40 (4)：57-64，94.

[96] 李涛，邬志辉，周慧霞，等. 十四五时期中国全面建设小康社会后教育扶贫战略研究 [J]. 教育发展研究，2020：30-42.

[97] 李小江. 金融精准扶贫模式的实践与探索 [J]. 农银学刊，2018 (5)：62-65.

[98] 李小云，李周，唐丽霞. 参与式贫困指数的开发与验证 [J]. 中国农村经济，2005 (5)：39-46.

[99] 李晓园，陈颖. 基于模糊综合评价法的易地扶贫搬迁绩效评价及政策建议——以修水县城入园扶贫搬迁工程为例 [J]. 江西师范大学学报（哲学社会科学版），2019，52 (3)：130-137.

[100] 李雪萍，刘腾龙. 精准扶贫背景下精准识别的实践困境——以鄂西地区C村为例 [J]. 湖北民族学院学报（哲学社会科学版），2018，36 (5)：138-144.

[101] 李彦强，金明良，冯秋生. 水库移民精准脱贫扶持方式研究 [J]. 人民长江，2020 (10)：201-204.

[102] 李昀燨，朱虹，刘兰茹，韩月，关欣，姜雪，刘青泽. 我国医疗保障健康扶贫政策及实践研究 [J]. 中国卫生事业管理，2021 (38)：25-28.

[103] 李忠斌，单铁成. 少数民族特色村寨建设中的文化扶贫：价值、机制与路径选择 [J]. 广西民族研究，2017 (5)：25-31.

[104] 李忠斌，骆熙. 特色村寨建设与深度贫困民族地区反贫困 [J]. 西南民族大学学报（人文社科版），2019 (7)：207-214.

[105] 李仲生. 经济发展与人口增长的理论分析 [J]. 首都经济贸易大学学报，

2008（2）：70-76.

[106] 李壮. 贫困治理的结构性矛盾：理解脱贫阻滞困境的一个新视角 [J]. 西南民族大学学报（人文社科版），2019，40（7）：192-198.

[107] 廖婷. 精准扶贫分类识别的理论逻辑、现实困境及化解策略 [J]. 市场研究，2020（1）：69-70.

[108] 林文曼. 海南农村精准扶贫项目绩效评估实证研究 [J]. 中国农业资源与区划，2017，38（4）：102-107.

[109] 刘楚杰，喻瑶，李帅. 农村土地整治项目综合效益后评价研究——以湖南省宁乡县2个村为例 [J]. 山西农业科学，2017，45（9）：1543-1548.

[110] 刘大伟. 教育是否有助于打通贫困治理的任督二脉——城乡差异视角下教育扶贫的路径与效果 [J]. 2020，36（3）：12-21.

[111] 刘冬梅. 中国政府开发式扶贫资金投放效果的实证研究 [J]. 管理世界，2001（6）：123-131.

[112] 刘汉成，陶建平. 倾斜性农业保险扶贫政策的减贫效应及其差异 [J]. 湖南农业大学学报（社会科学版），2020（6）：39-45.

[113] 刘红岩. 中国产业扶贫的减贫逻辑和实践路径 [J]. 清华大学学报（哲学社会科学版），2021（1）：156-205.

[114] 刘洪，王超. 中国农村省级扶贫标准的确定方法 [J]. 统计与决策，2018，34（18）：5-9.

[115] 刘洪军，陈柳钦. 制度创新与经济增长：对发展中国家跨越贫困陷阱的道路的思考 [J]. 经济科学，2001（4）：114-119.

[116] 刘华军. 文化转型与少数民族脱贫——以贵州少数民族为例. 西南民族大学学报（人文社科版），2016，37（8）：23-29.

[117] 刘来，欧小超. 农村精准扶贫面临的现实困境及对策建议——基于四川省宣汉县S乡的调查 [J]. 农村经济与科技，2017，28（23）：125-127.

[118] 刘璐，苏锋. 公益服务、文化创新与意象空间——电影与扶贫多元文化互动的内涵与实践 [J]. 2020（21）：16-19.

[119] 刘梦月，王丽媛，郭幼佳. 京津冀协同发展背景下农业保险在产业扶贫中的机制创新 [J]. 现代营销（经营版），2019（7）：190-191.

[120] 刘廷兰. 少数民族地区农村扶贫模式效果分析 [D]. 北京：中央民族大学，2011.

[121] 刘晓红. 教育扶贫的产出效应研究 [J]. 西南民族大学学报（人文社科版），2019，40（7）：215-221.

[122] 刘雪芳，陈涛. 基于贫困户满意度视角的精准扶贫落实效果评价——以四川省岳池县为例 [J]. 农村经济与科技，2018，29（11）：147-149.

[123] 刘宇,杨志萍,陈漪红,等.我国科技信息多维贫困测度指标与实证研究 [J].图书情报工作,2021(65):3-12.

[124] 刘智勇,刘玉.常德市农村精准扶贫项目绩效评价研究 [J].现代农业,2017(11):74-76.

[125] 卢文刚,王川.农村扶贫精准识别:问题、成因及解决路径基于广东兴宁市S镇的调研 [J].实事求是,2018(3):59-66.

[126] 鲁德斯.政策研究百科全书 [M].北京:中国科学文献出版社,1989:228.

[127] 骆祚炎.对恩格尔系数测定贫困线的思考 [J].改革与战略,2006(2):121-124.

[128] 马丁·瑞沃林.贫困的比较 [M].北京:北京大学出版社,2005:5.

[129] 马尔萨斯.人口原理 [M].北京:商务印书馆,1992:127.

[130] 马合肥.精准电商扶贫的陇南模式 [J].法制与社会,2016(1):215,217.

[131] 马克思,恩格斯.马克思恩格斯文集(第1卷)[M].北京:人民出版社,2009:616.

[132] 马瑶,何秉宇,马佐,等.农牧区县域生态文明建设指标体系研究——以新疆霍城县为例 [J].新疆大学学报(自然科学版),2017,34(1):106-111.

[133] 马玉飞.添动力聚合力高质量打赢脱贫攻坚战——宗教界助力贵州三都脱贫纪实 [J].中国宗教,2020(4):26-28.

[134] 马媛,孔龙.甘肃省精准扶贫绩效评价及对策研究 [J].云南农业大学学报(社会科学),2017,11(4):17-21.

[135] 毛泽东.毛泽东选集(第5卷)[M].北京:人民出版社,1970:411.

[136] 蒙泽察,郝文武,洪松松,等.教育对精准扶贫的重要作用——西北连片特困地区农村经济与教育发展关系的实证分析 [J].华东师范大学学报(教育科学版),2020,38(12):109-120.

[137] 宁静,殷浩栋,汪三贵,等.产业扶贫对农户收入的影响机制及效果——基于乌蒙山和六盘山片区产业扶贫试点项目的准实验研究 [J].中南财经政法大学学报,2019(4):58-66,88,159-160.

[138] 彭辉,于钦莹.山东省农村贫困户标准的确定及其对策选择 [J].消费经济,1994(2):36-38.

[139] 彭桥,肖尧,陈浩.精准扶贫与扶贫对象识别——基于信号博弈分析框架 [J].兰州学刊,2020(12):201-208.

[140] 钱凯.电力建设项目后评价与案例研究 [D].北京:华北电力大学,2015.

[141] 钱力，倪修凤，宋俊秀．连片特困区精准扶贫多维绩效模糊评价——以安徽省大别山区为例 [J]．华东经济管理，2018，32（3）：22-27．

[142] 秦洪军，陈雨．精准扶贫视角下中国农业保险发展研究——基于美国与印度农业保险发展的比较与启示 [J]．农村金融研究，2019（9）：65-70．

[143] 秦趣，胡泽黎，刘安乐，等．贫困山区旅游扶贫与生态环境耦合协调关系研究 [J]．世界地理研究，2020（6）：1272-1283．

[144] 沈扬扬，Sabina Alkire，詹鹏．中国多维贫困的测度与分解 [J]．南开经济研究，2018（5）：3-18．

[145] 沈莹莹，杨兴洪．产业扶贫背景下特色农产品流通渠道研究 [J]．物流科技，2020（12）：15-17．

[146] 帅传敏，梁尚昆，刘松．国家扶贫开发重点县投入绩效的实证分析 [J]．经济问题．2008（6）：84-86．

[147] 师蔚群，李捷．农业科研院所党建助推科技扶贫模式探索．江苏农业科学，2021（3）：8-14．

[148] 施薇薇．欠发达地区如何走出贫困的循环积累——兼评缪尔达尔循环积累因果理论 [J]．安徽行政学院学报，2008，24（2）：19-22．

[149] 石浩．企业项目后评价指标体系构建的研究 [J]．现代营销（创富信息版），2018（10）：62．

[150] 石杰琳．村级民主管理制度创新的制约与进路 [J]．中共福建省委党校学报，2012（11）：46-51．

[151] 舒尔茨．论人力资本投资 [M]．北京：北京经济学院出版社，1990：9，10，40．

[152] 苏华山，马梦婷，吕文慧．中国居民多维贫困的现状与代际传递研究 [J]．统计与决策，2020，36（3）：57-62．

[153] 孙百琦．财税政策对易地扶贫搬迁移民实现自我造血功能的帮扶效应研究 [J]．市场周刊，2019（4）：116-117．

[154] 孙飞宇，杨善华，张雨晴．镶嵌式公益扶贫模式与反思——对K基金会扶贫模式的个案研究 [J]．学术论坛，2016，39（2）：90-97．

[155] 孙玉环，王琳，王雪妮，等．后精准扶贫时代多维贫困的识别与治理——以大连市为例 [J]．统计与信息论坛，2021，36（2）：78-88．

[156] 谈国新，文立杰，张杰，等．文化精准扶贫的对象识别与路径选择——从文化贫困的逻辑前提出发 [J]．图书馆，2019（3）：1-6，19．

[157] 谭燕芝，彭千芮．普惠金融发展与贫困减缓：直接影响与空间溢出效应 [J]．当代财经，2018（3）：56-67．

[158] 唐超，罗明忠．贫困地区电商扶贫模式的特点及制度约束——来自安徽

砀山县的例证[J]. 西北农林科技大学学报（社会科学版），2019，19（4）：96-104.

[159] 唐丽霞，张一珂，陈枫. 贫困问题的国际测量方法及对中国的启示[J]. 国外社会科学，2020（6）：66-79.

[160] 唐丽霞. 精准扶贫机制的实现——基于各地的政策实践. 贵州社会科学，2017（1）：158-162.

[161] 唐任伍. 习近平精准扶贫思想阐释[J]. 人民论坛，2015（30）：28-30.

[162] 唐小梅. 整村推进扶贫政策实施中的问题与对策研究[D]. 重庆：西南大学，2013.

[163] 唐智彬，胡媚，谭素美. 比较视野中教育扶贫的国际经验与中国路径选择——基于主要国际组织和机构理念与行动的分析[J]. 比较教育研究，2019，41（4）：37-44.

[164] 滕海峰，李含琳，李祯，等. 异地搬迁扶贫中的土地整治与产业打造联动模式创新——甘肃省河西走廊地区国家级深度贫困县古浪县的调查报告[J]. 生产力研究，2019（2）：17-23，46，161.

[165] 田恒. 精准识别中的不精准问题与对策研究[J]. 新西部（理论版），2016（23）：35-36.

[166] 田晋，熊哲欣，向华. 民族地区村级精准扶贫绩效评价指标体系构建研究[J]. 经济研究导刊，2017（1）：38-40，104.

[167] 田景鹃. 民族地区整村精准扶贫绩效评价研究[D]. 贵州：贵州民族大学，2017.

[168] 童星. 我国农村贫困标准线研究. 中国扶贫论文精粹：中国扶贫基金会，2001：143-160.

[169] 汪磊，吴国勇. 精准扶贫视域下我国农村地区贫困人口识别机制研究[J]. 农村经济，2016（7）：112-117.

[170] 汪三贵，冯紫曦. 脱贫攻坚与乡村振兴有机衔接：逻辑关系、内涵与重点内容[J]. 南京农业大学学报（社会科学版），2019，19（5）：8-14，154.

[171] 汪三贵，刘明月. 健康扶贫的作用机制、实施困境与政策选择[J]. 新疆师范大学学报（哲学社会科学版），2019，40（3）：2，82-91.

[172] 汪三贵，郭子豪. 论中国的精准扶贫[J]. 贵州社会科学，2015（5）：147-150.

[173] 汪侠，甄峰，沈丽珍，等. 基于贫困居民视角的旅游扶贫满意度评价[J]. 地理研究，2017，36（12）：2355-2368.

[174] 王冰洁. 社会组织如何更好地参与网络公益与扶贫——第五届世界互联网

大会网络公益与扶贫分论坛侧记 [J]. 中国社会组织, 2018 (23): 55-57.

[175] 王超, 罗兰. 贵州少数民族地区特色旅游产业精准扶贫路径研究 [J]. 贵州师范大学学报 (自然科学版), 2018, 36 (1): 8-18.

[176] 王超. 精准帮扶与社会治理路径研究——基于贵州肇兴侗寨旅游产业帮扶的扎根分析 [J]. 中国农业大学学报 (社会科学版), 2017, 34 (5): 70-78.

[177] 王成树, 徐铮, 梁志辉, 等. 建设幸福广东背景下高等农业院校产业科技扶贫探索——以华南农业大学对口帮扶袄田村为例 [J]. 宁夏农林科技, 2012, 53 (11): 190-192.

[178] 王春城, 杜建芳. 共建共治共享: 社会公益参与产业精准扶贫的政策工具创新 [J]. 行政论坛, 2019, 26 (3): 103-109.

[179] 王翠翠, 夏春萍, 蔡轶. 几种贫困线测算方法的比较分析与选择 [J]. 新疆农垦经济, 2018 (4): 79-85.

[180] 王刚, 贺立龙. 以多维度贫困测度法落实精准扶贫识别与施策——对贵州省 50 个贫困县的考察 [J]. 经济纵横, 2016 (7): 47-52.

[181] 王光武. 打牢精准扶贫基础创新金融帮扶方式增强金融精准扶贫的力度和效果 [J]. 时代金融, 2017 (32): 110, 112.

[182] 王海兰, 崔萌, 尼玛次仁. 三区三州地区普通话能力的收入效应研究——以西藏自治区波密县的调查为例 [J]. 云南师范大学学报 (哲学社会科学版), 2019, 51 (4): 49-58.

[183] 王恒, 王博, 朱玉春. 乡村振兴视阈下农户多维贫困测度及扶贫策略 [J]. 西北农林科技大学学报 (社会科学版), 2019, 19 (4): 131-141.

[184] 王红, 邬志辉. 新时代乡村教育扶贫的价值定位与分类治理 [J]. 教育与经济, 2018 (6): 18-24.

[185] 王洪涛. 中国西部地区农村反贫困问题研究 [D]. 北京: 中央民族大学, 2013.

[186] 王辉. 试论习近平扶贫观 [J]. 人民论坛, 2015 (20): 208-210.

[187] 王姣玥, 土林雪. 我国精准扶贫风险识别与模式选择机制研究 [J]. 农村经济, 2017 (8): 40-44.

[188] 王克林, 岳跃民, 陈洪松, 等. 科技扶贫与生态系统服务提升融合的机制与实现途径 [J]. 中国科学院院刊, 2020 (35): 1264-1272.

[189] 王琳, 李珂珂. 我国金融扶贫的长效机制构建研究 [J]. 学习与探索, 2020 (2): 138-143.

[190] 王萍萍, 徐鑫, 郝彦宏. 中国农村贫困标准问题研究 [J]. 调研世界, 2015 (8): 3-8.

[191] 王萍萍. 中国贫困标准与国际贫困标准的比较 [J]. 调研世界, 2007

(1): 5-8.

[192] 王倩. 城市反贫困: 政策比较与中国关怀 [J]. 理论与改革, 2020 (3): 118-130.

[193] 王涛. 甘肃省易地扶贫搬迁工程后评价研究 [D]. 兰州: 兰州交通大学, 2015.

[194] 王文浩, 穆建新. 高标准农田水利工程环境影响后评价指标体系研究 [J]. 节水灌溉, 2012 (9): 67-71, 74.

[195] 王香兰, 付正, 晋颖, 等. 河北省农村信贷+保险精准扶贫模式构建研究——以阜平县为例 [J]. 品牌研究, 2019 (1): 1-2.

[196] 王小林, Alkire S. 中国多维贫困测量: 估计和政策含义 [J]. 中国农村经济, 2009 (12): 4-10.

[197] 王耀, 李宇. 内蒙古农村牧区现代化建设评价指标体系研究 [J]. 农业与技术, 2016, 36 (18): 130-131.

[198] 王耀斌, 杨玲, 刘秋霞, 等. 基于多维贫困测度的民族地区乡村旅游扶贫对象识别研究——以甘南藏族自治州扎尕那村为例 [J]. 资源开发与市场, 2018, 34 (11): 1582-1586.

[199] 王宜海. 精准扶贫战略下的农村电商扶贫 [J]. 全国流通经济, 2018 (13): 10-11.

[200] 王雨林. 中国农村贫困与反贫困问题研究 [M]. 杭州: 浙江大学出版社, 2008: 182.

[201] 王稚文, 华小琴. 低水平均衡陷阱与临界最小努力理论模型探析 [J]. 西北成人教育学院学报, 2012 (3): 54-56.

[202] 王中原. 精准识贫的顶层设计与调适性执行——贫困识别的中国经验 [J]. 中国农业大学学报 (社会科学版), 2020, 37 (6): 22-34.

[203] 温丽, 乔飞宇. 扶贫对象精准识别的实践困境与破解路径 [J]. 理论导刊, 2017 (4): 84-87.

[204] 温雪, 钟金萍, 潘明清. 多维贫困视角下的精准扶贫瞄准效率 [J]. 农村经济, 2019 (5): 68-76.

[205] 吴尔, 袁德娟. 动态调整: 精准扶贫现实困境与完善路径研究——以安徽省S县为例 [J]. 湖北农业科学, 2019, 58 (11): 178-181.

[206] 吴国宝. 地区经济增长和减缓贫困 [M]. 太原: 山西经济出版社, 1997: 221.

[207] 吴国宝. 对中国扶贫战略的简评 [J]. 中国农村经济, 1996 (8): 5.

[208] 吴忠, 关娇, 何江. 最低工资标准测算实证研究——基于CRITIC-熵权法客观赋权的动态组合测算 [J]. 当代经济科学, 2019, 41 (3): 103-117.

[209] 武海波，陈越良，熊振南．应当统一贫困户划分标准和人均纯收入计算方法［J］．统计，1986（11）：51．

[210] 西奥多·舒尔茨．改造传统农业［M］．北京：商务印书馆，1999：146．

[211] 夏玉莲．贫困人口精准识别机制的创新研究——基于湖南省两个村庄的调查与思考［J］．2017（8），153-158．

[212] 向海霞．基层治理视角下精准扶贫识别机制的实践困境探析［J］．法制博览，2017（32）：55-56．

[213] 信卫平．公平与不平——当代中国德劳动收入问题研究［M］．北京：中国劳动社会保障出版社，2002：230．

[214] 邢慧斌．国内旅游扶贫绩效评估理论及方法研究述评［J］．经济问题探索，2017（7）：47-53．

[215] 熊丽．江西省精准扶贫政策体系及其优化研究［D］．江西：江西财经大学，2017．

[216] 徐家林．人文发展：维度及其评价［M］．上海：上海人民出版社，2009：9-10，37．

[217] 徐映梅，张提．基于国际比较的中国消费视角贫困标准构建研究［J］．中南财经政法大学学报，2016（1）：12-20．

[218] 许汉泽，李小云．精准扶贫：理论基础、实践困境与路径选择——基于云南两大贫困县的调研［J］．探索与争鸣，2018（2）：106-111，143．

[219] 薛曜祖．吕梁山集中连片特困地区科技扶贫的实施效果分析［J］．中国农业大学学报，2018，23（5）：218-224．

[220] 严贝妮，卫玉婷．加拿大公共图书馆参与文化扶贫的研究与启示［J］．图书情报工作，2021（2）：126-136．

[221] 严坤，刘铁芳．中国特色的反贫困理论与实践研究［M］．北京：中国社会科学出版社，2016：20．

[222] 杨帆，陈凌珠，庄天慧，等．可持续生计视阈下县域多维贫困测度与时空演化研究——以四川藏区行政区划县为例［J］．软科学，2017，31（10）：38-42．

[223] 杨帆，庄天慧，王卓．城市流动人口贫困识别与精准帮扶管理机制研究［J］．内蒙古社会科学（汉文版），2019，40（3）：51-57．

[224] 杨甫旺．异地扶贫搬迁与文化适应——以云南省永仁县异地扶贫搬迁移民为例［J］．贵州民族研究，2008，28（6）：127-132．

[225] 杨慧华．菏泽市农村精准扶贫存在的问题及对策［J］．农村经济与科技，2016，27（17）：228-231．

[226] 杨建国．低水平均衡陷阱与社会权利缺失——西部三农问题的总特征与本质［J］．甘肃社会科学，2006（5）：132-135．

[227] 杨丽宏. 边疆民族地区实施高等教育精准扶贫的探索与研究 [J]. 云南民族大学学报（哲学社会科学版），2019，36（4）：154-160.

[228] 杨龙，李萌，汪三贵. 我国贫困瞄准政策的表达与实践 [J]. 农村经济，2015（1）：8-12.

[229] 杨昕. 重大工程建设对县域经济结构优化作用研究——以四川省汉源县为例 [J]. 攀枝花学院学报：综合版，2015，32（6）：35-38.

[230] 杨照江. 我国农村扶贫资金绩效评价体系研究 [D]. 乌鲁木齐：新疆财经学院，2006.

[231] 杨智，杨定玉，陈亦桥. 城乡融合视域下易地扶贫搬迁移民社区教育发展探究 [J]. 现代远程教育研究，2021，33（1）：56-86.

[232] 尧水根. 论精准识别与精准帮扶实践问题及应对 [J]. 农业考古，2016（3）：263-266.

[233] 姚慧琴. 试论西部大开发中的政府促动与企业发展 [J]. 管理世界，2004（8）：133-134.

[234] 姚予龙，陈屹松，基于精准识别指标体系的西藏贫困农牧民生计入户调研——山南市8县抽样调查 [J]. 中国农业资源与区划，2018，39（9）：1-12.

[235] 叶普万. 贫困经济学研究 [M]. 北京：中国社会科学出版社，2004：151.

[236] 殷丽梅，杨紫锐. 公共价值导向的精准扶贫绩效评价研究——基于恩施州少数民族贫困地区的实证 [J]. 重庆工商大学学报（社会科学版），2018，35（4）：45-51.

[237] 尹利民，赖萍萍. 精准扶贫的供给导向与需求导向——论双重约束下的精准扶贫地方实践 [J]. 学习与实践，2018（5）：70-77.

[238] 于光军. 消除绝对贫困向解决相对贫困的战略递进及政策调整研究——以内蒙古脱贫攻坚工作为样本 [J]. 内蒙古社会科学，2020，41（4）：4，206-212.

[239] 余礼信. 困境与出路：非贫困村的贫困户精准识别——基于江西G村考察 [J]. 行政科学论坛，2016（6）：27-33.

[240] 袁利平，姜嘉伟. 教育扶贫的作用机制与路径创新 [J]. 西北农林科技大学学报（社会科学版），2020，20（2）：35-43.

[241] 袁利平. 后扶贫时代教育贫困治理的价值逻辑、行动框架与路径选择 [J]. 深圳大学学报（人文社会科学版），2021，38（1）：25-33.

[242] 翟军亮，吴春梅. 农村贫困治理的范式转型与未来路径——兼议产业精准扶贫的推进路径 [J]. 西北农林科技大学学报（社会科学版），2019，19（4）：44-51.

[243] 翟绍果. 健康贫困的协同治理：逻辑、经验与路径 [J]. 治理研究，2018，34（5）：53-60.

[244] 詹国辉，张新文. 救困抑或帮富：扶贫对象的精准识别与适应性治理——

基于苏北 R 县 X 村扶贫案例的田野考察 [J]. 现代经济探讨, 2017 (6): 95-103.

[245] 占堆, 李梦珂, 鞠效昆. 西藏异地扶贫搬迁策略在农区的实践与牧区的困境 [J]. 西藏大学学报 (社会科学版), 2017, 32 (4): 137-142.

[246] 张弘. 基于国际比较的中国贫困标准理性思考 [J]. 齐齐哈尔大学学报 (哲学社会科学版), 2017 (11): 67-69.

[247] 张建, 徐景峰, 康凯. 基于多重均衡模型的农业保险精准扶贫效果研究 [J]. 天津财经大学学报, 2021 (7): 44-53.

[248] 张金萍, 林丹, 周向丽, 等. 海南省农村多维贫困及影响因素的空间分异 [J]. 地理科学进展, 2020, 39 (6): 1013-1023.

[249] 张晶. 发挥精准帮扶作用, 推进融合视野下聋人大学生生命教育贯彻和落实——以长沙职业技术学院为例 [J]. 中国多媒体与网络教学学报 (中旬刊), 2019 (6): 241-242.

[250] 张景书. 马克思主义贫困理论研究 [J]. 商洛学院学报, 2008 (4): 2.

[251] 张举国. 精准扶贫与农村低保制度的融合发展研究 [J]. 生产力研究, 2015 (10): 37-40, 44.

[252] 张立华, 何建华. 完善甘肃省电商助力精准扶贫的对策研究——电商助力精准扶贫的绩效分析 [J]. 农业科技与信息, 2018 (15): 51-54.

[253] 张璐. 关于农村扶贫效果评价指标体系设计的研究 [J]. 东方企业文化, 2011 (8): 142.

[254] 张鹏菲. 县级政府精准识别问题及对策分析 [J]. 中国管理信息化, 2019, 22 (3): 164-166.

[255] 张琦, 陈伟伟. 连片特困地区扶贫开发成效多维动态评价分析研究——基于灰色关联分析法角度 [J]. 云南民族大学学报 (哲学社会科学版), 2015, 32 (1): 136-142.

[256] 张桥, 范鸿达. 习近平对马克思主义反贫困理论中国化的新贡献 [J]. 中共福建省委党校学报, 2018 (7): 20-25.

[257] 张庆红. 基于能力贫困理论的新疆连片特困地区主要民族多维贫困分析 [J]. 中国农业资源与区划, 2017, 38 (12): 74-80.

[258] 张全红, 张建华. 中国农村贫困变动: 1981-2005——基于不同贫困线标准和指数的对比分析 [J]. 统计研究, 2010, 27 (2): 28-35.

[259] 张全红, 周强. 中国贫困测度的多维方法和实证应用 [J]. 中国软科学, 2015 (7): 29-41.

[260] 张姗. 宁夏精准扶贫过程中存在的问题及对策 [J]. 农业科学研究, 2017, 38 (4): 76-78.

[261] 张田田. 我国农村最低生活保障标准测定研究 [D]. 长春: 吉林财经大

学，2018.

[262] 张廷武. 农村扶贫开发的反思与对策 [J]. 前沿, 2003 (10): 92-95.

[263] 张伟, 罗向明, 郭颂平. 民族地区农业保险补贴政策评价与补贴模式优化——基于反贫困视角 [J]. 中央财经大学学报, 2014 (8): 31-38.

[264] 张翔, 刘晶晶. 教育扶贫瞄准偏差与治理路径探究——基于政府行为视角分析 [J]. 现代教育管理, 2019 (3): 51-55.

[265] 张欣. 少数民族地区文化扶贫中的政府作为 [J]. 理论探索, 2013 (6): 71-74.

[266] 张艺馨, 胡伟华. 内蒙古农牧业产业扶贫的实践困境与可行路径分析 [J]. 内蒙古科技与经济, 2021 (4): 3-5.

[267] 张毓雄, 范雅静, 杨沐寒. 中国城镇化进程对多维贫困的影响效应研究——基于 Multinomial Logit 模型 [J]. 宏观经济研究, 2020 (8): 118-130, 175.

[268] 张璋. 浅析少数民族地区金融扶贫绩效 [J]. 农村经济与科技, 2019 (23): 109-152.

[269] 张昭, 杨澄宇, 袁强. 收入导向型多维贫困测度的稳健性与敏感性 [J]. 劳动经济研究, 2016 (5): 3-23.

[270] 张自强, 伍国勇, 徐平. 民族地区农户贫困的逻辑再塑: 贫困恶性循环的视角 [J]. 贵州民族研究, 2017 (1): 74-77.

[271] 张祚本. 发挥电商优势 实施精准扶贫——陕西省武功县农村电商调研报告 [J]. 农业工程技术, 2016, 36 (3): 62-65.

[272] 赵京鹤, 高明, 林一楠. MCN+电商扶贫: 打造产业扶贫新路径 [J]. 中国自动识别技术, 2020 (6): 53-56.

[273] 赵曦. 中国西部农村反贫困模式研究 [M]. 北京: 商务印书馆, 2009: 29.

[274] 郑军, 章明芳. 农业保险扶贫的福利溢出效应研究 [J]. 云南农业大学学报 (社会科学), 2019, 13 (4): 105-113.

[275] 郑品芳, 刘长庚. 贫困户精准识别困境及识别机制构建 [J]. 经济地理, 2018 (4): 176-182.

[276] 郑双怡, 阳维熙, 冯琼. 深度贫困地区经济作物产业扶贫的思考 [J]. 经济与管理, 2021, 42 (3): 142-148.

[277] 周兵, 胡振兴. 深度贫困地区产业扶贫模式与效果评价——基于生态位理论视角的案例分析 [J]. 中南民族大学学报 (人文社会科学版), 2019, 39 (4): 138-142.

[278] 周才云, 李其蓝, 刘芳妤. 改革开放以来我国金融扶贫的政策演进、特色模式与成效 [J]. 征信, 2021 (4): 74-79.

[279] 周慧, 阳恩红. 基于不同指标及权重的多维贫困测量与实证 [J]. 统计与决策, 2020, 36 (7): 52-56.

[280] 周孟亮. 普惠金融与精准扶贫协调的路径创新研究 [J]. 南京农业大学学报 (社会科学版), 2018, 18 (2): 149-156, 162.

[281] 周强, 张全红. 农村非正规金融对多维资产贫困的减贫效应研究——基于 CFPS 微观家庭调查数据的分析 [J]. 中南财经政法大学学报, 2019 (4): 46-57, 159.

[282] 周阳. 旅游产业扶贫的精准聚焦路径与实践 [J]. 社会科学家, 2020 (11): 50-55.

[283] 周莹. 贫困大学生心理精准帮扶模型建构——基于社会支持和情绪调节的链式中介效应 [J]. 山东社会科学, 2019 (6): 168-175.

[284] 周云波, 贺坤. 精准扶贫视角下收入贫困与多维贫困的瞄准性比较 [J]. 财经科学, 2020 (1): 106-119.

[285] 朱海玲. 城镇居民贫困线的测定 [J]. 管理观察, 2007, 10 (4): 61-62.

[286] 朱珈莹, 张克荣. 少数民族地区生态旅游扶贫与乡村振兴实现路径 [J]. 社会科学家, 2020 (10): 59-64.

[287] 朱梦冰, 李实. 精准扶贫重在精准识别贫困人口——农村低保政策的瞄准效果分析 [J]. 中国社会科学, 2017 (9): 90-112, 207.

[288] 朱乾宇. 政府扶贫资金投入方式与扶贫绩效的多元回归分析 [J]. 中央财经大学学报, 2004 (7): 11-15.

[289] 邹薇, 方迎风. 关于中国贫困的动态多维度研究 [J]. 中国人口科学, 2011 (6): 49-59.

[290] 邹薇, 方迎风. 中国农村区域性贫困陷阱研究——基于群体效应的视角 [J]. 经济学动态, 2012 (6): 3-15.

[291] 左停, 徐小言. 农村贫困—疾病恶性循环与精准扶贫中链式健康保障体系建设 [J]. 西南民族大学学报 (人文社科版), 2017, 38 (1): 1-8.

[292] 左停. 精准扶贫战略的多层面解读 [J]. 国家治理, 2015 (36): 16-21.

[293] AGMD Costa, Vieira N, Gubert F et al. Health-related images and concepts among adolescents living in rural areas of Brazil [J]. Cadernos De Saude Publica, 2013, 29 (8): 1675-1680.

[294] ALDI Hagenaars. A class of poverty indices [J]. International Economic Review, 1987, 28 (3): 583-607.

[295] Allardt, E. Having, Loving, Being: An Alternative to the Swedish Model of Welfare Research. In M. C. Nussbaum & A. K. Sen (Eds.), The Quality of Life [M]. New York: Oxford University Press, 1993: 88-94.

[296] Bierkamp S, Nguyen T T, Grote U. Environmental income and remittances: Evidence from rural central highlands of Vietnam [J]. Ecological Economics, 2021, 179: 106830.

[297] Bjorn & Daniel. Poverty, welfare problems and social exclusion [J]. International Journal of Social Welfare, 2010, 17 (1): 15 – 25.

[298] Dongphil Chun, et al. Inluencing actors on hydrogen energy R&D projects: An ex-post performance evaluation [J]. Renewable and Sustainable Energy Reviews, 2016, 53: 1252 – 1258.

[299] FA Ignacio – González, Santos M E. Pobreza multidimensional urbana en Argentina. Reducción de las disparidades entre el Norte Grande Argentino y Centro – Cuyo – Sur? (2003 – 2016) [J]. Revista Cuadernos de Economía, 2020 (139): 39 – 52.

[300] Fan, Hazel, Arie. Community disaster: implication for management midwest [J]. Review of Public Administration, 2000, 12 (4): 71 – 279.

[301] Jakub Sokolowski, Piotr Lewandowski, Aneta Kielczewska, Stefan Bouzarovskid. A multidimensional index to measure energy poverty: the Polish case [J]. Energy Sources, 2020 (114): 92 – 112.

[302] Jeffrey Sayer, Terry Sunderland, Jaboury Ghazoul, Jean – Laurent Pfund, Douglas Sheil, Erik Meijaard, Michelle Venter, Agni Klintuni Boedhihartono, Michael Day, Claude Garcia, Cora van Oosten, Louise E. Buck. Ten principles for a landscape pproach to reconciling agriculture, conservation, and other competing land uses [J]. Proceedings of the National Academy of Sciences of the United States of America, 2013, 110 (21) .

[303] K. Patterson & E. H. Yoo. Trapped in Poor Places An assessment of the residential spatial patterns of housing choice voucher holders in 2004 and 2008 [J]. Journal of Social Service Research, 2012 (8): 637 – 655.

[304] Kwon Heeks, Reinventing Government in the information age: international practice in IT-enabled Public sector reform London [M]. New York: Routledge, 2005: 335 – 341.

[305] Leeibenstein, Harvey. The Theory of Underemployment in Backward Economies [J]. Journal of Political Economy, 1957, 65 (2): 91 – 103.

[306] Makdissi P, Wodon Q. Measuring poverty reduction and targeting performance under multiple government programs [J]. Review of Development Economics, 2004, 8 (4): 573 – 582.

[307] Margarita Petrera Pavone, E J Sánchez. Determinants of out-of-pocket spending on health among the poor population served by public health services in Peru, 2010 – 2014 [J]. Revista Panamericana de Salud Pública, 2019: 1 – 7.

[308] Oppenheim C. Poverty: the Facts [M]. London: Child Poverty Action Group, 1993: 83.

[309] Orsini F, Kahane R, R Nono - Womdim. Urban agriculture in the developing world: a review [J]. Agronomy for Sustainable Development, 2013, 33 (4): 695 - 720.

[310] Piazza J L. Handbook of organizational measurement [J]. International Journal of Manpower, 2001 (11): 301 - 377.

[311] Pinilla - Roncancio M, Mactaggart I, Kuper H et al. Multidimensional poverty and disability: A case control study in India, Cameroon, and Guatemala. SSM - Population Health, 2020 (145): 11 - 23.

[312] Richard R, Nelson. A Theory of the Low - Level Equilibrium Trap in Underdeveloped Economies [J]. The American Economic Review. 1956, 46 (5): 894 - 908.

[313] Rockstrom J, Williams J, Daily G, et al. Sustainable intensification of agriculture for human prosperity and global sustainability [J]. Ambio, 2017, 46 (1): 4 - 17.

[314] Rodgers J R, Rodgers J L. Chronic poverty in the United States [J]. Journal of Human Resources, 1993 (28): 25 - 54.

[315] Sara B, Butler J, Rochester W A, et al. Drivers of illegal livelihoods in remote transboundary regions: the case of the Trans - Fly region of Papua New Guinea [J]. Ecology and Society, 2018, 23 (1).

[316] Sen A K. Poverty: An ordinal approach to measurement [J]. Econometrica. 1976, 44 (2): 219 - 231.

[317] Shanaka Kariyawasam, Clevo Wilson, Liyanage Ishara Madhubhashini Rathnayaka, Kokila Gayashi Sooriyagoda, Shunsuke Managi. Conservation versus socio-economic sustainability: A case study of the Udawalawe National Park, Sri Lanka [J]. Environmental Development, 2020, 35: 1 - 11.

[318] Sn A, Ni B. How cash transfers program affects environmental poverty among ultra-poor? Insights from the BISP in Pakistan [J]. Energy Policy, 2020 (78): 148 - 163.

[319] So Young Kim et al. Development of post-evaluation model for future and emerging technology item reflecting environmental changes [J]. Futures, 2016 (77): 67 - 79.

[320] Wang X B. Discussion on Situation and Mechanism of China's Rural Poverty Alleviation and Development [J]. Research of Agricultural Modernization, 2013, 34 (4): 394 - 397.

[321] Yigitcanlar T, Sabatini - Marques J, Lorenzi et al. Towards smart florianópolis: what does it take to transform a tourist island into an innovation capital? [J]. Energies, 2018, 11 (12).

[322] Ying Huang, Beijia Huang, Jialing Song et al. Social impact assessment of pho-

tovoltaic poverty alleviation program in China [J]. Journal of Cleaner Production, 2020 (16): 1-8.

[323] Yuheng Li, Baozhong Su, Yansui Liu. Realizing targeted poverty alleviation in China [J]. China Agricultural Economic Review, 2016 (8): 443-454.